**Jürgen Fuchs**

**Manfred Geissler**

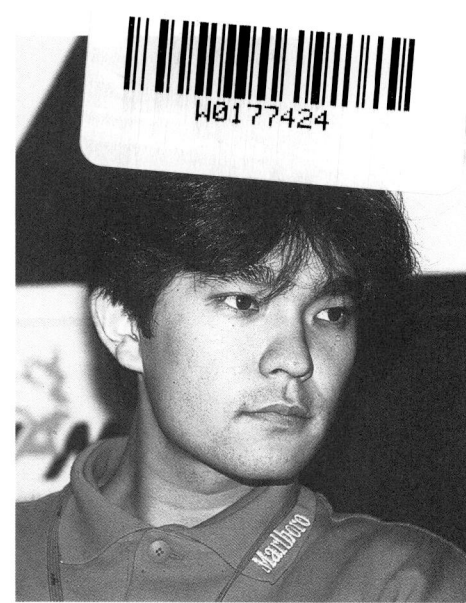

**Tetsuya Harada**

**Bernard Haenggeli**

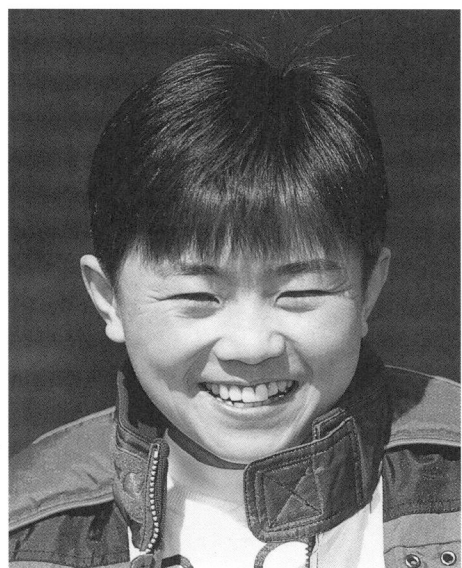

**Tomoko Igata**

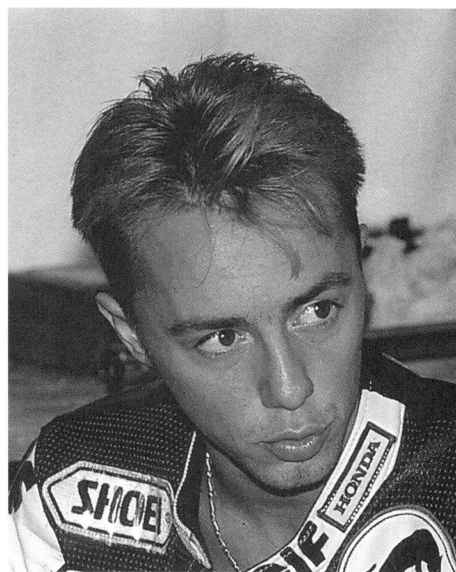

**Olivier Jacque**

**Bernd Kassner**

**Klaus Klaffenböck**

**Oliver Koch**

FRIEDEMANN KIRN

# MOTORRAD WM '95

## Die Rennen zur Straßen-Weltmeisterschaft

MOTORBUCH VERLAG STUTTGART

# Inhalt

Umschlaggestaltung: Johann Walentek
Innengestaltung: Wolfgang Oehl
Mit Fotos von Buenos Dias
(Manfred Mothes und Gerhard
Rudolph), Markus Jahn, Friedemann
Kirn, Lou Martin, Dave Schahl,
Thomas Seidenglanz, Rolf Zimmermann

Mit besonderem Dank an
Lydia Guglielmi-Kirn
und Rolf Zimmermann

ISBN 3-613-01709-1

1. Auflage 1995
Copyright © by Motorbuch Verlag
Postfach 103743, 70032 Stuttgart.
Ein Unternehmen der
Paul Pietsch Verlage GmbH + Co.
Sämtliche Rechte der Speicherung,
Vervielfältigung und Verbreitung sind
vorbehalten.
Satz: Vaihinger Satz + Druck,
71665 Vaihingen an der Enz.
Druck: Maisch + Queck,
70839 Gerlingen.
Bindung: Karl Dieringer,
70839 Gerlingen.
Printed in Germany

# Cagivas leises Ciao

*Nach 16 bombastischen Jahren hatte Cagiva kein Geld mehr und zog sich still und leise aus der Motorrad-Weltmeisterschaft zurück. John Kocinski fand keinen Job und wurde zum Wassersportler.*

Beim Grand Prix England 1990 gab das Cagiva-Werksteam den offiziellen Rücktritt noch vor dem Saisonende bekannt und ließ seine Anhänger in tiefste Depressionen stürzen. »Zu wenig Resultate, zuviel Karneval«, faßte Teammanager Virginio Ferrari die Ursachen mit einem Wort zusammen. Sein Star Randy Mamola bewies Galgenhumor und hängte ein Verkaufsschild an sein Motorhome (»Wegen unvorhergesehener Umstände...«), gleichzeitig ließ er einen voller Inbrunst geschriebenen offenen Brief vom Stapel und forderte die Presse auf, ein Comeback herbeizuschreiben. »Versucht, über etwas nachzudenken, was den Brüdern Mut macht. Denkt an das viele Geld, denkt an die italienische Passion. Denkt an ihre Enttäuschung, teilt ihnen mit, daß sie trotz allem großartig waren. Sagt ihnen, daß wir sie zurückhaben wollen, denn wir werden sie vermissen...«

Auch hinter den Kulissen glühten die Telefondrähte heiß, um die Cagiva-Besitzer Claudio und Gianfranco Castiglioni zum Rücktritt vom Rücktritt zu bewegen, und tatsächlich gelang es, das drohende Unheil für die ohnehin schon wegen Teilnehmerschwund dahinsiechende Königs-

klasse noch einmal abzuwenden. Drei Wochen später, in Brünn, gab Claudio Castiglioni eine Pressekonferenz, behauptete, man habe immer nur von einer schöpferischen Pause geredet. Als Symbol einer großartigen Zukunft brachte er ein neues Karbonfiberchassis mit, die Cagiva-Fans atmeten wieder auf.

**Der Anfang vom Ende: Cagiva-Werksfahrer John Kocinski, beim spanischen GP 1994 noch strahlender Sieger, war 1995 ohne Arbeit**

Vieleicht lag es an Kapriolen wie diesen, daß die 1994 erneut aufflackernden Gerüchte eines drohenden Rückzugs als harmlose Schönwetterwolken abgetan wurden. Fast unbemerkt braute sich das Gewitter zusammen, und als es schließlich losbrach, standen die jahrelang verzweifelt

Das Spiel ist aus: Cagiva-Boss Castiglioni (l) und Teamchef Agostini

brach, standen die jahrelang verzweifelt um Balance und europäische Konkurrenz in der Königsklasse bemühten Strategen der Teamvereinigung IRTA hilflos im Regen: Diesmal hatte Cagiva ernst gemacht und sich nach insgesamt 16 Jahren endgültig aus dem Grand Prix-Sport verabschiedet.

Ein Grund dafür war, daß das Werk einen neuen Reihenvierzylinder-Viertakter mit 750 ccm entwickelte und für den Einstieg in den Markt der Straßen-Big Bikes alle Kräfte, auch die der Sportabteilung, auf diese Herausforderung konzentrieren wollte. »Cagiva zieht sich aus der Weltmeisterschaft zurück, doch man muß dabei bedenken, daß ich der Präsident eines Industrie- und nicht etwa eines Sportverbandes bin. Diese Entscheidung mag viele traurig stimmen, aber man muß verstehen, daß kommerzielle Strategien den Vorrang haben. Wenn die sportliche Strategie nicht dazupaßt, liegt es auf der Hand, sich für die erste zu entscheiden«, erläuterte Claudio Castiglioni. »Cagiva wird Viertakt-Vierzylinder-Maschinen herstellen, und

logischerweise muß man sich Superbike- und Langstreckenwettbewerben zuwenden, um sie weiterzuentwickeln. So verbessert man Qualität und Haltbarkeit des Produkts, der schlußendlichen Basis unserer Strategie. Viertakter sind unsere Zukunft. In all den Jahren, in denen wir an Zweitakt-Rennen teilgenommen haben, haben wir viel gelernt, aber aber aus industriestrategischen Gründen hören wir nun damit auf«.

Man hätte es auch nüchterner ausdrücken können: Für eine Fortsetzung des schönen, von Claudio Castiglioni geliebten Grand Prix-Sports, in dem Werbeeffekt und Resultate in keinem Verhältnis zum immensen Aufwand standen, fehlte schlicht das Geld. Den Schlagzeilen vom März 1994, die Cagiva-Gruppe sei Gläubigern und dem Finanzamt gegenüber in Schwierigkeiten geraten und bei etlichen Zulieferern mit Zahlungen säumig, folgte zwar im Frühsommer die Entwarnung, als ein Bankenkonsortium mit Bürgschaften in die Bresche sprang.

Doch für das Millionenspiel Grand Prix-Sport fanden sich vor den Bürgen keine Argumente mehr. Wenn schon teurer Motorsport, so mußte er wie im Fall der zum Castiglioni-Imperium gehörenden Marke Ducati wenigstens durch überwältigende Erfolge, durch den Bezug zu sportlichen Serienmaschinen und durch den Markt für Production Racer zu rechtfertigen sein.

Nur ein reicher Sponsor hätte das Überleben des Halbliter-Rennstalls sichern können. Dem flamboyanten Belgier Didier de Radigues gelang es 1987 mit »Bastos« als einzigem der vielen prominenten Cagiva-Werkspiloten, einen großen Tabak-Sponsor auf der Verkleidung der roten Renner unterzubringen. Ein Mann von solchem Marketinggeschick und solchen Verbindungen fehlte 1994. Zumal auch die sportlichen Erfolge nicht das hielten, was anfangs des Jahres versprochen wurde.

Vor Saisonbeginn fegte Fahrer John Kocinski bei Wintertests alle bestehenden Streckenrekorde hinweg, gewann das erste Rennen in Australien überlegen und wurde

schon als neuer Weltmeister apostrophiert. Er lobte die familiäre Athmosphäre, Einsatzfreude und rasches Entwicklungstempo bei den Italienern in höchsten Tönen, betonte, ihm werde jeder Wunsch von den Augen abgelesen und nannte Cagiva den besten Rennstall, für den er je gefahren sei.

In Wirklichkeit war Honda haushoch überlegen. Je deutlicher Michael Doohan im Saisonverlauf auf und davon fuhr, desto mehr legte sich die Euphorie bei Cagiva, und obwohl das Team mit sieben Podestplätzen nur um Haaresbreite an der Vizeweltmeisterschaft vorbeischrammte und rein statistisch die beste Saison seiner 16jährigen Geschichte erlebte, fiel es schließlich sang- und klanglos auseinander.

Am Ende scheute sich der kapriziöse Kocinski auch nicht mehr, die Nachteile seines Motorrads vor laufenden Fernsehkameras anzuprangern: Der Katzenjammer war wieder da, wie schon so oft in all den Jahren, in denen teure Stars zu Beginn ihres Cagiva-Vertrags von italienischer Passion und Begeisterung redeten und sich bei Vertragsende nur noch an chaotische Strukturen und schlechte Organisation erinnern mochten.

Auch, daß Cagiva der japanischen Technologie hinterherhinkte, anfangs um Welten, in den letzten vier Jahren noch um einen kleinen Schritt, zog sich als roter Faden durch die Geschichte. Denn anders als bei den Superbikes, wo die Zweizylinder-Ducati mit ihrer radikal anderen Technik dank eines günstigen Reglements gegen die japanische Vierzylinder-Übermacht zur Siegermaschine werden konnte, versuchte der Cagiva-Grand Prix-Rennstall stets, vorhandener japanischer Hochtechnologie nachzueifern.

Bis heute halten sich Gerüchte, das Erscheinen der ersten Cagiva mit Square Four-Motor im Jahre 1978 habe mit dem Verschwinden eines Suzuki-Square Four-Werksmotorengehäuses aus dem britischen Suzuki-Hauptquartier zusammengehangen. Der Schotte Alex George trieb diesen ersten, mit Standardteilen des frei käuflichen Suzuki RG 500-Production Racers

4

zum Laufen gebrachten Prototypen zu zwei 13. Plätzen, anschließend verschwand die Maschine wieder in der Versenkung.

Erst beim Nürburgring-Grand Prix 1980 tauchte die Cagiva wieder auf. Betreut von MV Agusta-Konstrukteur Arturo Magni und in stolzem rot und silber lackiert wie die alten MV-Maschinen, ging Vizeweltmeister Virginio Ferrari auf Probefahrt, blieb aber mit dem 25. Trainingsrang weitab vom alten Glanz und Gloria. Aufgebaut auf einem Yamaha-Reihenvierzylinder, verfügte die neue Maschine zwar über hauseigene Zylinder mit Membraneinlaß, eine Technik, die erst Jahre später bei der japanischen Konkurrenz zum Standard werden sollte, litt jedoch ungeachtet des weichen Ansprechverhaltens unter signifikantem Leistungsmangel.

Ferrari hielt dem Projekt trotzdem die Treue und unterschrieb für die komplette Saison 1981, doch auch eine neue Motorenversion mit Drehschiebereinlaß statt der damals beim Yamaha-Original üblichen Schlitzsteuerung brachte ihm kein Glück. Der Motor war kompliziert aufgebaut und zu langsam, das von dem Holländer Niko Bakker gebaute Fahrwerk eine solche Katastrophe, daß sich Ferrari nach zwei Trainingsstürzen in Assen nicht einmal qualifizierte.

Für den nächsten Versuch baute man einen Square Four-Motor mit Drehschiebersteuerung, als Fahrer wurde der beinharte südafrikanische Kämpfer Jon Ekerold engagiert. Weil Freddie Spencer und Franco Uncini in der letzten Kurve stürzten, wurde das Saisonfinale in Hockenheim zum Meilenstein: Ekerold holte als Zehnter den ersten WM-Punkt für Cagiva.

Nur im Kampf gegen den italienischen Schlendrian scheiterte er. 1983 ging Cagiva mit einem um vier Zentimeter kompakteren Square Four-Motor ins Rennen, der als tragendes Teil des Fahrwerks konzipiert, aber wieder nicht konkurrenzfähig war. Außerdem wurde Virginio Ferrari von Suzuki zurückgeholt und an allen Ecken und Enden bevorzugt.

Beim italienischen Grand Prix in Monza lästerte Ekerold laut, seine Mechaniker

**Erfolgsduo: Zusammen mit Cheftechniker Fiorenzo Fanali holte der Amerikaner Eddie Lawson 1992 in Ungarn den ersten GP-Sieg für Cagiva**

würden ihre Arbeit als Bürojob von neun bis fünf erledigen, wenige Wochen später warf er im Streit das Handtuch, nahm aber wenigstens die Gage mit: Für die zwei Grand Prix, die er tatsächlich bestritten hatte, erhielt Ekerold 100000 Dollar – eine für damalige Verhältnisse unglaubliche Summe.

Doch auch sie war nur der Auftakt zu weiteren verzweifelten Versuchen, mit teuren Fahrern und verspielten technischen Experimenten endlich den Anschluß an die Konkurrenz zu gewinnen. 1984 wurde Marco Lucchinelli verpflichtet, der nach seinem WM-Titel 1981 zwei erfolglose Jahre neben Freddie Spencer im Honda-Werksteam abgedient hatte, bei Cagiva aber auch mehr durch einen Faustkampf mit einem französischen Streckenposten als mit Erfolgen auf sich aufmerksam machte. Langstrecken-Weltmeister Hervé Moineau, erst zu Saisonmitte engagiert, stahl Lucchinelli auf Anhieb mit Platz zehn in Jugoslawien und dem zweiten WM-Punkt in der Cagiva-Geschichte die Show.

Technisch trat man mit dem alten Square Four-Motor auf der Stelle. weshalb 1985 die erste V 4-Maschine mit zwei gegenläufig rotierenden Kurbelwellen vom Stapel lief. Der Motor sah dem der V 4-Yamaha von 1983 auffallend ähnlich, und obwohl die Maschine zunächst voluminös und schwerfällig ausfiel, blieb sie doch die Basis für alle weiteren, erfolgreicheren Jahre.

Der erfahrene Barry Sheene war zur Entwicklung des neuen Modells im Gespräch gewesen und trat enttäuscht vom Rennsport zurück, als sich diese letzte Option auf eine echte Werksmaschine zerschlug. Statt dessen kletterten wieder die Italiener Marco Lucchinelli und Virginio Ferrari in den Sattel. Als die erwarteten Erfolge auf sich warten ließen, wurden prominente Piloten von Juan Garriga über Marco Gentile bis zu Rob McElnea zu Tests eingeladen.

Den Vogel schoß Claudio Castiglioni jedoch ab, als er Kenny Roberts mit 50000 Dollar Gage zu zweitägigen Probefahrten auf einem weiterentwickelten Modell bewegte. Bei den Tests in Misano blieb

King Kenny nur geringfügig über Freddie Spencers Rundenrekord, wieder schien der Durchbruch unmittelbar bevorzustehen.

Doch das Motorrad 1986 in echten Rennen einzusetzen, lehnte Roberts ebenso ab wie der kurzfristig zu Tests eingeladene Niall Mackenzie. Statt dessen wurde der tapfere Katalane Juan Garriga verpflichtet, der bei seinem ersten Halbliterrennen zum Saisonauftakt in Jarama auch prompt über sich hinauswuchs und Platz acht eroberte. Zweimal kam Garriga in dieser Saison unter die ersten zehn und wurde WM-17., erstmals war Cagiva in der WM-Endwertung nicht mehr Letzter.

Fürs nächste Jahr wurde nicht nur eine neue Modellbezeichnung eingeführt, um die Jahrgänge künftig leichter erkennbar zu machen. Die »C 587« erhielt zudem einen von 90 auf 56 Grad geschrumpften Zylinderwinkel, um eine kompaktere Bauweise zu ermöglichen, außerdem wurde das Membran-Einlaßsystem von Dell´Orto auf japanische Mikuni-Vergaser und die Zündung von Magneti Marelli auf das japanische Kokkuisan-System umgestellt. Didier

de Radigues´ Freund, der französische Fahrwerksspezialist Alain Chevallier, baute ein Chassis. Und obwohl dieses Fahrwerk verspätet eintraf, hatten die Fahrer de Radigues und Raymond Roche keine schlechte Saison: Beide holten je viermal WM-Punkte und wurden 12. und 13. in der WM-Abrechnung.

Noch nie hatte Cagiva den Japanern so dicht im Nacken gesessen. Für 1988 baute man ein neues, feuerrotes Motorrad, das mit elegantem, windschlüpfrigem Design und einer neuen, gekröpften Schwinge bei weitem die schönste Maschine des Feldes darstellte. Öhlins-Federelemente und eine neue Digital-Zündung von Magneti Marelli kamen hinzu, nur in Sachen nutzbares Drehzahlband und in Sachen Gesamtgewicht, zu dem das Aluminium-Motorgehäuse im Vergleich mit von den Japanern verwendeten Magnesium entscheidenden Anteil hatte, hinkte Cagiva hinterher. Auch die nur ein Jahr lang eingesetzten Pirelli-Reifen erwiesen sich als Mißgriff.

Trotzdem ging es weiter bergauf. Der

neue Cagiva-Star Randy Mamola, aus dem Kenny Roberts-Team wegen Desinteresse an intensiven Winter-Tests gefeuert, kam dreimal unter die ersten sechs und bescherte Cagiva im Regen von Spa mit Platz drei den ersten Podestplatz.

1989 wurde das Motorrad mit Magnesiumgehäuse, neuem Power-Valve-System, einer neuen Auspuff-Expansionskammer im Stil des Honda-ATAC-Systems und einem neuen Chassis verbessert, doch wegen Handlingsproblemen kam Mamola nicht an seine Vorjahresergebnisse heran.

Selbst vor Experimenten mit der heiklen Karbonfiber-Technologie fürs Fahrwerk und der Benzineinspritzung für den Motor schreckten die Cagiva-Techniker nicht zurück und wollten den Erfolg 1990 erzwingen, als sie mit Mamola, Ron Haslam und dem jungen Brasilianer Alexandre Barros nicht weniger als drei Werkspiloten ins Gefecht schickten. Doch Mamola stürzte im Regen von Spa mit dem möglichen Sieg vor Augen, Barros und Haslam verletzten sich zwischendurch, am Ende standen die enttäuschenden Schlußränge zwölf, 13 und 15.

Um ein Haar wäre Cagiva damals schon ausgestiegen – wenn sich Kenny Roberts nicht als Retter der Königsklasse ins Zeug gelegt und den spektakulärsten Transfer der Firmengeschichte lanciert hätte: Kein Geringerer als der vierfache Weltmeister Eddie Lawson unterschrieb für drei Millionen Dollar Jahresgage bei Cagiva, brachte außerdem seinen alten Yamaha-Rennleiter Fiorenzo Fanali mit und versprach, den Rennstall endgültig an die Spitze zu bringen.

Neben seinem Fahrkönnen brachte Steady Eddie seine unerschütterliche, methodische Arbeitsweise mit und brachte der Cagiva C 591 solche Manieren bei, daß er in 15 Rennen nur viermal das Ziel verpaßte und zweimal Platz drei erreichte. Und obwohl Lawsons glücklicher Reifenpoker auf abtrocknender Strecke eine mitentscheidende Rolle spielte, wurde der erste Cagiva-Sieg 1992 in Ungarn als historisches Ereignis gefeiert.

Doug Chandler, von Suzuki abgeworben,

**Den Japanern im Nacken: die 1988er Cagiva für Randy Mamola**

ersetzte den zurückgetretenen Eddie Lawson 1993 und startete gleich beim Saisonbeginn in Australien mit Platz drei. Ein schwerer Sturz in Mugello kostete ihn jedoch soviel Selbstvertrauen, daß er auf WM-Rang zehn zurückfiel und zum Nummer zwei-Piloten abrutschte.

Denn kurz vor Saisonende 1993, nach einem vorzeitig mit einem Skandal beendeten Engagement im 250 ccm-Suzuki-Team, stieß endlich Wunschpilot John Kocinski zum Cagiva-Rennstall und machte in Amerika mit dem ersten Sieg auf trockener Piste von sich reden.

Ein Jahr später zog sich Cagiva sang- und klanglos zurück, ohne rauschenden Abschlußball, ohne öffentliche Erklärung, ohne das Begräbnis erster Klasse, auf das die Fans als letztes Tribut an die feuerroten Renner gehofft hatten.

Nicht einmal die Fahrer wurden offiziell informiert. »Daß Cagiva sich endgültig zurückgezogen hat, erfuhr ich vor zwei Tagen aus der Zeitung. Die Castiglionis haben bis heute nicht mit mir gesprochen«, erklärte Doug Chandler bei der Daytona-Speedweek Anfang März 1995. Seinem neuen Job, das Harley-Davidson-Superbike für die amerikanische Meisterschaft flottzumachen, kam er mit halbem Herzen nach; innerlich trieb ihn die Sehnsucht um, so schnell wie möglich in die höchste Liga des Motorradsports zurückzukehren.

Noch tiefer war der Fall von John Kocinski. Wegen seiner Launen und Eskapaden, die in der öffentlichen Schlachtung seiner Werks-Suzuki vor Zehntausenden von Fans in Assen 1993 gipfelten, wurde er von allen japanischen Werken verschmäht und stand zu Beginn des Jahres ohne jeden Vertrag da. »Ich habe Fehler gemacht, und es gibt eine Menge Dinge, die ich aus der Welt räumen muß«, gestand der einstige »Außerirdische«. »Viel habe ich selbst verschuldet, aber es gab auch zahlreiche Leute, die mir den Weg zum besten Material und den besten Leuten bewußt versperrt haben«.

Um einen Fuß in die Tür zum Grand Prix-Comeback zu stemmen, bestritt er das 600 ccm-Rennen in Daytona auf einer Honda des amerikanischen Team Erion, wurde trotz einer Grippe und fünfjähriger Abstinenz von Viertaktern Zweiter, lobte die Unterstützung der Honda Racing Corporation HRC über den grünen Klee und verwies immer wieder auf das immense Vergnügen, endlich einmal eine Honda steuern zu dürfen.

Doch die Hoffnung auf eine unmittelbare Rückkehr in die Weltmeisterschaft verdrängte er, so gut es ging. »Was derzeit in der Grand Prix-Szene läuft, weiß ich nicht, und ich will es auch nicht wissen«, winkte er ab. »Das Einzige, was mich derzeit wirklich interessiert, ist das Wasserskifahren. Das Rennen hier habe ich nur auf dem Vorbeiweg mitgenommen, ich hatte nämlich sowieso vor, für ein paar Wochen nach Orlando zu gehen. Auf einem See trainiere ich dort das Slalomfahren, und ich kann dir sagen: Es ist ganz schön aufregend! Das Boot zieht dich zwar nur mit 36 Meilen pro Stunde, doch durch die Querbeschleunigung am Seil erreichst du bis zu 80 Meilen«, freute er sich und präsentierte sogar bereits die ersten drei Sponsoren, die ihn über Wasser hielten.

## 500 ccm: Test-Marathon für Capirossi

Mit Loris Capirossi hätte er wohl trotzdem gern getauscht, denn der hatte mit seinem Marlboro Team Pileri jene Maschine zur Verfügung, von der Kocinski in all seinen Grand Prix-Jahren vergeblich geträumt hatte: Die bereits legendäre Honda NSR 500. »Wir hatten einen anstrengenden Winter, aber mir war klar, daß ich hart an mir arbeiten mußte, um auf der 500er in gute Form zu kommen«, erklärte der 21jährige Italiener, der mehr als 5000 Testkilometer auf der 320 km/h-Rakete erstaunlich unversehrt überstanden hatte. »Es war die Mühe wert, ich habe jeden Kilometer genossen – das Gefühl und die Adrenalinschübe, die du kriegst, wenn du der ganzen Kraft freien Lauf läßt, sind phantastisch!«

Alberto Puig hatte 1994 mit etlichen Startplätzen in der ersten Reihe bewiesen, daß auch Newcomer mit der schnellsten und stärksten aller Rennmaschinen sofort auf die Erfolgsspur fahren können, allerdings stand der Spanier wegen ständig

**Und es geht doch: Alberto Puig fühlte sich auf der 500er Honda wohler als auf der 250er**

7

anschwellender Unterarme selten einmal ein ganzes Rennen in vollem Tempo durch. In der Winterpause unterzog er sich deshalb einer Karpaltunneloperation und meldete sich bei den traditionellen Tests der Teamvereinigung IRTA im spanischen Jerez mit der vorläufigen Bestzeit zurück, bevor er seine Maschine bei einem kapitalen 200 km/h-Crash so verbog, daß er die restlichen drei Tage zusehen mußte.

Noch weniger an Saisonvorbereitung blieb Alexandre Barros. Nach insgesamt fünf Jahren bei Cagiva und Suzuki sattelte auch der Brasilianer auf die Werks-Honda um. Als Cheftechniker gewann er keinen Geringeren als Erv Kanemoto, der die letzten großen Erfolge in dieser Kategorie mit Wayne Gardner gefeiert hatte und seit zwei Jahren auf eine Chance zur Rückkehr in die Königsklasse gewartet hatte. Allerdings trat das Kanemoto-Team als Außenseiter ohne großen Sponsor an, erst nach einigen Rennen ließ die Stadt Rio de Janeiro ihren Schriftzug auf die Verkleidung kleben, um gegen eine Gebühr von 300000 Dollar für den Brasilien-Grand Prix im September Werbung zu machen.

*Oben:* Der lädierte Suzuki-Held Kevin Schwantz mit Nachfolger Daryl Beattie

*Rechts:* Fahrstil der Zukunft von Yamaha-Jungstar Norifumi Abe

Da stand das offizielle Honda-Aufgebot mit Michael Doohan, Alex Crivillé und Shinichi Itoh schon besser da. Nach einem Jahr ohne Hauptsponsor wurden die Motorräder in den Farben des spanischen Mineralölkonzerns Repsol lackiert, ein Deal, für den dem Vernehmen nach nur vier Millionen Dollar über den Tisch gingen – ein Spottpreis für ein Team, das die Konkurrenz in der prestigeträchtigsten Kategorie des Motorradsports mit neun Siegen in 14 Rennen förmlich hinweggefegt hatte.

Doch für Honda hatte der neue Geldgeber einen entscheidenden Vorteil: Im Gegensatz zu den reichen Tabakkonzernen verzichtete er weitgehend auf die ermüdenden und Weltmeister Michael Doohan besonders verhaßten Promotionauftritte, das Team konnte sich ungestört auf seine Arbeit konzentrieren.

Doohan jettete zur nächsten Operation an seinem bei dem verheerenden Assen-Sturz 1992 schwer beschädigten linken Fuß nach Amerika, um die verkrümmten Zehen strecken zu können und das steife Sprunggelenk in die optimale 90 Grad-Position zu bringen. Ebenso erfolgreich waren vorsichtige Detailverbesserungen an seiner Maschine, während der Japaner Shinichi Itoh parallel dazu Zukunftstechnologien wie eine elektronische Traktionskontrolle ausprobierte.

Bei Kevin Schwantz ging dagegen alles schief. Das linke Handgelenk, aus dem im Sommer zuvor drei zertrümmerte Knochen entfernt worden waren, konnte der Texaner kaum bewegen. Als er Anfang Januar zu ersten Tests in Malaysia wieder in den Sattel stieg, stürzte er nach wenigen Runden und lädierte den linken Daumen.

Ein Arzt diagnostizierte einen versteckten Knochenriß und riet zur Vorsicht, Schwantz stieg tags darauf trotzdem wieder in den Sattel. »Zunächst hatte ich keine Probleme. Aber als ich für einen Kerzencheck an den Killschalter langen wollte, war es, als hätte jemand eine glühende Nadel durch die Hand gestoßen. Der Schmerz war unbeschreiblich«.

Erst bei den Jerez-Tests machte der Weltmeister von 1993 die nächsten Fahrversuche und bemühte sich, dem gewaltigen Rückstand positive Seiten abzugewinnen. »Zweieinhalb Stunden in fünf Monaten, so wenig bin ich seit meinem Einstieg in den Grand Prix-Sport 1988 nicht mehr auf dem Motorrad gesessen. Doch die lange Pause hatte auch ihre Vorteile: Nachdem ich im letzten Jahr immer wieder Schwierigkeiten hatte, mich neu zu motivieren, ist nun der alte Ehrgeiz wieder da«, formulierte er.

Sein neuer Teamkollege Daryl Beattie hatte den Ehrgeiz auch so. Nach seiner niederschmetternden Saison im Yamaha-Team von Kenny Roberts war der 24jährige wieder glänzender Laune, gönnte sich als neues Spielzeug einen privaten Helikopter,

stürzte sich aber auch mit gleichem Enthusiasmus auf seinen neuen Job. Vom Verlust aller fünf Zehen am linken Fuß beim Sturz in Le Mans 1994 unbeeindruckt, verblüffte er sein Team und Kevin Schwantz nicht nur mit schnellen Rundenzeiten, sondern auch mit erstklassigen Testresultaten. »Daryl hat denselben Fahrstil wie ich. Er ist der erste von allen meinen Teamkollegen, der zu denselben Aussagen kommt und dieselben Verbesserungswünsche hat. Unter den gegebenen Umständen schickt ihn der Himmel«, erklärte Schwantz.

Beatties Nachfolger Norifumi Abe wurde unterdessen als neuer Joker im Yamaha-Team gefeiert. Selten wurde ein neues Gesicht im Fahrerlager so schlagartig berühmt wie das des 19jährigen Japaners, der als Wild Card-Pilot beim Suzuka-Grand Prix 1994 fast Kevin Schwantz und Michael Doohan besiegt hätte und noch in der gleichen Saison als neuer Star im Team von Kenny Roberts zu einer Traumkarriere durchstartete.

Durch einen neuen, artigen Kurzhaarschnitt verlor der Teenager zwar etwas von seinem mädchenhaften Gesichtausdruck, doch sein typischer Fahrstil, weitmöglichst nach vorn, ins Zentrum der Maschine gerückt mit eigentümlich halbaufgerichtetem Oberkörper um die Kurven zu zirkeln, blieb unverwechselbar. »Das ist der Fahrstil der Zukunft. So möchte ich auch fahren können«, staunte 250 ccm-Star Ralf Waldmann am Streckenrand von Jerez, wo Abe unermüdlich sein Runden drehte.

Wie Capirossi hatten auch Abe und Vizeweltmeister Luca Cadalora einen langen Winter mit über 5000 Testkilometern auf dem Buckel, um Yamaha nach zweijähriger Durststrecke wieder an die Spitze zurückzubringen. Geheilt vom Schock des Vorjahres, als sich eine stolz präsentierte Neukonstruktion als unfahrbar heausstellte und das Werks-Team für die ersten Rennen auf käufliche ROC-Yamaha zurückgreifen mußte, vertrauten die Yamaha-Techniker diesmal auf eine Politik der kleinen Schritte. »Seit November sind wir im Prinzip pausenlos damit beschäftigt, einzelne Bauteile auszuprobieren und uns langsam nach

**Wollte endlich Meister aller Klassen sein: Luca Cadalora**

**Lieber Hecht im Karpfenteich als im Haifischbecken: Jean-Philippe Ruggia**

vorne zu tasten«, erklärte Rennleiter Chuck Aksland.

Die jüngste Version der Yamaha YZR 500 war schlanker, eleganter und unter der Verkleidung besser aufgeräumt als ihre Vorgängerin, doch wurde das Team in seinen Saisonvorbereitungen durch ein verheerendes Erdbeben im japanischen Kobe, das auch das für die Halbliter-Rennreifen zuständige Dunlop-Werk in ein Trümmerfeld verwandelte, jäh zurückgeworfen. »Das Chassis ist deutlich besser geworden, der Motor beißt aggressiver zu und zieht spürbar kräftiger durch. Doch die Reifen sind noch ein Problem«, faßte Cadalora zusammen, der 1986 bei den 125ern sowie 1991 und 1992 bei den 250ern Weltmeister geworden war und seine Karriere unbedingt noch mit dem Titel in der Königsklasse krönen wollte.

Auch der Franzose Serge Rosset, Hersteller der käuflichen ROC-Yamaha, hätte gern einen Star ins Rennen geschickt, doch sein Traum platzte wie eine Seifenblase. Anfang Dezember hatte sich der bei Aprilia entlassene Jean-Philippe Ruggia mit Rosset auf gemeinsame Anstrengungen für eine bessere Zukunft geeinigt. Als Rosset wegen seiner intensiven Verbindungen zu Yamaha keine Honda-Werksmaschinen erhielt, unterschrieb Ruggia am 4. Januar einen gutdotierten Vertrag für eine Halbliter-Saison im Sattel einer ROC-Yamaha

500, worauf Rosset eine Neumaschine aufbaute, einen Sponsorvertrag mit Gauloises unter Dach und Fach brachte und von der französischen Presse gefeiert wurde.

Am 17. Januar ließ Ruggia den Deal per Telefax platzen. Weil Ruggia der einzig französische Pilot von Weltniveau war und Gauloises keinen anderen Fahrer haben wollte, sprang auch der Glimmstengelhersteller wieder ab. Rosset ließ die Gültigkeit seines Vertrags mit Ruggia von einem Schiedsgericht klären und wurde dafür von der französischen Presse geschmäht.

Während Rosset nun ohne Fahrer dastand und nach einem gescheiterten Versuch mit 125 ccm-Exweltmeister Alessandro Gramigni auf den spanischen Halbliterneuling Juan Bautista Borja zurückgriff, hatte Ruggia in letzter Minute doch noch bei seinem Wunschteam unterschrieb: Dem »Tech 3«-Rennstall von Hervé Poncharral, der am 15. Januar das entsprechende elf-Budget für Honda-Werksmaschinen aufgetrieben hatte.

## 250 ccm: Yamahas geheime Neukonstruktion

Wegen der kurzen Vorbereitungszeit war Ruggia freilich ebenso Außenseiter im Rennen um die Weltmeisterschaft wie der Italiener Doriano Romboni. Von Geldgeber

Mit weltmeisterlichem Material in die neue Saison: Eskil Suter auf der 94er Werks-Aprilia –
*Rechts:* Blick nach vorn ohne Zorn: Adi Stadler

HB 1994 verstoßen, gelang es ihm trotz des vierten WM-Rangs nicht, einen neuen Hauptsponsor aufzutreiben. Selbst die klangvollen Namen von Multi-Weltmeister Giacomo Agostini als Teamchef und des berühmten Kel Carruthers als Cheftechniker brachten keine Wende, so daß die Honda-Werksmaschinen erst im Januar mit einem Notbudget von Helmhersteller Bieffe und einer Geldspritze aus Agostinis Privatvermögen ausgelöst werden konnten.

Rombonis größtes Handikap war, aus finanziellen Gründen von Dunlop auf Michelin umsteigen zu müssen. Dunlop war bei den 250ern klare Nummer eins, die Michelin-Reifen dagegen wegen ihres gefährlich schmalen Grenzbereichs berüchtigt.

Neben dem im offiziellen HRC-Team antretenden Tadayuki Okada war Ralf Waldmann damit der aussichtsreichste Honda-Pilot, wenn auch kein Topfavorit für die Weltmeisterschaft. Denn trotz der zahlreichen Verstellmöglichkeiten am Chassis war die neue Werks-Honda NSR 250 keineswegs die Wunderwaffe, die sich die Leasingkunden erhofft hatten. »Am Anfang war ich sogar richtig enttäuscht«, bekannte Ralf Waldmann über seine ersten Erfahrungen bei Probefahrten in Australien. »Der Rahmen benahm sich so nervös,

daß ich auf keine richtigen Rundenzeiten kam«. Waldis Überseetrip endete mit einem Rippenbruch in der Hitze Malaysias, erst bei ausführlichen dreitägigen Privat-Tests nach dem offiziellen IRTA-Einsatz in Jerez faßte er mit seiner neuen Maschine Tritt.

Yamaha ging auf der Suche nach einer Antwort auf Max Biaggi und seine überlegene Chesterfield-Aprilia einen anderen Weg. Nach Jahren, in denen sämtliche japanischen Werke auf Membransteuerung eingeschworen waren, sann Yamaha auf ein radikales Ende des frustrierenden PS-Mangels in der 250 ccm-Kategorie und konstruierte versuchshalber einen Drehschiebermotor nach Aprilia-Vorbild. Bei ersten Probefahrten lief die neue Maschine bereits deutlich schneller als die Membranversion, zerbarst aber auch häufig wegen mechanischer Kinderkrankheiten.

Wegen der umstrittenen neuen Regelung, zwecks Kostensenkung bei 125ern und 250ern nur noch ein Motorrad pro Fahrer zum Training zuzulassen, scheute sich Yamaha, den Drehschiebermotor bei den Grand Prix weiterzuentwickeln, und schickte seine Piloten vorläufig mit bewährtem Material ins Gefecht.

Denn das offizielle Marlboro-Yamaha-Team schien auch mit den schwachbrüsti-

gen Membranmotoren schlagkräftig genug, Weltmeister Max Biaggi die Stirn zu bieten. Der gelähmte 500er Champion Wayne Rainey nahm die anstrengenden Reisen des GP-Zirkus nicht in Kauf, um einfach dabeizusein, sondern brannte vor Ehrgeiz, nach dem besten Fahrer auch zum besten Teamchef der Welt zu werden.

Sein Star Tetsuya Harada war 1993 bereits Weltmeister der 250 ccm-Klasse, sein junger Schützling Kenny Roberts junior verfügte über das Talent und den Drang, in seine Fußstapfen zu treten. Beide fragen nicht nach mehr PS, sondern konzentrierten sich auf die Feinabstimmung des Fahrwerks, um bei der Kurvenfahrt lange schwarze Striche auf den Asphalt zaubern

**Am Anfang sogar enttäuscht: Ralf Waldmann auf der neuen Honda NSR 250**

Es gibt wichtigeres als PS: Yamaha-Werksfahrer Kenny Roberts jr und Tetsuya Harada

Endlich mit Top-Material: Tokudome und Koch vom Team Ditter Plastic

zu können. »Für mich heißt der Kampf Biaggi gegen Harada«, gab Aprilia-Teamdirektor Carlo Pernat erste Tips für den neuen Saisonverlauf zum Besten und vermerkte, daß auch sein Team-Junior Roberto Locatelli und der stark verbesserte Jean-Michel Bayle jederzeit für Überraschungen in Frage kämen. Außerdem gab es noch den Schweizer Eskil Suter und den bewährten Bayern Adi Stadler: Beide ergatterten gebrauchte Werksmaschinen des Jahres 1994, mithin den Standard, mit dem Biaggi Weltmeister geworden war.

## 125 ccm: Werks-Aprilia für Ditter Plastic

Auch bei den 125ern zauberte Aprilia ein paar neue, klangvolle Namen aus dem Hut. So wechselte das Grand Prix Team Ditter Plastic, von Honda jahrelang mit zweitklassigem Material abgespeist, nach Saisonende 1994 die Fronten, einigte sich mit Aprilia auf einen Leasingvertrag und freute sich, Oliver Koch und seinen neuen Teamkollegen Masaki Tokudome endlich auf reinrassigen Werksmaschinen ins Gefecht schicken zu können. »Ein viel besseres Motorrad als die alte Honda. Das sieht man schon beim Hingucken. Ich habe sie sofort

ins Herz geschlossen«, bedankte sich Oliver Koch. »Das Fahrwerk ist handlich, stabil und zielgenau. Es spricht besser auf Änderungen an, so daß du auch als Fahrer viel mehr spürst, was das Motorrad macht.« Vor allem aber spürte Olli, daß der Drehschiebermotor besonders zornig aufschrie. »Seit ich Aprilia fahre, muß ich Ohrstöpsel benutzen«, schmunzelte er.

Für den ehrgeizigen Masaki Tokudome erfüllte sich mit dem Einstieg in ein professionelles Werksteam ein Lebenstraum. Drei Jahre hatte er als Schweißer in Betrieben rund um Suzuka Sonderschichten geschuftet, um sich für 15 Mark die Stunde mit seiner selbstverdienten RS 125 über Wasser zu halten. Mit Aufklebern der Rennwerkstatt »Racing Supply«, einem Mechaniker und dem Europa-Quartier in der südfranzösischen Werkstatt des »Tech 3«-Besitzers Hervé Poncharral schnupperte er 1994 erstmals den Duft der großen Welt. Durch den Vertrag mit dem großen, wohlhabenden Ditter-Team sah er sich nun ernsthaft dazu aufgefordert, am Thron von Weltmeister Kazuto Sakata zu rütteln – und kam bei ersten Tests in Jerez auch fast an dessen Zeiten heran.

War Neueinsteiger Tokudome trotzdem ein Außenseiter, so galt der etablierte Peter Öttl in dieser Klasse als der große deutsche Star neben Honda-Pilot Dirk Raudies, dem Weltmeister von 1993. Während die Honda RS 125 von Raudies als komplette Neukonstruktion ausgeliefert wurde und nun endlich klassentypische Standards wie ein progressives Hebelsystem für die Hinterradaufhängung, einen Vergaser mit Power- Jet und ein herausnehmbares Getriebe aufwies, wurde die Werks-Aprilia nur in Details modifiziert. Sie hatte nun eine Digitalanzeige für Drehzahl und Wassertemperatur, eine voluminösere Verkleidung, eine andere Zündelektronik, eine optimierte, schnurgerade Auspufführung, eine besser abgedichtete Airbox und praxisgerechtere Einstellmöglichkeiten für Vorderradgabel und Hinterradschwinge.

Nur bei Yamaha hatte sich in dieser Klasse über den Winter nicht viel getan. Spaniens Idol Jorge Martínez, sein von vielen

Verletzungen genesener Teamkollege Yoshiaki Katoh und der Badener Stefan Kurfiss traten mit Werks-Kits an, doch traf Martínez bei ersten Frühjahrstests in Spanien mit den neuen Motorrädern fast der Schlag, als er bis auf ein paar Vergaserdetails im Prinzip seine langsame Vorjahresmaschine wiedererkannte. Team energizer elf-Pilot Stefan Prein hatte sich die 90 000 Mark-Investition für den Werks-Kit wegen seines schmalen Budgets von vornherein gespart, war aber trotzdem nicht viel schlechter dran.

Hoffte Prein auf die Künste seines neuen Tuners Harald Bartol, so erlebte der ebenso schnelle wie sturzfreudige Noboru Ueda aus dem italienischen Givi-Honda-Team schon vor Saisonbeginn den ersten Rückschlag: Der stets gutgelaunte Nobby, der schon so viele Crashs mit einem Lächeln weggesteckt hatte, brach sich bei einem Sturz in Jerez eine Kniescheibe.

Alles frisch: Dirk Raudies und die brandneue HB-Honda RS 125

# TEAMS UND FAHRER 1995

## 500 cm³:

| Team | Fahrer | Marke | Reifen |
| --- | --- | --- | --- |
| HRC Honda Team | Michael Doohan (1) AUS | Honda | Michelin |
|  | Alex Crivillé (6) E | Honda | Michelin |
|  | Shinichi Itoh (7) J | Honda | Michelin |
| Marlboro Team Roberts | Luca Cadalora (2) I | Yamaha | Dunlop |
|  | Norifumi Abe (17) J | Yamaha | Dunlop |
| Lucky Strike Suzuki | Daryl Beattie (4) AUS | Suzuki | Michelin |
|  | Kevin Schwantz (34) USA | Suzuki | Michelin |
|  | Scott Russell (45) USA | Honda | Michelin |
| Fortuna-Honda-Pons | Alberto Puig (5) E | Honda | Michelin |
|  | Carles Checa (12) E | Suzuki | Michelin |
| Harris Grand Prix | Sean Emmett (8) GB | Harris-Yamaha | Dunlop |
|  | Christiano Migliorati (20) I | Harris-Yamaha | Dunlop |
|  | James Haydon (69) GB | Harris-Yamaha | Dunlop |
| Kanemoto Racing | Alexandre Barros (9) BR | Honda | Michelin |
| Team Millar | Jeremy McWilliams (10) GB | Yamaha | Dunlop |
| Erima Competition | Bernard Garcia (11) F | ROC-Yamaha | Michelin |
| Aprilia Racing Team | Loris Reggiani (13) I | Aprilia | Dunlop |
| Thommen Elf Racing Team | Adrian Bosshard (14) CH | ROC-Yamaha | Dunlop |
| ROC Euroteam | Laurent Naveau (18) B | ROC-Yamaha | Michelin |
| Haenggelli Racing | Bernard Haenggelli (21) CH | ROC-Yamaha | Michelin |
| Team Pedercini | Lucio Pedercini (22) I | ROC-Yamaha | Michelin |
| Padgetts Racing Team | Eugene McManus (23) GB | Harris-Yamaha | Dunlop |
|  | Jim Filice (26) USA | Harris-Yamaha | Dunlop |
| Starsport | Scott Gray (24) USA | ROC-Yamaha | Dunlop |
| World Champ. Motorsports | Neil Hodgson (25) GB | ROC-Yamaha | Dunlop |
| Team Max | Andrew Stroud (27) NZ | ROC-Yamaha | Dunlop |
| MTD Objectif 500 | Bruno Bonhuil (28) F | ROC-Yamaha | Michelin |
| FP Racing | Frederic Protat (37) F | ROC-Yamaha | Michelin |
| Team ROC | Alessandro Gramigni (39) I | ROC-Yamaha | Michelin |
|  | Juan Bautista Borja (19) E | ROC-Yamaha | Michelin |
| Dr Team Shark | Marc Garcia (44) F | ROC-Yamaha | Michelin |
| JPJ Paton | Jean Pierre Jeandat (51) F | Paton | Michelin |
| Marlboro Team Pileri | Loris Capirossi (65) I | Honda | Michelin |

## 250 cm³:

| Team | Fahrer | Marke | Reifen |
| --- | --- | --- | --- |
| Chesterfield Aprilia | Massimiliano Biaggi (1) I | Aprilia | Dunlop |
|  | Jean-Michel Bayle (8) F | Aprilia | Dunlop |
| HRC Honda Team | Tadayuki Okada (2) J | Honda | Michelin |
| FCC Technical Sports | Takeshi Tsujimura (3) J | Honda | Bridgestone |
| Honda Team Agostini | Doriano Romboni (4) I | Honda | Michelin |
| Docshop Racing | Niall Mackenzie (5) GB | Aprilia | Dunlop |
|  | Patrick v. d. Goorbergh (16) NL | Aprilia | Dunlop |
| Elf-Honda-Tech 3 | Jean-Philippe Ruggia (6) F | Honda | Dunlop |
|  | Olivier Jaque (19) F | Honda | Dunlop |
| Team Rainey | Tetsuya Harada (7) J | Yamaha | Dunlop |
|  | Kenny Roberts jr. (25) USA | Yamaha | Dunlop |
| SSP Competicion | Luis d´Antin (9) E | Honda | Michelin |
|  | Gregorio Lavilla (21) E | Honda | Michelin |
| Arie Molenaar Racing | Nobuatsu Aoki (10) J | Honda | Michelin |
| Fortuna-Honda-Pons | Carles Checa (12) E | Honda | Michelin |
|  | Ruben Xaus (14) E | Honda | Michelin |
| Mohag Aprilia | Eskil Suter (13) CH | Aprilia | Dunlop |
| Edo Racing Team | Oliver Petrucciani (15) CH | Aprilia | Dunlop |
| Global Motorsports | Jürgen v. D. Goorbergh (17) NL | Honda | Dunlop |
|  | Sadanori Hikita (27) J | Honda | Dunlop |
| Aprilia Racing Team | Roberto Locatelli (18) I | Aprilia | Dunlop |
| Veitinger | Adi Stadler (22) D | Aprilia | Dunlop |
| Maurel Competicion | Luis Carlos Maurel (23) E | Honda | Michelin |
| Team Munich | Bernd Kassner (24) D | Aprilia | Michelin |
| Givi Racing | Davide Bulega (26) I | Honda | Dunlop |
| HB Honda Germany | Ralf Waldmann (28) D | Honda | Dunlop |
|  | Jürgen Fuchs (29) D | Honda | Dunlop |
| PR2 Racing Team | Jose Luis Cardoso (30) E | Aprilia | Michelin |
| Castilla Competicion | Miguel Castilla (31) E | Yamaha | Dunlop |
| Tecno Racing | Pere Riba (32) E | Aprilia | Michelin |
| Equipe de France GP | Regis Laconi (55) F | Honda | Dunlop |

## 125 cm³:

| Team | Fahrer | Marke | Reifen |
| --- | --- | --- | --- |
| Bike 2000 | Kazuto Sakata (1) J | Aprilia | Dunlop |
|  | Andrea Ballerini (22) I | Aprilia | Dunlop |
| Givi Racing | Noboru Ueda (2) J | Honda | Dunlop |
|  | Herri Torrontegui (10) E | Honda | Dunlop |
| HB Team Raudies | Dirk Raudies (4) D | Honda | Dunlop |
| Marlboro-Aprilia-Eckl | Peter Öttl (5) D | Aprilia | Bridgestone |
|  | Manfred Geissler (23) D | Aprilia | Bridgestone |
| Team Aspar-Cepsa | Jorge Martinez (6) E | Yamaha | Michelin |
|  | Yoshiaki Katoh (19) J | Yamaha | Michelin |
| IPA Corse-FMI-Aprilia | Stefano Perugini (7) I | Aprilia | Dunlop |
|  | Gianluigi Scalvini (17) I | Aprilia | Dunlop |
| GP Team Ditter Plastic | Masaki Tokudome (8) J | Aprilia | Dunlop |
|  | Oliver Koch (18) D | Aprilia | Dunlop |
| JHA Racing | Hideyuki Nakajyo (9) J | Honda | Dunlop |
|  | Ken Miyasaka (30) J | Honda | Dunlop |
| Team Prein | Stefan Prein (11) D | Yamaha | Dunlop |
| Arie Molenaar Racing | Haruchika Aoki (12) J | Honda | Michelin |
| Team Europa Zwafink | Garry McCoy (13) AUS | Honda | Bridgestone |
|  | Josep Sarda (63) E | Honda | Bridgestone |
| Docshop Racing | Akira Saito (14) J | Honda | Dunlop |
| LB Racing Team | Loek Bodelier (15) NL | Aprilia | Bridgestone |
| FCC Technical Sports | Tomomi Manako (20) J | Honda | Bridgestone |
|  | Tomoko Igata (21) J | Honda | Dunlop |
| Debbia Racing Team | Gabriele Debbia (24) I | Yamaha | Bridgestone |
| Ducados Aprilia | Vittorio Lopez (25) I | Aprilia | Dunlop |
| Scot Racing Team | Emilio Alzamora (26) E | Honda | Michelin |
|  | Ivan Cremonini (27) I | Honda | Michelin |
| Moto Bum Team Harc Pro | Takehiro Yamamoto (28) J | Honda | Dunlop |
| Racing Supply | Yoshiyuki Sugai (29) J | Honda | Dunlop |
| AGV Attac Racing | Stefan Kurfiss (31) D | Yamaha | Dunlop |
|  | Darren Barton (44) GB | Yamaha | Dunlop |
| Elf Team Kepla | Hiroyuki Kikuchi (32) J | Honda | Dunlop |

**Fünf Mann auf einem Bike: Tokudome, Geissler, Koch, Kurfiss, Öttl (v.r.)**

13

Das Ende einer Ära: In der Gischt von Suzuka fuhr Kevin Schwantz sein letztes Rennen, blieb aber als Zaungast am Streckenrand und in den Herzen der Fans präsent. Sein Nachfolger Daryl Beattie (4) war ein würdiger Vertreter – auch in der Zuschauergunst

Doohan o.k.: Trotz meist schlechter Starts blieb der Weltmeister die überlegene Nummer eins und machte Herausforderer Daryl Beattie (4) naß. Halbliter-Anfänger Loris Capirossi (65) hatte nur selten lichte Momente, Marlboro-Yamaha-Star Luca Cadalora (2) feierte erst nach der langen »Michelop«-Ära sein spätes Glück

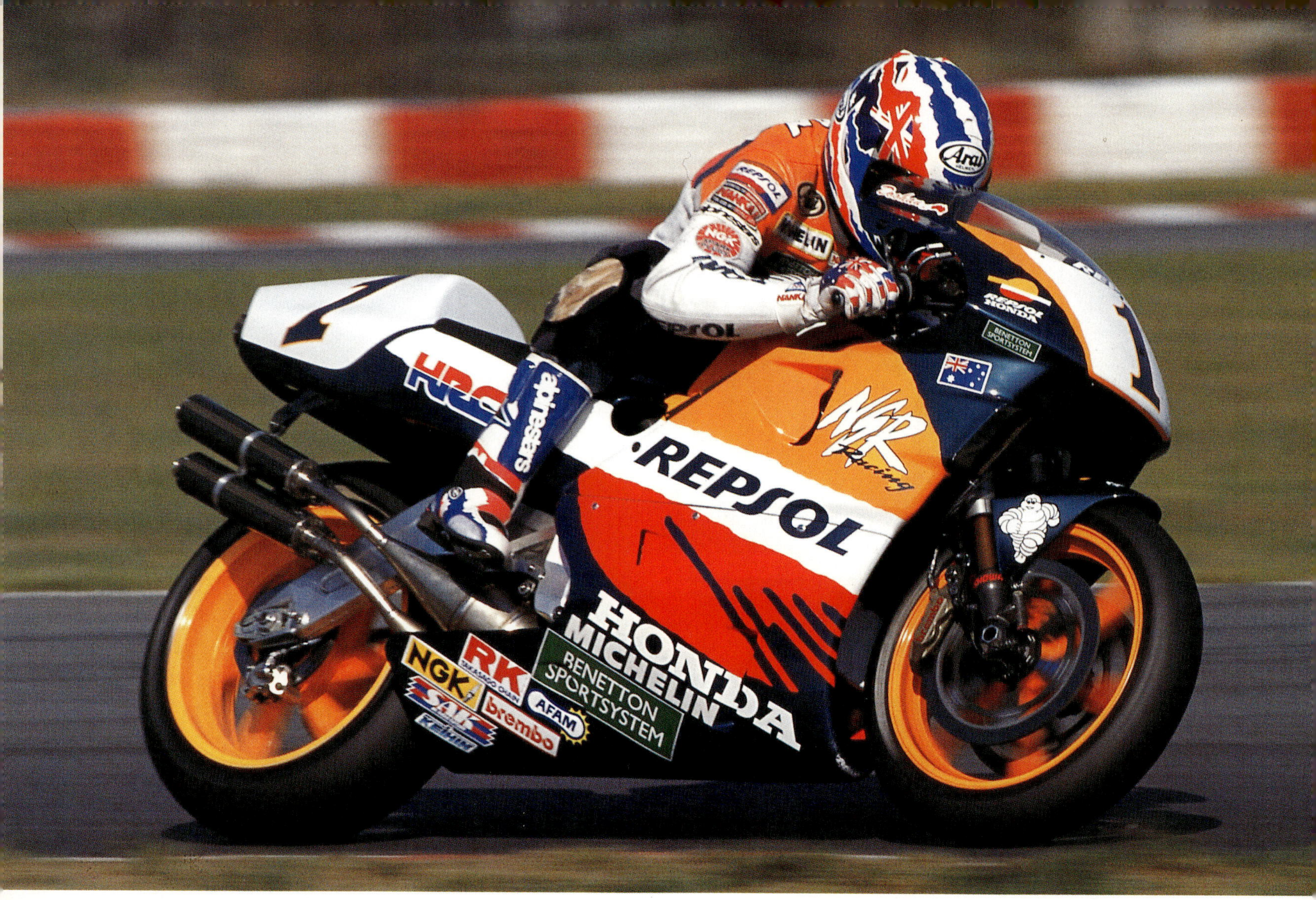
REPSOL
HONDA
MICHELIN
BENETTON SPORTSYSTEM
NGK
RK
brembo
AFAM

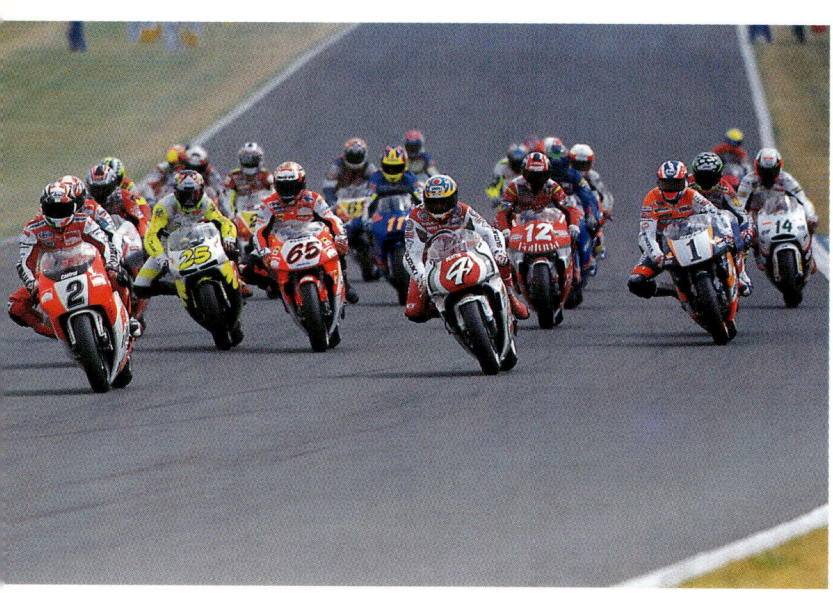

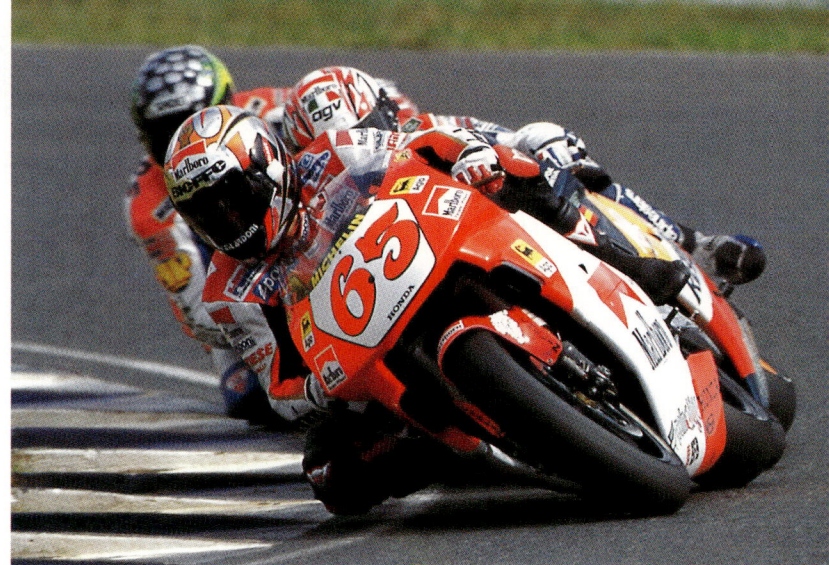

Meister Max: Weltmeister Biaggi zelebrierte seine Erfolge standesgemäß neben und auf der Piste, doch seine Herausforderer feierten immer wieder fröhlich mit. Ralf Waldmann mit Mechaniker Robert Reich, mit Teamkollege Jürgen Fuchs und im Kampf gegen Kenny Roberts jr., die

erstaunlichen Privatfahrer Olivier Jacque (19) und Jürgen Fuchs (29) inmitten der Werksmaschinen, alle deutschen Stars im Jubel vereint – nur Adi Stadler (22) und Bernd Kassner (24) hatten nicht immer Grund zur Freude

**Der Himmelsstürmer: Ralf Waldmann schlug den Weltmeister**

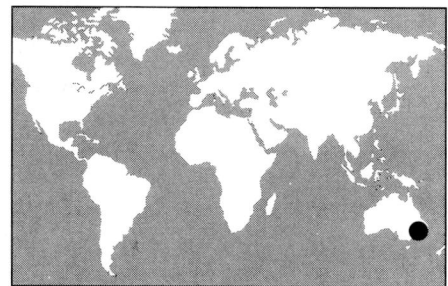

**26. März 1995:**
**Grand Prix Australien in Eastern Creek**

*Ralf Waldmann*
# Ein Tag im Paradies

*hängte die Weltmeister Max Biaggi und Tetsuya Harada ab – und erlebte den Saisonauftakt als »another day in paradise«.*

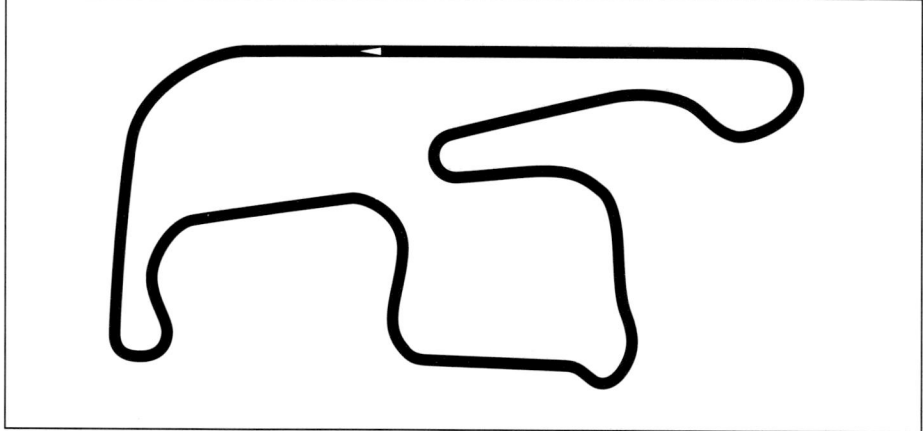

Seit der Premiere der Eastern Creek-Strecke 1991 war der Australien-Grand Prix stets ein fröhliches, zweiwöchiges Happening gewesen, bei dem Parties stiegen, bei dem die Teams zu einer traditionellen Spaß-Regatta durch den Hafen von Sydney lossegelten und bei dem selbst die diensteifrigsten Mechaniker genügend Gelegenheit hatten, für einen Bummel durch Darling Harbour oder für einen Sprung in die Brandung des Pazifischen Ozeans am Strand von Manly die Schraubenschlüssel fallenzulassen.

Doch 1995 war alles anders. Die Teamvereinigung IRTA hatte die traditionellen dreitägigen Tests am Wochenende vor dem WM-Auftakt aus Kostengründen gestrichen, und damit schrumpfte der Saisonbeginn auf einen kurzen Arbeitseinsatz, bei dem statt Ferienlaune Premierenfieber vorherrschte.

Bei der ACU, dem Motorsportverband des Staates New South Wales, herrschte sogar kräftige Katerstimmung. Nach jahrelangen Verlusten durch den Eastern Creek-Grand Prix stand die Auto Cycle Union am finanziellen Abgrund. Als dann auch noch der Hauptsponsor der Veranstaltung, die Brauerei Foster's absprang, gab die ACU als Grand Prix-Promoter auf.

Die kurzfristig beauftragte »International Management Group«, hinter der der mächtige amerikanische Sportmarketing-Gigant

McCormick steckte und die den berühmten Barry Sheene sogleich als Zugpferd engagierte, sprang in die Bresche und konnte mit 53 000 Zuschauern am Ende der Veranstaltung sogar eine halbwegs ausgeglichene Bilanz vorlegen.

Trotzdem waren die Tage des Eastern Creek-Grand Prix gezählt, denn im Parlament von New South Wales gab es immer weniger Fürsprecher für die teure und umstrittene Veranstaltung. Anders im Südstaat Victoria: Melbourne ließ einen Park mitten in der Stadt zur Formel 1-Strecke umbauen, worauf die Organisatoren sich eine »Speedweek« ausdachten, bei der der Auto-Grand Prix in Melbourne und der Motorrad-Grand Prix auf Phillip Island an zwei aufeinanderfolgenden Wochenenden stattfinden sollten.

An Dollarmillionen für eine Rückkauf des Australien-Grand Prix fehlte es offenbar nicht, denn nur wenige Wochen später sollte publik werden, was hinter den Kulissen schon seit Monaten mit der im Grand Prix-Geschäft regierenden TV-Agentur Dorna verhandelt wurde: Daß der Motorrad-GP ab 1997 wieder für fünf Jahre auf der kleinen Ferieninsel Phillip Island, zwei Autostunden südlich von Melbourne, stattfinden würde.

Als Jeff Kennett, liberaler Premierminister von Victoria, die gute Nachricht im Parlament verkündete, herrschte mit Bob Carr, dem sozialdemokratischen Premier von New South Wales, eine in der Geschichte der rivalisierenden Staaten seltene Einigkeit. »Wir haben den Grand Prix«, triumphierte Kennett. »Nehmt ihn nur – ihr

für die Werbung seiner eigenen Fans fürstlich entlohnt werden wollte.

An seiner Überlegenheit auf der Strecke ließ er freilich keinen Zweifel. Honda hatte die NSR 500, die ohnehin schon beste Rennmaschine der Welt, mit einem steiferen Steuerkopf und einer modifizierten Schwinge, die trotz günstiger verteiltem Gewicht stabiler wurde, auf noch bessere Handlichkeit und mehr Grip in den Kurven getrimmt. Außerdem wurde die Leistungsentfaltung des nahezu 200 PS starken Vierzylinder-Aggregats noch gleichmäßiger. Obwohl Zukunftstechnologien wie eine hydraulische Kupplung und die semiaktive, PGM genannte Hinterradfederung erst vom Teamkollegen Alex Crivillé ausprobiert wurden, und Doohan ein klassisches, ohne technische Spezialgags aufgebautes Standardmotorrad einsetzte, fuhr er bei seiner Trainingsbestzeit um mehr als eine halbe Sekunde voraus.

Die Konkurrenz versuchte, tapfer zu bleiben. »Mit einem guten Start kann ich mich vielleicht an ihn anhängen«, hoffte Daryl Beattie, beim offiziellen Debüt auf seiner Werks-Suzuki RGV 500 erstaunlicher Zweiter in der Qualifikation. »Beim Bremsen in den Kurven am Berg habe ich das Motorrad schlecht unter Kontrolle. Doch ich habe ein paar Ideen, wir liegen nicht um eine Million Meilen zurück«, versuchte auch Teamkollege Kevin Schwantz seine Techniker zu beruhigen.

Doch im Warm-Up am Sonntagmorgen fiel seine mühsam aufgebaute Zuversicht

wie ein Kartenhaus zusammen. Schon am ersten Tag hatte der entthronte Weltmeister einen Trainingssturz wegstücken müssen, bevor er nun abermals spektakulär zu Boden ging. Ein Kolbenklemmer hatte ungewohnt heftig und schlagartig das Hinterrad blockiert, und weil der Highspeedsturz bei Tempo 270 so unerwartet und ohne jede Chance zur Gegenwehr passierte, rappelte sich der einst so unverwüstliche Texaner nachdenklicher und benommener als sonst von seiner Rutschpartie wieder auf.

Auch Luca Cadalora hatte die Jagd auf Doohan mit einem schweren Sturz bezahlt. Zwanzig Minuten vor Ende des Abschlußtrainings rutschte das Hinterrad seiner Werks-Yamaha weg, Cadalora brach sich den linken Ringfinger und trug Fleischwunden am linken Unterarm und am linken Knie davon. »Wir werden sehen, wie es mir morgen im Warm-Up geht. Doch ich will unbedingt fahren«, brannte er nach dem dritten Trainingsplatz aufs Rennen.

Sein Teamkollege Norifumi Abe erbeutete Startplatz vier und war damit die eigentliche Überraschung des Tages, zumal er immer noch einen Tapeverband um die linke Schulter trug. Bei einem Test-Sturz hatte er sich das Schlüsselbein gebrochen und verschrauben lassen, wenige Wochen später hatte der 19jährige Japaner eine zweite Operation gebraucht, weil die Schrauben locker wurden und sich allmählich durch die Haut bohrten.

könnt ihn haben«, ätzte Carr zurück, der am liebsten mit dem Fahrrad zur Arbeit fuhr und dem lärmende Motoren ein Greuel waren.

Auch die Fahrer hatten von der Eastern Creek-Piste genug, auf der nicht nur jede Mange Sand, sondern auch der Gummiabrieb von Dragstershows und Autorennen das Fahren zum gefährlichen Balanceakt machte. »Der Zustand der Fahrbahn ist erbärmlich. Wenn es regnet, wird es gemeingefährlich. Dann ist es am besten, das Rennen von vornherein abzusagen«, nahm auch Australiens Held Michael Doohan kein Blatt vor den Mund.

Ohnehin tauchte der Multimillionär, der das Recht am eigenen Bild mit solcher Buchhalterakribie verteidigte, daß er sogar kleine Posterhersteller in Europa mit Honorarforderungen verfolgen ließ, in keiner kommerziellen Vorankündigung und keinem Veranstaltungsplakat für das Eastern Creek-Wochenende auf – weil er

*Oben:* **Souverän durchgesetzt: Ralf Waldmann, Zweiter im 250er Training**
*Rechts:* **Mit Standardmotorrad zur Pole Position: 500er Weltmeister Mick Doohan**

Unmittelbar nach seiner Bestzeit wäre Abe um ein Haar wieder gestürzt, brachte sein Motorrad aber gerade noch unter Kontrolle und tuckerte an die Box. »Nicht zu glauben«, staunte er, als er seinen Startplatz auf dem Monitor bewunderte.

War Abe zu seinem fünften Grand Prix unterwegs, so trat Halbliter-Neuling Loris Capirossi zur Premiere auf seiner Honda NSR 500 an und sorgte für gehöriges Herzklopfen in der Pileri-Box. Denn zehn Minuten vor Trainingsende und unmittelbar, nachdem er die siebtbeste Zeit vorgelegt hatte, gesellte auch er sich zu den Sturzopfern. »Ich hatte einen zu harten Vorderreifen drauf. Er bot wenig Grip, worauf ich noch schneller in die Kurven einbog, um ihn auf Temperatur zu bringen. Dabei ist er mir weggerutscht«, schilderte er treuherzig.

Zumindest hatte er zwei weiteren Honda-Werkspiloten die Show gestohlen: Cagiva-Umsteiger Alexandre Barros erreichte Startplatz acht, der Spanier Alberto Puig rutschte mit Platz neun in die dritte Reihe und verlor bei einem Sturz in der allerletzten Trainingsrunde auch noch viel Haut und den Nagel seines linken Zeigefingers.

In den kleineren Klassen wurden die Qualifikationskämpfe häufig durch Phasen gespenstischer Stille unterbrochen, bei denen kaum jemand auf der Strecke war. Die neue Regelung, im Training der 125 ccm- und der 250 ccm-Klasse nur noch eine Maschine zuzulassen, war freilich nicht nur für Zuschauer und Fotografen langweilig, sondern warf etliche der Piloten unverdient weit zurück. Der Schweizer 250 ccm-Pilot Eskil Suter, auf einer gebrauchten Werks-Aprilia unterwegs, erreichte nach einem Sturz im Abschlußtraining nur Startplatz 16, 125 ccm-Vizeweltmeister Noboru Ueda startete nach Stürzen an beiden Tagen sogar aus der sechsten Reihe.

Bei vielen anderen zerrann kostbare Trainingszeit nach harmlosen Defekten an der Box, trotzdem fanden nur wenige so deutliche Worte wie Aprilia-Teamdirektor Carlo Pernat. »Die Regelung ist strohdumm. Je mehr Zeit verstreicht, desto mehr steigt die Unfallgefahr, weil die Piloten nervöser werden und die Mechaniker hektischer arbeiten müssen. Kosten spart sie auch nicht, im Gegenteil: Du brauchst immer noch eine zweite Maschine und eine komplette Mechaniker-Crew, aber noch mehr Ersatzteile und intensivere Winter-Tests.

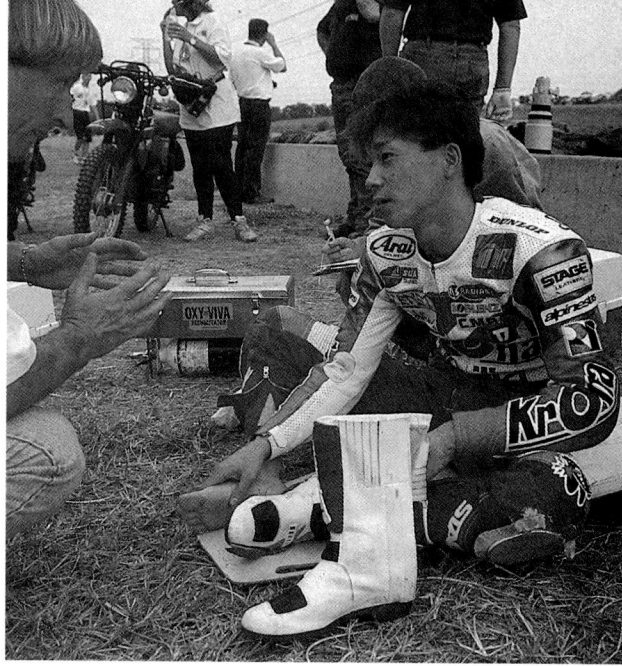

Prellungen im Fuß, trotzdem zweiter Startplatz: Kazuto Sakata

*Links:* Nicht zu glauben: Norick Abe in der ersten Startreihe

Außerdem verarmt die Show«, regte er sich auf. »Mit dieser Bestimmung fällt der GP-Sport auf das Niveau der Europameisterschaft zurück und wird zum Glücksspiel. Ich bin gespannt, was in Japan passiert. Wenn es wie im letzten Jahr im Training regnet und 25 Piloten zu Boden gehen, findet das Rennen ohne Fahrer statt«.

Aprilia hatte freilich auch technische Gründe, bei den Gegnern der Neuregelung das Wort zu führen: Ihre Drehschiebermotoren waren deutlich heikler abzustimmen als die gutmütigen japanischen Aggregate mit Membraneinlaß. Dirk Raudies fuhr bei den 125ern denn auch unangefochten auf die Pole Position, während Kazuto Sakata nach einem Trainingssturz Mühe hatte, seine Weltmeister-Aprilia noch auf Platz zwei zu bringen und über Leistungsmangel klagte, sowie über Schmerzen im geprellten rechten Fuß.

Da war Garry McCoy nach seinem dritten Platz schon deutlich fröhlicher. Nach

Nachdenklich nach 270 km/h-Sturz: Suzuki-Star Kevin Schwantz

**Therapeut Kleber, Garry McCoy, Teamchef Rubatto: ein Herz und eine Seele – noch**

**Nur Dritter nach wilden Rutschern: 250er Weltmeister Massimiliano Biaggi**

einem Autounfall im Januar, bei dem Teambesitzer Gerd-Heinz Zwafink schwer verletzt wurde, wäre sein Zwafink-Honda-Team um ein Haar auseinandergefallen. Die bestellten und zugesagten Honda-A-Kits konnten aus Geldmangel nicht ausgelöst werden, und während der japanische Pilot Akira Saito in letzter Minute im holländischen Docshop-Team unterschlüpfte, stand der als zweiter Pilot verpflichtete McCoy so gut wie auf der Straße.

Doch ein verzweifelter Anruf bei seinem früheren Techniker Mario Rubatto, der gleichzeitig mit ihm im August 1994 im Frust beim deutschen agv-Attac-Team das Handtuch geworfen hatte, brachte die Wende. »Ich habe ohne lange nachzudenken mein Bankkonto überzogen, den Kit gekauft, das Motorrad besorgt und anschließend vier Wochen lang Tag und Nacht gearbeitet«, schilderte Rubatto, der nicht nur die ebenso billigen wie berühmten Bitubo-Federelemente in die Maschine einbaute, sondern auch wichtige administrative Aufgaben übernahm und für das neue »Team Europa Zwafink« eine Handvoll von Dirk Raudies´ früheren Sponsoren flottmachte.

Auch Franz Kleber, Raudies' früherer Therapeut und Numerologe, war als privater Co-Sponsor und Orakel des Teams mit von der Partie. »Garry McCoy wird nicht nur Weltmeister 1995, sondern dereinst Weltmeister aller Klassen«, prophezeite er voller Euphorie.

Auch Max Biaggi, 1993 zu Honda desertiert und im letzten Jahr reumütig zu Aprilia zurückgekehrt, trug sich schon vor seinem ersten Rennen mit Gedanken an einen Klassenwechsel und ließ in aller Öffentlichkeit durchblicken, daß er nach einem weiteren 250 ccm-Titel auf Aprilia zu einem prominenten Halbliter-Rennstall wechseln wolle. »Ich würde bei den 500ern am liebsten das wiederholen, was mir mit Aprilia bei den 250ern geglückt ist: Als Außenseiter an allen vorbeizufahren«, zog er auch die Konkurrenz des überlegenen Honda-Werksteams in Betracht.

Nur der Vorschlag von Aprilia-Teamdirektor Carlo Pernat, sein Glück doch mit der Zweizylinder-RSV 400 zu versuchen, schmeckte ihm nicht. »Mir gefällt das Zweizylinder-Konzept, und ich bin überzeugt von seiner Zukunft. Aber derzeit brauchst du zum Gewinnen noch einen Vierzylinder«, meinte Biaggi diplomatisch.

Seine Überlegungen wurden durch unerwartete Schwierigkeiten mit seiner Werks-Aprilia jäh unterbrochen. Die abplatzende

Lauffläche neuer Super-Zylinder warfen den Römer am ersten Trainingstag zurück, worauf das Team nervös auf bewährte Teile vom Vorjahr zurückrüstete und Biaggi im Abschlußtraining zu einer überlegenen Trainingsbestzeit davonstach. »Wir sind gerade rechtzeitig fertiggeworden«, atmete er auf, »nur mit dem Handling bin ich noch nicht zufrieden. Vor allem auf den Bodenwellen in der ersten schnellen Linkskurve nach Start und Ziel wackelt die Maschine erbärmlich«.

Das HB-Team von Ralf Waldmann kam bis auf eine längere Hinterradschwinge ohne große technische Experimente und Umbauten aus, denn Waldi hatte im Winter fleißiger als jeder andere in Eastern Creek getestet und fuhr mit Startplatz zwei die Früchte seiner Arbeit ein. »Da habe ich mich souverän durchgesetzt«, schmunzelte der HB-Honda-Star, »mein Motorrad ging aber auch wie eine Rakete, Egal, wer vor mir war, ich blieb ständig auf der Überholspur«.

## 250 ccm: Massensturz in der ersten Runde

Und das blieb er auch im Rennen. Vom Start weg katapultierte er sich in Führung und ließ einen Massensturz in der zweiten Kurve hinter sich. Dort kamen sich der Spanier Luis d'Antin und der Italiener Roberto Locatelli in die Quere und stürzten, wobei sich Locatelli einen Schlüsselbeinbruch zuzog und den Einsatz in Malaysia eine Woche später abhakte.

Jean-Philippe Ruggia, Sadanori Hikita, Bernd Kassner und Miguel Castilla konnten den Trümmern nicht mehr ausweichen und wurden ebenfalls aus dem Sattel gerissen. Olivier Jacque und Tadayuki Okada purzelten eine Kurve später, während Aprilia-Star Jean-Michel Bayle zum späten Opfer der Havarie wurde: Wie etliche andere hatte er sich nach einem langen Umweg übers Gras wieder auf die Strecke zurückgefädelt und die Verfolgung aufgenommen, riskierte dabei aber zuviel und stürzte eine Runde später wegen eines Highsiders.

Der kurioseste Ausfall wurde von dem Spanier Luis Carlos Maurel vermeldet. Statt einer Strafminute bei Frühstarts mußten Rotlichtsünder neuerdings zu einem kurzen Stop and Go an die Box. Mit nicht mehr als 80 km/h, von einer Radarfalle überwacht, sollten sie ans Ende der Boxengasse fahren und dort nach fünf Sekunden Pause von einem fahnenschwingenden Marshall wieder auf die Strecke entlassen werden. Maurel wurde zu seiner Zeitstrafe von der Strecke zitiert, rauschte aber mit 112 km/h durch die Boxengasse und kassierte die nächste Strafe, worauf er empört das Handtuch warf.

Die Boxengasse blieb auch dem Schweizer Eskil Suter in unguter Erinnerung. In der Aufwärmrunde war die Schaltautomatik kaputtgegangen, die den Zündstrom beim Antippen des Schalthebels kurz unterbricht und so Gangwechsel ohne Kupplung erlaubt. An der Box wurde das System blitzartig abgeklemmt, doch als Suter seine Maschine wieder anwarf, hörte er seine Kollegen bereits in Richtung erste Kurve davonfahren. Mit einer halben Minute Verspätung machte sich Suter aus der Boxengasse an die Verfolgung und erreichte immerhin noch Rang 13.

Ralf Waldmann führte indes überlegen und ließ sich auch nicht beirren, als sein Vorsprung allmählich zusammenschmolz und er nach 15 Runden von Max Biaggi und Tetsuya Harada gestellt wurde. »Mein Start war brillant, doch nach einigen Runden spürte ich, daß die Reifen nachließen. Als ich auf meiner Boxentafel ausmachte, daß Biaggi und Harada näherrückten, beschloß ich, sie vorfahren zu lassen und von hinten zu studieren«, berichtete Waldi.

»Dabei sah ich schnell, daß sie dieselben Probleme hatten. Ich drehte wieder energischer am Gas und setzte mich durch.«

Im packenden Fotofinish zählten Hundertstelsekunden. Waldi querte um eine Radlänge vor Tetsuya Harada und Max Biaggi die Linie, buchte den zweiten 250 ccm-Sieg seiner Laufbahn und brachte es gleich nach der Siegerehrung auf den Begriff: »Das war das beste Rennen meines Lebens«.

Nachdem er seinen ersten Erfolg in dieser Kategorie in Mugello 1994 einem Sturz von Max Biaggi zu verdanken hatte, sonnte er sich nun im Triumph, die Weltelite im offenen Schlagabtausch besiegt zu haben. »Das tut dem Selbstvertrauen gut. Ich fühle mich stark«, schmunzelte Waldi. »Harada und Biaggi sind Weltmeister, ich bin ein niemand. Es ist ein großartiges Gefühl, plötzlich genau so schnell zu sein wie die Besten dieser Klasse. Es ist auch schön, wieder hier in Australien zu sein – another day in paradise!«.

Der bislang Beste, unerwartet auf Rang drei zurückgeworfen, saß im Vergleich zu Waldi da wie ein begossener Pudel. »Von der ersten Runde an bin ich wild gerutscht. Mein Hinterreifen war absolut nicht gut. Ich versuchte, genauso aufs Tempo zu drücken wie die andern zwei, aber es ging einfach nicht«, grübelte Biaggi. Und das war beileibe nicht das Einzige, was dem italienischen Werksteam Kopfzerbrechen machte: Jean-Michel Bayle, im Rennen durch Sturz eliminiert, hatte sich nach seinem zehnten Trainingsplatz zornig bei Philip Morris-Vertreter Leo de Graffenried beklagt, er habe im Vergleich zum Weltmeister ganz offensichtlich zweitklassiges

**Niemand schlug zwei Weltmeister: Ralf Waldmann genießt seinen Triumph**

Material zur Verfügung.

Bei Yamaha wurde der zweite Platz dagegen fast wie ein Sieg gefeiert. »Ich bin kein bißchen müde. Das Set-Up war so gut, daß ich beliebige Linien wählen konnte«, frohlockte Tetsuya Harada, der Waldi und Biaggi zwischendurch immer mal wieder frech ausbremste und in Lücken stach, die mit freiem Auge nicht zu erkennen waren.

Ähnliche Husarenstückchen führte auch sein Teamkollege Kenny Roberts junior vor: Am Start würgte er den Motor ab, startete als Vorletzter und wühlte sich trotz Handschmerzen nach einem Trainingssturz bis zum siebten Platz vor. »Ein hartes Stück Arbeit. Genossen habe ich dieses Rennen nicht im Geringsten«, meinte er angesichts des deutlichen PS-Mangels der Yamaha.

**Schön, in Australien zu sein: Waldmann siegte vor Harada (7) und Biaggi (1)**

**Neuer König der Achtelritter: der 19jährige Japaner Haruchika Aoki**

Obwohl seine käufliche Honda RS 250 ebenfalls längst nicht mit den schnellsten Werksmaschinen mithalten konnte, zog sich auch Jürgen Fuchs, Nummer zwei im offiziellen HB-Honda-Aufgebot, glänzend aus der Affäre. Auf den 14. Platz im Training ließ er einen unglaublichen zehnten Rang im Rennen folgen, obwohl er der Massenkollision nach dem Start nur um Haaresbreite entwischte. »Die Strecke vor mir war völlig verbarrikadiert, ich mußte übers Kiesbett ausweichen«, schilderte Fuchs. »Dabei hat es den Schalthebel unter die Fußraste gedrückt. Die erste halbe Runde bin ich mit schleifender Kupplung im dritten Gang gefahren, dann habe ich den Hebel von Hand wieder geradegebogen«.

Und selbst Adi Stadler feierte ein Happy-End. »Ich weiß nicht, wo's hakt. Es stinkt mir selber«, hatte er nach Trainingsrang 27 noch den Kopf hängen lassen. Doch im Rennen fegte er dann, seiner hübschen Aprilia angemessen, auf einen strammen zwölften Platz.

## 125 ccm: Raudies und sein Oberfreund

Nur die deutschen 125 ccm-Asse hatten wenig zu feiern. Dirk Raudies startete zwar wie eine Rakete und lag zwei Kurven lang hinter Garry McCoy an zweiter Stelle, mußte in Turn drei aber ins Kiesbett und kippte um. »Ich bin so narret, das gibt's gar nicht«, beschwerte er sich. »Meinen Oberfreund Mario Rubatto habe ich endgültig gefressen. Wahrscheinlich hat er den McCoy so angeheizt«.

Denn der Australier rammte Raudies schon am Start. »Und zwar so, daß mich's schier vom Karren geschlagen hat«, beteuerte der Biberacher. Drei Ecken später hatte McCoy in Führung liegend einen Highsider, sein Motorrad fiel auf Raudies' Verkleidung und riß den Exweltmeister ins Verderben. »Den ganzen Lenker hat's abgebogen«, brummte Raudies mit einer dicken Eispackung auf der geprellten linken Hand. »Es ist jammerschade: Seit gestern lief der Karren so abartig gut, daß ich mir sicher war: Ich hätte dieses Rennen gewonnen«, fügte er hinzu und war im übrigen der Ansicht, McCoy hätte sich für seine Rempler ruhig entschuldigen können.

Der Australier war sich freilich keiner Schuld bewußt. »Ich lag in Führung und spürte plötzlich einen Schlag gegen das Heck meiner Maschine. Gesehen habe ich niemanden, denn noch haben Rennmaschinen keine Rückspiegel«, verteidigte er sich.

Dann ging der Streit unter den Teamchefs weiter. HB-Teammanager Dieter Stappert platzte in ein Fernsehinterview mit McCoys Mentor Mario Rubatto und schrie, McCoy gehöre »an beiden Ohren zum Fahrerlager hinaus« gezogen. Rubatto reagierte mit einer Antwort, die aus der ARD-Zusammenfassung geschnitten werden mußte.

Wurde Raudies unschuldig ins Verderben gerissen, so stürzte der Trainingsvierte Peter Öttl ohne Feindeinwirkung. »Ein klassischer Highsider«, seufzte er nach der Havarie in der elften Runde, bei der er sich in der Verfolgergruppe schon an die vierte Stelle vorgearbeitet hatte. »Ich habe gesehen, daß Emili Alzamora vor mir mit Problemen kämpfte. Ich wollte ihn geradeaus an Start und Ziel überholen und habe in den Kurven bewußt nichts übertrieben, sondern bin sehr vorsichtig zu Werke gegangen. Trotzdem ging der Reifen schlagartig weg – kein Grip«.

Sein Teamkollege Tex Geissler, im Training trotz zweier Stürze immerhin Zwölfter, kam nicht viel weiter und verabschiedete sich in Runde 16 von seinem 13. Platz. »Jorge Martinez hatte Mühe, das Tempo zu halten. Ich habe ihn überholt und hätte ihn zur nächsten Gruppe mitgezogen. Statt dessen versuchte er mich auszubremsen – und knallte mir voll ins Heck!

**»Ich hätte dieses Rennen gewonnen«: Ex-Weltmeister Dirk Raudies**

Pech: Peter Öttl stürzte auf Rang vier

Aus Reihe sechs auf Rang fünf: 125er Vizeweltmeister Noboru Ueda

Von einem solchen Profi hätte ich das nicht erwartet«, beschwerte sich der Nachwuchsmann des deutschen Dream Teams.

Stefan Prein wurde in die Wiese geschickt, mußte allein auf weiter Flur die Verfolgung aufnehmen und landete auf Platz 18. Yamaha-Markenkollege Stefan Kurfiss kämpfte mit Fahrwerksproblemen seiner brandneuen, kaum eingefahrenen Kit-Maschine und landete auf Platz 19, und so wurde Ditter Plastic-Pilot Oliver Koch die Ehre zuteil, bester Deutscher zu werden und als 15. wenigstens einen Punkt zu retten. »Ich habe in den Lenker gebissen wie ein Ochse, ein paarmal bin ich fast auf der Nase gelegen. Aber mein Motor lief nicht richtig, beim Beschleunigen fuhren mir alle auf und davon. An Überholmanöver aus dem Windschatten auf der Zielgeraden war nicht zu denken«, schilderte Olli.

Auch sein japanischer Teamkollege Masaki Tokudome hatte sich nach dem fünften Startplatz mehr erhofft als den zwölften Platz. »Drei, vier Runden lang war ich vorn dabei«, trauerte er, nachdem

er vom vierten Platz zu Beginn langsam aber sicher zurückgefallen war, »und zunächst konnte ich spielend mit Sakata mithalten. Doch dann kamen die ersten großen Rutscher. In den schnellen, langgezogenen Kurven klappte es einigermaßen, doch in den langsameren Kurven war es furchteinflößend. Wir haben verwachst«.

Sein Frust war umso deutlicher, als drei seiner Landsleute die Podestplätze unter sich aufgeteilt hatten. Tomomi Manako vom Team Technical Sports war am

Anfang und am Ende Dritter, Weltmeister Kazuto Sakata führte eine Weile und wurde mit 15 Sekunden Rückstand Zweiter.

Überlegener Überraschungssieger wurde der 19jährige Haruchika Aoki, kleiner Bruder des 250 ccm-Stars Nobuatsu. Ebenso aufsehenerregend wie die Motorleistung seiner A-Kit-Honda war dabei die Tatsache, daß Aoki Michelin-Reifen aufgezogen hatte und der französischen Marke in dieser Kategorie erstmals seit 1990 wieder einen Sieg bescherte.

**An Überholmanöver war nicht zu denken: Koch war trotzdem bester Deutscher**

**Verwachst: Tokudome (8) wurde von Ueda (2) besiegt**

**Das Gas ist rechts: 125er Sieger Aoki**

Tokudomes japanischer Mechaniker Mogi, einer der besten Szenekenner, winkte ab. »Hauptsache, das Ding ist schwarz und rund, denn Aoki kennt keinen Unterschied zwischen verschiedenen Reifen. Er kennt nur den Gasgriff«, schmunzelte er.

### 500 ccm: Schwantz hätte im Bett bleiben sollen

Den schien Kevin Schwantz beim Start der Halbliterklasse vergessen zu haben: Er würgte seine Werks-Suzuki ab, mußte sie wieder anschieben und kam nur als 15. aus der ersten Runde zurück. »Meine Hauptsorge war, daß mich jemand von hinten abschießen könnte. Ich schaute über die Schulter und versuchte, niemandem im Weg herumzustehen«, schilderte der Suzuki-Star.

Zunächst rollte er das Feld zügig von hinten auf, verbrauchte dabei aber ebenso schnell seine Reifen und die begrenzte Kraft in seinem linken Handgelenk, weshalb er nicht über den fünften Platz hinauskam. »Was für ein Tag. Ich hätte im Bett bleiben sollen«, seufzte er.

**Kein Gedanke an Podestplätze: Yamaha-Roberts-Stars Abe (17) und Cadalora (2)**

Für Luca Cadalora war Rang vier freilich auch kein Honiglecken. Zu Anfang machte er noch Jagd auf den vor ihm fahrenden Alex Crivillé, doch dann mußte er mit zunehmenden Reifenproblemen zurückstecken. Trotz wilder Vorderradslides biß er die Zähne zusammen und hielt durch bis zum Zielstrich, war aber wenig begeistert. »Die Hand und der Arm waren kein Problem, doch mit dem Motorrad kämpfte ich vom Start bis zum Ziel. Nicht zu stürzen, war die Hauptaufgabe. An Podestplätze brauchen wir mit diesem Paket keinen

Gedanken zu verschwenden«, grübelte er. »Ich hatte die gleichen Probleme wie Luca«, fügte der neuntplazierte Norifumi Abe hinzu. »Mein Start war phantastisch, aber im Verlauf des Rennens wurde es mit dem Grip immer schlechter.«

Wenigstens hatte Adrian Bosshard, von einer 250 ccm-Werks-Honda auf eine ROC-Yamaha in der Halbliterklasse umgestiegen, sein Ziel erreicht. »Ich wollte beim ersten Rennen punkten. Und das ist mir geglückt«, berichtete er nach Rang 15.

Und kam zum gleichen Schluß wie der

achtplazierte Loris Capirossi: sich im Training statt ums pure Gasgeben noch ausgiebiger um ein präzises Set-Up zu bemühen. Denn zunächst war das Rotkäppchen stolzer Vierter, begrub seine Hoffnungen auf eine Überraschung aber schon nach wenigen Runden und mußte sich nach hinten durchreichen lassen. »Die Federung war nicht richtig eingestellt und hat frühzeitig die Reifen ruiniert. Künftig werde ich mich im Training mehr auf die Rennabstimmung als auf gute Rundenzeiten konzentrieren – das ist der Hauptunterschied zwischen der 250er- und der 500er Klasse«, stellte er fest.

Nur Shinichi Itoh fiel wegen einer bei Tests erlittenen Handverletzung als Zehnter noch weiter zurück, alle anderen Honda-Stars fuhren Capirossi davon. Alberto Puig wurde Siebter und vermerkte erleichtert, daß seine operierten Unterarme das Rennen ohne Ermüdungserscheinungen überstanden hatten. Alexandre Barros wurde Sechster, Alex Crivillé feierte den Einstieg in seine vierte Halbliter-Saison mit einem stolzen dritten Platz.

Zwischendurch versuchte er sogar, Daryl Beattie zu ärgern. Doch sowie der Australier Wind davon bekam, daß ihm ein Verfolger auf den Leib rückte, drehte er das

*Oben rechts:* **Mehr um Rennabstimmung kümmern: 500er Neuling Loris Capirossi**
*Unten:* **Stolzer Dritter: der spanische Honda-Werkspilot Alex Crivillé**

Gas auf und stellte den alten Sicherheitsabstand wieder her. Mit Platz zwei feierte Beattie am Ende einen Einstand nach Maß im Lucky Strike-Suzuki-Team. »Ich erwischte einen guten Start, aber ich war hinter den beiden Yamaha, habe ein bißchen zu aufgeregt versucht, vorbeizukommen und war ein paarmal aus dem Sattel«, berichtete Beattie. »Glücklicherweise habe ich sie dann ohne große Mühe auf der Geraden erwischt. Dann sah ich Mick vor mir«.

Nur näher kam der Weltmeister nicht, sondern baute seinen Vorsprung im Gegen-

teil immer weiter aus. Schon nach einer halben Runde hatte Michael Doohan seine Verfolger aus dem Windschatten geschüttelt, tanzte binnen 30 Runden auf über 13 Sekunden Vorsprung davon und wurde von den Fans, die in traditioneller Manier die Strecke stürmten, mit begeisterten Sprechchören empfangen. »Es ist unglaublich«, gluckste er mit seligem Lächeln.

Nur einem war es nicht vergönnt, die Party mitzuerleben. Der beliebte frühere australische Grand Prix-Star Gregg Hansford, schon lange vor Wayne Gardner in den Automobilsport umgestiegen, war wenige Wochen vor dem Eastern Creek-Grand Prix bei einem Tourenwagenrennen in Phillip Island tödlich verunglückt. Nach einem Dreher wurde sein Fahrzeug von den Reifenstapeln der Streckenbegrenzung zurück auf die Piste geschleudert, ein Konkurrent rammte das Auto mit voller Wucht bei der Fahrertür. Mit einer Gedenkminute nahmen die Fans und Fahrer Abschied von dem zehnfachen GP-Sieger.

*Rechts:* Selbst Weltmeister Doohan zeigte nach dem Sieg im Heimspiel vor Landsmann Beattie (4) Emotionen

*Unten:* Nach dem Zieleinlauf stürmten die begeisterten Fans die Strecke in Eastern Creek

## 500 cm³:

### Ergebnisse

| | | | | WM-Stand | Pkt. |
|---|---|---|---|---|---|
| 1. Michael Doohan | AUS | Honda NSR | 46.06.030 | 1. Doohan | 25 |
| 2. Daryl Beattie | AUS | Suzuki RGV | 46.19.476 | 2. Beattie | 20 |
| 3. Alex Crivillé | E | Honda NSR | 46.25.098 | 3. Crivillé | 16 |
| 4. Luca Cadalora | I | Yamaha YZR | 46.39.783 | 4. Cadalora | 13 |
| 5. Kevin Schwantz | USA | Suzuki RGV | 46.40.402 | 5. Schwantz | 11 |
| 6. Alexandre Barros | BR | Honda NSR | 46.42.030 | 6. Barros | 10 |
| 7. Alberto Puig | E | Honda NSR | 46.44.651 | 7. Puig | 9 |
| 8. Loris Capirossi | I | Honda NSR | 46.50.884 | 8. Capirossi | 8 |
| 9. Norifumi Abe | J | Yamaha YZR | 46.52.504 | 9. Abe | 7 |
| 10. Shinichi Itoh | J | Honda NSR | 47.10.812 | 10. Itoh | 6 |
| 11. Loris Reggiani | I | Aprilia RSV | 47.11.524 | 11. Reggiani | 5 |
| 12. Sean Emmett | GB | Harris-Yamaha | 47.33.320 | 12. Emmett | 4 |
| 13. Bernard Garcia | F | ROC-Yamaha | 48.09.262 | 13. B. Garcia | 3 |
| 14. Cristiano Migliorati | I | Harris-Yamaha | 48.09.480 | 14. Migliorati | 2 |
| 15. Adrian Bosshard | CH | ROC-Yamaha | 48.19.714 | 15. Bosshard | 1 |

16. Laurent Naveau (B) ROC-Yamaha, – 1 Rde., 17. Andrew Stroud (NZ) ROC-Yamaha, 18. Frédéric Protat (F) ROC-Yamaha, 19. Martin Cragill (AUS) Harris-Yamaha, 20. Neil Hodgson (GB) ROC-Yamaha, 21. Eugene McManus (GB) Harris-Yamaha, 22. Lucio Pedercini (I) ROC-Yamaha, 23. James Haydon (GB) Harris-Yamaha, 24. Marc Garcia (F) ROC-Yamaha.

**Schnellste Runde:** Doohan in 1.31.501 = 154,621 km/h

**Rekord:** Michael Doohan (Honda) in 1.31.411 = 154,773 km/h (1992)

**Durchschnitt Sieger:** 30 Runden oder 117,900 km in 46.06.030 = 153,447 km/h

**Ausfälle:** J. McWilliams (GB) Yamaha, Nichtstarter/ Trainingsstürze; J. Borja (E) ROC-Yamaha, Schalthebel gebrochen; S. Gray (USA) ROC-Yamaha, Stop-und-Go-Strafe/Aufgabe; J. Jeandat (F) Paton, Primärtrieb defekt.

**Trainingszeiten:** 1. Doohan 1.30.580 = 156,580 km/h, 2. Beattie 1.31.231, 3. Cadalora 1.31.493, 4. Abe 1.31.525, 5. Schwantz 1.31.684, 6. Crivillé 1.31.754, 7. Capirossi 1.31.835, 8. Barros 1.31.870, 9. Puig 1.31.871, 10. Reggiani 1.32.547, 11. Itoh 1.32.815, 12. Emmett 1.33.958, 13. Borja 1.34.079, 14. Bosshard 1.34.115, 15. Garcia 1.34.429, 16. Jeandat 1.34.508, 17. Migliorati 1.34.750, 18. McWilliams 1.34.775, 19. Protat 1.35.070, 20. Cragill 1.35.250, 21. Stroud 1.35.310, 22. Haydon 1.35.453, 23. Pedercini 1.35.542, 24. Naveau 1.35.564, 25. Hodgson 1.35.652 26. Haenggeli 1.35.929, 27. Garcia 1.36.123

## 250 cm³:

### Ergebnisse

| | | | | WM-Stand | Pkt. |
|---|---|---|---|---|---|
| 1. Ralf Waldmann | D | Honda NSR | 43.52.872 | 1. Waldmann | 25 |
| 2. Tetsuya Harada | J | Yamaha TZM | 43.52.985 | 2. Harada | 20 |
| 3. Massimiliano Biaggi | I | Aprilia | 43.53.018 | 3. Biaggi | 16 |
| 4. Carles Checa | E | Honda NSR | 44.30.846 | 4. Checa | 13 |
| 5. Nobuatsu Aoki | J | Honda NSR | 44.30.963 | 5. Aoki | 11 |
| 6. Doriano Romboni | I | Honda NSR | 44.33.628 | 6. Romboni | 10 |
| 7. Kenny Roberts jr. | USA | Yamaha TZM | 44.45.278 | 7. Roberts jr. | 9 |
| 8. José Luis Cardoso | F | Aprilia | 44.48.365 | 8. Cardoso | 8 |
| 9. Takeshi Tsujimura | J | Honda RS | 44.48.834 | 9. Tsujimura | 7 |
| 10. Jürgen Fuchs | D | Honda RS | 44.50.697 | 10. Fuchs | 6 |
| 11. Jürgen v.d.Goorbergh | NL | Honda RS | 44.52.058 | 11. J.Goorbergh | 5 |
| 12. Adi Stadler | D | Aprilia | 45.24.926 | 12. Stadler | 4 |
| 13. Eskil Suter | CH | Aprilia | 44.14.070 | 13. Suter | 3 |
| 14. Marcus Payten | AUS | Yamaha TZ | 44.18.375 | 14. Payten | 2 |
| 15. Gregorio Lavilla | E | Honda | 44.19.108 | 15. Lavilla | 1 |

16. Pere Riba (E) Aprilia, – 1 Rde. 17. Alan Watts (AUS) Honda.

**Schnellste Runde:** Harada in 1.33.065 = 152,023 km/h

**Rekord:** Max Biaggi (Aprilia) in 1.32.658 = 152,691 km/h (1994)

**Durchschnitt Sieger:** 28 Runden oder 110,040 km in 43.52.872 = 150,461 km/h

**Ausfälle:** T. Okada (J) Honda, Sturz; N. Mackenzie (GB) Aprilia, Gaszug gerissen; J. Ruggia (F) Honda, Sturz; J. Bayle (F) Aprilia, Sturz; L. d´Antin (E) Honda, Sturz; O. Petrucciani (CH) Aprilia, Kupplung defekt; P. Goorbergh (NL) Aprilia, Reifenproblem/Aufgabe; R. Locatelli (I) Aprilia, Sturz; O. Jacque (F) Honda, Sturz; L. Maurel (E) Honda, Stop-and-Go-Strafe/Aufgabe; B. Kassner (D) Aprilia, Sturz; D. Bulega (I) Honda, Sturz; S. Hikita (J) Honda, Sturz; M. Castilla (E) Yamaha, Sturz; C. Connell (AUS) Yamaha, Sturz; R. Laconi (F) Honda, Sturz.

**Trainingszeiten:** 1. Biaggi 1.32.630 = 152,737 km/h, 2. Waldmann 1.33.011, 3. Okada 1.33.074, 4. Harada 1.33.124, 5. Romboni 1.33.529, 6. Checa 1.33.546, 7. Locatelli 1.33.562, 8. Ruggia 1.33.611, 9. Jacque 1.33.817, 10. Bayle 1.33.849, 11. d´Antin 1.33.898, 12. Roberts jr. 1.33.919, 13. Aoki 1.33.938

## 125 cm³:

### Ergebnisse

| | | | | WM-Stand | Pkt. |
|---|---|---|---|---|---|
| 1. Haruchika Aoki | J | Honda | 42.52.040 | 1. Aoki | 25 |
| 2. Kazuto Sakata | J | Aprilia | 43.07.681 | 2. Sakata | 20 |
| 3. Tomoni Manako | J | Honda | 43.14.136 | 3. Manako | 16 |
| 4. Emilio Alzamora | E | Honda | 43.14.204 | 4. Alzamora | 13 |
| 5. Noboru Ueda | J | Honda | 43.16.968 | 5. Ueda | 11 |
| 6. Stefano Perugini | I | Aprilia | 43.17.474 | 6. Perugini | 10 |
| 7. Hideyuki Nakayjo | J | Honda | 43.17.540 | 7. Nakajyo | 9 |
| 8. Gianluigi Scalvini | I | Aprilia | 43.17.926 | 8. Scalvini | 8 |
| 9. Loek Bodelier | NL | Aprilia | 43.18.022 | 9. Bodelier | 7 |
| 10. Yoshiako Katoh | J | Yamaha | 43.23.281 | 10. Katoh | 6 |
| 11. Akira Saito | J | Honda | 43.27.440 | 11. Saito | 5 |
| 12. Masaki Tokudome | J | Aprilia | 43.28.126 | 12. Tokudome | 4 |
| 13. Jorge Martinez | E | Yamaha | 43.37.453 | 13. Martinez | 3 |
| 14. Tomoko Igata | J | Honda | 43.37.628 | 14. Igata | 2 |
| 15. Oliver Koch | D | Aprilia | 43.39.099 | 15. Koch | 1 |

16. Ken Miyasaka (J) Honda, 17. Vittorio Lopez (I) Aprilia, 18. Stefan Prein (D) Yamaha, 19. Stefan Kurfiss (D) Yamaha – 1 Rde., 20. Glen Richards (AUS) Aprilia, 21. Hiroyuki Kikuchi (J) Honda – 3 Rdn.

**Schnellste Runde:** Aoki in 1.37.323 = 145,372 km/h (Rekord)

**Alter Rekord:** Dirk Raudies (Honda) in 1.37.819 = 144,634 km/h (1993)

**Durchschnitt Sieger:** 26 Runden oder 102,180 km in 42.52.040 = 143,018 km/h

**Ausfälle:** D. Raudies (D) Honda, Sturz; P. Öttl (D) Aprilia, Sturz; H. Torrontegui (E) Honda, Kolbenklemmer; G. McCoy (AUS) Honda, Sturz; A. Ballerini (I) Aprilia, falsche Reifenwahl/Aufgabe; M. Geissler (D) Aprilia, Sturz; G. Debbia (I) Yamaha, Sturz; I. Cremonini (I) Honda, kein Vertrauen ins Vorderrad/Aufgabe; T. Yamamoto (J) Honda, Kolbenklemmer; Y. Sugai (J) Honda, Nichtstarter/Trainingssturz; A. Duke (AUS) Honda, Sturz.

**Trainingszeiten:** 1. Raudies 1.37.380 = 145,286 km/h, 2. Sakata 1.37.518, 3. McCoy 1.37.902, 4. Öttl 1.37.956, 5. Tokudome 1.38.008, 6. Nakajyo 1.38.217, 7. Alzamora 1.38.334, 8. Manako 1.38.366, 9. Scalvini 1.38.392, 10. Torrontegui 1.38.404, 11. Saito 1.38.446, 12. Geissler 1.38.563, 13. Perugini 1.38.564, 14. Bodelier 1.38.624, 15. Koch 1.38.642, 16. Aoki 1.38.655, 17. Martinez 1.38.762

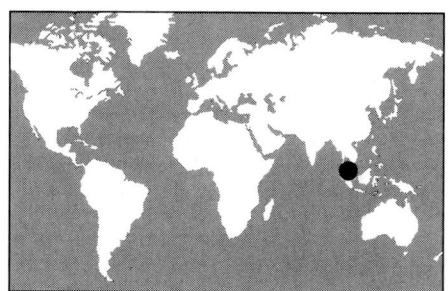

## 2. April 1995:
## Grand Prix Malaysia in Shah Alam

*Tropischer Regen*

# Gewitterstimmung

*machte Garry McCoy bei den 125ern zum Überraschungssieger. Im Yamaha-Team von Halbliter-Star Luca Cadalora herrschte vorher schon Gewitterstimmung.*

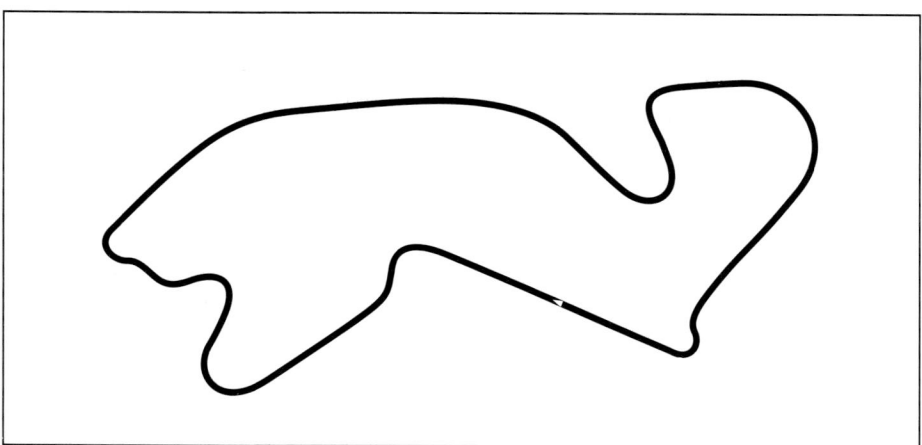

Um dereinst noch weiser und von den Fährnissen fremder Gestade gestärkt zu seinem Volk zurückzukehren, schiffte sich Kronprinz Raja Idris Shah Ibni Sultan Salahuddin wenige Wochen vor dem Shah Alam-Wochenende auf einer luxuriösen Yacht zu einer zweijährigen Weltumseglung ein.

Es war das erste Mal, daß der treueste und glühendste Fan des Malaysia-Grand Prix, Besitzer einer stattlichen Harley-Sammlung, nicht zu seiner pompös eskortierten Ehrenrunde um die 3,5 Kilometer lange Strecke antrat und sich lieber auf seine Aufgaben als Thronfolger von Vater Tengku Idris Shah, Sultan des Staates Selangor, vorbereitete.

Denn in dem einst so exotisch anmutenden Tropenparadies, in dessen Dschungel die Eingeborenen noch mit Blasrohren auf die Jagd gingen, boomte die Wirtschaft weiter mit zweistelligen Wachstumsraten, und ungefähr so, wie der Prunk und die Größe der Wolkenkratzer von Kuala Lumpur in den Himmel wuchsen, stieg auch die Bedeutung des Landes in der Weltpolitik und auf den internationalen Finanzmärkten.

**Teilte die Fluten: Sieger „Moses" McCoy (13) vor Stefano Perugini (7)**

Die Dollarmillionen reicher Investoren sprudelten wie warme Quellen, was sich neben immer breiter werdenden Autobahnen, immer weiter in den ehemaligen Dschungel ausufernden Wohn- und Industriegebieten auch in einem bombastischen neuen Mehrzweckstadion gleich neben der Rennstrecke zeigte, in dem bald die ersten internationalen Großereignisse stattfinden sollen.

Nur die feuchte Hitze, die sich morgens um sieben noch angenehm wie ein warmes Bad um den Körper legte, um zwölf Uhr mittags aber Herzrasen und Schweißausbrüche verursachte, war noch dieselbe wie in allen Jahren zuvor. Die Fahrer auf der kurvigen, anstrengend engen Slalompiste verloren bis zu drei Liter Flüssigkeit in jedem der einstündigen Trainings, tranken

Wasser und Isotonic-Drinks bei jeder Gelegenheit, um halbwegs auf den Beinen zu bleiben.

Doch auch den Mechanikern in den nur durch Ventilatoren klimatisierten Boxen und den in der Sonnenglut ausharrenden Kameraleuten und Fotografen verlangte der Hexenkessel von 37 Grad im Schatten bei 90 Prozent Luftfeuchtigkeit alle Konditionsreserven ab. Selbst manche der für gemäßigte Zonen konstruierten Motoren waren dem Hitzschlag nahe, und die Mechaniker übertrafen sich im Ideenreichtum, was man bei den Backofentemperaturen unternehmen konnte, um die mit jedem zusätzlichen Grad Motortemperatur fallende PS-Leistung stabil zu halten.

Bei Dirk Raudies überhitzte gleich im ersten freien Training der Motor, worauf

**Neue Waffen in der Hitzeschlacht: Roberts junior mit Ventilator , Torrontegui mit Preßluftstrahl bei der Temperatur-Feinabstimmung**

sein Team zur Säge griff und die Verkleidung so umbaute, daß der Kühler besser angeströmt wurde. Am Samstagvormittag hatte Dirk dann Ärger mit einem Motor, der Getriebeöl zog. »Wir haben 600 ml reingeschüttet, nur 200 kamen wieder raus«, meinte er verblüfft.

Weil den Mechanikern beim Zerlegen sämtliche Lager entgegenfielen, wurde ein Ersatzmotor eingebaut. Fünf Minuten vor Beginn des Abschlußtrainings war das Motorrad wieder fahrbereit, worauf Raudies als Tageslohn nicht nur den zweiten Trainingsrang feierte, sondern auch noch ein Bild seiner neugeborenen Tochter Anna-Katharina bewundern durfte, das der österreichische Journalist Günther Wiesinger nach einer Modem-Übertragung auf den Bildschirm seines Laptops zauberte. »Sie ist schon ein Drittel so groß wie ich, aber viel hübscher – gottseidank«, schmunzelte Raudies.

Auch an Ralf Waldmanns 250er schnellte die Wassertemperatur von den idealen 50 Grad auf deren 65, und weil sich die Wärme des Motors im Stand weiter aufstaute, hatte Cheftechniker Sepp Schlögl eine besonders pfiffige Idee: Er besorgte

Kältespray und eine Taucher-Preßluftflasche, um dem Kühler am Vorstart nochmals eine kleine Erfrischung zukommen zu lassen.

Die Konditionsprobleme des Fahrers waren nicht ganz so einfach aus der Welt zu schaffen. Ralf Waldmann litt unter der Hitze und unter Verdauungsproblemen, die ihn in kurzen Abständen auf die Toilette zwangen, qualifizierte sich aber trotzdem als Dritter. Nur über einen weiteren Sieg gab er sich keinen Illusionen hin. »Wir haben das Fahrwerk nach dem ersten Tag umgebaut und deutlich verbessert, auch wissen wir genau über die richtigen Reifen Bescheid. Doch Biaggi wird davonfahren. Ich bin heilfroh, wenn das Ergebnis der Reihenfolge im Training entspricht«, kalkulierte er.

Nicht anders war die Einschätzung des Zweitplazierten Tetsuya Harada. »Biaggi und ich haben gemeinsam hier getestet, und er war schon damals sehr, sehr schnell. Echte Hoffnungen, ihn zu schlagen, mache ich mir erst, wenn ich mein neues Motorrad habe«, spielte der Japaner auf die neue 250 ccm-Yamaha mit Drehschiebersteuerung an, die er bei hochgeheimen Tests

wenige Tage nach dem Rennen gemeinsam mit Yamaha-Testfahrer Kohji Namba in Shah Alam ausprobieren sollte und die bei ersten Messungen angeblich zehn Stundenkilometer schneller lief als das konventionelle Membran-Motorrad.

Wie überlegen ein gut abgestimmter Drehschiebermotor sein kann, bewies Max Biaggi mit seiner Pole Position, bei der er Harada um mehr als eine halbe Sekunde abhängte. Nach den Schwierigkeiten in Australien war Cheftechniker Jan Witteveen außerplanmäßig um die halbe Welt gejettet, um dem stolpernden Werks-Team mit neuen, verbesserten Zylindern auf die Beine zu helfen, und weil die schwarzgelbe Chesterfield-Aprilia nun so behende und schnell wie eine Giftschlange durch den Dschungel glitt, gab sich Biaggi selbstbewußt und siegessicher. »Mir gefällt die Strecke immens, und ich sehe keinen Grund, warum ich meinen Vorjahreserfolg nicht wiederholen sollte«, meinte der Weltmeister keck, der 1994 die makellose Bilanz von Pole Position, neuem Rundenrekord und überlegenem Sieg mit nach Hause genommen hatte.

Dagegen erfuhr der kometenhafte Auf

stieg des Spaniers Carles Checa, Vierter beim Grand Prix Australien, in Malaysia den ersten Knick. Checa, bis dato Fünfter der Qualifikation, erlebte im Abschlußtraining einen Highsider, klammerte sich aber so eisern an seiner Werks-Honda fest, daß er nach einer langen Rutschpartie mit Armen und Oberkörper darunter begraben wurde.

Glücklicherweise hatte er trotz seines Ledervertrags mit dem spanischen Hersteller Garibaldi spezielle 500 Mark-Handschuhe der japanischen Marke Bol d´Or getragen. Dank einer Schicht spezieller Kevlarlamellen auf dem Handrücken trug Checa neben einer Luxation der rechten Schulter nur leichte Abschürfungen an der Hand davon.

Sein Halbliter-Teamkollege Alberto Puig hatte die Lektion auf schmerzhaftere Weise gelernt: Er warf die alten Garibaldi-Handschuhe erst weg, nachdem er bei seinem Sturz in Australien bereits einen Fingernagel abgeschürft hatte.

In Malaysia qualifizierte er sich als Zehnter, zwei Plätze hinter seinem Landsmann Alex Crivillé und deutlich hinter Aprilia-Werksfahrer Loris Reggiani, der mit der Zweizylinder-RSV 400 ganz knapp an einer Sensation vorbeifuhr. »Ich bin wütend, richtig wütend sogar«, raufte sich Loris nach Trainingsplatz fünf die Haare. »Um fünf Hundertstelsekunden an der ersten Reihe vorbeizufahren, enttäuscht mich gewaltig, denn wenn wir es auf solchen Pisten, wo wir nicht mit langen Geraden gestraft werden, nicht schaffen, wo denn dann sonst? Fünf Hundertstelsekunden, das ist nichts, weniger als ein Wimpernschlag. Stell´ dir vor, ich stünde jetzt anstelle von Daryl Beattie da vorn. Dann wären drei Italiener in der ersten Reihe!«

**Oben:** Knapp an der Startreihe eins vorbei: Aprilia 400-Held Loris Reggiani
**Unten:** Mit Hilfe von Chefingenieur Witteveen wieder an der Spitze: Max Biaggi

Was ihm im zweiten Jahr mit der Aprilia RSV 400 nicht gelang, schaffte Halbliter-Neuling Loris Capirossi im zweiten Rennen: Auf seiner bärenstarken Honda preschte er als Dritter nach vorn, wehrte allzuviel Applaus jedoch bescheiden ab. »Mein Motorrad ist jetzt wirklich gut, weil mir Michael Doohan mit der Einstellung auf die Sprünge geholfen hat. Außerdem hat er mich für meine schnellste Runde im Windschatten um die Strecke gezogen. Es ist großartig, mit der 500er so früh in die erste Reihe vorzustoßen, aber es hat keine großartige Bedeutung: Es ist nur eine Rundenzeit, kein Ergebnis. Das Rennen wird viel härter«, wiegelte Capirossi ab.

Und wie er maß auch Luca Cadalora, Vierter des Saisonauftakts in Australien, seinem zweiten Trainingsrang hinter dem unerreichbaren Michael Doohan keine besondere Bedeutung bei. Nur für die heiße Phase der Qualifikation hatte er einen weichen Vorderradreifen eingesetzt, in Wirklichkeit arbeiteten seine Techniker mit zweifelhaftem Erfolg daran, mehr Gewicht aufs Vorderrad zu bringen und einen härtere, widerstandsfähigere Mischung einsetzen zu können. »Wir haben vorne immer noch nicht den Grip, den wir benötigen, um Doohan ernsthaft herauszufordern«, meinte Cadalora nach einem heftigen Vorderradslide, bei dem er durchs Kiesbett mußte und einen Sturz nur mit viel Glück vermeiden konnte.

Sein sechstplazierter Teamkollege Norifumi Abe dachte nicht anders. »Das Gewicht nach vorne zu bringen, machte vieles besser. Doch nach fünf Runden ist sämtlicher Grip dahin«, bestätigte er Cadaloras Bedenken.

Kevin Schwantz war zwar nur als Siebter qualifiziert, setzte aber zuversichtlich darauf, daß sich das Geschehen vor ihm im Rennen sortieren würde. »Das Motorrad ist zu unhandlich und läßt sich nur schwer um die Ecken wuchten. Zum Glück sind etliche Kerle vor mir nur für ein, zwei Runden schnell«, kalkulierte er.

## 500 ccm: Capirossi im Kiesbett

Und machte schon beim Start kurzen Prozeß mit seinen Kollegen. Ganz anders als in Australien, wo er beim Losfahren den Motor abgewürgt hatte, schoß er wie ein Torpedo nach vorn und verteidigte sechs Runden lang die zweite Stelle.

*Oben:* »Ich wäre mit Sicherheit gestürzt«: Cadalora haderte mit den Dunlop-Reifen

*Unten:* Kevin Schwantz vor Crivillé (6) und Beattie (4)

Weil er das dauerhaft demolierte linke Handgelenk seit der Entfernung dreier Mittelhandknochen in einer Bandage trug, kaum nach hinten abwinkeln konnte und sich beim Bremsen deshalb auch nicht gegen das linke Lenkerende abstützen konnte, brauchte er übermenschliche Kräfte und zollte seinem Einsatz frühzeitig Tribut. Denn nun zog der mit gesunden Knochen und höherer PS-Leistung begünstigte Alex Crivillé vorbei, und Schwantz hängte

**Von seinen Gegnern verlassen: 500er Weltmeister Michael Doohan war auch in Malaysia allein auf weiter Flur**

sich in den Windschatten, um seine Kräfte zu schonen und zu warten, bis sein Teamkollege Daryl Beattie aufgeschlossen hatte.

Noch galt Beattie als Nummer zwei im Team mit der Aufgabe, Kevins Gegnern soviel Punkte wie nur möglich wegzunehmen. Doch nach seinem zweiten Platz bei seinem Heimspiel in Eastern Creek war der Australier abermals so deutlich der Stärkere, daß Schwantz kurz vor Schluß eine kleine Lücke öffnete und seinen Teamkollegen vorbeiließ. »Zehn Runden vor dem Ende fing mein Hinterreifen bedrohlich an zu rutschen. Am Schlimmsten war es auf dem Hochgeschwindigkeitsknick der Gegengeraden, an ein Überholmanöver dort war nicht zu denken«, schilderte

Kevin. »Der Rest war Teamarbeit: Ich machte Platz für Daryl, er nutzte die Chance zum Gegenangriff auf Crivillé, und ich war happy für ihn, daß er ihn erwischte. Natürlich wäre ich gern mit ihm vorbeigegangen, doch ich hatte einfach nicht den nötigen Grip«.

Und das war keine Entschuldigung: In der Box versuchten die Mechaniker hastig, das Hinterrad der Suzuki zu verdecken – der Michelin-Reifen hatte schon bedrohliche Risse aufgeworfen, noch ein paar Runden, und die Lauffläche wäre in Fetzen davongeflogen.

Kam Schwantz wenigstens ins Ziel, so endeten alle Versuche des Yamaha-Werksteams, ihre Stars mit tauglichen Reifen

auszurüsten, in einer sportlichen Katastrophe. Nach seinem Start aus der ersten Reihe fiel Luca Cadalora dramatisch schnell auf Platz zehn zurück und gab nach elf Runden an 14. Stelle liegend auf. »Im Australien wählten wir einen weichen Reifen, der das Rennen nicht überstand. Hier verwendeten wir deshalb einen harten, der leider keinerlei Gefühl fürs Vorderrad vermittelte. Wenn ich weitergefahren wäre, wäre ich mit Sicherheit gestürzt«, erklärte Cadalora, nachdem er sich zunächst einmal für eine halbe Stunde bitter enttäuscht in einem der klimatisierten Wohncontainer verbarrikadiert hatte. »So kann es nicht weitergehen, wir müssen etwas unternehmen«, holte er tief Luft und unterstrich

**Small Talk unter Freunden: Beattie, Doohan, Rainey (v.l.)**

Aber es wäre nicht nötig gewesen, derart aggressiv anzugreifen«, klagte er.

Am Ende blieb wenigstens für den dritten italienischen Star ein Achtungserfolg. Loris Reggiani kam mit nur elf Sekunden Rückstand auf den Zweiten als Achter ins Ziel und zeigte, welches Potential in der zierlichen Zweizylinder-Aprilia steckt. »Mein Problem ist immer noch der Start. Das Motorrad macht Wheelies, es ist unmöglich, mit voller Leistung loszufahren und dabei das Vorderrad am Boden zu halten«, analysierte Reggiani. »Außerdem ziehen mir die schnellsten Vierzylinder auf den Geraden immer noch davon, wenn auch nicht mehr ganz so grausam wie vor einem Jahr«.

Bei der Premiere der RSV 400 in Jerez im Mai 1994 hatte Reggiani auf Anhieb die siebte Trainingszeit und den neunten Platz im Rennen erzielt, doch waren Startplatz fünf und Endrang acht in Shah Alam ein größerer Schritt nach vorn, als es die Statistik vermuten ließ. »Damals hatte ich immer noch Privatfahrer vor mir, diesmal waren die besten Werksmaschinen zum Greifen nah«, hielt Reggiani fest.

Und träumte vom endgültigen Durchbruch. »Wir warten auf ein Magnesium-Motorengehäuse und eine Karbonfiberschwinge, um das Motorrad um fünf Kilo abspecken und ans Limit von 100 kg bringen zu können. Jan Witteveen hat außerdem noch ein Set neuer Zylinder in Vorbereitung, die noch mehr Leistung produzieren«, verriet Reggiani. »Bislang gelingt es mir allenfalls, in den Kurven zu den anderen aufzuschließen und den Rückstand wieder wettzumachen, an echte Angriffsmanöver ist kaum zu denken.

seine Forderung nach einem Wechsel zu Michelin.

»Derzeit ist die Reifenwahl ein Spiel mit dem Zufall. Seit das Dunlop-Werk durch das Erdbeben in Kobe in sich zusammengestürzt ist, müssen wir nehmen, was wir kriegen können«, räumte auch Teamchef Kenny Roberts ein. »Ich wünschte, Wayne Rainey säße im Sattel...«

Denn auch die Fahrt von Norifumi Abe ging vorzeitig zu Ende: Bei der Jagd auf die Verfolgergruppe stürzte der Japaner an fünfter Stelle liegend – übers Vorderrad.

Blieb der Schweizer Adrian Bosshard bei seinem Ausrutscher an 14. Stelle unverletzt, so mußte sich Loris Capirossi von Dr. Claudio Costa wegen einer beschädigten Sehne im kleinen Finger der linken Hand verarzten lassen. Denn nach seinem erstaunlichen dritten Trainingsplatz kam der Halbliter-Neuling gerade eine halbe Runde weit, bevor sein insgesamt 21 Mann umfassendes Team wehklagend aufschrie: Capirossis Vorderrad und das Hinterrad von Norifumi Abe hatten sich in einer Kurve berührt, das Rotkäppchen rutschte ins Kiesbett. »Abe hat sich entschuldigt.

**Der Italiener wurde immer frecher: Aprilia-Star Reggiani vor Alberto Puig**

Doch wenn es uns gelingt, die Maschine noch leichter und kräftiger zu machen, kann ich mich bei den Honda auch auf den Geraden im Windschatten halten. Und dann geht unsere Rechnung auf: Dank dem niedrigen Gewicht und der überlegenen Handlichkeit kann ich die andern ausbremsen und in der nächsten Kurve ungestört auf und davonflitzen«.

Doch vorläufig herrschte an der Dominanz von Honda und Michael Doohan keinerlei Zweifel, auch wenn sein Landsmann Daryl Beattie diesmal etwas weniger Verspätung hatte als in Australien. »Ich wollte die andern sofort abschütteln, doch meine Reifen funktionierten in den ersten beiden Runden noch nicht richtig. Das wundert mich, denn es war dieselbe Mischung wie im Training. Vielleicht lag es am höheren Gewicht mit vollem Tank«, überlegte Doohan. »Zehn Runden vor Schluß spürte ich dann plötzlich Vibrationen unter der Sitzbank. Ich schonte den Hinterreifen, so gut ging, weil ich dachte, er fliege in Fetzen. Doch er war vollkommen in Ordnung! Vielleicht ist eins der Gewichte zum Auswuchten davongeflogen«, spekulierte er.

## 250 ccm: Biaggi siegt und tanzt

Solche Schwierigkeiten hatte Max Biaggi in der 250 ccm-Klasse nicht. Ohne sich auch nur einmal umzudrehen, stürmte er auf und davon, hatte nach der Hälfte der 31-Runden-Distanz 15 Sekunden Vorsprung und brachte den Rest als gemütliche Spazierfahrt zu Ende. »Es war nicht nur perfekt, es war phantastisch«, jubelte der Weltmeister. »Zehn Runden lang habe ich kräftig Gas gegeben und anschließend nur noch meinen Vorsprung kontrolliert«.

Biaggi hatte noch soviel Energiereserven, daß er auf dem Podest einen Freudentanz aufführte, um dann urplötzlich vom Podest zu sprinten und sein applaudierendes Team

**Auf und davon: Biaggi, vom Start weg vor Waldmann, Ruggia, Harada, Suter, d´Antin**

schlagartig mit einer intensiven, aber immerhin kühlen Champagnerdusche zu überraschen.

Der eigentliche Kampf im Rennen hatte sich einen halben Kilometer hinter dem Weltmeister abgespielt. Waldmann, Ruggia, Harada und Okada rissen die 20000 Zuschauer mit tollen Positionskämpfen von den Sitzen. Der kleine Harada war dabei fahrerisch der Größte: Chancenlos auf den Geraden, aber überlegen in allen Kurven, hielt er sich nicht nur an Okadas Hinterrad, sondern stach in der letzten Runde auch noch frech in eine kleine Lücke und sicherte Platz zwei. »Ich fuhr am Maximum«, bestätigte er, was jeder gesehen hatte. »Die Attacke auf Okada war so nicht geplant, ich wollte ihn erst ein paar Kurven später schnappen. Doch zum Glück für mich verpaßte er die Linie«.

Ralf Waldmann hatte lange ebenbürtig mitgehalten, in Runde 23 dann aber schlagartig ein paar Meter und damit auch

**In der Wiese war es auch nicht kühler: Doriano Romboni auf Abwegen**

Mit Zaubertrank auf Rang drei: 250er Vizeweltmeister Tadayuki Okada

Wenn die andern feiern: Biaggi triumphiert, Waldi (28) und Ruggia (6) sind geschlagen

die WM-Führung verloren. »Okada bremste früher als gewöhnlich, worauf ich mich vor lauter Überraschung selbst verbremste. Mein Hinterrad war in der Luft«, schilderte Waldi.

Er gewann am Ende gegen Ruggia und wurde Vierter, verpaßte aber den geplanten Podestplatz und zollte einer Konditions- und Hitzeschlacht Tribut, ohne verbrauchte Reifen oder nachlassende Motorleistung

verantwortlich zu machen. »In den schnellen Kurven hatte ich Vorteile, doch beim Rausfahren aus den langsamen Ecken fuhren mir die anderen davon. Vor allem in dem Geschlängel, das auf die Gegengerade

Oben: Fühlte sich verschaukelt: Moto Cross-Exweltmeister Jean-Michel Bayle

Rechts: Eskil Suter vor Nobuatsu Aoki, Luis d´Antin und Kenny junior

40

hinausführt, habe ich Zeit verloren. Trotzdem bin ich froh, daß ich angekommen bin«.

Dagegen führte der sechstplazierte Jean-Michel Bayle heftige Wortgefechte mit Aprilia-Teamdirektor Carlo Pernat, weil er sich nach wie vor zweitklassig behandelt fühlte. »Ich schwöre: Das Material der beiden ist absolut gleich. Nur Max Biaggi ist eine Klasse für sich«, setzte sich Pernat zur Wehr.

Daß die Aprilia in dieser Klasse gut im Futter stehen, zeigte auch die andere Kundschaft. Der topfite Eskil Suter sauste als beeindruckender Sechster los und fiel nur wegen Fahrwerk- und Reifenproblemen auf Rang zwölf zurück, 125 ccm-Aufsteiger Oliver Petrucciani erbeutete mit seiner privaten Aprilia Rang 15 und einen WM-Punkt, obwohl sein Motor mit keinem einzigen Werksteil aufgemöbelt war.

Adi Stadler fuhr nur knapp an den Punkterängen vorbei: Jürgen Fuchs hatte das halbe Rennen über tapfer die Lokomotive gespielt, bevor Stadler im Endspurt dann

**Um die goldene Ananas: Adi Stadler auf Rang 16, vor Fuchs und Petrucciani**

die Power seiner gebrauchten Aprilia-Werksmaschine ausspielte und, so Fuchs, »die Gegengerade hochzog, daß ich glaubte, ich stehe – 50 Meter sind keine Übertreibung«. Stadler wurde 16., Fuchs 17., nur Bernd Kassner fühlte sich als 23. auf seinem mittlerweile dreijährigen Oltimer unter Wert geschlagen. »Die Vergaser hätten magerer bedüst sein müssen, ich hatte keine Leistung. Das Beste an dem Rennen hier ist der Heimflug«, stöhnte er abgekämpft.

## 125 ccm: Abbruch wegen Aquaplaning

Von schweren Sorgen waren die Aprilia-Teams in der 125 ccm-Klasse geplagt, denn die Honda mit A-Kit waren weiterhin deutlich schneller als die besten Werks-Aprilia. Der erstaunliche Haruchika Aoki eroberte nach seinem Sieg in Australien die Pole Position, und obwohl er mit seiner neuen Werks-Aprilia viel flotter in die Kurven einbiegen konnte, sah Umsteiger Oliver Koch den Honda-treuen Dirk Raudies

**Falscher Wetterbericht: Peter Öttl verwachste am Startplatz**

im Training »wie einen Expresszug« an sich vorbeiziehen. Koch verlor als 13. gute anderthalb Sekunden auf die Bestzeit, sein Teamkollege Masaki Tokudome mußte als 17. sogar aus der fünften Reihe starten.

Und selbst das erfahrene Aprilia Deutschland-Team mußte alle Register zie-

*Ganz oben:* **Weltmeister Sakata, Saito, Raudies und Aoki gingen ins Wasser**
*Oben:* **Auch Masaki Tokudome setzte auf trockenes Wetter**

hen, um Peter Öttl und Tex Geissler konkurrenzfähige Maschinen hinzustellen. Öttl war zunächst nur 20. bei den Topspeedmessungen, erreichte am Ende aber dank eines perfekten Fahrwerks und eines brandneuen Motors noch den fünften Trainingsrang. Geissler qualifizierte sich nur als 25., worauf sein Team bis um halb fünf am Sonntagmorgen arbeitete, um den schlechtlaufenden Motor auf Trab zu bringen. Erst im Warm-Up lief die Maschine perfekt.

Und dann kam doch alles ganz anders. Ein Gewitter war aufgezogen, kurz vor der Startaufstellung der 125 ccm-Klasse ging ein kurzer Regenguß nieder, und statt der Motorräder ging Fahrersprecher Franco Uncini mit dem Auto auf die Strecke und stellte fest, daß die Feuchtigkeit nicht schnell genug verdampfte. Ein 15 Minuten langes Regentraining wurde ausgerufen, und wie auf Bestellung ging ein zweiter, diesmal ergiebigerer Schauer nieder.

Weitere zehn Minuten später rollten die Maschinen zum Vorstart. Das Rennen wurde wegen der nassen Piste als »Wet Race« ausgerufen, doch hatte es wieder zu regnen aufgehört, und weil sich der Himmel wie ein schwarz-blauer Fleckenteppich über der Strecke wölbte, wurde die Reifenwahl zur Lotterie: Die eine Hälfte der Fahrer setzte auf die nächste Dusche und reinrassige Regenreifen, die andere setzte auf schönes Wetter und Intermediates oder gar handgeschnittene Slicks.

Kurz nach dem Start ging der aus Reihe zwei gestartete Garry McCoy in Führung, Dirk Raudies folgte mit einigen Metern Sicherheitsabstand auf Platz zwei, um nicht wie in Australien wieder in Sturzgefahr zu geraten. Peter Öttl kam nur als 13. aus der ersten Runde zurück, noch weiter abgeschlagen waren Tex Geissler, Oliver Koch und Masaki Tokudome.

Und keiner von ihnen hatte eine Chance, den verlorenen Boden wieder gutzumachen. Denn die wegdriftende schwarze Wolkenwand rückte plötzlich wieder näher. Nach fünf Runden fing es an, wie aus Kübeln zu schütten, nach zehn Runden ließ das zusätzlich von den Hängen abfließende Wasser den Pegel auf Knöcheltiefe steigen, und nach zwölf von 29 Runden hatte die Rennleitung dann endlich ein Einsehen und brach die Wasserschlacht ab.

Garry McCoy hatte die Fluten wie Moses auf dem Weg ins gelobte Land geteilt und feierte einen Überraschungssieg, der ihm wegen der kurzen Distanz zwar nur die halbe Punktzahl, dafür aber eine echte Breitling-Uhr von Mentor Mario Rubatto einbrachte. »Kaum versprochen, schon bereut«, grinste der Teamchef mit Tränen der Rührung im Auge. »An der Box haben wir einen Regentanz aufgeführt. Wir wußten, daß das Gewitter zurückkommen würde und hatten reinrassige Regenreifen drauf«, verriet Franz Kleber, Therapeut und Orakel des Teams.

Doch selbst dem Sieger waren die wilden Wassermassen am Ende etwas zuviel. »Die Sicht war gleich null, ich bin praktisch blind auf wahre Seen zugesteuert. Einmal rutschten wegen des Aquaplanings beide Füße von den Rasten. Es war brandgefährlich«, schilderte McCoy. »Doch jetzt bin ich glücklich. Schade ist nur, daß ich von Australien keine Punkte mitgebracht habe, denn mein Motorrad läuft perfekt, und ich habe ein tolles, erfahrenes Team hinter mir. Ich bin überzeugt, daß wir eine gute Saison vor uns haben.«

Im Team Europa Zwafink wurde gelacht und gefeiert, doch die deutschen Stars standen wie schon in Australien als begossene Pudel da – einzig Stefan Prein hatte mit seiner Yamaha die richtigen Reifen erwischt und sagte nach Platz 14: »Von mir aus hätte es noch weitergehen können«.

Dirk Raudies fiel nach kurzer Führung unaufhaltsam an die siebte Position zurück. »Am Start standen wir halb in der Sonne, halb unter dunklen Wolken und haben uns gefragt, was sich wohl durchsetzen würde. Ich pokerte, entschied mich für handgeschnittene Slicks und verlor. Bei den Wassermassen habe ich die zwei einsamen Rillen im Reifen gar nicht bemerkt. Manche Pfützen waren zehn Zentimeter tief. Wie sollst du da noch Rennen fahren?«

Noch trauriger war Peter Öttl, der am Start bereits Regenreifen drauf hatte, bevor Teamchef Harald Eckl in Erinnerung an frühere Tropengewitter in Shah Alam, die sich nach dem ersten, heftigen Guß wieder spurlos verzogen, auf Intermediates umdisponierte. »Wir hatten uns im Training eine Super-Ausgangsbasis erarbeitet. Am Ende wurde alles zum Glücksspiel – und solche Dinge mag ich nicht«, murmelte Peter Öttl nach dem 17. Platz.

Teamkollege Tex Geissler mußte sich sogar überrunden lassen und fuhr vorzeitig an die Box. Wie er gab auch Oliver Koch angesichts der immer bedrohlicher anschwellenden Fluten auf, hatte aber Glück im Unglück, weil das Rennen kurz darauf sowieso abgewunken und er wenigstens als 18. gewertet wurde. »Ich bin regelrecht geschwommen. Das Aquaplaning war so gut wie unkontrollierbar«, hielt Olli fest.

Sein Teamkollege Masaki Tokudome verteidigte eisern Rang 15, doch war beim Gasgeben stets deutlich das durchdrehende Hinterrad zu vernehmen. »Die Intermediates waren meine eigene Entscheidung. Hinterher ist man immer klüger«, hob er bedauernd die Hände.

## 500 cm³:

### Ergebnisse

| | | | | | WM-Stand | Pkt. |
|---|---|---|---|---|---|---|
| 1. Michael Doohan | AUS | Honda NSR | 47.54.380 | | 1. Doohan | 50 |
| 2. Daryl Beattie | AUS | Suzuki RGV | 48.01.179 | | 2. Beattie | 40 |
| 3. Alex Crivillé | E | Honda NSR | 48.04.487 | | 3. Crivillé | 32 |
| 4. Kevin Schwantz | USA | Suzuki RGV | 48.08.524 | | 4. Schwantz | 24 |
| 5. Alberto Puig | E | Honda NSR | 48.09.618 | | 5. Puig | 20 |
| 6. Alexandre Barros | BR | Honda NSR | 48.09.684 | | 6. Barros | 20 |
| 7. Shinichi Itoh | J | Honda NSR | 48.09.916 | | 7. Itoh | 15 |
| 8. Loris Reggiani | I | Aprilia RSV | 48.12.356 | | 8. Cadalora | 13 |
| 9. Juan Borja | E | ROC-Yamaha | 48.50.166 | | 9. Reggiani | 13 |
| 10. Bernard Garcia | F | ROC-Yamaha | 48.50.524 | | 10. B. Garcia | 9 |
| 11. Frédéric Protat | F | ROC-Yamaha | 49.16.580 | | 11. Capirossi | 8 |
| 12. Cristiano Migliorati | I | Harris-Yamaha | 49.21.284 | | 12. Abe | 7 |
| 13. Marc Garcia | F | ROC-Yamaha | 49.46.154 | | 13. Borja | 7 |
| 14. Jeremy McWilliams | GB | Yamaha YZR | – 1 Rde. | | 14. Migliorati | 6 |
| 15. Andrew Stroud | NZ | ROC-Yamaha | – 1 Rde. | | 15. Protat | 5 |

16. Bernard Haenggeli (CH) ROC-Yamaha, 17. Bruno Bonhuil (F) ROC-Yamaha, 18. Jamie Robinson (GB) Harris-Yamaha, 19. Jean-Pierre Jeandat (F) Paton.

**Schnellste Runde:** Doohan in 1.26.090 = 146,568 km/h (Rekord)

**Alter Rekord:** John Kocinski (Yamaha) in 1.25.100 = 148,273 km/h (1991)

**Durchschnitt Sieger:** 33 Runden oder 115,665 km in 47.54.380 = 144,864 km/h

**Ausfälle:** L. Cadalora (I) Yamaha, untauglicher Vorderreifen/ Aufgabe; S. Emmett (GB) Harris-Yamaha, Vorderbremse defekt; A. Bosshard (CH) ROC-Yamaha, Sturz; N. Abe (J) Yamaha, Sturz; L. Naveau (B) ROC-Yamaha, Hitzekollaps; L. Pedercini (I) ROC-Yamaha, Kopfschmerzen/ Nichtstarter; E. McManus (GB) Harris-Yamaha, Sturz/zuwenig Rennrunden; S. Gray (USA) ROC-Yamaha, Motorprobleme; N. Hodgson (GB) ROC-Yamaha, dritter Gang blockiert; L. Capirossi (I) Honda, Sturz; J. Haydon (GB) Harris-Yamaha, Kollision/ Strecke verlassen.

**Trainingszeiten:** 1. Doohan 1.25.059 = 148,344 km/h, 2. Cadalora 1.25.142, 3. Capirossi 1.25.649, 4 Beattie 1.25.869, 5. Reggiani 1.25.926, 6. Abe 1.25.938, 7. Schwantz 1.25.957, 8. Crivillé 1.25.967,9. Itoh 1.26.093, 10. Puig 1.26.290, 11. Barros 1.26.368, 12. Borja 1.27.430, 13. Bosshard 1.27.736, 14. Haydon 1.27.828, 15. Emmett 1.27.879

---

## 250 cm³:

### Ergebnisse

| | | | | | WM-Stand | Pkt. |
|---|---|---|---|---|---|---|
| 1. Massimiliano Biaggi | I | Aprilia | 45.27.292 | | 1. Biaggi | 41 |
| 2. Tetsuya Harada | J | Yamaha TZM | 45.32.376 | | 2. Harada | 40 |
| 3. Tadayuki Okada | J | Honda NSR | 45.33.113 | | 3. Waldmann | 38 |
| 4. Ralf Waldmann | D | Honda NSR | 45.36.480 | | 4. Aoki | 20 |
| 5. Jean-Philippe Ruggia | F | Honda NSR | 45.36.666 | | 5. Okada | 16 |
| 6. Jean-Michel Bayle | F | Aprilia | 46.01.930 | | 6. Roberts jr. | 16 |
| 7. Nobuatsu Aoki | J | Honda NSR | 46.04.898 | | 7. Checa | 13 |
| 8. Luis d´Antin | E | Honda NSR | 46.07.642 | | 8. Ruggia | 11 |
| 9. Kenny Roberts jr. | USA | Yamaha TZM | 46.07.904 | | 9. Cardoso | 11 |
| 10. Oliver Jacque | F | Honda RS | 46.11.285 | | 10. Romboni | 10 |
| 11. Jürgen v.d.Goorbergh | NL | Honda RS | 46.22.689 | | 11. Bayle | 10 |
| 12. Eskil Suter | CH | Aprilia | 46.29.713 | | 12. J. Goorbergh | 10 |
| 13. José Luis Cardoso | E | Aprilia | 46.32.325 | | 13. d´Antin | 8 |
| 14. Patrick v.d.Goorbergh | NL | Aprilia | 46.35.776 | | 14. Tsujimura | 7 |
| 15. Oliver Petrucciani | CH | Aprilila | 46.40.094 | | 15. Suter | 7 |

16. Adi Stadler (D) Aprilia, 17. Jürgen Fuchs (D) Honda, 18. Takeshi Tsujimura (J) Honda, 19. Davide Bulega (I) Honda, 20. Sadanori Hikita (J) Honda, 21. Regis Laconi (F) Honda, – 1 Rde. 22. Gregorio Lavilla (E) Honda, 23. Bernd Kassner (D) Aprilia, 24. Pere Riba (E) Aprilia.

**Schnellste Runde:** Biaggi in 1.26.679 = 145,572 km/h (Rekord)

**Alter Rekord:** Max Biaggi (Aprilia) in 1.26.847 = 145,290 km/h (1994)

**Durchschnitt Sieger:** 31 Runden oder 108,655 km in 455.27.292 = 143.424 km/h

**Ausfälle:** D. Romboni (I) Honda, Kupplung verbrannt; N. Mackenzie (GB) Aprilia, Kolbenklemmer; C. Checa (E) Honda, Trainingssturz/Nichtstarter; L. Maurel (E) Honda, Trainingssturz/Aufgabe; M. Castilla (E) Yamaha, anschwellende Unterarme/Aufgabe; M. H. Kuan (MAL) Yamaha, mangelnde Leistung/Aufgabe; S. Nizam (MAL) Yamaha, Motorprobleme.

**Trainingszeiten:** 1. Biaggi 1.25.939 = 146,825 km/h, 2. Harada 1.26.506, 3. Waldmann 1.26.695, 4. Okada 1.26.741, 5. Ruggia 1.26.882, 6. Roberts jr. 1.27.251, 7. Bayle 1.27.578, 8. Checa 1.27.622, 9. d´Antin 1.27.646, 10. Suter 1.28.103, 11. Aoki 1.28.235, 12. J. Goorbergh 1.28.238, 13. Jacque 1.28.395, 14. Fuchs 1.28.422, 15. Romboni 1.28.613, 16. Cardoso 1.28.750, 17. Hikita 1.28.762, 18. Petrucciani 1.28.796, 19. P. Goorbergh 1.29.011, 20. Maurel 1.29.067, 21. Tsujimura 1.29.230, 22. Stadler 1.29.267

---

## 125 cm³:

### Ergebnisse

| | | | | | WM-Stand | Pkt. |
|---|---|---|---|---|---|---|
| 1. Garry McCoy | AUS | Honda | 21.18.350 | | 1. Aoki | 25 |
| 2. Stefano Perugini | I | Aprilia | 21.18.777 | | 2. Sakata | 23 |
| 3. Akira Saito | J | Honda | 21.24.684 | | 3. Perugini | 20 |
| 4. Herri Torrontegui | E | Honda | 21.28.160 | | 4. Manako | 16 |
| 5. Andrea Ballerini | I | Aprilia | 21.28.645 | | 5. Saito | 13 |
| 6. Takehiro Yamamoto | J | Honda | 21.28.914 | | 6. Atzamora | 13 |
| 7. Dirk Raudies | D | Honda | 21.33.134 | | 7. McCoy | 12.5 |
| 8. Tomoko Igata | J | Honda | 21.33.534 | | 8. Ueda | 11 |
| 9. Gabriele Debbia | I | Yamaha | 21.40.787 | | 9. Nakayjo | 11 |
| 10. Kazuto Sakata | J | Aprilia | 21.47.749 | | 10. Scalvini | 10,5 |
| 11. Gianluigi Scalvini | I | Aprilia | 21.49.346 | | 11. Bodelier | 7 |
| 12. Hideyuki Nakayjo | J | Honda | 21.55.994 | | 12. Torrontegui | 6.5 |
| 13. Ken Miyasaka | J | Honda | 21.56.334 | | 13. Igata | 6 |
| 14. Stefan Prein | D | Yamaha | 22.14.036 | | 14. Katoh | 6 |
| 15. Masaki Tokudome | J | Aprilia | 22.22.874 | | 15 Ballerini | 5,5 |

16. Chee Keong Soong (MAL) Yamaha, 17. Peter Öttl (D) Aprilia, 18. Haruchika Aoki (J) Honda, 19. Oliver Koch (D) Aprilia, 20.Jorge Martinez (E) Yamaha, 21. Noboru Ueda (J) Honda, 22. Satoshi Ito (J) Honda , 23. Emilio Alzamora (E) Honda, 24. Tomomi Manako (J) Honda, – 1. Rde., 25. Hiroyuki Kikuchi (J) Honda, 26. Ivan Cremonini (I) Honda.

**Schnellste Runde:** Perugini in 1.42.972 = 122.538 km/h

**Rekord:** Noboru Ueda (Honda) in 1.32.583 = 136,289 km/h (1994)

**Durchschnitt Sieger:** 12 Runden oder 42.060 km in 21.18.350 = 118,446 km/h

**Ausfälle:** L. Bodelier (NL) Aprilia, Sturz; Y. Katoh (J) Yamaha, trotz Zieldurchfahrt nicht gewertet; M. Geissler (D) Aprilia, falsche Reifen/Aufgabe; V. Lopez (I) Aprilia, falsche Reifen/ Aufgabe; S. Kurfiss (D) Yamaha, falsche Reifen/Aufgabe

**Trainingszeiten:** 1. Aoki 1.31.144 = 138,440 km/h, 2. Raudies 1.31.310, 3. Saito 1.31.756, 4. Sakata 1.31.893, 5. Öttl 1.32.009, 6. McCoy 1.32.105, 7. Torrontegui 1.32.184, 8. Alzamora 1.32.368, 9. Miyasaka 1.32.378, 10. Nakayjo 1.32.614, 11. Bodelier 1.32.752, 12. Katoh 1.32.759, 13. Koch 1.32.818, 14. Igata 1.32.836, 15. Scalvini 1.32.859, 16. Manako 1.32.872, 17. Tokudome 1.32.882, 18. Igata 1.32.968, 19. Martinez 1.32.992, 20. Perugini 1.33.015, 21. Debbia 1.33.204, 22. Ballerini 1.33.227, 23. Lopez 1.33.428, 24. Yamamoto 1.33.457, 25. Geissler 1.33.580, 26. Prein 1.33.617, 27. Kikuchi 1.33.734, 28. Soong 1.35.350, 29. Kurfiss 1.35.375, 30. Cremonini 1.35.827

# Fröhliche Rutschpartie

*Der strömende Regen von Suzuka wurde für Ralf Waldmann zur fröhlichen Rutschpartie: Trotz Aquaplaning, haarsträubendster Slides und einem Sturz in der letzten Runde gewann er überlegen.*

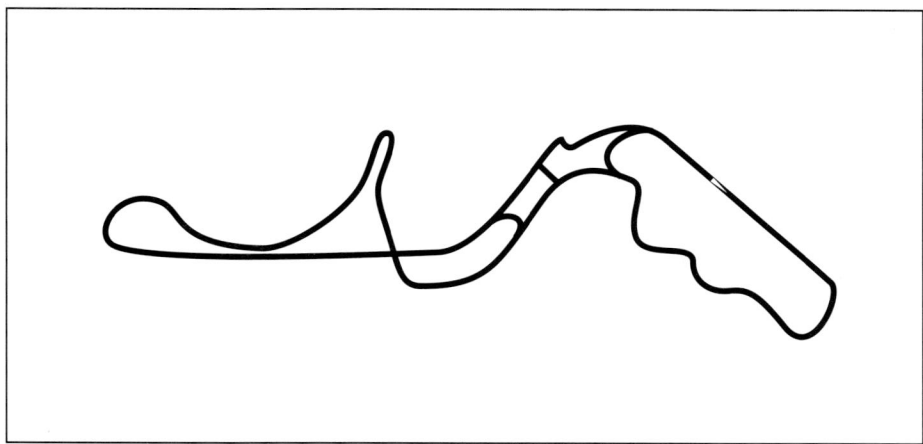

Die zartrosa Kirschblüten leuchteten in der Sonne, so schön war das Frühlingswetter am ersten Trainingstag von Suzuka. Die Brüder Nobuatsu, Haruchika und Takuma Aoki posierten zwischen den Trainingssessions an der Boxenmauer im Licht und wurden von Fotografen und Kameraleuten wie Supermodels auf dem Laufsteg umschwärmt.

Ihr Vater, der sein Geld mit Inneneinrichtungen verdient hat, hielt sich unauffällig im Hintergrund, trug aber ein stolzes Lächeln auf den Lippen. Von Kindesbeinen an hatte er die Söhne im Motorradsport unterstützt, aber nie damit gerechnet, daß das Hobby einmal derartige Früchte tragen würde und alle drei Sprößlinge in allen drei Klassen zu umschwärmten Grand Prix-Stars werden würden.

Der 23jährige Nobuatsu hatte den Durchbruch in der 250 ccm-Klasse bereits mit einem Sieg beim Malaysia-Grand Prix 1993 geschafft, bestritt seine dritte volle WM-Saison und gehörte zu den etablierten Honda-Werkspiloten. Der 19jährige Haruchika machte seine erste Europa-Tournee 1994 und schlug mit dem 125 ccm-Sieg beim Saisonauftakt 1995 in Australien zu.

**Wasser marsch: Ralf Waldmann, der frühere Feuerwehrmann in seinem Element**

Der 21jährige Takuma fuhr die japanische Superbike-Meisterschaft und war mit einer Wild Card für die Halbliterklasse vertreten. Bei Tests in Sugo zwei Wochen zuvor war er zwar schwer von seiner Honda NSR 500 gestürzt, blieb minutenlang bewußtlos und trug einen Schlüsselbeinbruch davon, gab in Suzuka aber schon wieder unbekümmert Gas. »Mein Traum: Zusammen mit meinen Brüdern auf Grand Prix-Tournee zu gehen«, strahlte er nach dem unglaublichen dritten Trainingsplatz.

Nichts ist so prestigeträchtig für einen japanischen Rennfahrer wie ein Erfolg beim Grand Prix in Suzuka, weshalb auch Weltmeister Kazuto Sakata so emsig am Gas drehte, daß er den Rest der 125 ccm-Welt mit einer Fabelzeit von 2.17,442 Minuten um anderthalb Sekunden distanzierte. »Der hat wohl ein Wespennest in der Kombi«, staunte Dirk Raudies, wegen Motordetonationen an seiner Honda auf Platz elf zurückgeworfen.

Einen Satz neuer Motorteile, von Honda als schlagkräftige Geheimwaffe angeliefert, hatten seine Mechaniker ebenso schnell wieder entfernt, wie sie sie eingebaut hatten. Die Ingenieure der Honda Racing Corporation hatten sich bei einem wichtigen Maß vertan, der Kolben stieß beim Erreichen des oberen Totpunkts am Zylinderkopf an.

Peter Öttl rutschte sogar in die sechste Startreihe ab. »Als Zweiter habe ich angefangen, als 22. aufgehört – das ist doch nicht normal«, schüttelte der Star des Aprilia Deutschland-Teams den Kopf. »Irgendetwas stimmt nicht«, grübelte er, bevor

seine Techniker eine kleine Bruchstelle im komplizierten Innenleben seiner Vorder-radgabel entdeckten.

Noch zehn Ränge weiter hinten krebste Yamaha-Pilot Stefan Prein durch die Gegend, denn der hatte seine Energie schon bei der Anreise verpulvert. Nach einem ausgedehnten Frühstück zuhause in Wuppertal kam er zu spät auf dem Flugha-fen in Düsseldorf an und verpaßte seine Zubringermaschine. Für die Anreise nach Amsterdam hüpfte Prein deshalb flugs in einen Mietwagen, ließ aber seinen Akten-koffer am sixt-Schalter stehen. Bis er den Verlust bemerkt und Hab' und Gut gerettet hatte, blieben ihm noch drei Stunden bis zum KLM-Flug Amsterdam – Osaka. Eigentlich zuwenig für 300 Kilometer plus Check-in. Und viel zu wenig für einen 18-Kilometer-Stau, den Prein deshalb mit Vollgas auf der Standspur hinter sich brachte.

Zehn Minuten vor Abflug traf er am Flughafen Amsterdam ein, parkte mit quietschenden Reifen vor dem Hauptein-gang und drückte einem unschuldigen KLM-Angestellten im Vorbeirennen den Zündschlüssel in die Hand. Als Allerletzter wurde Prein in die wartende Maschine bugsiert, allerdings ohne seine neue Leder-kombi: Der Kurier von Hein Gericke, der sie hätte nach Amsterdam bringen sollen, steckte in besagtem 18 Kilometer-Stau.

In Suzuka klapperte Prein die Zubehör-shops vergeblich nach einem passenden Leder ab und zwängte sich schließlich in die Zweitkombi des zierlicher gebauten Holländers Loek Bodelier. »Organisation ist normalerweise das halbe Leben. Bei uns ist es das ganze«, seufzte Team-Tech-niker Harald Bartol.

Den offiziellen Werks-Piloten Jorge Mar-tínez, Yoshiaki Katoh und Gabriele Debbia hatte Yamaha Fahrwerke mit verstellbarem Gabelwinkel geliefert. Da der deutsche Werksfahrer Stefan Kurfiss den neuen Rahmen erst mit Verspätung erhalten soll-te, griff Techniker Heinz Röhrich zur Selbsthilfe. Er zersägte das alte Fahrgestell und paßte eine Klemmvorrichtung für ein Set neuer Lagerschalen ein, mit der der

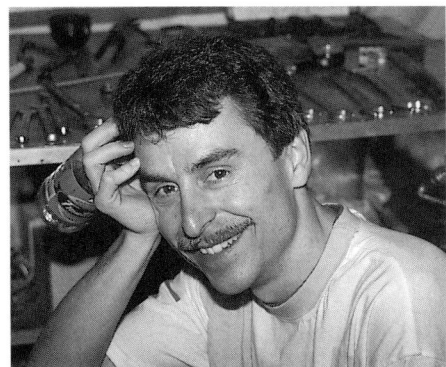

**Entdeckte unwesentlichen Irrtum der HRC-Techniker: Ex-Weltmeister Dirk Raudies**

*Rechts:* Organisation ist das ganze Leben: Logistik-Profi Stefan Prein

*Unten:* Neuer Anlauf oder Resteverwertung? Zwölfter Startplatz für Noriyasu Numata und die 250er Suzuki

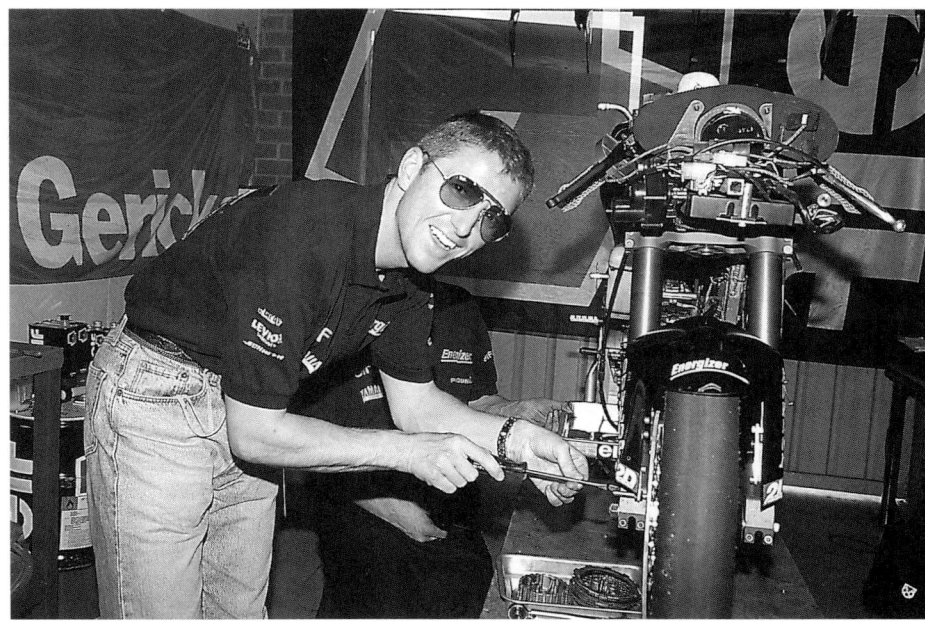

Steuerkopfwinkel in Schritten von einem halben Grad modifiziert werden konnte. »Vorher lief das Motorrad perfekt geradeaus, ließ sich aber nicht einlenken. Und wenn wir es vorne tiefer legten, hatte ich hinten keinen Grip. Jetzt ist es perfekt«, erläuterte Kurfiss.

Schneller wurde seine lahme TZM 125 dadurch freilich auch nicht: Trotz neuer Zylinder, Auspuffanlagen und modifizierter Zündungschips ächzte Kurfiss als einziger GP-Teilnehmer unterhalb der 200 km/h-Marke durch die Lichtschranke und qualifizierte sich auf dem niederschmetternden 33. Rang.

Auch 250 ccm-Star Jean-Michel Bayle argwöhnte Leistungsmangel an seiner Aprilia-Werksmaschine und forderte nach dem 18. Trainingsplatz im ersten Freitagstraining sogar einen Maschinentausch mit Max Biaggi. »Eine solche Idee ist ein Witz und hat nichts mit ernsthaftem Rennfahren zu tun«, schüttelte der Weltmeister den Kopf. »Doch wenn Bayle zwei Millionen Dollar hinterlegt, kann er mein Motorrad haben. Ist er schneller als ich, darf er sich das Geld zurückholen – wenn nicht, gehört es mir«, schlug er belustigt vor.

Für beide Werkfahrer hatte Aprilia eine

im Windkanal entwickelte, superaerodynamische Verkleidung mitgebracht, die Hände und Arme besser abschirmte. Trotzdem reichte es auch für Biaggi nicht zur Pole Position. »Wegen der schlechten Wetteraussichten habe ich 100 Prozent gegeben, um mir rechtzeitig einen guten Startplatz zu sichern. Doch das Set-Up ist noch lange nicht perfekt«, schilderte der Weltmeister nach dem zweiten Rang.

Australien-Sieger Ralf Waldmann mußte

sich sogar mit dem fünften Platz begnügen und kratzte sich am Kopf, er habe auf der anspruchsvollen 5,8-Kilometer-Strecke immer wieder Schnitzer eingebaut. Dagegen war der zwölfte Platz eines gewissen Noriyasu Numata ein Grund für verbreiteten Applaus: Der 28jährige Japaner bewegte nämlich eine jener Suzuki RGV 250, die seit dem unrühmlichen Abgang von John Kocinski Ende 1993 aus der Weltmeisterschaft verschwunden waren.

Mit Gesamtrang zwei und zwei Laufsiegen in der japanischen Meisterschaft hatte der Wild Card-Pilot zuvor nicht nur Talent, sondern auch die Leistungsfähigkeit der Maschine unter Beweis gestellt. »Wir haben die RGV 250 auch nach dem GP-Rückzug Schritt für Schritt weiterentwickelt, ohne dabei vom Grundkonzept abzuweichen«, erklärte Suzuki-Renndirektor Mitsui Itoh über den V2, der neben dem üblichen Power Valve über eine zusätzliche, voluminöse Expansionskammer im Auspuff verfügte und dessen Kurbelwelle rückwärts drehte, um die Neigung zu Wheelies beim Beschleunigen zu mindern.

Zu einem Comeback für die ganze Grand Prix-Serie fehlte jedoch das Budget. »Wir brauchen einen reichen Sponsor, der mehr zahlt als die Leasingkunden von Honda oder Aprilia«, fügte Itoh hinzu. »Denn wir wollen kein werksunterstütztes Team beliefern, sondern das Projekt als waschechtes Werksteam mit unseren eigenen Ingenieuren vorantreiben«.

So wie das Yamaha-Werk, das parallel zur konventionellen Maschine mit Membransteuerung auch die brandneue Drehschieber-Variante weiterentwickelte. Die für Japan erhoffte Premiere mußte trotz vielversprechender Tests allerdings weiter verschoben werden. »Topspeed ist nicht alles, die Gesamtcharakteristik stimmt noch nicht«, schränkte Tetsuya Harada alle Vorschußlorbeeren ein. »Die Maschine wird frühestens in Mugello fertig. Die neue Regelung, nach der wir nur eine Maschine pro Fahrer einsetzen können, hält uns am meisten auf. Das neue Motorrad einzusetzen, bevor es völlig ausgereift ist, ist viel zu riskant«, verdeutlichte Teamchef Wayne Rainey.

Doch vorläufig glich Tetsuya Harada die fehlenden PS durch seinen bestechend perfekten Fahrstil aus. Gleich im ersten Trai-

ning trumpfte er mit seinem unterlegenen Motorrad entfesselt auf und radierte so fehlerfrei am Limit durch die Kurven, daß er sich neben der Pole Position auch den Applaus seines Teamchefs sicherte. »Ein hübsches kleines Team, findest du nicht? Wir sind schneller als das Yamaha-Werksteam der Halbliterklasse«, gluckste Rainey vor lauter Vergnügen.

Denn dort in der Nachbarbox, im Rennstall von Kenny Roberts, war der Teufel los. In Malaysia war Norifumi Abe übers Vorderrad gestürzt, Luca Cadalora war vor lauter Mißtrauen gegen seinen Dunlop-Vorderreifen schon zuvor an die Box getuckert. In aller Öffentlichkeit forderte der Italiener einen Wechsel zu Michelin, umgehend drehte Testpilot Randy Mamola im spanischen Albacete die ersten Proberunden auf den französischen Pneus.

Nur Kenny Roberts hatte keine Lust, panisch und mit fliegenden Fahnen die Seiten zu wechseln. »So sehr Luca die Michelin-Reifen liebt: Wir haben einen Vertrag, und den kann ich nicht einfach brechen«, stellte Roberts fest.

Höhere Gewalt, so hieß es, sei an allem schuld gewesen. Als im japanischen Kobe die Erde bebte, wurden die Dunlop-Reifenwerke verwüstet und mit ihnen jene Entwicklungsabteilung, die für das Geschick der Halbliterklasse zuständig war. »Wir verstehen die Situation nach dem Erdbeben

und wir wollen die Zukunft gemeinsam bewältigen. Gleichzeitig müssen wir konkurrenzfähig bleiben. Und mit diesem Produkt geht das derzeit nicht«, fädelte Roberts einen Kompromiß ein.

Und der sah so aus, daß Cadalora am Freitag mit Dunlop-Reifen hinten und Michelin-Standardpneus vorn auf die Strecke ging. »Eine Entscheidung in gegenseitigem Einvernehmen«, erklärte der englische Dunlop-Sprecher Jeremy Ferguson mit einem Lächeln, als habe man ihm Salz in den Fünf-Uhr-Tee geschüttet.

Die düsteren Mienen der Dunlop-Leute hellten sich freilich schnell wieder auf: Abe qualifizierte sich als Siebter, Cadalora als Achter und blieb dabei um über zwei Sekunden hinter seiner Superrunde zurück, mit der er 1994 die Pole Position erbeutet hatte. »Happy bin ich erst, wenn auf den ersten Schritt der zweite folgt«, forderte der Italiener den offiziellen Seitenwechsel erneut, denn das wäre die einzige Chance gewesen, an die exklusiven Top-Reifen der Franzosen zu kommen.

Denn Michelin, mit den Erfolgen von Honda und Suzuki ohnehin schon Sieger, gab sich reserviert. »Logistisch wäre es gar nicht auf Anhieb möglich, ein weiteres Top-Team mit Top-Reifen zu beliefern«, winkte der verantwortliche Michelin-Techniker Jacques Morelli ab. »Doch abgesehen

Schneller als seine Yamaha-Marlboro-Halbliter-Kollegen: 250er Magier Harada

48

Wieso sollten wir den Yamaha-Stars kostbare Michelin-Prototypen aushändigen, wenn sie gleichzeitig mit Dunlop weiterarbeiten?«

Es bedurfte schon einer Sintflut, um all den Ärger vorläufig wieder hinwegzuspülen. Tatsächlich zogen in der Nacht zum Samstag Wolken auf, und dann setzte ein Dauerregen ein, der erst spät am Sonntagabend nach den Rennen wieder aufhören sollte.

Luca Cadalora rüstete im Nassen auf die bewährten Dunlop-Regenreifen zurück und drehte die zweitschnellste Runde, dagegen war jetzt sein junger Teamkollege Norifumi Abe enttäuscht. »Was wir auch probierten, ich fand keinen Grip«, rätselte der Japaner, der mit einem sensationellen Rennen als Wild Card-Pilot im Vorjahr zum Star geworden war, nach der 17. Zeit im Regen.

Loris Capirossi, 13. am Vortag, schwang sich zur achtbesten Zeit im Nassen auf, obwohl er auf seiner Pileri-Honda NSR 500 erstmals mit dem Regen Bekanntschaft machte. »Zuerst hatte ich Angst, weil die 500er in den ersten drei Gängen so unglaublich viel Power hat und ständig das Hinterrad durchdreht. Aber ich hoffe trotzdem auf Regen, weil ich ein Rennen im Trockenen kaum durchstehen würde«, berichtete der Italiener.

Bei seinem Sturz in Malaysia hatte er den linken kleinen Finger doch derart demoliert, daß er an der verletzten Sehne operiert werden mußte. Trotz eines verstärkten Handschuhs mit Kohlefasereinlage hatte er bei der leisesten Berührung heftige Schmerzen und ließ den Kupplungshebel kürzen, um den Finger beim Fahren gestreckt halten zu können.

Wegen des naßkalten Wetters meldete sich bei Peter Öttl ein altes Leiden, eine Sehnenscheidenentzündung im linken Handgelenk, zurück, und mußte von Rennarzt Dr. Claudio Costa mit einer Serie von Spritzen behandelt werden. Öttl war 13. im nassen Abschlußtraining, Dirk Raudies Zwölfter, davor hatte sich eine nahezu geschlossene Phalanx tollkühner Japaner aufgebaut, zwischen die sich nur der vier-

fache Weltmeister Jorge Martínez aus Spanien schieben konnte.

Bei den 250ern war von japanischer Überlegenheit keine Spur. Doriano Romboni schob sich dank seiner Michelin-Regenreifen mit der schnellsten Regenzeit in den Vordergrund, gefolgt von dem Spanier Carles Checa, dem französischen Regenspezialisten Jean-Philippe Ruggia und Ralf Waldmann, der sich gegenüber dem freien Training um über acht Sekunden gesteigert hatte. »Morgen fahre ich pfeifend durch den Regen«, kündigte er fröhlich an, und seine gute Laune hatte nicht nur mit dem 125er Hinterreifen zu tun, den seine Mechaniker auf die Vorderradfelge aufziehen ließen und mit dem er endlich den nötigen Grip in den Kurven gefunden hatte.

Auch sein Freund Dr. Christoph Scholl, auf Waldis Bitte hin mit nach Japan gejetet, trug maßgeblich zum Stimmungsumschwung des Honda-Stars bei. Der Rennarzt, der eine Menge an kaltem Erfolgsdruck und »erhebliche emotionale Defizite« im Team festgestellt hatte, nahm Waldi nach dem Frust des Samstagmorgens auf die Seite. »Denk daran, wie fröhlich du bei deinem allerersten Regenrennen in Speyer das gesamte Feld überrundet hast. Mich sogar zweimal«, schärfte er ihm ein. »Visualisieren des Erfolges nennt man das«.

## 250 ccm: Pechvogel Okada

Diesen Erfolg behielt Waldi auch am Renntag im Visier, obwohl der Regen ihm die Sicht schon auf der Warm-Up-Runde trübte, beim Start der 250 ccm-Klasse dann tropische Dimensionen annahm und die 5,8 Kilometer lange Suzuka-Piste in einen See mit gefährlichen Untiefen verwandelte.

Bis in die zwölfte Runde fuhr er auf dem glitschigen Parkett gelassen als Zweiter hinter Tadayuki Okada her. Dann ging ein Aufschrei durch die Reihen der 60 000, unter bunten Regenschirmen ausharrenden Zuschauer, denn der Japaner rutschte aus, verpaßte den greifbar nahen Sieg wegen

**Bringt der Regen auch Segen? 250er Stars Waldmann, Roberts jr (beide oben) und Harada vor dem Start**

des unkontrollierbaren Aquaplanings und trottete durchnäßt und niedergeschlagen zur Box zurück. »Ich hatte das Gas nur halb offen, als ich plötzlich in einen nahezu knöcheltiefen Bach geriet. Ohne Vorwarnung rutschte das Motorrad weg. Natürlich versuchte ich weiterzufahren, doch der linke Lenkerstummel war abgebrochen«, meinte der Vizeweltmeister enttäuscht.

Kaum hatte Ralf Waldmann die Führung übernommen, ging der nächste Aufschrei durch die Massen. Nach einem Dutzend anderer Kollegen waren nun auch Ralf Waldmann, der drittplazierte Japaner Sadanori Hikita und der mit steckengebliebenem Power Valve an neunter Stelle umherdriftende Weltmeister Max Biaggi zeitgleich in der Sintflut untergegangen, worauf die Rennleitung endlich ein Einsehen hatte und die gefährliche Rutschpartie abwinken ließ.

Mit der Kurbelwelle zerbrach der elegante
Regentanz: Doriano Romboni

Leistungsschwimmer: Sieger Waldmann
mit HB-Honda-Rennleiter Dieter Stappert

posten auf deutsch »schieben, schieben« zu und hatte Glück, daß der Motor gleich wieder ansprang«, schilderte der Sieger, der sich bei dem Crash nur ein paar aufgeschürfte Fingerknöchel an der rechten Hand zugezogen hatte.

So flink wie er und Okada war eigentlich nur noch Doriano Romboni gewesen. Nach zwei Runden fuhr der Italiener bereits an Okadas Hinterrad durch die Gischt, doch eine Runde später rollte er in der Schikane kurz vor Start und Ziel mit totem Motor ins Kiesbett: Kurbelwelle gebrochen.

In diesem Stil ging es weiter. Kenny Roberts junior fuhr so weit vorne durchs Feld wie nie zuvor und machte als Dritter bereits Jagd auf Ralf Waldmann, als ihn seine Werks-Yamaha abzuwerfen versuchte. Kenny landete zwar wieder im Sattel, brachte seinen roten Renner aber nicht mehr unter Kontrolle und landete im Kiesbett.

Adi Stadler hatte im Training schon drei Stürze weggesteckt und gab auf, bevor noch Schlimmeres passierte. »Nach einem solchen Wochenende weißt du nicht mehr, was hinten und vorne ist«, seufzte er und blieb noch einer der Klügeren.

Denn insgesamt wurden 14 Stürze im 250 ccm-Lauf gezählt, am Ende blieben nur die Umsichtigsten übrig. »Ein Wahnsinn – einmal hatte ich beim Anbremsen solches Aquaplaning, daß das Vorderrad auf einer Strecke von 20 Metern rutschte«, meinte Waldis Teamkollege Jürgen Fuchs und balancierte seinen Honda-Production Racer auf Rang 12 – vor dem tapferen Bernd Kassner, dem das Wasser sogar das Griffgummi am linken Lenkerende davonspülte.

Der Schweizer Eskil Suter erlebte sein bisher bestes Rennen auf der gebrauchten Werks-Aprilia, überholte den Weltmeister und kam als stolzer Achter ins Ziel.

Weil der Stand nach 12 Runden gewertet wurde, hatten die Stürze von Waldmann, Biaggi und Hikita für das Klassement keine Bedeutung. Waldi war damit Sieger vor Nobuatsu Aoki und Hikita – nur Okada purzelte ein paar Meter zu früh und um Haaresbreite am großen Triumph vorbei. »Sicherheit ist das Wichtigste, und es hätte sich jemand ernsthaft verletzen können. Ich wünschte, die Rennleitung hätte die rote Flagge schon früher rausgehalten«, drückte Okadas Teammanager Seiki Ishii mit japanischer Höflichkeit seine grenzenlose Enttäuschung aus.

Von dem bevorstehenden Abbruch hatte Waldi bei seinem Sturz natürlich keine Ahnung, weshalb er seine Maschine blitzartig wieder aufrichtete und dank seines Vorsprungs von mehr als einer halben Minute immer noch als Erster weiterfuhr. »Als ich über den Asphalt schlitterte, dachte ich: Junge, bist du blöd! Aber dann sah ich, daß das Motorrad gar nicht weit von mir zum Liegen kam. Ich richtete es schnell wieder auf, rief ein paar Strecken-

**Gerade noch mal gutgegangen: Sieger
Ralf Waldmann im Slide**

**Start zur Regenschlacht der Viertelliter: Weltmeister Biaggi noch in Front**

**Sekunden zu früh gesürzt: Vizeweltmeister Okada verlor den sicheren Sieg**

Während der fünftplazierte Regenspezialist Jean-Philippe Ruggia wegen eines falschen Vorderreifens haderte, war auch WM-Favorit Tetsuya Harada mit seinem vierten Rang einverstanden. »Ich wußte, daß es jede Menge Stürze geben würde und sagte mir: Laß die anderen zuerst herunterfallen. Als ich später auf die Jagd gehen wollte, war das Aquaplaning auf der überfluteten Strecke schon so schlimm, daß nicht mehr viel zu machen war«.

## 500 ccm: Doohans riskanter Umweg

War Haradas vierter Platz eher eine Enttäuschung für den WM-Favoriten, so betrieb sein Halbliter-Kollege Luca Cadalora mit demselben Resultat wenigstens die Ehrenrettung des Marlboro-Yamaha-Teams, ohne seine Probleme bewältigt zu haben. »Ich bin mit demselben Set-Up ins Rennen gegangen, das sich gestern und im Warm-

Up heute morgen so gut bewährt hat. Aber das Motorrad war nicht dasselbe, vielleicht, weil die Strecke im Rennen nicht ganz so sehr unter Wasser stand. Ich hatte eine Menge Rutscher und nahm ein paarmal das Herz in die Hand, um Alberto Puig auf Distanz zu halten«.

Während Takuma Aoki das Risiko im Griff hatte und am Hinterrad von Michael Doohan als jubelnder Dritter die Linie querte, blieb Norifumi Abe, das Wunderkind des Suzuka-Grand Prix von 1994, hinter der Riege der Topstars versteckt und traf als Neunter ein. »Die Hinterhand schlug ein paarmal so zornig aus, daß ich schon an die Box kommen wollte. Dann habe ich mich aber doch nochmals zusammengerissen, um wenigstens ein paar Punkte mitzunehmen«, schilderte er.

Immerhin blieb den Yamaha-Stars das Schicksal von Shinichi Itoh erspart. Der japanische Honda-Werkspilot, schon im letzten Jahr rundenlang in Führung, donnerte am Start davon wie eine Kanonenkugel und führte das Feld nach den ersten

**Verdammt schnell, die alte Mühle: Biaggi hinter Suter auf der 94er WM-Maschine**

**Kein Honda-Tag: Shinichi Itoh (7) warf die NSR 500 mit großem Vorsprung in den Kies, Champion Doohan unternahm einen Ausflug zum Heliport**

**Kein Freund des Regenwassers: Der Brasilianer Alex Barros nach seinem Sturz**

Kurven mit Abstand an. Eingangs der zwölften Runde war er über alle Berge, übergab die Führung vor der Schikane dann aber mit einer höflichen japanischen Verbeugung an Michael Doohan. »Ich war

zu schnell und fuhr mit Tempo 130 geradeaus in den Kies. Leider ist bei dem Sturz der gebrochene Knochen in meiner linken Hand erneut entzweigegangen«, erzählte Itoh enttäuscht.

Bis in die letzte Runde hinein schien es nun, als könne Weltmeister Michael Doohan den Nimbus der Unbesiegbarkeit verteidigen, doch dann unterlief ihm der erste Fehler der Saison. »Ich dachte, Daryl Beat-

**Kein passender Hinterreifen: Loris Reggiani wollte mehr als den zehnten Platz**

**Zurück auf dem Boden der Tatsachen:
Norifumi Abe, der Suzuka-Überflieger von 1994**

tie sei mir schon dichter auf den Fersen, deshalb wollte ich eine kleine Pufferzone aufbauen«, schilderte Doohan. »Als ich den vierten Gang reinklickte, stand ich plötzlich quer und mußte durch den Helikopterlandeplatz. Ich freue mich zwar immer noch über Platz zwei, doch gleichzeitig ärgern mich solche Fehler«, meinte der abgebrühte Australier, der gerade noch Rang zwei verteidigen konnte.

Suzuki-Star Daryl Beattie, bei beiden vorhergegangenen Rennen in ehrfürchtigem Abstand als Zweiter ins Ziel gekommen, nahm die Einladung natürlich dankend an und huschte am Weltmeister vorbei auf Platz eins. »Ich hatte längst noch nicht aufgegeben, zumal ich ein paar Nachzügler vor uns erspähte. Als Doohan plötzlich aus der Strecke ausscherte, wußte ich nicht, was ich denken sollte. Ich fürchtete, er würde sich wieder vor mir wieder einfädeln – aber es reichte ihm nicht«, grinste Beattie. »Über weitere Siege zerbreche ich mir derzeit allerdings nicht den Kopf. Ich bin mir schon bewußt, daß uns das nasse Wetter einen Vorteil verschaffte«.

Den Triumph für Suzuki schmälerte das nicht, auch wenn der vierfache Suzuka-Sieger Kevin Schwantz trotz seiner Best-

zeit im Regen das Nachsehen hatte. »Ich bin enttäuscht. Gestern lief das Bike wie auf Schienen durch die Kurven, doch heute ging der ganze Grip verloren. Keine Ahnung, warum«, schilderte der Exweltmeister nach dem sechsten Platz verzagt.

Loris Reggiani, der sich mit der handlichen Zweizylinder-Aprilia unter diesen Bedingungen eigentlich gute Chancen ausgerechnet hatte, stand auf verlorenem Posten und mühte sich als Zehnter ins Ziel. Weil er eine andere Felgenbreite verwendete als die Vierzylinder-500er, konnte ihm Dunlop keine passenden Regenreifen liefern.

Noch größer waren die Probleme des Neuseeländers Andrew Stroud. Denn als er am Mittwoch in Suzuka eintraf, fehlte von seinem italienischen Max-Team jede Spur. Teammanager Marco Papa hatte sich bei einem Lauf zur italienischen Superbeike-Meisterschaft eine Rippenprellung zugezogen und blieb zuhause im Bett. Papa verbreitete, die Mechaniker hätten bei der Fahrt zum Flughafen einen Autounfall

**Auch ein geschenkter Sieg schmeckt süß:
Suzuki-Star Daryl Beattie**

**Mit Wild Card aufs Podest: Takuma Aoki**

**Angenehmes Naß: Die Champagner-Dusche nach dem Regenrennen**

gebaut und ihren Flieger verpaßt, doch in Wirklichkeit war dem Team kurzfristig das Geld ausgegangen. Dank der Nachbarschaftshilfe eines befreundeten Mechanikers gelang es Stroud, die Überseekisten zu entladen und eine längere Getriebeübersetzung einzubauen, gerade rechtzeitig vor Trainingsbeginn fand sich dann noch ein japanischer Helfer. Im Rennen landete Stroud auf Rang 12.

Der Schweizer Adrian Bosshard hatte noch versucht, Stroud anzugreifen, kämpfte jedoch mit heftigen Slides und begnügte sich schließlich mit Rang 15. Sein Landsmann Bernard Haenggeli hatte bei den unwirtlichen Bedingungen schon vorher das Handtuch geworfen und den Schutz der Box gesucht.

### 125 ccm: Familienfest im Hause Aoki

Noch während viele der Fotografen und Kameraleute mit streikender Elektronik

**Der Achtelliter-Mittelbau in der ersten Runde, unter anderem McCoy (13), Bodelier (15), Öttl (5), Tokudome (8) und Prein (11)**

kämpften, blinzelte die Sonne durch die Wolken. Im schönsten Nachmittagslicht reihten sich die 125 ccm-Piloten auf ihren Startplätzen ein, die Strecke war freilich immer noch klitschnaß, so daß über die richtigen Reifen kein Zweifel bestand.

Haruchika Aoki ließ sich nicht lange bitten und fuhr einem souveränen Start-Ziel-Sieg entgegen, mit dem er die Führung in der Weltmeisterschaft zurückholte und ein einzigartiges Familienfest perfekt machte: Nach Nobuatsu bei den 250ern und Takuma in der Halbliterklasse sprühte nun auch der Dritte im Bunde mit der Champagnerflasche vom Podest. »Es war keineswegs einfach, denn am Schluß trocknete die Strecke immer mehr ab. Meine Regenreifen standen kurz davor, sich in ihre Bestandteile aufzulösen«, atmete er auf.

Wenigstens blieben ihm die Turbulenzen erspart, die sich weit hinter ihm abspielten. Dirk Raudies war nach einem Blitzstart drei Runden lang Zweiter, wurde dann aber von einer Verfolgergruppe gestellt, in der sich Stefano Perugini, Kazuto Sakata und Akiro Saito breitmachten. Perugini wurde als erster nervös und stürzte, zwei Runden später war dann Dirk Raudies an der Reihe

und ging aus fünfter Position zu Boden. »Guter Start, schlechter Ausgang. Viel mehr ist nicht zu berichten – ich fuhr ja auch nicht lange«, kommentierte Raudies mit einem dicken Eisbeutel auf der geprellten linken Hand. »Mich hatten gerade so ein paar überholt, ich wollte dranbleiben, als mir am Kurveneingang das Vorderrad wegrutschte. Ich habe mich heftig überschlagen, mein Motorrad ist Schrott. Das Ganze passierte auf einen Schlag, so schnell konnte ich gar nicht gucken. Scalvini stand da übrigens auch schon und hat vom Streckenrand aus zugeschaut«.

Aus der sechsten Startreihe waren auch Peter Öttls Chancen von vornherein begrenzt. »Angesichts dieser Ausgangsbasis hatte ich keine konkreten Erwartungen mehr, deshalb geht der elfte Platz in Ordnung. Sechs Punkte sind besser als gar keine«, sinnierte er nach dem Rennen. »Was die Sache erschwerte: Mir ist unterwegs dreimal der Motor ausgegangen, ich mußte immer einen Gang zurückschalten, um ihn wieder anzuwerfen. Dafür habe ich meinen linken Arm so gut wie möglich geschont – und habe immer ohne Kupplung geschalten«.

**Nur nicht aufgeben: Ui (57) und Ueda kamen trotz Sturz in die Punkteränge**

Sein Teamkollege Tex Geissler lag nach einem »Granatenstart« drei Runden vor dem Star des Teams, mußte Öttl dann aber ziehenlassen. »Ich habe versucht, dranzubleiben, doch an ein paar Stellen ist Peter richtig stark gefahren«, zollte er Öttl Respekt, freute sich als 13. aber trotzdem über die ersten drei Punkte der Saison. »Immerhin bin ich seit dem Saisonfinale 1994 zum ersten Mal ins Ziel gekommen. Ab jetzt geht´s aufwärts!«

Worauf sich auch das bitter unter Wert geschlagene Aprilia-Team Ditter Plastic einschwören mußte: Masaki Tokudome hatte sich bei seinem Heim-Grand Prix bis zur Hälfte des Rennens bereits an die neunte Stelle vorgearbeitet und tuckerte

**Rückblick im Zorn: Stefan Prein gab nach Stop and Go-Strafe auf**

**WM-Punkte für Tex Geissler: Der Aprilia-Deutschland-Nachwuchsmann wurde 13.**

dann wegen eines gebrochenen Kolbenrings zur Box. Oliver Koch stürzte bereits nach einer halben Runde. »Mein Start war nicht der beste, ich war weiß der Geier wo hinten im Feld«, berichtete er. »Nach ein paar Kurven wollte ich Vittorio Lopez innen ausbremsen und war eigentlich schon vorbei. Da ist mir schlagartig das Vorderrad weggerutscht«.

Ebenso niederschmetternd war die Bilanz beim Sensationssieger von Malaysia: Garry McCoy kämpfte das ganze Wochenende mit einem wackelnden Fahrwerk, rutschte im ersten nassen Training aus und stürzte im Rennen erneut.

**Die Überraschung ließ nach: Haruchika Aoki siegte erneut bei den 125ern**

## 500 cm³:

### Ergebnisse

| | | | | | WM-Stand | Pkt. |
|---|---|---|---|---|---|---|
| 1. | Daryl Beattie | AUS | Suzuki RGV | 44.02.298 | 1. Doohan | 70 |
| 2. | Michael Doohan | AUS | Honda NSR | 44.11.880 | 2. Beattie | 65 |
| 3. | Takuma Aoki | J | Honda NSR | 44.12.006 | 3. Schwantz | 34 |
| 4. | Luca Cadalora | I | Yamaha YZR | 44.21.922 | 4. Crivillé | 32 |
| 5. | Alberto Puig | E | Honda NSR | 44.23.980 | 5. Puig | 31 |
| 6. | Kevin Schwantz | USA | Suzuki RGV | 44.26.820 | 6. Cadalora | 26 |
| 7. | Juan Borja | E | ROC-Yamaha | 45.15.044 | 7. Barros | 20 |
| 8. | Toshi Arakaki | J | Harris-Yamaha | 45.24.759 | 8. Reggiani | 19 |
| 9. | Norifumi Abe | J | Yamaha YZR | 45.27.604 | 9. Aoki | 16 |
| 10. | Loris Reggiani | I | Aprilia RSV | 45.31.198 | 10. Borja | 16 |
| 11. | Bernard Garcia | F | ROC-Yamaha | 45.41.596 | 11. Itoh | 15 |
| 12. | Andrew Stroud | NZ | ROC-Yamaha | 45.51.980 | 12. Abe | 14 |
| 13. | Sean Emmett | GB | Harris-Yamaha | 45.55.732 | 13. B. Garcia | 14 |
| 14. | Neil Hodgson | GB | ROC-Yamaha | 46.00.908 | 14. Capirossi | 8 |
| 15. | Adrian Bosshard | CH | ROC-Yamaha | 46.06.724 | 15. Arakaki | 8 |

16. Marc Garcia (F) ROC-Yamaha, 17. Laurent Naveau(B) ROC-Yamaha, 18. Cristiano Migliorati (I) Harris-Yamaha, 19. Bruno Bonhuil (F) ROC-Yamaha, 20. Jean-Pierre Jeandat (F) Paton, 21. Eugene McManus (GB) Harris-Yamaha, 22. Lucio Pedercini (I) ROC-Yamaha, 23. Frédéric Protat (F) ROC-Yamaha.

**Schnellste Runde:** Doohan in 2.24.021 = 146,579 km/h

**Rekord:** Kevin Schwantz (Suzuki) in 2.09.439 = l63,091 km/h (1994)

**Durchschnitt Sieger:** 18 Runden oder 105,552 km in 44.02.298 = 143,809 km/h

**Ausfälle:** A. Crivillé (E) Honda, Sturz; S. Itoh (J) Honda, Sturz; A. Barros (BR) Honda, Sturz; J. McWilliams (GB) Yamaha, Aufgabe/keine Traktion; B. Haenggeli (CH) ROC-Yamaha, Aufgabe/Sturzgefahr; S. Gray (USA) ROC-Yamaha, Aufgabe/Sturzgefahr; T. Honma (J) Yamaha, Sturz; L. Capirossi (I) Honda, Sturz; J. Haydon (GB) Harris-Yamaha, Sturz.

**Trainingszeiten:** 1. Doohan 2.08.572 = 164,191 km/h, 2. Itoh 2.09.549, 3. Aoki 2.09.626, 4. Honma 2.09.633, 5. Beattie 2.09.667, 6. Barros 2.09.902, 7. Abe 2.10.154, 8. Cadalora 2.10.245, 9. Puig 2.10.410, 10. Schwantz 2.10.926, 11. Crivillé 2.10.976, 12. Reggiani 2.11.162, 13. Capirossi 2.11.796, 14. Arakaki 2.12.320, 15. Bosshard 2.12.931, 16. Borja 2.13.063, 17. Hodgson 2.13.120, 18. McWilliams 2.14.667, 19. Haydon 2.14.667, 20. M. Garcia 2.14.691, 21. Migliorati 2.14.727

## 250 cm³:

### Ergebnisse

| | | | | | WM-Stand | Pkt. |
|---|---|---|---|---|---|---|
| 1. | Ralf Waldmann | D | Honda NSR | 30.46.248 | 1. Waldmann | 63 |
| 2. | Nobuatsu Aoki | J | Honda NSR | 31.17.838 | 2. Harada | 53 |
| 3. | Sadanori Hikita | J | Honda NSR | 31.39.480 | 3. Biaggi | 48 |
| 4. | Tetsuya Harada | J | Yamaha TZM | 31.40.994 | 4. Aoki | 40 |
| 5. | Jean-Philippe Ruggia | F | Honda NSR | 31.45.446 | 5. Ruggia | 22 |
| 6. | Osamu Miyazaki | J | Aprilia | 31.47.713 | 6. Cardoso | 20 |
| 7. | José Luis Cardoso | E | Aprilia | 31.48.806 | 7. Okada | 16 |
| 8. | Eskil Suter | CH | Aprilia | 31.56.400 | 8. Hikita | 16 |
| 9. | Massimiliano Biaggi | I | Aprilia | 31.56.629 | 9. Roberts jr. | 16 |
| 10. | Jürgen v.d.Goorbergh | NL | Honda RS | 32.17.120 | 10. J. Goorbergh | 16 |
| 11. | Luis Carlos Maurel | E | Honda RS | 32.24.102 | 11. Suter | 15 |
| 12. | Jürgen Fuchs | D | Honda RS | 32.25.708 | 12. Checa | 13 |
| 13. | Bernd Kassner | D | Aprilia | 32.25.994 | 13. Romboni | 10 |
| 14. | Masaaki Morikane | J | Honda RS | 32.42.336 | 14. Bayle | 10 |
| 15. | Regis Laconi | F | Honda RS | 32.53.452 | 15. Miyazaki | 10 |

16. Miguel Castilla (E) Yamaha, 17. Pere Riba (E) Aprilia, 18. Roberto Locatelli (I) Aprilia, 19. Oliver Petrucciani (CH) Aprilia.

**Schnellste Runde:** Okada in 2.30.456 = 140.309 km/h

**Rekord:** Max Biaggi (Aprilia) in 2.12.187 = 159,701 km/h (1994)

**Durchschnitt Sieger:** 12 Runden oder 70.368 km in 30.46.248 = 137,211 km/h

**Ausfälle:** T. Okada (J) Honda, Sturz; T. Tsujimura (J) Honda, Sturz; D. Romboni (I) Honda, Kurbelwelle gebrochen; Niall Mackenzie (GB) Aprilia, Zündung naß geworden; J.-M. Bayle (F) Aprilia, Zündung naß geworden; L. d´Antin (E) Honda, Sturz; C. Checa (E) Honda, Sturz; P. v. d. Goorbergh (NL) Aprilia, Motorprobleme; O. Jacque (F) Honda, Sturz; G. Lavilla (E) Honda, Sturz; Adi Stadler (D) Aprilia, Aufgabe/Sturzgefahr; K. Roberts jr. (USA) Yamaha, Sturz; D. Bulega (I) Honda, Sturz; T. Ukawa (J) Honda, Sturz; N. Numata (J) Suzuki, Sturz;

**Trainingszeiten:** 1. Harada 2.10.075 = 162,294 km/h, 2. Biaggi 2.10.260, 3. Okada 2.11.208, 4. Romboni 2.11.842, 5. Waldmann 2.12.026, 6. Roberts jr. 2.12.414, 7. Locatelli 2.12.674, 8. Ukawa 2.12.741, 9. d´Antin 2.12.808, 10. Tsujimura 2.12.887, 11. Petrucciani 2.12.931, 12. Numata 2.13.105, 13. Ruggia 2.13.305, 14. Miyazaki 2.13.412

## 125 cm³:

### Ergebnisse

| | | | | | WM-Stand | Pkt. |
|---|---|---|---|---|---|---|
| 1. | Haruchika Aoki | J | Honda | 46.28.996 | 1. Aoki | 50 |
| 2. | Akira Saito | J | Honda | 46.30.792 | 2. Sakata | 39 |
| 3. | Kazuto Sakata | J | Aprilia | 46.30.899 | 3. Saito | 33 |
| 4. | Hideyuki Nakajoh | J | Honda | 46.31.136 | 4. Nakajoh | 24 |
| 5. | Shigeru Ibaraki | J | Yamaha | 46.36.269 | 5. Manako | 22 |
| 6. | Yoshiako Katoh | J | Yamaha | 46.36.690 | 6. Alzamora | 22 |
| 7. | Emilio Alzamora | E | Honda | 46.45.605 | 7. Perugini | 20 |
| 8. | Ken Miyasaka | J | Honda | 46.47.305 | 8. Katoh | 16 |
| 9. | Herri Torrontegui | E | Honda | 46.56.914 | 9. Torrontegui | 13.5 |
| 10. | Tomomi Manako | J | Honda | 47.13.512 | 10. Ueda | 13 |
| 11. | Peter Öttl | D | Aprilia | 47.16.580 | 11. McCoy | 12.5 |
| 12. | Yoshiyuki Sugai | J | Honda | 47.41.874 | 12. Ibaraki | 11 |
| 13. | Manfred Geissler | D | Aprilia | 47.42.600 | 13. Scalvini | 10,5 |
| 14. | Noboru Ueda | J | Honda | 47.42.898 | 14. Miyasaka | 9,5 |
| 15. | Youichi Ui | J | Yamaha | 48.09.280 | 15. Bodelier | 7 |

16. Takehiro Yamamoto (J) Honda, 17. Masayuki Azami (J) Honda, 18. Tomoko Igata (J) Honda, 19. Loek Bodelier (NL) Aprilia, 20.Vittorio Lopez (I) Aprilia, 21. Gabriele Debbia (I) Yamaha, 22. Stefan Kurfiss (D) Yamaha, 23. Ivan Cremonini (I) Honda. – 1Rde.

**Schnellste Runde:** Nakajoh in 2.30.343 = 140,415 km/h

**Rekord:** Kazuto Sakata (Aprilia) in 2.18.756 = 152,140 km/h (1994)

**Durchschnitt Sieger:** 18 Runden oder 105,552 km in 46.28.996 = 136,245 km/h

**Ausfälle:** D. Raudies (D) Honda, Sturz; J. Martinez (E) Yamaha, Sturz; S. Perugini (I) Aprilia Sturz; M. Tokudome (J) Aprilia, Kolbenring gebrochen; S. Prein (D) Yamaha, Aufgabe/Stop-and-Go-Strafe; G. McCoy (AUS) Honda, Sturz; G. Scalvini (I) Aprilia, Sturz; O. Koch (D) Aprilia, Sturz; A. Ballerini (I) Aprilia, Sturz; H. Kikuchi (J) Honda, Sturz; Y. Fujioka (J) Honda, Sturz

**Trainingszeiten:**
1. Sakata 2.17.422 = 153,595 km/h, 2. Aoki 2.18.946, 3. Ueda 2.19.194, 4. Fujioka 2.19.406, 5. Katoh 2.19.554, 6. Torrontegui 2.19.623, 7. Perugini 2.19.751, 8. Miyasaka 2.19.876, 9. Saito 2.19.906, 10. Ui 2.19.965, 11. Raudies 2.20.073, 12. Alzamora 2.20.201, 13. Martinez 2.20.404, 14. Ibaraki 2.20.462, 15. Azami 2.20.501, 16. Geissler 2.20.538, 17. Tokudome 2.20.656, 18. Kikuchi 2.20.666, 19. Scalvini 2.20.708, 20. Yamamoto 2.20.996, 21. McCoy 2.21.009, 22. Öttl 2.21.119, 23. Koch 2.21.179, 24. Nakajoh 2.21.194, 25. Manako 2.21.200, 26. Lopez 2.21.330

Viva España: Der drittplazierte Alex Crivillé feierte mit Sieger Puig (5); Daryl Beattie (4) war neuer Tabellenführer

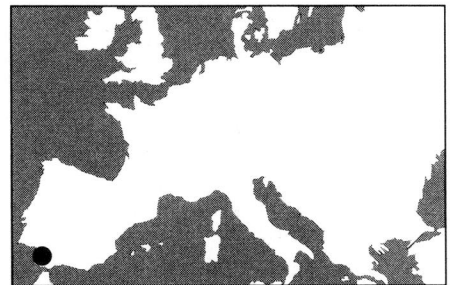

# Prinz Alberto

*In Jerez stieg eine*
*Fiesta wie noch nie: Weil Michael Doohan stürzte und Kevin Schwantz fehlte, feierte*
*Alberto Puig den ersten spanischen Heimsieg der Halbliterklasse.*

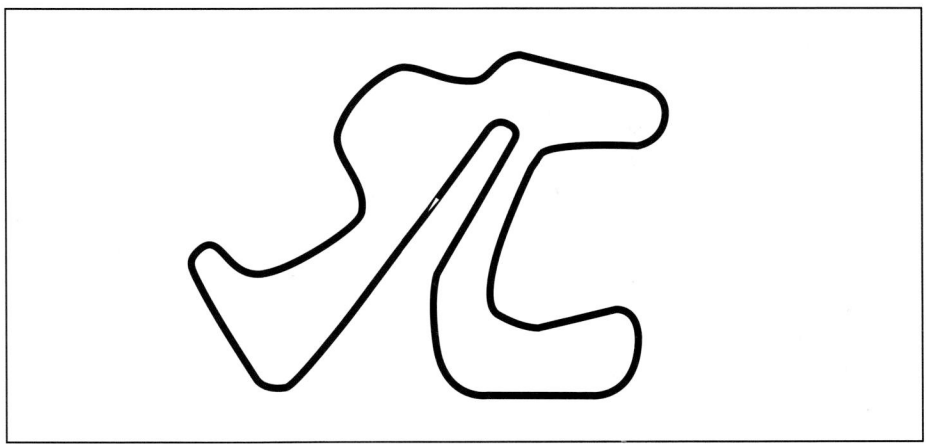

Es war Montagabend. Shirley und Jim Schwantz hatten bereits die französische Grenze passiert und rollten mit dem luxuriösen neuen Motorhome auf einen Autobahnparkplatz, als ihnen einfiel, daß ihr Sohnemann ein paar Flaschen Käsesauce aus Texas mitbringen könnte.

Doch kaum war Kevin am Telefon, war das Cheesedip vergessen: Der Suzuki-Star schockte seine Eltern mit der Nachricht, er habe sich nach zwei schlaflosen Nächten entschieden, nicht nach Spanien anzureisen. Er spürte seine linke Hüfte, die er zweimal auskugelte und jeweils am gleichen Tag wieder mit fröhlichen Spaziergängen durchs Fahrerlager belastete, anstatt dem malträtierten Gelenk die nötige mehrwöchige Ruhepause zu gönnen. Und er spürte sein nahezu steifes linkes Handgelenk, aus dem im Herbst 1994 drei Handwurzelknochen herausoperiert wurden.

Den alten, ungestümen Ehrgeiz, trotzdem in den Sattel zu steigen und zu jenen verwegenen Rodeoritten anzutreten, mit denen er sich weltweit in die Herzen der Fans gefahren hatte, spürte er nicht. Schon vor dem ersten Grand Prix 1995 hatte Schwantz den Rücktritt zum Saisonende angekündigt und gehofft, sich noch einmal wie früher zu übermenschlichen Anstrengungen motivieren zu können.

Doch diesmal forderte sein geschundener Körper Tribut. Fast ohne jedes Wintertraining kam Schwantz als Schatten seiner selbst zu den ersten Grand Prix und erlebte gleich im Training zum Saisonauftakt in Australien zwei Stürze. In den Rennen mußte er sich von seinem Teamkollegen Daryl Beattie besiegen und, noch schlimmer, von ehemaligen Sparringspartnern wie Alex Crivillé ausbremsen lassen. Die Handgelenke, die Schwantz einst dieselben Manöver erlaubt hatten, spielten nicht mehr mit: Anstatt sich beim Verzögern kraftvoll gegen den Lenker zu stemmen, knickten sie nach vorne weg.

Daß er ausgerechnet in Japan, wo er 1988 den ersten Triumph seiner GP-Karriere gefeiert und bis 1994 viermal gewonnen hatte, auf Platz sechs abrutschte, ließ seine Moral auf den Nullpunkt sinken. Auf dem Heimflug nach Amerika setzte er sich neben Wayne Rainey, mit dem er in früheren Jahren kein Wort geredet hatte, und redete sich den Frust von der Seele. »Schon im letzten Jahr mußte ich mich zum Fahren zwingen. Es macht keinen Spaß mehr«, erzählte er dem gelähmten Champion. »Wenn es keinen Spaß mehr macht, steigt das Risiko«, antwortete Rainey und riet seinem früheren Erzrivalen, auf seine innere Stimme zu hören.

Und die ermahnte Schwantz, vor dem Aufbruch nach Europa die Shorts anzulassen. »Als Kevin mich auf dem Weg zum Flughafen abholte, sah er keineswegs reisefertig aus – und überraschte mich mit der Mitteilung, ich müsse den Job allein erledigen«, berichtete Daryl Beattie, der ein paar Tage in Kevins texanischer Heimat

Aushilfswerksfahrer, aber nicht Schwantz-Nachfolger: Sean Emmett

hätten lange darüber nachgedacht, ob die weite Reise nach Jerez nun überhaupt noch Sinn mache. »Aber schließlich fanden wir es besser, herzukommen, um allen hier im Fahrerlager Kevins Standpunkt erklären zu können«.

Und das war auch gut so, denn in einem offiziellen Pressestatement mit erfundenen Zitaten war nebulös von einer möglichen Rückkehr für den Grand Prix in Mugello oder Assen die Rede. In Wirklichkeit jedoch wünschte sich keiner einen halbkranken Superstar, der sich in seinem letzten Rennen womöglich endgültig zuschanden fahren würde. Kevins Absage vor Spanien war das Ende einer Ära, auch wenn er die volle Wahrheit noch nicht aussprechen mochte und sich für ein paar Wochen vor der Weltöffentlichkeit verschanzte.

Sein Vertreter Sean Emmett, von seinem britischen Harris-Team für den Werks-Einsatz beurlaubt, war schon bei Wintertests in Jerez für Kevin Schwantz eingesprungen und hatte auf der alten Maschine von 1994 recht passable Rundenzeiten erzielt.

Auf Yamaha in die Saison gegangen, stieg er nun erstmals in den Sattel des neuen Suzuki-Modells, hatte aber kein rechtes Vertrauen zum Vorderrad und qualifizierte sich trotz umfangreicher Reifentests nur als Zwölfter. »Es ist frustrierend. Bei den Tests war ich über eine Sekunde schneller«, seufzte er. Doch auch Daryl Beattie schrammte um eine halbe Sekunde an seiner eigenen Bestzeit vorbei. »Das Vorderrad hat zuwenig Grip. Am Kurvenausgang wandert es nach außen«, grübelte er.

Die Honda-Stars wirkten durchweg zuversichtlicher. Alex Crivillé rutschte zwar noch hinter den Zweizylinder-Aprilia-Piloten Loris Reggiani in die dritte Startreihe ab, weil viel Zeit mit Abstimmungsarbeiten an einer neuen, von Michael Doohan nicht verwendeten semi-aktiven Hinterradfederung zerrann. »Das System wird immer besser, auch wenn es das Leben manchmal komplizierter macht. Wir haben deutliche Fortschritte erzielt«, erläuterte er.

Sein Landsmann Alberto Puig startete mit einem falschen Set-Up, weil er dieselben Einstellungen wie bei den ersten drei Grand Prix der Saison verwendete, doch als er am Samstag brav zu den Werten zurückkehrte, die sein Team bereits bei Winter-Tests ausgetüftelt hatte, stieß er auf einen bravourösen zweiten Startplatz vor.

Selbst Halbliter-Grünschnabel Loris Capirossi qualifizierte sich als Vierter für die erste Reihe, und das, obwohl die Verletzungen seiner linken Hand von seinem Malaysia-Sturz noch immer nicht ausge-

»Dieser Schweizer ist der Schlimmste von allen«: Doohan klagte über Bosshard

heilt waren. »Das Fahren ist ein harter Job, weil ich die meiste Arbeit mit zwei Fingern erledigen muß«, erklärte er. Seine schnellste Runde drehte er im Windschatten des überlegenen Michael Doohan, der ihn freundlich rund um die Strecke zog, ohne wie unter Konkurrenten üblich argwöhnisch das Gas zurückzudrehen. »Er brachte mir eine Menge bei. Ich erkannte, daß seine Linien zwar grundverschieden sind von denen, die ich mit der 250er benutzte, aber perfekt zu dem Fahrstil passen, die man auf einer 500er braucht«, freute sich Capirossi.

Nur mit »gewissen Nachzüglern« sprang der Weltmeister weniger freundlich um. In der Pressekonferenz am Samstagabend hackte er auf »diesem Schweizer mit der Nummer 14« herum und behauptete: »Dieser Kerl hat vor niemandem Respekt und ist der gefährlichste Nachzügler von allen.

Austin zugebracht hatte. »Die Ärzte haben Kevin dringend geraten, den Handgelenken und der schmerzenden Hüfte eine längere Pause zu gönnen. So, wie er sich fühlt, ist Kevin ein Risiko für sich und andere. Er war immens traurig am Telefon. Nur wenige können sich vorstellen, was es für ihn bedeutet, nicht antreten zu können«, erklärte Vater Jim.

»Er weinte und konnte kaum reden. Er schluchzte, er habe nicht mehr die gewohnte Kontrolle über das Motorrad, und seit den Trainingsstürzen in Australien fahre er in ständiger Angst«, schilderte Mutter Shirley. »In all den Jahren kehrte er immer so schnell vom Krankenbett in den Rennsattel zurück, daß jeder dachte, er sei ein Übermensch. Jetzt realisiert er, daß auch er zu den Normalsterblichen zählt«.

Einsam standen die Eltern in der Suzuki-Box, und Jim Schwantz fügte hinzu, sie

Er fährt dir überall vor der Nase rum, und weil du nicht weißt, was er als Nächstes tut, ist es aus Sicherheitsgründen das Beste, das Gas zurückzudrehen«.

Der gescholtene Adrian Bosshard hatte für Doohans Attacken freilich nur ein Kopfschütteln übrig. Tags zuvor hatte er Alex Crivillé innen überholt, weil der langsam dahinbummelte und seine Reifen warmfuhr. Gleichzeitig kam Doohan von hinten daher und gestikulierte wild und wütend, weil Bosshard während seines Überholmanövers kurz die Ideallinie

Forza Italia: 500er Veteran Loris Reggiani (l.) mit Namensvetter Capirossi

Nicht jedes Rennen gewinnen: Waldi mit Mechaniker Mike Leitner, Computer-Mann Thomas Thimm und Tuner Sepp Schlögl (v.l.)

blockierte. »Der Unterschied zwischen mir und Doohan: Ihm versperren 30 Leute den Weg, mir nur 15. Ich kann mich ja auch nicht immer und überall in Luft auflösen«, meinte Bosshard nur.

So abwechslungsreich die Qualifikation der Halbliterklasse war, so ruhig, manchmal sogar minutenlang völlig still war es im Training der 250er und 125er. Die unsinnige Regelung, nur mehr eine Maschine pro Fahrer zum Training zuzulassen, forderte ihren Tribut. So rutschte Tetsuya Harada im freien Training am Samstagmorgen auf einem Ölfleck aus und mußte 50 Trainingsminuten tatenlos absitzen, worauf der erboste Teamchef Wayne Rainey bei der Teamvereinigung IRTA schriftlich Protest einlegte. »Wir haben den Eindruck, daß die neue Regelung die Fahrer zu sehr unter Druck setzt. Weil Harada in den ersten 15 Trainingsminuten stürzte,

muß er sich in der verbleibenden Zeit umso mehr ins Zeug legen. Wir haben den Eindruck, daß der zusätzliche Druck die Sicherheit der Fahrer aufs Spiel setzt, weil sie mit einem einzigen Motorrad höhere Risiken eingehen müssen.«

Druck ganz anderer Art spürte Ralf Waldmann. Mit zwei Siegen und einer stolzen Führung im Gesamtklassement der 250 ccm-Klasse im Gepäck war er in Spanien angekommen, und nun erwarteten seine Fans, sein Team und die ebenfalls anwesenden Promotoren des bevorstehenden Rennens auf dem Nürburgring, daß Waldi seine Nummer eins-Position verteidigen und als großer Favorit und Publikumsmagnet zum Großen Preis von Deutschland weiterfahren würde.

Nur die kleine Schar seiner Mechaniker versuchte, ihm das Leben ein bißchen leichter zu machen. »Ich rede viel mit ihm

und wiederhole immer wieder, daß er aus jedem Rennen das Beste machen und nicht so viel an die Punkte denken soll«, raunte der erfahrene Cheftechniker Sepp Schlögl. »Ich brauche nicht jedes Rennen zu gewinnen, um ernsthaft um den WM-Titel mitreden zu können«, sagte Waldi selbst, zumal er entzündete Mandeln hatte und schon deshalb eine Menge an unangenehmem Druck auf der Brust verspürte.

## 250 ccm: Rainey auf dem Siegerpodest

Im Training war der Deutsche mit sechs Zehntelsekunden Rückstand Dritter, startete im Rennen aber wie eine Rakete und übernahm zunächst die Führung, bevor Tetsuya Harada nach vorn drängelte und die Verfolger so lässig abschüttelte wie die Brotkrümel des Sonntagsfrühstücks.

**Verfolger lässig abgeschüttelt: 250er Sieger Tetsuya Harada**

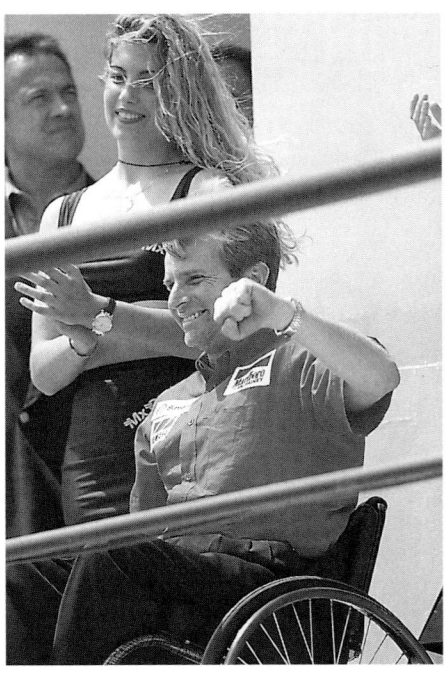

**»Ein großer Tag für mich«: Wayne Rainey**

Hinter ihm kämpften sieben auf einen Streich um Platz zwei, und in jenem Pulk gab Waldi von gelegentlichen Angriffen Max Biaggis abgesehen, hartnäckig den Ton an.

Doch fünf Runden vor Schluß wurde er von Neuem abgeledert. Plötzlich tauchte Luis d'Antin neben der gelben HB-Honda auf und ließ die begeisterten spanischen Fans vergessen, daß sein Markenkollege Carles Checa in der achten Runde mit einem Kolbenklemmer ausgeschieden war.

Eine Runde später schob sich Weltmeister Biaggi an Waldi vorbei, und dann griff auch noch der bisher glücklos gebliebene Doriano Romboni an und verdrängte Waldi endgültig auf Rang fünf.

Die WM-Führung war wieder weg, und mit ihr auch die kühnen Ideen allzu hoffnungsvoller Enthusiasten, die sich Ralf Waldmanns Weg zum WM-Titel schon als Spaziergang ausgemalt hatten. »Ich machte zwei, drei Fehler, und da sind die anderen durchgerutscht«, kratzte sich Waldi am

Kopf. »Doch es ist nicht so, daß ich nicht Konter gegeben hätte. Am Schluß fehlte mir nur das nötige Glück. Ich hätte genauso gut Zweiter werden können.«

Nur Platz eins war gegen den in Topform antretenden Tetsuya Harada auf der kurvenreichen Jerez-Piste außerhalb jeglicher Reichweite. In allen Kurven gelassen über

beide Räder driftend, bügelte Harada den PS-Mangel seiner Yamaha weg, legte nach der schnellsten Trainingszeit auch einen neuen offiziellen Rundenrekord vor, knöpfte seinen Gegnern bisweilen anderthalb Sekunden pro Runde ab und brauste nahezu zehn Sekunden vor dem Verfolgerpulk über die Linie.

**Waldmann (28) fiel hinter d'Antin, Biaggi und Romboni zurück**

Aufrecht in den Fußrasten stehend riß der neue WM-Leader im Jubel die Arme hoch, nicht minder begeistert war sein Teamchef Wayne Rainey, der im Rollstuhl neben dem Siegerpodest auftauchte, beglückt zu den johlenden Fans hinunterstrahlte und immer wieder kämpferisch die Faust reckte. »Es ist lange her, seit ich meine Gegner zum letzten Mal so abgefertigt habe. Das Motorrad war perfekt«, lobte Harada seine Yamaha, die auf jede Änderung sensibel wie eine Primaballerina reagierte und von keinem anderen zu derartigen Höchstleistungen angestachelt werden konnte. »Ein großer Tag für mich«, ergänzte Wayne Rainey. »Heute bin ich glücklicher als zu irgendeiner Zeit des letzten Jahres. Aber es ist harte Arbeit, einem Rennen zuzusehen. Denn wenn du selber fährst, hast du die Kontrolle, doch beim Zuschauen weißt du nie, was als nächstes passieren wird«, meinte er und stimmte ein Loblied auf sein

**Oben:** Ein sehr emotionaler Moment: Die spanische Presse feierte Luis d´Antin

Sensation verpaßt: Aprilia-Jungstar Roberto Locatelli

Team an, bei dem er auch den zweiten Piloten nicht vergaß: Kenny Roberts junior war schon drauf und dran, Ralf Waldmann das Leben schwer zu machen und in den Kampf um Platz zwei einzugreifen, als ein Pleuellager festging und die Kurbelwelle seiner Yamaha zerstörte – ein Tribut an

Kennys Fahrstil, vor der Kurve blitzartig die nächstniedrigen Gänge reinzutreten und den Motor dabei gnadenlos zu überdrehen.

Auf dem Weg nach vorn wäre Roberto Locatelli gerne in Kennys Windschatten geblieben. In der 12. Runde trennte er sich jedoch unsanft von seiner Aprilia, und obwohl er rasch wieder in den Sattel hüpfte und schließlich Rang zehn ins Ziel rettete, fuhr er doch an der erwarteten Sensation vorbei.

Denn im Training hatte der 20jährige Grünschnabel mit der zweitbesten Zeit zugeschlagen und sich auch noch beschwert, ohne die vielen Nachzügler hätte er viel schneller fahren können.

Max Biaggi war nur als Vierter qualifiziert, weil ihm schon im ersten Training ein Spezialmotor mit neuer Auslaßsteuerung verglüht war und er wegen der unsinnigen Ein-Motorrad-Regelung gerade mal acht flotte Runden zustandebrachte.

Sein Aprilia-Werksteam beschloß, künftig Locatelli als Versuchskaninchen loszuschicken und rüstete Biaggis Motorrad flugs auf bewährte Teile zurück, doch für die Suche nach einer anständigen Abstimmung fehlte am Ende die Zeit. »In Anbetracht der Umstände ist dieser zweite Platz für mich wie ein Sieg«, knurrte der Weltmeister nach Rennende.

Ebenso unbeirrt, wie Biaggi aus jeder Situation das Beste machte, holte auch Jürgen Fuchs auf Platz 13 die nächsten WM-Punkte – und verwendete dabei den gleichen Reifen, der Adi Stadler zur Verzweiflung trieb. »Ich hatte keinerlei Grip. Schon nach drei, vier Runden habe ich gespürt, daß es im Chaos enden wird. Meine Fahrwerksabstimmung war eine Katastrophe«, raufte sich der Aprilia-Werksfahrer nach Platz 18 die Haare.

Weil seine White Power-Federelemente nicht in den Griff zu kriegen waren und die Lauffläche des Hinterreifens schon nach wenigen Runden komplett aufgearbeitet hatten, tuckerte Stadlers Kollege Eskil Suter, auf einer 94er Werks-Aprilia, sogar vorzeitig zur Box.

Der Schweizer Aprilia-Privatfahrer Oliver Petrucciani erreichte Rang 15, Bernd Kassner Platz 22. Das entscheidende Rennen hatte der gemütliche kleine bayerische Familienbetrieb mit Vater Helmut dabei schon vor dem Start gewonnen: Im Warm-Up war ein Kolbenring gebrochen, bei der eiligen Reparatur bauten die Kassners erst einmal einen falschen Zylinder ein, mit dem sich der Motor überhaupt nicht mehr drehen ließ. Um halb zwölf war die Aprilia wieder zerlegt, eine Viertelstunde später rollte Bernd zum Startplatz, als sei nichts geschehen.

## 500 ccm: Ein großer Tag für Spanien

Ebenso aufsehenerregend war der Reifenpoker, der sich im Marlboro Team Roberts abspielte. Hatten sich Luca Cadalora und Norifumi Abe im Trockentraining von Japan noch mit Michelin-Vorderreifen zufrieden gegeben und hinten die offiziellen Dunlops verwendet, so las sich die Kombination in Spanien von oben nach unten: Auf Verkleidung, Gabel und Hinterradabdeckung war nach wie vor der Dunlop-Schriftzug geklebt, auf den Reifen

Souveräner Sieger nach Doohans Sturz: Nationalheld Alberto Puig

prangte hingegen vorne wie hinten ein unübersehbarer Michelin-Radial-Schriftzug.

Doch der Erfolg rechtfertigte die Mittel. Luca Cadalora erreichte als Dritter die erste Startreihe und erntete im Rennen einen zweiten Platz, mit dem ihm eine Zenterlast von den Schultern fiel. »Ich denke, wir können das als einen neuen Saisonstart ansehen«, seufzte der Italiener

erleichtert. Sein Teamkollege Norifumi Abe, der sich kurzfristig noch für eine Kombination aus einem Michelin-Vorder- und einem Dunlop-Hinterreifen entschieden hatte, erreichte Platz vier und ergänzte: »Am Anfang war ich noch etwas nervös, aber dann ging es von Runde zu Runde schneller voran. Ich verpaßte das Podium nur um Haaresbreite.«

Streit um den letzten Podestrang: Crivillé vor Abe

64

**Auf der Flucht vor dem Meister: Puig, Beattie, Emmett, Barros und Cadalora vor Doohan (v.l.)**

Und doch war die vorläufige Wiedergeburt des Yamaha-Werksteams nur eine Randnotiz in einem Rennen, in dem sich die spektakulären Ereignisse nur so überschlugen. Michael Doohan, überlegen Trainingsschnellster, war nach miserablem Start irgendwo im Mittelfeld versteckt, kreuzte nach der ersten Zieldurchfahrt aber schon als Sechster auf und nahm sich dann pro Runde einen Gegner zur Brust. Einmal in Führung, schien er seinen Vorsprung seelenruhig auszubauen.

Sieben Runden vor Schluß passierte es dann: In einem Bergab-Linksknick rutschte ihm das Hinterrad weg. Bei einem Highsider epischen Ausmaßes wurde seine Honda fast zur Unkenntlichkeit verstümmelt, der Champion stapfte zwar beleidigt, aber körperlich unversehrt davon. »Ich war am Gas, als es passierte. Der Reifen ist schon zuvor ein paarmal ausgebrochen, aber nicht derart heftig – ich hatte schlicht keinen Grip«, entschuldigte sich Doohan und tröstete sich angesichts der an Daryl Beattie verlorenen WM-Führung mit der Binsenweisheit, die Weltmeisterschaft dauere noch lang.

Zumal Beattie keine Chance hatte, aus der Situation Kapital zu schlagen. »Seit dem ersten Training haben wir ein Problem mit dem Vorderradgrip, und heute war es eher noch schlechter«, seufzte der Suzuki-Star nach einem ernüchternden siebten Platz. »Ich kam gut vom Start weg, wußte aber schon nach der ersten Kurve, daß ich mich nicht auf einem Spitzenplatz würde halten können. Im Grunde kann ich froh sein, daß ich überhaupt ins Ziel kam«.

Sein neuer Teamkollege Sean Emmett rutschte wegen eines untauglichen Hinterreifens aus, Aprilia-Hoffnung Loris Reggiani übertrieb seinen Ehrgeiz an neunter Stelle liegend und handelte sich auf der linken Seite zwei gebrochene Mittelhandknochen und einen gebrochenen Mittelfußknochen ein.

Außerdem verpaßte eine ganze Staffette von Privatfahrern das Ziel, darunter auch der Schweizer Adrian Bosshard. »Protat hatte vor mir einen Highsider, irgendein Teil seines durch die Luft fliegenden Motorrades hat meinen Lenker berührt, mein Vorderrad schlug ein, und weg war ich. Es ist zum Verrücktwerden«, ärgerte

sich der Schweizer, der sich bereits eine Top Ten-Plazierung ausgerechnet hatte.

Dafür blieben die spanischen Helden fest im Sattel – und bescherten den mit Feuerwerkskörpern ballernden Fans ein Freudenfest, wie sie es noch nie zuvor erlebt hatten.

**Nach epischem Highsider:
Doohans Honda-Wrack**

**Wo Dunlop drauf stand, war Michelin drunter: Cadalora war endlich happy**

**Europäer beherrschten den ersten Europa-GP: Sieger Puig (r.) und Cadalora**

Rennfahren für mich bedeutet, ob ich wirklich siegen oder nur ins Ziel kommen will. Daraufhin gab es nichts anderes, als mit hundertprozentigem Einsatz zur Sache zu gehen«, erzählte der 28jährige. »Zu Rennbeginn waren Mick und Luca einen Tick schneller als ich. Doch dann spürte ich, daß ich mit ihnen mithalten konnte. Erst schnappte ich Luca, dann machte ich Jagd auf Mick und war schon auf zwei Sekunden heran, als sein Crash passierte«.

Ein solcher Moment war schon ein paar Leuchtraketen wert, doch daß neben Puig auch noch Alex Crivillé als Dritter auf dem Podest stand, brachte den Nationalstolz der hitzigen Spanier endgültig zum Überschäumen.

Nach zwei ernüchternden Trainingstagen, in denen sein lahmer Motor nie die gewohnte, bullige Kraft erreichte, startete Crivillé aus der dritten Reihe, zettelte aber alsbald einen munteren Vierkampf mit Norifumi Abe, Loris Capirossi und Alexandre Barros an, aus dem er unangefochten als Sieger hervorging. »Ein großer Tag für Spanien«, brachte es der wortkarge Katalane treffend zum Ausdruck.

### 125 ccm: Streit im Rubatto-Team

Fehlte nur, daß der große Jorge Martínez wie einst im Mai die kleinste Klasse gewinnen würde. Doch seine ohnehin schon schwachbrüstige Yamaha verlor im Verlauf des 125 ccm-Rennens weiter an Drehzahl, Martínez blieb nur der undankbare 13. Rang. Emilio Alzamora rutschte nach furiosem Start auf Platz sieben ab, und obwohl der Kampf um den Sieg nun ohne spanische Beteiligung stattfand, wurde es kein bißchen ruhiger rund um die Strecke.

Denn die Haudegen, die sich an der Spitze abwechselten, schenkten sich keinen Zentimeter. Erst lag Dirk Raudies vorn, doch als der Kampf an Härte zunahm, ließ er sich von Stefano Perugini, Haruchika Aoki, Nobby Ueda und Kazuto Sakata drangsalieren.

Die Führungswechsel waren ebenso mannigfaltig wie die Feindberührungen, am Schluß stürmte WM-Leader Aoki um zwölf Tausendstelsekunden vor Perugini und um sieben Zehntel vor Raudies über die Linie, der immerhin den ersten Podestplatz der Saison zu feiern hatte. »Nach meinem guten Start habe ich versucht, wegzukommen, doch dann bekam ich Angst vor dem Wind – und mit Angst kannst du nicht schnell fahren«, stellte Raudies offenherzig fest. »Schon bei der Startaufstellung im Stehen hat das Motorrad mit jeder Bö gewackelt, deshalb hatte ich große Bedenken. Vor allem in der schnellen Rechtskurve, wo mir der Vorderreifen schon im Training fast weggejuckt ist, hatte ich Respekt. Doch am Schluß sagte ich mir: Ganz egal, der Wind macht nichts. Und plötzlich ging es wieder«.

Peter Öttl hatte die erste Kurve nach dem Start zu weit erwischt und etliche Kollegen innen vorbeischlüpfen lassen, zeigte dann aber eine seiner unwiderstehlichen Aufholjagden und mischte sich drei Runden vor Schluß plötzlich ins Gefecht um einen Spitzenplatz. »Es war aber schwierig zu überholen, weil ich ausgangs der Kurve jeweils an Boden verlor und auch beim

Alberto Puig übernahm nach Doohans Sturz die Führung, verteidigte sie unangefochten bis ins Ziel und hatte mehr zu feiern als seinen ersten Grand Prix-Triumph: Als erster Spanier der Rennsportgeschichte, der in der Königsklasse einen Heimsieg zustandebrachte, wurde er auf den Händen zum Podest getragen. »Vor diesem Rennen hier habe ich über meinen schlechten Saisonstart und darüber nachgedacht, was das

Bremsen nicht viel gutzumachen war. Am Schluß habe ich auf einen Fehler der andern gehofft – und siehe da, die Lücke hat sich aufgetan, als Sakata und Ueda ausgangs der Zielkurve aneinandergerieten«.

Während Öttl schmunzelte, trug Weltmeister Sakata eine Leichenbittermiene zur Schau. »Das frustrierende Ende eines frustrierenden Wochenendes«, meinte der Japaner, »ich hatte weder die richtige Federungsabstimmung noch den nötigen Speed. Am Ende rammte mich auch noch Ueda, als er direkt neben mir einen Highsider hatte«.

Die anderen deutschen Fahrer hätten ins Klagelied einstimmen können: Öttls Teamkollege Tex Geissler scheiterte mit dem dritten Kolbenklemmer des Wochenendes, Ditter Plastic-Pilot Oliver Koch blieb mit schwachem Motor und schlechtem Start auf Rang 14 stecken.

Ebenso zermürbend war die Fahrt für seinen Teamkollegen Masaki Tokudome. Nach einer Runde noch Elfter, verlor der Japaner trotz hartnäckigem Kampf Meter um Meter und beendete den Lauf auf Rang 15. »Olli und ich verwenden genau denselben Reifen. Bei ihm hält er durch, bei mir ist er nach zwei Runden am Ende«, grübelte er. »Es muß am Fahrstil liegen: Olli biegt runder, weicher in die Kurven ein, ich lege sofort und energisch in volle Schräglage um«.

Wegen eines unverschuldeten Sturzes beim deutschen Meisterschaftslauf in Speyer, bei dem er sich den Bremshebel in die rechte Wade rammte und einen schmerzhaften Muskelriß davontrug, war Yamaha-Werkspilot Stefan Kurfiss gar nicht zur Stelle. Sein Vertreter Luis Alvaro blieb mit Kolbenklemmer stehen.

Ebenso erfolglos war das Wochenende für Stefan Prein. Wegen einer lockeren Schraube am Power Valve verlor sein bester Motor am Samstagmorgen Kühlwasser und überhitzte, am Nachmittag blieb er

**Oben:** Dirk Raudies hatte Angst

**Unten:** Jorge Martínez (6) mit Öttl (5), Tokudome (8) und Koch (18)

**Der Meister und sein Vize im Duell: Kazuto Sakata hinter Noboru Ueda**

McCoy, der eigentlich nur mit Freunden von der Mineralölfirma Shell zum Abendessen hatte gehen wollen, sprach daraufhin tatsächlich bei anderen Rennställen vor, handelte sich Absagen ein und fuhr schließlich deprimiert im Truck des Ditter Plastic-Teams nach Deutschland zurück.

Franz Kleber machte seinem Ärger über das unerfreuliche Wochenende hingegen dadurch Luft, daß er den schlecht funktionierenden Fernseher aus seinem Zimmer im zweiten Stock des vornehmen Hotels »Montecastillo« warf.

ohne Sprit am Streckenrand stehen und qualifizierte sich für gerade mal für Startplatz 27. In der Aufwärmrunde zum Rennen brach dann der Kolbenring.

Noch schlechter war die bereits in Japan gesunkene Stimmung im Team Europa Zwafink von Malaysia-Sieger Garry McCoy. Teamchef Mario Rubatto, der einen Kredit aufgenommen hatte, um die A-Kit-Honda auslösen zu können, war aus mehreren Gründen gereizt. McCoys 14. Rang im Training und der 12. Rang im Rennen waren weit von den hochgesteckten Erwartungen entfernt, die der Sieg im Regen von Malaysia geweckt hatte, außerdem hatte Rubatto Schwierigkeiten, den versprochenen Deal mit einem italienischen Geldgeber unter Dach und Fach zu bringen.

Team-Physiotherapeut Franz Kleber und benachbarte Teams machten sich über die wackelnde Honda und damit auch über Rubattos Künste als Fahrwerksspezialist lustig, und weil Kleber im Team mehr dazwischenredete, als es ihm nach Rubattos Meinung zustand, warf er ihn im Verlauf des Wochenendes dreimal aus der Box.

Daß McCoy über den Sonntagabend hinaus mit Rubattos Motorhome in Spanien bleiben wollte und auf die Forderung nach einem triftigen Grund trotzig reagierte, brachte das Faß zum Überlaufen. Argwöhnend, daß McCoy und Kleber desertieren und die geplanten Testfahrten von Suzuki und anderen Teams tags darauf zu intensiven Vertragsverhandlungen nutzen wollten, holte Rubatto am Sonntag spätabends zu einem Rundumschlag aus: Er zwang Garry McCoy dazu, seine eigene Kündigung aufzusetzen, verpaßte Kleber, als der sich einmischte, einen Kinnhaken, und ließ schließlich beide mit ihrem Gepäck im Fahrerlager zurück.

## Thunderbikes: Losfahren auf Knopfdruck

Da ging es im Thunderbike-Team von Mario Rubattos Bruder Peter schon fröhlicher zu. Denn beim ersten Lauf zur neuerfundenen Thunderbike-Trophy für Serien-Viertakter bis 600 ccm überraschte Udo Mark mit einer glänzenden Vorstellung: Obwohl er seine Kawasaki nur einen halben Tag lang auf dem Flughafen von Lahr ausprobiert hatte und die Konkurrenten ausführliche Tests, zum Teil sogar schon Rennen hinter sich gebracht hatten, stieß er im Training als Vierter in die erste Startreihe vor.

Das Rennen beendete er hinter den vier Honda-Piloten Yves Briguet, Eustaquio Gavira, Stéphane Mertens und Juan Lopez Mella als achtbarer Fünfter. »Ich bin voll und ganz zufrieden – ich hätte nie gedacht, daß wir auf Anhieb so weit nach vorn kommen. Ein vielversprechendes Vorzeichen für das Rennen am Nürburgring«, rieb sich der deutsche Superbike-Meister die Hände und gewann seinem fahrbaren Untersatz trotz der ungewohnt niedrigen Zahl von rund 112 Pferden und dem vergleichsweise hohen Gewicht von 170 Kilogramm etliche positive Seiten ab. »Immerhin laufen die Maschinen knapp 230 km/h, die 500er sind mit 260 km/h im Topspeed auf dieser Strecke gar nicht so viel schneller«, schmunzelte er, »doch das Beste ist der Elektrostarter – kein Anschieben mehr, einfach aufs Knöpfchen drücken und losfahren!«.

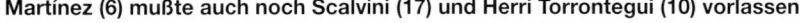

**Martínez (6) mußte auch noch Scalvini (17) und Herri Torrontegui (10) vorlassen**

## 500 cm³:

### Ergebnisse

| | | | | | WM-Stand | Pkt. |
|---|---|---|---|---|---|---|
| 1. Alberto Puig | E | Honda NSR | 47.45.728 | | 1. Beattie | 74 |
| 2. Luca Cadalora | I | Yamaha YZR | 47.50.821 | | 2. Doohan | 70 |
| 3. Alex Crivillé | E | Honda NSR | 47.59.759 | | 3. Puig | 56 |
| 4. Norifumi Abe | J | Yamaha YZR | 47.59.992 | | 4. Crivillé | 48 |
| 5. Alexandre Barros | BR | Honda NSR | 48.07.869 | | 5. Cadalora | 46 |
| 6. Loris Capirossi | I | Honda NSR | 48.08.526 | | 6. Schwantz | 34 |
| 7. Daryl Beattie | AUS | Suzuki RGV | 48.22.227 | | 7. Barros | 31 |
| 8. Shinichi Itoh | J | Honda NSR | 48.28.469 | | 8. Abe | 27 |
| 9. Juan Borja | E | ROC-Yamaha | 48.32.220 | | 9. Itoh | 23 |
| 10. Cristiano Migliorati | I | Harris-Yamaha | 49.04.372 | | 10. Borja | 23 |
| 11. Jeremy McWilliams | GB | Yamaha | 49.04.410 | | 11. Reggiani | 19 |
| 12. Neil Hodgson | GB | ROC-Yamaha | 49.10.356 | | 12. Capirossi | 18 |
| 13. Laurent Naveau | B | ROC-Yamaha | 49.16.987 | | 13. Aoki | 16 |
| 14. Eugene McManus | GB | Harris-Yamaha | 49.17.675 | | 14. B. Garcia | 14 |
| 15. Bruno Bonhuil | F | ROC-Yamaha | – 1 Rde. | | 15. Migliorati | 12 |

16. Brian Morrison (GB) Harris-Yamaha, 17. Bernard Haenggeli (CH) ROC-Yamaha.

**Schnellste Runde:** Puig
in 1.44.995 = 151,653 km/h

**Rekord:** Kevin Schwantz (Suzuki)
in 1.44.168 = 152,857 km/h (1994)

**Durchschnitt Sieger:** 27 Runden oder 119,421 km
in 47.45.728 = 150,020 km/h

**Ausfälle:** M. Doohan (AUS) Honda, Sturz; S. Emmett (GB) Suzuki, Sturz; B. Garcia (F) ROC-Yamaha, Motivationsprobleme; L. Reggiani (I) Aprilia, Sturz; A. Bosshard (CH) ROC-Yamaha, Sturz; L. Pedercini (I) ROC-Yamaha, Auslaßsteuerung defekt; S. Gray (USA) ROC-Yamaha, Motor defekt; J. Filice (USA) Harris-Yamaha, Aufgabe/Konditionsprobleme; A. Stroud (NZ) ROC-Yamaha, Mindestrenndistanz verfehlt; F. Protat (F) ROC-Yamaha, Sturz; M. Garcia (F) ROC-Yamaha, Hinterreifen ruiniert; J.-P. Jeandat (F) Paton, Motor defekt; J. Haydon (GB) Harris-Yamaha, von der Strecke abgekommen

**Trainingszeiten:** 1. Doohan 1.44.086 = 152,977 km/h, 2. Puig 1.44.782, 3. Cadalora 1.44.964, 4. Capirossi 1.44.983, 5. Beattie 1.45.201, 6. Abe 1.45.377, 7. Barros 1.45.450, 8. Reggiani 1.45.573, 9. Crivillé 1.45.681, 10. Itoh 1.45.874, 11. Borja 1.46.094, 12. Emmett 1.46.244

---

## 250 cm³:

### Ergebnisse

| | | | | | WM-Stand | Pkt. |
|---|---|---|---|---|---|---|
| 1. Tetsuya Harada | J | Yamaha TZM | 46.25.162 | | 1. Harada | 78 |
| 2. Massimiliano Biaggi | I | Aprilia | 46.34.908 | | 2. Waldmann | 74 |
| 3. Luis d´Antin | E | Honda NSR | 46.35.066 | | 3. Biaggi | 68 |
| 4. Doriano Romboni | I | Honda NSR | 46.35.086 | | 4. Aoki | 48 |
| 5. Ralf Waldmann | D | Honda NSR | 46.35.358 | | 5. Ruggia | 31 |
| 6. Tadayuki Okada | J | Honda NSR | 46.35.586 | | 6. Okada | 26 |
| 7. Jean-Philippe Ruggia | F | Honda NSR | 46.40.276 | | 7. d´Antin | 24 |
| 8. Nobuatsu Aoki | J | Honda NSR | 47.03.917 | | 8. Romboni | 23 |
| 9. Jean-Michel Bayle | F | Aprilia | 47.06.609 | | 9. Cardoso | 20 |
| 10. Roberto Locatelli | I | Aprilia | 47.07.025 | | 10. Bayle | 17 |
| 11. Niall Mackenzie | GB | Aprilia | 47.15.982 | | 11. Hikita | 16 |
| 12. Oliver Jacque | F | Honda RS | 47.16.465 | | 12. Roberts jr. | 16 |
| 13. Jürgen Fuchs | D | Honda RS | 47.16.558 | | 13. J. Goorbergh | 16 |
| 14. Alessandro Gramigni | I | Honda RS | 47.18.378 | | 14. Suter | 15 |
| 15. Oliver Petrucciani | CH | Aprilia | 47.22.510 | | 15. Checa | 13 |

16. Patrick v. d. Goorbergh (NL) Aprilia, 17. José Luis Cardoso (E) Aprilia, 18. Adi Stadler (D) Aprilia, 19. Jürgen v. d. Goorbergh (NL) Honda, 20. Regis Laconi (F), Honda, 21. Luis Carlos Maurel (E) Honda, 22. Bernd Kassner (D) Aprilia, 23. Gregorio Lavilla (E) Honda, 24. Ramon Mesa (E) Yamaha, 25. Javier Diaz (E) Honda – 1 Rde.

**Schnellste Runde:** Harada
in 1.45.820 = 150,471 km/h

**Rekord:** Max Biaggi (Aprilia)
in 1.45.628 = 150,744 km/h (1994)

**Durchschnitt Sieger:** 26 Runden oder 114,998 km
in 46.25.162 = 148,642 km/h

**Ausfälle:** T. Tsujimura (J) Honda, Motor defekt; C. Checa (E) Honda, Kolbenklemmer; E. Suter (CH) Aprilia, Hinterreifen ruiniert; K. Roberts jr. (USA) Yamaha, Kurbelwelle defekt; S. Hikita (J) Honda, Motor defekt; M. Castilla (E) Yamaha, von der Strecke abgekommen; P. Riba (E) Aprilia, Sturz; J. Marsella (E) Honda, Sturz; P. Rodriguez (E) Honda, Sturz

**Trainingszeiten:** 1. Harada 1.45.458 = 150,987 km/h, 2. Locatelli 1.45.652, 3. Waldmann 1.46.130. 4. Biaggi 1.46.306, 5. Okada 1.46.617, 6. Ruggia 1.46.628, 7. Roberts jr. 1.46.759, 8. d´Antin 1.46.806, 9. Checa 1.46.870, 10. Romboni 1.46.878, 11. Bayle 1.47.056, 12. Aoki 1.47.270, 13. Jacque 1.47.314, 14. Suter 1.47.401, 15. Gramigni 1.47.580, 16. Petrucciani 1.47.864, 17. Fuchs 1.48.062, 18. Mackenzie 1.48.133, 19. Stadler 1.48.457, 20. P. Goorbergh 1.48.530, 21. Hikita 1.48.531, 22. J. Goorbergh 1.48.638, 23. Laconi 1.48. 652, 24. Cardoso 1.48.732

---

## 125 cm³:

### Ergebnisse

| | | | | | WM-Stand | Pkt. |
|---|---|---|---|---|---|---|
| 1. Haruchika Aoki | J | Honda | 43.01.696 | | 1. Aoki | 75 |
| 2. Stefano Perugini | I | Aprilia | 43.01.708 | | 2. Sakata | 49 |
| 3. Dirk Raudies | D | Honda | 43.02.438 | | 3. Saito | 41 |
| 4. Peter Öttl | D | Aprilia | 43.04.958 | | 4. Perugini | 40 |
| 5. Noboru Ueda | J | Honda | 43.05.112 | | 5. Alzamora | 31 |
| 6. Kazuto Sakata | J | Aprilia | 43.05.648 | | 6. Manako | 29 |
| 7. Emilio Alzamora | E | Honda | 43.06.994 | | 7. Nakajoh | 24 |
| 8. Akira Saito | J | Honda | 43.12.836 | | 8. Ueda | 24 |
| 9. Tomomi Manako | J | Honda | 43.12.969 | | 9. Raudies | 20.5 |
| 10. Herri Torrontegui | E | Honda | 43.15.007 | | 10. Torrontegui | 19.5 |
| 11. Gianluigi Scalvini | I | Aprilia | 43.24.842 | | 11. Öttl | 18 |
| 12. Garry McCoy | AUS | Honda | 43.26.120 | | 12. McCoy | 16.5 |
| 13. Jorge Martínez | E | Yamaha | 43.31.559 | | 13. Katoh | 16 |
| 14. Oliver Koch | D | Aprilia | 43.31.732 | | 14. Scalvini | 15.5 |
| 15. Masaki Tokudome | J | Honda | 43.39.746 | | 15. Ibaraki | 11 |

16. Yoshiako Katoh (J) Yamaha, 17. Hideyuki Nakajoh (J) Honda, 18. Takehiro Yamamoto (J) Honda, 19. Vittorio Lopez (I) Aprilia, 20. Andrea Ballerini (I) Aprilia, 21. Hiroyuki Kikuchi (J) Honda, 22. Josep Sarda (E) Honda, 23. Yoshiyuki Sugai (J) Honda, 24. Antonio Sanchez (E) Aprilia, 25. Tomoko Igata (J) Honda, 26. Gabriele Debbia (I) Yamaha, 27. José Dubon (E) Honda, – 1 Rde.

**Schnellste Runde:** Raudies
in 1.51.044 = 143,392 km/h

**Rekord:** Peter Öttl (Aprilia)
in 1.51.333 = 143,020 km/h (1994)

**Durchschnitt Sieger:** 23 Runden oder 101,729 km
in 43.01.696 = 141,854 km/h

**Ausfälle:** S. Prein (D) Yamaha, Kolbenring gebrochen; L. Bodelier (NL) Aprilia, von der Strecke abgekommen; M. Geissler (D) Aprilia, Kolbenklemmer; I. Cremonini (I) Honda, Aufgabe/Motivationsprobleme; K Miyasaka (J) Honda, Zündkerzenstecker verloren; L. Alvaro (E) Honda, Aufgabe; J. Montero (E) Honda, Nichtstarter/Trainingssturz

**Trainingszeiten:** 1. Sakata 1.50.779 = 143,735 km/h, 2. Aoki 1.50.834, 3. Scalvini 1.51.185, 4. Raudies 1.51. 268, 5. Öttl 1.51.306, 6. Tokudome 1.51.444, 7. Alzamora 1.51.455, 8. Ueda 1.51.521, 9. Koch 1.51.633, 10. Perugini 1.51.645, 11. Saito 1.51.875, 12. Martinez 1.51.950, 13. Torrontegui 1.52.061, 14. McCoy 1.52.310, 15. Nakajoh 1.52.359, 16. Bodelier 1.52.364, 17. Geissler 1.52.367, 18. Ballerini 1.52.399, 19. Katoh 1.52.600, 20. Lopez 1.52.823, 21. Manako 1.52.938, 22. Debbia 1.53.138, 23. Miyasaka 1.53.357, 24. Yamamoto 1.53.469,

Auf heimatlichem Boden: Ralf Waldmann folgte seiner HB-Honda in die Wiesen des Eifellandes

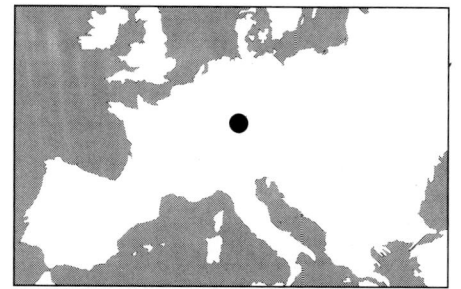

**21. Mai 1995:**
**Grand Prix Deutschland auf dem Nürburgring**

*Beim Comeback*

# Die grüne Hölle

*als Grand Prix-Schauplatz zeigte sich der neue Nürburgring als die alte grüne Hölle:*
*Statt tollen Siegen setzte es schwere Stürze für die deutschen Stars.*

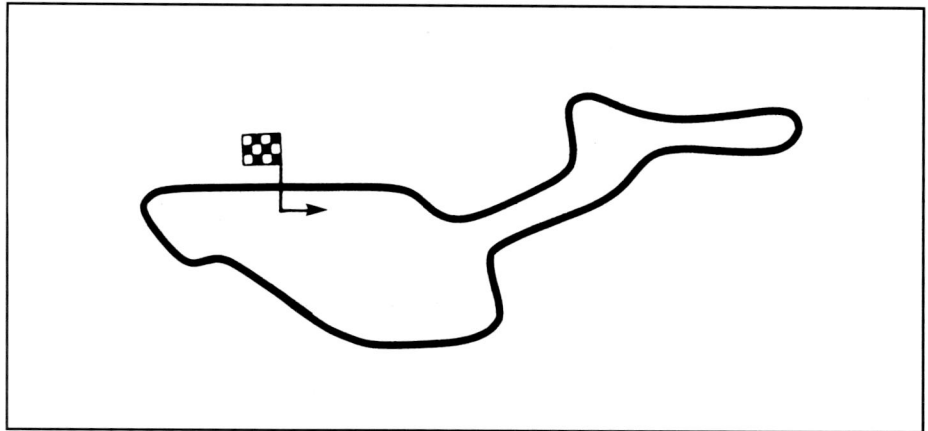

Vier Jahre hintereinander war der deutsche Grand Prix in Hockenheim ausgetragen worden und hätte bis auf weiteres auch dort bleiben sollen. Doch so glücklich der mächtige Bernie Ecclestone in der Formel 1 regierte, so sehr hatte er als Motorrad-Promoter danebengelangt und mit überhöhten Eintrittspreisen den heiligen Zorn der Zuschauer heraufbeschworen.

Denn statt die Preisrunde still über sich ergehen zu lassen, waren die Fans empört zuhause vor dem Fernseher sitzengeblieben und hatten trostlos leere Tribünen zurückgelassen. Die Hoffnungen der Veranstalter, die Zuschauer würden sich schon an die neuen Verhältnisse gewöhnen, wurden Jahr für Jahr aufs Neue enttäuscht.

Die Millionenverluste türmten sich immer höher auf, und am Ende zeigte das Machtwort der Fans seine Wirkung: Frustriert vom Loch in der Kasse und den zunehmenden Protesten Hockenheimer Anrainer, denen der Lärm des Motorsports und die Ausschreitungen der Fans ein Greuel waren, wand sich Ecclestone, der schon seine Agentur Two Wheel Promotions rechtzeitig an die Dorna abgestoßen hatte, aus einem gültigen Veranstalter-Vertrag und ließ den Schauplatz Hockenheim kurzerhand fallen.

Damit war der Weg frei zum Comeback des Nürburgrings, auf dem 1990 letztmals ein WM-Lauf stattgefunden hatte. Steve McLaughlin und Franz Rau, Ex-Rennfahrer und Besitzer der Agentur moto motion, stiegen als neues Promotor-Team ein und brachten einen Pool deutscher Sponsoren zur Abfederung etwaiger Verluste hinter sich.

Denn auch am Nürburgring war ein volles Haus keineswegs selbstverständlich. Das letzte, dramatische Duell auf der alten Nordschleife 1980, bei dem sich der Südafrikaner Jon Ekerold auf Sieg oder Tod einschwor, am Startplatz von seiner Familie Abschied nahm und Toni Mang den »ewigen« Titel der letztmals ausgetragenen 350 ccm-Klasse in einer halsbrecherischen Fahrt entriß, war zwar unvergessen und blieb einer Stoffe, aus dem bei einem frischgezapften Pils in der traditionsreichen »Pistenklause« Legenden gewoben wurden. Doch die alte, 22,8 Kilometer durch Berg und Tal, Wald und Wiesen führende »Grüne Hölle« war 1980 als WM-Schauplatz ausgemustert worden, weil sie mit ihren knappen Sturzräumen nicht mehr modernen Sicherheitsvorkehrungen entsprach.

Mit ihr ging auch ein einzigartiges Stück Athmosphäre verloren, denn die neue, am Computer entworfene und 1984 vollendete 4,5-Kilometer-Strecke wirkte steril. Und obwohl die Fans ihre Helden während eines Rennens nun fünfmal so oft an sich vorbeirasen sahen, waren die Zuschauerplätze das größte Manko des neuen Nürburgrings: Manche der Ränge waren aus übertriebenem Sicherheitsdenken derart weit vom Geschehen entfernt, daß sich die Motorräder auf der Strecke klein wie

Spielzeuge ausnahmen und ein ungünstig stehender Wind den Motorensound vollständig hinwegtragen konnte.

Um trotzdem soviele Fans wie nur möglich in die entlegene Eifel zu locken, stellte

**Helden der Arbeit: moto-motion-Bosse Steve McLaughlin und Franz Rau**

**Helden der Gashand: Adi Stadler (u.), Jürgen Fuchs, Peter Öttl, Oliver Koch, Ralf Waldmann, Tex Geissler, Dirk Raudies (o.v.l.)**

moto motion ein kunterbuntes Programm zusammen. Neben den üblichen Stuntshows und Bungee-Sprüngen von einem 30-Meter-Kran erfanden sie zum Beispiel besondere Grand Prix-Club-Tickets, die Zutritt zu einem Club-Treff im Fahrerlager, einen Spaziergang durch die Boxengasse und diverse Autogrammstunden enthielten.

In allen Pressekonferenzen und Vorankündigungen rührten die deutschen Stars kräftig mit in der Werbetrommel. »Hier habe ich 1990 meinen ersten großen Erfolg gefeiert. Ich wurde Zweiter im Rennen der 125 ccm-Klasse – und lag als völliger Nobody plötzlich in WM-Führung«, schilderte Dirk Raudies, dank seiner Frohnatur und seinem überlegenen Titelgewinn 1993 vom Niemand zur Berühmtheit geworden. »Am Nürburgring bin ich 1986 mein allererstes Rennen gefahren – und habe trotz eines Sturzes in der letzten Runde noch Platz vier erbeutet«, schmunzelte auch Ralf Waldmann. Damals hatte er seine alte 80 ccm-Cross-Kawasaki mit einer Straßenverkleidung versehen und sich auf eigene Faust auf den Weg zur Rennstrecke

gemacht. Seine Eltern erfuhren erst von dem Streich, als sie, von einem Urlaub zurückgekehrt, im heimatlichen Ennepetal in eine zünftige Party platzten.

Mittlerweile war Ralf Waldmann zum Star und Monaco-Residenten aufgestiegen und mühte sich beim Grand Prix am Nürburgring besonders redlich, seiner anstrengenden Rolle gerecht zu werden. Als gefragtester Mann des Fahrerlagers hetzte er von einem Interview zum nächsten, posierte mit Fans und Modellflugzeugen fürs Foto, schrieb sich die Finger mit Autogrammen wund und hatte auch nach einem Dutzend öffentlicher Auftritte noch nicht genug. »Das ist ja alles vom Feinsten. Wie in der Formel 1«, grinste er, als er die Riesenschar von Journalisten im Hospitality-Zelt seines Arbeitgebers HB erblickte, und wertete jede Allerweltsfrage im Stil eines erfahrenen Talkmasters mit einer launigen Antwort auf.

Erst eine zweite Pressekonferenz im HB-Zelt am Samstagnachmittag mußte er aus Zeitgründen platzen lassen, dafür war er am Spätnachmittag zum offiziellen Gießen seiner Ralf Waldmann-Kiefer in der »Welt-

meister-Allee« zur Stelle, obwohl das »angesichts der hiesigen Allgemeinwetterlage eigentlich nicht nötig« gewesen wäre.

Andere Stars hätten sich in seiner Situation in ihre Motorhomes verkrochen, doch Waldi genoß das Bad in der Menge, als seien ständige Adrenalinschübe das beste Mittel, um mit dem Erfolgsdruck und der unvermeidlichen Nervosität fertigzuwerden. »Wir haben ihm empfohlen, sich zwischendurch hinzulegen. Aber er läuft auf Hochtouren – den könntest du gar nicht abschotten«, schmunzelte Cheftechniker Sepp Schlögl. »Dabei kann er sich noch konzentrieren und an kleinste Details vom Set-Up erinnern, das ist sagenhaft«.

Nur vom Sieg mochte Waldi trotz seines formidablen zweiten Trainingsrangs nicht reden. Am ersten Tag fehlten ihm 0,7 Sekunden auf Max Biaggi, nach dem Abschlußtraining immer noch 0,4. »Wir haben das Motorrad fast perfekt hingekriegt, besonders die Abstimmung der Vorderradgabel war heute erheblich besser als gestern. Doch Biaggi zu besiegen, wird schwer sein: Sein Ding geht sagenhaft, er ist überall ein kleines bißchen schneller.

Mit der Brechstange werde ich es jedenfalls nicht versuchen«, erklärte Waldi, wegen vereiterter Mandeln und einer chronischen Bronchitis auch körperlich nicht so topfit wie der Weltmeister.

Wenigstens blieb er von den Sturzeskapaden verschont, die das Training überschatteten und etliche der Helden vorzeitig aus allen Erfolgsträumen rissen. Nicht weniger als 49 Stürze wurden am Freitag und Samstag allein in den Solo-Grand Prix-Klassen gezählt, das Fahrerlager glich einem Feldlazarett, soviele Piloten hingen mit Gipsverbänden und Eispackungen in der Boxengasse herum.

Einer der ersten war Doriano Romboni. Schon nach drei Runden im ersten Zeittraining am Freitag zwängte er sich innen zu mutig an einem langsameren Fahrer vorbei und gab beim Beschleunigen zu energisch Gas. Im Klinomobil wurde ein gebrochenes rechtes Kahnbein diagnostiziert, worauf Romboni die Heimreise antrat.

Ebenso unerwartet wurde auch Ditter Plastic-Pilot Oliver Koch von seiner Aprilia abgeworfen, und wie bei Romboni ging auch bei ihm das rechte Handgelenk zu Bruch. »Ausgangs des Castrol-S hatte ich einen Highsider. Ich hatte den Hinterreifen

**Wer in Monaco wohnt, muß auch ein Flugzeug haben: Ralf Waldmann**

vorher schon auf Dauer getestet und bin damit nicht ein einziges Mal gerutscht. Aber dann ging er schlagartig weg«, meinte Olli deprimiert.

Tags darauf, im Abschlußtraining, erwi-

schte es dann den tapferen Peter Öttl, der kurz davor die schnellste Runde des Tages gedreht hatte und beim Rennen immer noch als Dritter in der ersten Startreihe gestanden hätte. Statt dessen reiste er noch am Samstagabend mit seiner Familie niedergeschlagen im Wohnmobil nach Hause zurück, um sich im Krankenhaus von Bad Reichenhall unverzüglich eine Platte in den gebrochenen rechten Unterarm einbauen zu lassen. »Schade, ich war in Superform, mein Motor war absolut konkurrenzfähig. Doch dann hatte ich in der Dunlop-Kehre unversehens einen Highsider«, schilderte der Pechvogel.

Um ein Haar hätte sich auch noch Dirk Raudies aus dem Wettbewerb verabschieden müssen. »Im Bergaufstück hinter der Dunlopkehre ging mir das Vorderrad weg. Es fing sich kurz nochmal, dann hat es mich so überschlagen, daß die Gabel abgebrochen ist – das habe ich noch nie geschafft«, erzählte der Exweltmeister und hatte Glück im Unglück, weil er keine Brüche davongetragen hatte und mit schweren Prellungen an der linken Hand davongekommen war.

Trotzdem hielt sich seine Begeisterung darüber, im Mai auf dem wegen seines

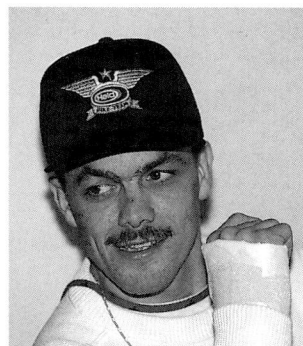

**Der Reifen ging schlagartig weg - und das Handgelenk zu Bruch: Olli Koch**

**Wie Vorgänger Schwantz: Sean Emmett nach Sturz mit der Werks-Suzuki verletzt**

**Plötzlich liegst du da: Peter Öttl konnte beim Heim-GP nicht starten**

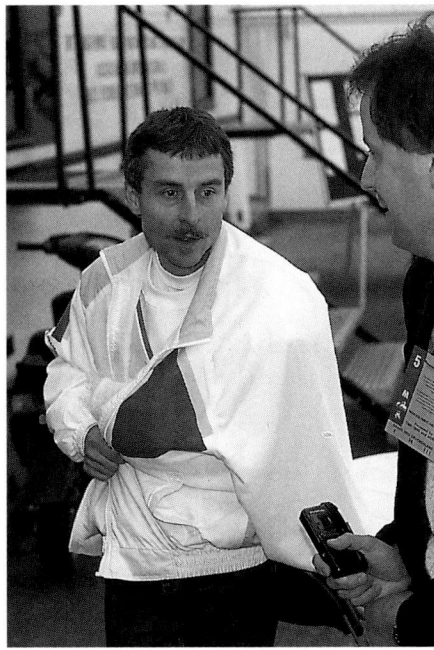

**Motorradrennen bei zehn Grad sind Blödsinn: Dirk Raudies**

Schlechtwetters weltweit berüchtigten Nürburgring einen Grand Prix auszutragen, in Grenzen. »Die vielen Stürze und Verletzungen bestätigen, daß diese Strecke zu gefährlich ist. Jeder kennt das Wetter hier in der Eifel. Ich frage mich, warum man bei zehn Grad einen Motorrad-Grand Prix veranstalten muß. Ein Blödsinn in meinen Augen – man muß das Unheil ja nicht bewußt heraufbeschwören«.

Und mit dieser Ansicht stand er nicht allein. »Im Mai ist ein Nürburgring-Grand Prix sehr früh angesetzt. In Jerez konnte man den Grenzbereich gut ertasten, hier hast du keinen einzigen Rutscher – und plötzlich liegst du da«, kritisierte Peter Öttl. »Wer es hier noch kontrolliert driften lassen kann, ist mit Sicherheit vorn«, bestätigte sein Teamkollege Tex Geissler nach zwei Stürzen am ersten Tag. Weil auch die weichsten Reifen nicht auf Temperatur kam, ritzte der Holländer Loek Bodelier mit der Rasierklinge Rillen in seine Slicks.

Der Australier Garry McCoy trat gleich gar nicht an, doch war dafür nicht das schlechte Wetter, sondern die athmosphäri-

schen Störungen im Team verantwortlich. Nach dem Streit von Spanien, wo McCoy eine von Teammanager Mario Rubatto nahegelegte Kündigung unterschrieb, hatten McCoy und Rubatto mehrmals über

**Hure oder nicht? Garry McCoy verschmähte die Team Europa Zwafink-Honda**

mögliche Regelungen für den Rest der Saison verhandelt. Der von seinem schweren Autounfall im Januar genesene Gerd-Heinz Zwafink hatte eine Bierbrauerei als zusätzlichen Sponsor aufgetrieben, und als die A-Kit-Honda vor Trainingsbeginn am Nürburgring mit vorgeheizten Reifen rennfertig in der Box stand, rechnete jeder damit, McCoy werde nun doch wieder in den Sattel steigen.

Statt dessen verstrickten sich beide Parteien in eine Diskussion über vermeintlich fällige Honorarzahlungen für die Grand Prix in Japan und Spanien. McCoy vertrat den Standpunkt, bevor er auch nur einen Meter fahre, müßten die ausstehenden Gagen beglichen werden. Rubatto entgegnete, McCoy habe ihn durch seine Kündigung aller Verpflichtungen enthoben, und im übrigen habe er nie eine Rechnung von dem Australier erhalten. Nach mehreren gescheiterten Schlichtungsversuchen in Anwesenheit von IRTA-Sekretär Mike Trimby wetterte er dann, McCoy sei eine Hure, und einer Hure bezahle er kein Geld.

Noch immer mißtraute er McCoy und hielt daran fest, der Australier hätte ihn in Spanien mit Vertragsverhandlungen in einem anderen Team hinters Licht führen wollen. »Doch das stimmt nicht. Ich hatte ja einen Vertrag und dachte nicht daran, ihn zu brechen. Rubatto hätte mich in diesem Fall ja verklagen können«, wehrte sich McCoy. »Statt meiner ausstehenden Gage bot er mir schließlich 150 Dollar pro WM-Punkt an, doch das war völlig unakzeptabel, zumal ich für meine Reisekosten, das Motorhome, Sprit, Essen und Flugtickets selbst aufkommen mußte. Mir wurde klar, daß ich bei einem Sturz nicht einmal genügend Geld für die Heimreise haben würde. Ich dachte eine Menge darüber nach und rief ihn noch am Freitagmorgen an, um einen Kompromiß zu erreichen. Aber er blieb dabei, ich solle kein Geld von ihm erwarten. Dann stellte ich mir vor, wie ich mich fühlen würde, wenn ich unter diesen Umständen einen Unfall wie Wayne Rainey hätte. Weil ich zur Überzeugung kam, daß sich Rubatto nicht richtig verhielt, stieg ich nicht in den Sattel«, erklärte der Australier, warum seine Maschine am Ende doch einsam in der Box stehenblieb.

Ein paar Tage später flog McCoy traurig nach Sydney zurück. Während Rubatto nach einem Ersatzfahrer Ausschau hielt und auf den jungen Spanier Josep Sardà stieß, verblaßten die letzten Hoffnungen des gescheiterten GP-Stars, selbst irgendwo als Ersatzfahrer unterzukommen.

Dagegen meldete sich Stefan Kurfiss früher, als selbst optimistische Ärzte gehofft hatten, von seiner schmerzhaften Verletzung zurück. Bei einem unverschuldeten Sturz im Training zum DM-Lauf in Speyer hatte sich Kurfiss die Fußraste in die rechte Wade gerammt und einen Muskelriß davongetragen, war dank »14 Tagen Krankengymnastik, Tag und Nacht« aber in Rekordzeit wieder auf den Beinen und spürte beim Fahren am Nürburgring bereits keine Beschwerden mehr. »Wenn das Motorrad solche Fortschritte machen würde wie ich mit meinem Fuß, wäre ich rasend schnell«, bemerkte er.

Denn daß er schon im Training so traurig hinterherhinkte, hatte vor allem mit den Qualitäten seiner Yamaha TZM 125 zu tun. Sichtbar müde ächzte der Motor nach der Dunlopkehre bergauf, gerade mal 200,2

**0,3 PS für 80000 Mark: Kurfiss war mit der schwachbrüstigen Werks-Yamaha in der Krise**

km/h wurden als Topspeed registriert, was angesichts der asthmatischen 39 PS bei einem Prüfstandsversuch niemanden verwunderte – die Standard-Honda von Stefan Prein hatte schon vor zwei Jahren auf demselben Prüfstand dreieinhalb PS mehr gezogen.

Schlimmer noch traf Kurfiss der Vergleich mit einem Standard-Motor: Sein 80000 Mark teurer Werks-Kit war gerade mal um 0,3 PS stärker. »Das ist frustrierend. Wer so viel Geld investiert, möchte schließlich einen Gegenwert sehen«, stellte Kurfiss fest und trommelte die Verantwortlichen zu einer Krisensitzung zusammen.

Die anderen Yamaha-Teams der 125 ccm-Klasse waren nur wenig erfolgreicher. So erbeutete der japanische Werksfahrer Yoshiaki Katoh mit einer Runde jenseits aller Limits zwar den zwölften Startplatz, verabschiedete sich aber gleich anschließend mit einem »Abflug sondersgleichen«, wie Augenzeuge Stefan Prein bemerkte. »Realistisch betrachtet läßt dieses Motorrad etwas Besseres wie den 15. bis 18. Platz gar nicht zu«, stellte der an 25. Stelle umherfahrende Prein klipp und klar fest.

Spaniens Idol Jorge Martínez war sich über diese traurige Wahrheit schon länger im klaren. Nach seinem beschämenden 13. Platz beim Heimspiel in Spanien und dem 23. Trainingsplatz am Nürburgring riß ihm endgültig der Geduldsfaden. »Mit diesem Motorrad ist nichts anzufangen, ich bin frustriert und habe keine Motivation mehr. Gebt mir eine Werks-250er«, flehte er Yamaha-Rennleiter Kazunori Maekawa an.

Denn die war zumindest etwas konkurrenzfähiger als das 125 ccm-Pendant. Yamaha-Star Tetsuya Harada qualifizierte sich als Zweiter, obwohl er im freien Samstagstraining wegen eines Motorschadens nur drei Runden drehte und kostbare Zeit ungenutzt verstrich. »Ich war hier noch nie zuvor, für einen Angriff auf die Pole Position fehlt mir die Fahrpraxis auf dieser schwierigen Strecke«, erklärte Harada, und Teamchef Wayne Rainey nahm den Vorfall zum Anlaß, erneut auf die Sinnlosigkeit des Ersatzmaschinenverbots hinzuweisen. »Die IRTA hat auf unseren Protest in Spanien geantwortet, sie könnte eine Regel nicht mitten in der Saison über den

»Das ist eine echte Rennstrecke, Dad«:
Kenny Roberts jr und sr

Haufen werfen. Doch ich bleibe dabei: Die Regel spart kein Geld, ist aber gefährlich für die Fahrer. Und das sollte unsere Hauptsorge sein«, meinte er.

Team-Junior Kenny Roberts hatte am ersten Tag mit Platz drei für Gesprächsstoff gesorgt und von der Streckenführung des Nürburgrings geschwärmt. »Als wir am Donnerstagabend mit dem Auto rundherum gefahren sind, habe ich mir schon in der Dunlop-Kehre die Hände gerieben: Das ist eine echte Rennstrecke«, strahlte Little Kenny.

Doch im Abschlußtraining rutschte er als Zehnter in die dritte Reihe zurück. »Das Motorrad liegt perfekt, und ich glaube, daß ich beim Fahren keine schwerwiegenden Fehler mache. Trotzdem hinke ich beim Beschleunigen jämmerlich hinterher. Vielleicht, weil ich schwerer bin als Harada«, mutmaßte er.

## 250 ccm: Waldi wollte zuviel

Im Rennen behielt er trotz des PS-Mangels gute Laune. Zwölfter nach der ersten Runde, arbeitete er sich noch vor Halbzeit an die vierte Stelle vor und verpaßte seinen ersten Podestplatz in einem spannenden Gefecht mit Jean-Philippe Ruggia, Tadayuki Okada und Jean-Michel Bayle nur um eine Viertelsekunde.

Sogar einen Ausflug ins Gras, der ihn acht Runden vor Schluß an die sechste Stelle zurückwarf, steckte er unbekümmert weg, arbeitete sich ein zweites Mal nach vorn und zog gegen Okada nur wegen eines Nachzüglers den kürzeren. »Ich bremste so spät und hart es nur ging, doch Okada blieb neben mir und hatte die bessere Linie. Das nächste Mal ist es umgekehrt«, kündigte er an. »Der kleine Fehler in der Schikane war kein Problem. Ich

geriet auf die Wiese, drehte aber weiter fröhlich am Gas – es war wie zuhause beim Dirt Track mit der kleinen Honda XR 100«, setzte er fröhlich hinzu.

Sein Teamkollege Harada blieb das ganze Rennen über fehlerlos und erbeutete Platz zwei. Nach dem Start von dem wild aufdrehenden Franzosen Olivier Jacque aufgehalten, brauchte er bis zur dritten Runde, um endlich einen Weg vorbei zu finden und die freie Strecke vor sich zu haben. Im Nu hatte der Japaner seine Verfolger abgeschüttelt, nur Max Biaggi war zu diesem Zeitpunkt längst unerreichbar davongezischt. »Ich tat, was ich konnte, um Max einzufangen, aber er war schlicht zu schnell«, anerkannte Harada. »In den letzten Runden wurde er etwas langsamer, und ich machte mir bereits darüber Gedanken, ob er vielleicht ein Problem hatte.«

Tatsächlich zollte der Weltmeister eine speziellen Taktik Tribut. »Ich wählte weiche Reifen, um vom Start weg abhauen zu können. Gleich zu Beginn des Rennens gab ich so tüchtig Gas, daß ich meinen Reifen früh kaputtmachte. Es wurde immer schwieriger, schnell zu fahren, besonders in der letzten Runde – Harada kam gefährlich nahe«, schilderte Biaggi. Mit einer beeindruckenden Serie schneller Runden hatte er bis zu Rennmitte satte 12 Sekun-

**Gerettet: Von zwölf Sekunden Vorsprung blieben Sieger Biaggi noch 1,5**

**Kampf um Platz drei:
Okada vor d´Antin und Ruggia**

den Vorsprung aufgetürmt, kam aber zum Rennende hin immer mehr ins Rutschen und hatte beim Zieleinlauf gerade noch anderthalb Sekunden von seinem ursprünglichen Guthaben übrig.

Trotzdem war der Auftritt der Weltmeistermarke überzeugend. Bei einem eintägigen Test in Mugellot hatte Aprilia bis zum Einbruch der Dunkelheit fieberhaft neue Teile und verschiedene Set-Ups getestet, und auch wenn der 20jährige Roberto Locatelli dabei zu Boden ging, das in Australien gebrochene Schlüsselbein erneut beschädigte und durch Testfahrer Marcellino Lucchi ersetzt weden mußte, kam das Werksteam schon ziemlich siegessicher in Deutschland an.

Selbst Jean-Michel Bayle, sonst chronisch beleidigt wegen angeblicher technischer Benachteiligung im Vergleich zu Biaggi, hielt im Training erstmals mit der Weltspitze mit und qualifizierte sich als Vierter, bevor er im Rennen wegen überfettendem Motor auf Platz sechs abrutschte.

Und noch etwas war ein Pluspunkt für Aprilia, auch wenn es den Zuschauern an der Strecke einen Teil ihrer Sonntagsfreude vergällte und der schreckensbleiche HB-Teamchef Dieter Stappert vor dem Monitor an der Boxenmauer ungläubig auf seine

*Links:* 250er Start: Biaggi auf der Flucht vor Waldmann (28), Harada (7), Bayle (8)

*Rechts:* Olivier Jacque hielt die Werks-Fahrer Okada und Bayle in Schach

Unterlippe biß: Daß Ralf Waldmann in der vierten Runde, tief unten in der Dunlop-Kehre und dennoch vor den Augen einer hunderttausendfach wehklagenden Fangemeinde, ausrutschte und seiner angeschlagenen Gesundheit ebenso Tribut zollte wie dem Verbrauch an Energie und Nerven in den Tagen zuvor.

Wegen eines langen ersten Gangs war Waldi beim Start etwas zurückgefallen und erst als Vierter aus der ersten Runde zurückkommen, und wie Tetsuya Harada wunderte er sich zunächst, warum an Privatfahrer Olivier Jacque, wie Waldis Team-

kollege Jürgen Fuchs mit einer ordinären Production-Honda ausgestattet, kein Weg vorbeiführte.

Etwas später als Harada gelang Waldi ein Angriff auf Jacque, und vielleicht versuchte Waldi etwas zu früh und zu energisch, den tollkühnen Franzosen endgültig abzuschütteln. Jedenfalls gab er beim Herausbeschleunigen aus der Dunlopkehre zuviel Gas, stürzte, und damit waren die Hoffnungen auf einen deutschen Sieg und ein großes Volksfest rund um die Strecke schon zu Beginn des Renntags dahin. »Es war ein Highsider. Weil ich mir nicht weh-

**Kamen nur eine Runde weit: Eskil Suter und die Gebraucht-Werks-Aprilia**

getan habe, hoffte ich noch, weiterfahren zu können. Doch leider waren Schalthebel und Fußraste abgeknickt. Natürlich bin ich enttäuscht, denn hier vor meinem eigenen Publikum wollte ich alles besonders gut machen. Doch genau das sind die klassischen Situationen, in denen so etwas passiert«.

Als sein Motorrad in die Box zurückgebracht wurde, vergewisserte sich Waldi schnell, daß er auch wirklich nicht mehr hätte weiterfahren können. »Sorry, Sepp«, wandte er sich an seinen Cheftechniker, »ich wollte die Lücke zu Harada etwas zu energisch schließen. An der Stelle lag kein Dreck, nichts, ich war es ganz alleine.«

Nur mit dem Pech war er in guter Gesellschaft, denn auch die anderen deutschen 250 ccm-Piloten wurden kalt erwischt. Teamkollege Jürgen Fuchs hatte seinen zu weichen Hinterreifen vollständig aufgerieben und tuckerte zwei Runden vor Schluß, kurz vor der Überrundung, zur Box. »Das Hinterrad drehte nur noch durch«, berichtete er. »Wir hatten das ganze Training Motorprobleme, weil wir erst spät entdeck-

ten, daß die Planfläche am Membraneinlaß nicht richtig abdichtete. Zur Suche nach dem richtigen Reifen kam ich nicht«.

Nur ganze zwei Runden weit war Bernd Kassner gekommen. Am Ende der Zielgeraden blieb das Gas plötzlich auf Vollgasstellung, der Aprilia-Privatfahrer hatte alle Hände voll zu tun, einen Sturz zu vermeiden. »Der Gaszug hatte sich aufgezwirbelt und ist in der Umhüllung steckengeblieben. Anscheinend passiert nur mir so etwas, weil ich so am Gas ziehe«, spottete er. Und selbst Adi Stadler war nicht so recht glücklich, weil er mit seinem 16. Platz und einem verbrauchten Hinterreifen denkbar knapp am ersehnten Punkt vorbeigefahren war.

Eskil Suter hatte das Rennen bereits am Start verloren. Während die anderen davonzischen, machte seine Aprilia einen Hüpfer und stand – der Schweizer hatte den Motor abgewürgt. Etwas mehr als eine Runde hielten die Reifen seiner wilden Verfolgungsjagd stand, dann war das Gummi endgültig überstrapaziert und verweigerte die Haftung.

Zwölf Runden später war es auch um seinen Markengefährten Oliver Petrucciani geschehen: Der Tessiner flog bei einem Highsider über den Lenker und trug eine klaffende Wunde am kleinen Finger der rechten Hand davon.

## 500 ccm: Doohans nächster Fehler

Der einzig deutsche Vertreter in der Halbliterklasse hatte seine Chance auf eine Rennteilnahme schon im Training verwirkt. Hans Wieser aus Altötting, Vierter der Deutschen Meisterschaft 1994, war ebenso wie der Schweizer Niggi Schmassmann mit einer Wild Card unterwegs. Um mit standesgemäßem Material antreten zu können, rief er den Österreicher Sepp Doppler an, der ihm einst schon seine mittlerweile siebenjährige Dreizylinder-Honda RS 500 verkauft hatte.

Doppler staubte daraufhin seinen Yamaha-Vierzylinder aus der Ur-Serie von 1992 ab und einigte sich mit Wieser auf eine Mietgebühr von 10000 Mark inklusive Betreuung am Grand Prix-Wochenende. »Ich hab´ mich erweichen lassen und es billig gemacht«, meinte Doppler. Trotzdem mußte Wieser »vier Wochen umeinander betteln«, bis er den Einsatz finanziert hatte.

**Vier Wochen gebettelt für nichts: Hans Wieser (r.) durfte nicht starten**

**Die 500er im Castrol-S: Puig vor Capirossi (65), Beattie (4), Cadalora, Itoh (7), Barros, Crivillé (6), Reggiani (13), Doohan**

Vergebens: Wegen seines Zwölfs-Sekunden-Rückstands auf den Trainingsschnellsten Michael Doohan und wegen der damit einhergehenden Gefährdung der Allgemeinheit wurde Wieser vom Rennen ausgeschlossen.

Doch auch Michael Doohan schien plötzlich vom Glück und von allen guten Geistern verlassen. Seinem Crash in Rennen von Spanien folgte ein Trainingssturz im ersten Zeittraining am Nürburgring, bei dem er sich den linken Ringfinger brach

und gleich einmal aufs freie Training am Samstagvormittag verzichtete.

Am Nachmittag versuchte er, den gebrochenen Finger gestreckt zu halten und trotzdem die komplizierte Klaviatur von Kupplung und an den Daumen verlegter

**Kein Happy-End: Doohan überholte Beattie – und ging k.o.**

Hinterradbremse zu spielen, was ihm zu einheiliger Verblüffung so gut gelang, daß er die nächste Pole Position an sich riß.

Im Rennen rückte er nach schlechtem Start zügig zu Daryl Beattie auf und wechselte sich zur Unterhaltung des Publikums ein paarmal mit seinem Landsmann an der Spitze ab, bevor er in Runde neun endgültig davonzuziehen schien. Doch in der Bergab-Linkskurve nach dem Castrol-S war schlagartig Feierabend: Dem Weltmeister rutschte das Vorderrad weg, seine zertrümmerte Maschine blieb an die Leitplanken gelehnt stehen, während der Champion zwar zerfleddert, aber ansonsten unversehrt auf dem Soziussitz eines Rollers zurück ins Fahrerlager chauffiert wurde. »Es passierte schlagartig und ohne jede Vorwarnung«, meinte er bitter enttäuscht. »Ich fuhr das ganze Wochenende tagaus, tagein auf derselben Linie durch diese Kurve und hatte nie ein Problem. Wir haben auch keinen anderen Reifen benutzt als sonst. Ich verstehe es einfach nicht«.

Und so kam es, daß Daryl Beattie, der schon in Japan durch einen Fehler Michael Doohans gewonnen hatte, den zweiten Sieg auf seiner Werks-Suzuki einstrich und seinen WM-Vorsprung auf nunmehr 29 Punkte schraubte – wer solches, nach Beatties katastrophalem Jahr bei Yamaha, vor der Saison prophezeit hätte, wäre als Träumer belächelt worden. »Wir haben das Motor

rad durch Tests nach dem Spanien-Grand Prix und eine Menge Arbeit hier im Training stark verbessert. Eigentlich wollte ich es nach dem Start vorsichtig angehen lassen. Doch im Warm-Up heute morgen machten wir weitere Fortschritte mit der Federung, so daß ich auch mit einem harten Reifen vom Start weg Vollgas geben konnte«, berichtete Beattie beglückt. »Als Mick daherkam, wurde es schwieriger. Er war in einigen Sektionen schneller, ich in anderen, vor allem im Mittelteil. Ich hatte das Gefühl, mithalten zu können und wollte erst einmal abwarten. Als er stürzte, hatte ich natürlich freie Fahrt«.

Luca Cadalora mußte sich seinen zweiten Platz indessen hart erkämpfen. Erst wehrte er sich gegen Spanien-Sieger Alberto Puig, der mit schlechtem Set-Up diesmal wieder hinter seinen Landsmann Alex Crivillé zurückfallen und einen handelsüblichen fünften Platz buchen sollte.

Dann begann ihn der Japaner Shinichi Itoh zu ärgern. Der Honda-Werkspilot stieß sogar für neun Runden an die zweite Stelle vor, bevor ihn Cadalora mit einem beherzten Manöver im Bergaufstück nach der Dunlopkehre wieder zur Strecke brachte. »Ich wollte unter allen Umständen ein gutes Resultat, als Abschiedsgeschenk für Mr. Oguma«, erklärte der Japaner. Yoichi Oguma, Vizepräsident der Honda Racing Corporation seit deren Gründung 1982,

Kein Sieg zum Abschied: HRC-Vizepräsident Oguma ging in den Ruhestand (r.)

ging nämlich mit 53 Jahren in den Ruhestand: In seinem früheren Job als Honda-Testfahrer hatte der japanische 125 ccm-Meister von 1966 bei einem schweren Sturz Hüft- und Rückenverletzungen davongetragen, deren Spätfolgen ihn nun zu einer Operation zwangen. Am Nürburgring sah er zwar keinen Doohan-Sieg, aber immerhin einen Podestplatz von Shinichi Itoh – und eine Staffette von vier weiteren Honda-Piloten, die hinter ihm auf die Plätze kamen.

Auch für Adrian Bosshard auf seiner privaten ROC-Yamaha war Platz zwölf nach dem unverschuldeten Sturz von Jerez wieder ein Lichtblick, dafür rollte Bernard Haenggeli nach etlichen Defekten im Training auch im Rennen vorzeitig aus: Kurbelwellenschaden.

## 125 ccm: Geissler und der Schutzengel

Wie von der Tarantel gestochen, stürzten sich die Japaner Haruchika Aoki, Noboru Ueda, Akira Saito und Kazuto Sakata in

**WM-Tabellenführung ausgebaut: Nürburgring-Sieger Daryl Beattie**

Enttäuschte Erwartungen: Die Achtelritter Masaki Tokudome
(oben) und Weltmeister Kazuto Sakata (links hinten und unten)
gerieten aneinander und kamen auf dem Ring nicht ins Ziel

**Auf dem Weg zum WM-Titel: Aoki**

den Kampf um den Sieg der 125 ccm-Klasse, in den sich alsbald Tomomi Manako, der verbliebene Ditter Plastic-Pilot Masaki Tokudome und, als verwegenster Nicht-Japaner, der Spanier Emili Alzamora einmischen sollten.

Erstmals auseinandergerissen wurde das dichte Feld von einem Zwischenfall in der elften Runde. Masaki Tokudome, der später bremste und auch später in die Dunlop-Kehre einbiegen wollte, wurde unversehens von seinem früheren Lehrmeister Kazuto Sakata torpediert, der sich eine Kampflinie weiter innen gesucht hatte. Tome, der schon mit einem Podestplatz geliebäugelt hatte, landete mit einer Hals-

wirbelstauchung im Klinomobil, Sakata, der sich kurz vor Schluß nach einer wilden Aufholjagd den zweiten Abflug leistete, traf seinen alten Freund auf der Nachbarliege wieder und entschuldigte sich.

Das Rennen blieb freilich weiterhin turbulent. Wild Card-Pilot Alexander Folger stürzte in der Schikane wegen eines Kolbenklemmers. Der geplatzte Tank seiner Aprilia hinterließ eine große Pfütze, die zwar mit Bindemitteln überschüttet wurde, aber bis zum Rennende eine gefährliche Falle bleiben sollte.

Fünf Runden vor dem Abwinken hechtete sich Akiro Saito aus dem Sattel, Alzamora und Perugini fielen durch Sakatas

## 500 cm³:

**Ergebnisse**

| | | | | | **WM-Stand** | **Pkt.** |
|---|---|---|---|---|---|---|
| 1. Daryl Beattie | AUS | Suzuki RGV | 46.01.392 | | 1. Beattie | 99 |
| 2. Luca Cadalora | I | Yamaha YZR | 46.11.266 | | 2. Doohan | 70 |
| 3. Shinichi Itoh | J | Honda NSR | 46.11.359 | | 3. Puig | 67 |
| 4. Alex Crivillé | E | Honda NSR | 46.13.098 | | 4. Cadalora | 66 |
| 5. Alberto Puig | E | Honda NSR | 46.13.791 | | 5. Crivillé | 61 |
| 6. Loris Capirossi | I | Honda NSR | 46.27.172 | | 6. Barros | 40 |
| 7. Alexandre Barros | BR | Honda NSR | 46.34.734 | | 7. Itoh | 39 |
| 8. Norifumi Abe | J | Yamaha YZR | 46.35.179 | | 8. Abe | 35 |
| 9. Loris Reggiani | I | Aprilia | 46.54.245 | | 9. Schwantz | 34 |
| 10. Juan Borja | E | ROC-Yamaha | 47.04.058 | | 10. Borja | 29 |
| 11. Cristiano Migliorati | I | Harris-Yamaha | 47.24.408 | | 11. Capirossi | 28 |
| 12. Adrian Bosshard | CH | ROC-Yamaha | 47.33.494 | | 12. Reggiani | 26 |
| 13. Laurent Naveau | B | ROC-Yamaha | 47.34.771 | | 13. Migliorati | 17 |
| 14. Neil Hodgson | GB | ROC-Yamaha | 47.36.448 | | 14. Aoki | 16 |
| 15. Jean-Pierre Jeandat | F | Paton | 47.38.294 | | 15. Garcia | 14 |

16. Marc Garcia (F) ROC-Yamaha, 17. Bernard Garcia (F) ROC-Yamaha, 18. Frédéric Protat (F) ROC-Yamaha, – 1 Rde., 19. Bruno Bonhuil (F) ROC-Yamaha, 20. Niggi Schmassmann (CH) Yamaha, 21. Eugene McManus (GB) Harris-Yamaha,

**Schnellste Runde:** Doohan
in 1.41.084 = 142,257 km/h

**Rekord:** Kevin Schwantz (Suzuki)
in 1.39.04 = 165,08 km/h (1990)

**Durchschnitt Sieger:** 27 Runden oder 123,012 km
in 46.01.392 = 160,370 km/h

**Ausfälle:** M. Doohan (AUS) Honda, Sturz; S. Emmett (GB) Suzuki, Nichtstarter/Trainingssturz; J. McWilliams (GB) Yamaha, Kupplung defekt; B. Haenggeli (CH) ROC-Yamaha, Kurbelwelle defekt; L. Pedercini (I) ROC-Yamaha, Motorschaden; S. Gray (USA) Harris-Yamaha, Reifenprobleme; A. Stroud (NZ) ROC-Yamaha, Sturz; T. Arakaki (J) Harris-Yamaha, Sturz in Warm-up-Runde; H. Wieser (D) Yamaha, nicht qualifiziert; J. Haydon (GB) Harris-Yamaha, Kurbelwelle gebrochen.

**Trainingszeiten:**
1. Doohan 1.40.437=163,302 km/h, 2. Cadalora 1.40.959, 3. Beattie 1.41.186, 4. Capirossi 1.41.483, 5. Reggiani 1.41.807, 6. Itoh 1.41.946, 7. Barros 1.42.028, 8. Puig 1.42.095, 9. Crivillé 1.42.259, 10. Abe 1.42.545, 11. Migliorati 1.43.731, 12. Bosshard 1.43.774, 13. Borja 1.43.806, 14. Hodgson 1.44.351, 15. Haydon 1.44.375

## 250 cm³:

**Ergebnisse**

| | | | | | **WM-Stand** | **Pkt.** |
|---|---|---|---|---|---|---|
| 1. Massimiliano Biaggi | I | Aprilia | 43.39.378 | | 1. Harada | 98 |
| 2. Tetsuya Harada | J | Yamaha TZM | 43.40.986 | | 2. Biaggi | 93 |
| 3. Tadayuki Okada | J | Honda NSR | 43.48.998 | | 3. Waldmann | 74 |
| 4. Kenny Roberts jr. | USA | Yamaha TZM | 43.49.248 | | 4. Aoki | 56 |
| 5. Jean-Philippe Ruggia | F | Honda NSR | 43.49.786 | | 5. Okada | 42 |
| 6. Jean-Michel Bayle | F | Aprilia | 43.50.078 | | 6. Ruggia | 42 |
| 7. Carles Checa | E | Honda NSR | 44.02.360 | | 7. d'Antin | 31 |
| 8. Nobuatsu Aoki | J | Honda NSR | 44.02.493 | | 8. Roberts jr. | 29 |
| 9. Luis d'Antin | E | Honda NSR | 44.02.632 | | 9. Bayle | 27 |
| 10. Marcellino Lucchi | I | Aprilia | 44.04.530 | | 10. Romboni | 23 |
| 11. Oliver Jacque | F | Honda RS | 44.12.002 | | 11. Checa | 22 |
| 12. Jürgen v.d.Goorbergh | NL | Honda RS | 44.12.119 | | 12. Cardoso | 20 |
| 13. Patrick v.d.Goorbergh | NL | Aprilia | 44.27.094 | | 13. J. Goorbergh | 20 |
| 14. Niall Mackenzie | GB | Aprilia | 44.27.250 | | 14. Hikita | 17 |
| 15. Sadanori Hikita | J | Honda RS | 44.31.334 | | 15. Suter | 15 |

16. Adi Stadler (D) Aprilia, 17. José Luis Cardoso (E) Aprilia, 18. Gregorio Lavilla (E) Honda, 19. Francisco Padro (E) Aprilia, 20. Miguel Castilla (E) Yamaha, 21. Markus Gemperle (CH) Aprilia, 22. Matthias Neukirchen (D) Yamaha.

**Schnellste Runde:** Biaggi
in 1.43.322 = 158,743 km/h

**Rekord:** Wilco Zeelenberg (Honda)
in 1.43.04 = 158,679 (1990)

**Durchschnitt Sieger:** 25 Runden oder 113,900 km
in 43.39.378 = 156,541 km/h

**Ausfälle:** D. Romboni (I) Honda, Nichtstarter/Trainingssturz; E. Suter (CH) Aprilia, Sturz; O. Petrucciani (CH) Aprilia, Sturz; L. Maurel (E) Honda, Sturz; B. Kassner (D) Aprilia, Gaszug klemmt; D. Bulega (I) Honda, Nichtstarter/Trainingssturz; R. Waldmann (D) Honda, Sturz; J. Fuchs (D) Honda, Hinterreifen aufgelöst; R. Laconi (F) Honda, Sturz; J. Oelschläger (D) Honda, Aufgabe/Schmerzen.

**Trainingszeiten:** 1. Biaggi 1.43.222 = 158,896 km/h, 2. Waldmann 1.43.656, 3. Harada 1.44.032, 4. Bayle 1.44.042, 5. Okada 1.44.074, 6. Lucchi 1.44.127, 7. Ruggia 1.44.153, 8. Checa 1.44.288, 9. d'Antin 1.44.355, 10. Roberts jr. 1.44.565, 11. Jacque 1.44.631, 12. J. Goorbergh 1.44.723, 13. Suter 1.44.741, 14. P. Goorbergh 1.44.922, 15. Fuchs 1.44.930, 16. Aoki 1.44.973, 17. Mackenzie 1.45.176, 18. Stadler 1.45.452, 19. Hikita 1.45.574, 20. Lavilla 1.46.079, 21. Cardoso 1.46.091, 22. Petrucciani 1.46.298

zweiten Sturz kurz vor Schluß um ein paar Längen zurück. Damit wurde der Kampf um den Sieg in der letzten Runde auf ein Duell zwischen Nobby Ueda und Haruchika Aoki reduziert, das der Jüngere kaltblütig für sich entschied. »Ich wußte, daß sich Ueda revanchieren würde, falls ich mein Manöver früher machte. Deshalb habe ich bis kurz vor Schluß gewartet«, freute sich der WM-Leader. »Ich denke, ich befinde mich in einem Hoch – das Motorrad ist gut, und ich bin voller Selbstvertrauen«.

Und wo sie schon so viele Tiefschläge weggesteckt hatten, tat es auch den deutschen Teams gut, daß die verbliebenen

Fahrer für ein Trostpflaster sorgten. Dirk Raudies hatte im Warm-Up am Vormittag ausprobiert, wie er sich mit der lädierten linken Hand »in den Lenker krallen« mußte, um trotz der Schmerzen bremsen und gleichzeitig die Kupplung ziehen zu können. Im Rennen wurde er durch die Turbulenzen an der Spitze immer weiter nach vorn gespült und erreichte ohne große Feindberührungen den fünften Platz.

Tex Geissler feierte als Achter im Training und Achter im Rennen sogar das beste Resultat seiner ganzen Karriere. »Das Fahrwerk war perfekt, und mein Motor ist super gelaufen«, jubelte er und bedankte sich bei jedem Einzelnen im Team. »Am

ersten Tag habe ich zweimal den Kopf im Sand gehabt und niemals mit einem solchen Ergebnis gerechnet. Es tut mir leid für die andern, die sich verletzt haben – aber offensichtlich hat keiner einen solchen Schutzengel wie ich.«

## Gespanne: Waterloo für Swissauto

Bei den Gespannen kam es bereits am Samstagabend zu zwei historischen Ereignissen. Darren Dixon feierte mit seiner Windle-ADM den ersten GP-Sieg eines Windle-Gespanns seit Jock Taylors letztem

### 125 cm³:

| Ergebnisse | | | | | WM-Stand | Pkt. |
|---|---|---|---|---|---|---|
| 1. Haruchika Aoki | J | Honda | 42.40.574 | | 1. Aoki | 100 |
| 2. Noboru Ueda | J | Honda | 42.41.245 | | 2. Perugini | 53 |
| 3. Emilio Alzamora | E | Honda | 42.42.631 | | 3. Sakata | 49 |
| 4. Stefano Perugini | I | Aprilia | 42.52.262 | | 4. Alzamora | 47 |
| 5. Dirk Raudies | D | Honda | 42.56.047 | | 5. Ueda | 44 |
| 6. Hideyuki Nakajoh | J | Honda | 43.06.316 | | 6. Saito | 41 |
| 7. Manfred Geissler | D | Aprilia | 43.12.526 | | 7. Manako | 36 |
| 8. Ken Miyasaka | J | Honda | 43.12.579 | | 8. Nakajoh | 34 |
| 9. Tomomi Manako | J | Honda | 43.25.272 | | 9. Raudies | 31.5 |
| 10. Gianluigi Scalvini | I | Aprilia | 43.27.304 | | 10. Scalvini | 21.5 |
| 11. Yoshiaki Katoh | J | Yamaha | 43.36.806 | | 11. Katoh | 21 |
| 12. Luigi Ancona | I | Honda | 43.45.601 | | 12. Torrontegui | 19.5 |
| 13. Takehiro Yamamoto | J | Honda | 43.49.705 | | 13. Öttl | 18 |
| 14. Yoshiyuki Sugai | J | Honda | 43.55.756 | | 14. Miyasaka | 17.5 |
| 15. Stefan Kurfiss | D | Yamaha | – 1 Rde. | | 15. McCoy | 16.5 |

**Schnellste Runde:** Saito in 1.49.737 = 149,737 km/h (Rekord)
**Alter Rekord:** Jorge Martinez (JJ Cobas) in 1.51.43 = 146,736 km/h (1990)
**Durchschnitt Sieger:** 23 Runden oder 104,788 km in 42.40.574 = 147,325 km/h
**Ausfälle:** K. Sakata (J) Aprilia, zwei Stürze; P. Öttl (D) Aprilia, Nichtstarter/Trainingssturz; J. Martinez (E) Yamaha, Motorschaden; M Tokudome (J) Aprilia, Sturz; H. Torrontequi (E) Honda, Kolbenring gebrochen; S. Prein (D) Yamaha, Fußraste gebrochen; A. Saito (J) Honda, Sturz; L. Bodelier (NL) Aprilia, Sturz; O. Koch (D) Aprilia, Nichtstarter/Trainingssturz; T. Igata (J) Honda, Sturz; A. Ballerini (I) Aprilia, Nichtstarter/Trainingssturz; G. Debbia (I) Yamaha, Sturz; V. Lopez (I) Aprilia, Batterie defekt; F. Baldinger (D) Honda, Sturz wegen Kolbenklemmer; A. Folger (D) Aprilia, Sturz wegen Kolbenklemmer; M. Stief (D) Yamaha, Aufgabe/Stop-and-Go-Strafe; I. Tschudin (CH) Honda, Aufgabe/Stop-and-Go-Strafe.
**Trainingszeiten:**
1. Sakata 1.50.188, 2. Aoki 1.50.203, 3. Öttl 1.50.313, 4. Saito 1.50.650, 5. Ueda 1.50.752, 6. Alzamora 1.50.852

### Gespanne:

| Ergebnisse | | | | | WM-Stand | Pkt. |
|---|---|---|---|---|---|---|
| 1. Dixon/Hetherington | GB | Windle-ADM | 41.30.522 | | 1. Dixon | 25 |
| 2. Abbott/Tailford | GB | Windle-ADM | 41.30.867 | | 2. Abbott | 20 |
| 3. Bösiger/Egli | CH | LCR-ADM | 42.05.244 | | 3. Bösiger | 16 |
| 4. B. Brindley/Whiteside | GB | LCR | 42.49.176 | | 4. B. Brindley | 13 |
| 5. Reddington/Crone | GB | LCR-Honda | 43.03.513 | | 5. Reddington | 11 |
| 6. Willford/Wynn | GB | LCR-Honda | 43.07.777 | | 6. Willford | 10 |
| 7. Kumagaya/Pointer | J/GB | LCR-Honda | 43.39.417 | | 7. Kumagaya | 9 |
| 8. Janssen/van Kessel | NL | LCR-Honda | – 1 Rde. | | 8. Janssen | 8 |
| 9. Gälross/Berglund | S | LCR-Yamaha | – 1 Rde. | | 9. Gälross | 7 |
| 10. Schlosser/Hänni | CH | LCR-Honda | – 1 Rde. | | 10. Schlosser | 6 |
| 11. Vögeli/Wickli | CH | LCR-Honda | – 1 Rde. | | 11. Vögeli | 5 |
| 12. Bösiger/Egli | CH | LCR-ADM | – 1 Rde. | | 12. Hollweg | 4 |
| 13. Neumann/Müller | D | LCR-Yamaha | – 2 Rdn. | | 13. Neumann | 3 |
| 14. Kohlmann/Theuer | D | LCR-ADM | – 2 Rdn. | | 14. Kohlmann | 2 |

**Schnellste Runde:** Güdel in 1.46.216 = 154,417 km/h
**Rekord:** Streuer/de Haas (LCR-Yamaha) in 1.45.46 = 155,051 km/h (1990)
**Druchschnitt Sieger:** 23 Runden oder 104,788 km in 41.30.522 = 151,469 km/h
**Ausfälle:** Biland/Waltisperg (CH) LCR-BRM, Kurbelwellenschaden; D. Brindley/Hutchinson (GB) LCR-Honda, Bremse defekt; Güdel/Güdel (CH) LCR-BRM, Kurbelwellenschaden; Klaffenböck/Parzer (A) Windle-BRM, Kurbelwellenschaden; Lausletho/Metsaranta (SF) LCR-Honda, Zündungsschaden; Bohnhorst/Brown (D/GB) LCR-BRM, Kurbelwellenschaden; Koster/Cavadini (CH) LCR-Honda, Nichtstarter/Trainingssturz; Wyssen/Wyssen (CH) LCR-BRM, Kühlwasserverlust; K.Webster/Hofsteenge (GB/NL) LCR-Honda, Zündungsschaden; Hock/Kasel (D) HP-500, Motorschaden.
**Trainingszeiten:**
1. Güdel 1.46.105=154,579 km/h, 2. Biland 1.46.652, 3. Dixon 1.47.876, 4. Bohnhorst 1.47.974, 5. D. Brindley 1.48.150, 6. Abbott 1.48.311, 7. Bösiger 1.49.486, 8. Klaffenböck 1.49.827, 9. Lausletho 1.50.112, 10. Kumagaya 1.50.164, 11. B. Brindley 1.50.182, 12. Willford 1.51.686

Tex Geissler (23, vor Ken Miyasaka): Dank ans Team – und an den Schutzengel

Erfolg in Salzburg 1981, und zur Freude des britischen Konstrukteurs Terry Windle machte Steve Abbott den Triumph mit einem baugleichen Gespann auf Platz zwei komplett.

Für die neuen BRM-Motoren des Schweizer Herstellers Swissauto endete das Wochenende allerdings mit einem Waterloo. Einen kapitalen Motorschaden im ersten Training, bei dem ein abgerissenes Pleuel das Motorengehäuse durchschlug, wertete Klaus Klaffenböck noch als harmloseren Betriebsunfall. »Reine Garantiesache«, grinste der BRM-Kunde und erreichte noch einen achten Trainingsplatz.

Doch im Rennen verging nicht nur ihm das Lachen. Nacheinander rollten alle fünf BRM-Kunden Thomas Wyssen, Klaus Klaffenböck, Weltmeister Rolf Biland, Ralph Bohnhorst und Paul Güdel aus, wobei die Güdels 18 von 23 Runden geführt hatten und ebenso den möglichen Sieg vor Augen hatten wie Weltmeister Biland, der bei seinem Ausfall bereits an die zweite Stelle gerückt war.

Bis auf die Wyssen-Brüder, an deren Motor eine abgebrochene Entlüftung für Wasserverlust sorgte, diagnostizierten dabei alle BRM-Teams denselben Defekt. »Kurbelwellenschaden«, sprach es Ralph Bohnhorst aus, der fast zeitgleich mit dem Ausfall von Weltmeister Rolf Biland an Darren Dixon vorbeiging und bis vier Runden vor Schluß Platz zwei verteidigte. »Es war eindeutig das beste Rennen, das ich je gefahren bin. Alles war kontrollierbar, ich konnte die Reifen schonen und mir alles schön einteilen. In Sachen Leistung gab es nichts zu bemängeln, die swissauto-Motoren funktionieren wirklich schon recht gut«.

Nur halt noch nicht lange genug. »Es muß mit der Schmierung der Pleuellager zu tun haben. Bei Tests hatten wir nie dieses Problem«, wunderte sich Swissauto-Techniker Hans-Peter Götti. Swissauto-Konstrukteur Urs Wenger schüttelte zunächst einmal nur den Kopf, kam aber trotzdem zu einem präzisen Befund: »Eine mittlere Katastrophe«, stellte er fest.

Nicht dabei waren die Schweizer Markus und Urs Egloff: Zu Monatsbeginn hatten die 38jährigen Zwillinge aus Geldmangel den Rücktritt erklärt.

## Thunderbikes: Mark verpaßt den Endspurt

Bei den Thunderbikes sahen die 53000 Zuschauer einen hinreißenden Vierkampf zwischen dem Schweizer Yves Briguet, Ex-Superbike-Star Stéphane Mertens aus Belgien, dem Holländer Wilco Zeelenberg und Udo Mark, der sich als einziger Kawasaki-Pilot unter lauter Honda-Stars zu behaupten versuchte.

Ständig wechselte die Führung, und zwischendurch schien es, als könne Mark seinen Kollegen trotz geringerer Beschleunigung das Leben schwermachen. Eingangs der letzten Runde war er noch Zweiter hinter Briguet, doch am Schluß blieb dem deutschen Superbike-Meister wie schon in Spanien wieder nur der undankbare vierte Rang. »Ich bin aus dem Hatzenbachbogen zu langsam herausgekommen. Mertens und Zeelenberg haben mich auf dem anschließenden Vollgasstück erwischt«, berichtete Mark leicht zerknirscht. Zeelenberg wurde Dritter, Mertens Zweiter, Briguet feierte den zweiten Sieg im zweiten Rennen.

**Großer Bahnhof für den Sieger: Max Biaggi nach dem 250 ccm-Lauf**

**GRAN PREMIO**

**Mugello**

Abschied unter Tränen: Kevin Schwantz mit der ebenfalls aus der Weltmeisterschaft zurückgezogenen Startnummer 34

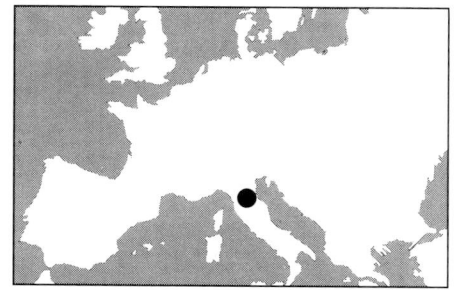

**11. Juni 1995:**
**Grand Prix Italien in Mugello**

*Im Lucky Strike-* # Die Weltmeister-Parade

*Suzuki-Team gaben sich die Weltmeister die Klinke in die Hand: Kevin Schwantz erklärte unter Tränen seinen Rücktritt, Superbike-As Scott Russell wurde nach einem diplomatischen Verwirrspiel als Nachfolger präsentiert.*

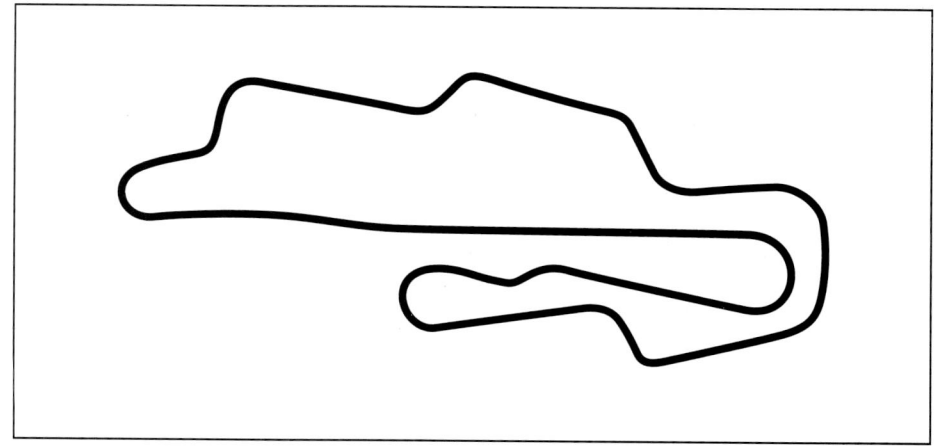

Vier Wochen Zeit hatte sich Kevin Schwantz seit der Absage des Jerez-Grand Prix gelassen, um Luft zu holen für den schwersten Einsatz seiner Karriere: Den endgültigen, offiziellen Abschied aus der Motorrad-Weltmeisterschaft.

Als er im Pressezentrum von Mugello zu seiner Abschiedsrede anhob, stockte ihm dann doch der Atem. Tränen der Rührung stiegen ihm in die Augen und schimmerten im gleißenden Licht der Scheinwerfer, bevor ihm die riesige Schar von Journalisten mit donnerndem, langanhaltendem Applaus über den Moment der Stille hinweghalf.

Jahrelang hatte Kevin Schwantz die schlimmsten Verletzungen in Rekordzeit weggesteckt. Dreimal ging das linke Schlüsselbein zu Bruch, dreimal der linke Unterarm, achtmal Hände und Handgelenk, einmal die rechte und zweimal die linke Kniescheibe, dreimal Fuß und Knöchel, außerdem renkte er zweimal die linke Hüfte aus. Allein seit seiner ersten kompletten Grand Prix-Saison 1988 bis zu seinem Rücktritt erlebte er nicht weniger als elf Stürze, bei denen Knochen splitterten, und jeder kannte Kevin Schwantz als großartigen Kämpfer, der die Gesetze der Natur mit purer Willenskraft besiegen konnte.

Jetzt rang er mit sich selbst, denn die

Natur hatte zurückgeschlagen und nach dem jahrelangen Raubbau an dem spindeldürren Körper ihr Tribut gefordert. »In den letzten zwei Jahren hatte ich vier, fünf der schlimmsten Stürze meiner Karriere, und ich ging nicht mehr so unbeschwert wie früher zur Tagesordnung über. Ich sah die Leitplanken und dachte: Diese da ist ein bißchen nahe. Ich konzentrierte mich nicht mehr zu 100 Prozent und war erstmals nicht mehr mit dem Herzen bei der Sache«, erklärte er.

Kevin Schwantz konnte nicht mehr, war zum Opfer jener beispiellosen Risikobereitschaft geworden, die ihn so berühmt gemacht hatte. Dank seiner wilden Rodeoritte häufte der Texaner 29 Pole Positions, 25 Grand Prix-Siege und 22 Rundenrekor-

de auf und wurde mit flotten Sprüchen zum Publikumsliebling, etwa, wenn er das Geheimnis seiner unerreichten Spätbremsmanöver (»Ich schaue auf zu Gott, dann lange ich hin«) beschrieb.

Wie außergewöhnlich der Superstar für die Motorradszene gewesen war, brachte Dorna-Direktor Carmelo Ezpeleta mit einer bislang einmaligen Geste zum Ausdruck: In einer feierlichen Zeremonie zog er die Startnummer 34, der Kevin Schwantz seine ganze Karriere über die Treue gehalten hatte, für immer aus der Halbliterklasse zurück.

Daß Kevin Schwantz meist am Weltmeistertitel vorbeifuhr, beeinträchtigte seinen Ruhm nicht im Geringsten. Bitter war nur, daß sein einziger Titel im Jahr 1993 durch

87

Wayne Raineys Querschnittslähmung in Misano überschattet wurde und Kevin Schwantz nie richtig Freude an seiner Nummer eins entwickeln konnte. »Es ist tragisch, daß ich zwar die Meisterschaft gewonnen, aber den größten Rivalen, den ich je hatte, verloren habe«, zollte er Wayne Rainey Respekt, mit dem er nach Jahren erbitterter Rivalität endlich Freundschaft geschlossen hatte.

Ohnehin ging Kevins Krone ebenso unerwartet, wie er sie gewonnen hatte, wieder verloren. Kurz vor Saisonbeginn 1994 brach er sich bei einem Sturz vom Mountain Bike den linken Unterarm und fehlte bei wichtigen Testeinsätzen. Nach den ersten verheerenden Rennresultaten stellte sich heraus, daß die neue Werks-Suzuki eine Fehlkonstruktion war, worauf das Team hastig auf Fahrwerke vom Vorjahr zurückgriff.

Trotzdem fuhr das Team dramatisch hinterher, und alle Versuche von Schwantz, zu retten, was zu retten war, machten die Situation nur noch aussichtsloser. Bei einem Trainingssturz in Assen brach sich Kevin das linke Handgelenk und renkte etliche Mittelhandknochen aus, bestritt aber trotzdem das Rennen.

Mit dem linken Arm in Gips gewann er in England sein letztes Rennen, obwohl er im Abschlußtraining abermals einen furchterregenden Sturz wegstecken mußte. »Dabei schlug ich härter auf als jemals zuvor. Für einen Moment dachte ich, das sei nun mein letztes Rennen gewesen. Ich glaubte nicht daran, wieder aufstehen zu können, doch wie durch ein Wunder war ich nahezu unverletzt. Ich weiß nicht, wo ich die Energie hernahm, mich einen Tag später derart ins Zeug zu legen. Vielleicht klappte es, weil ich am Sonntagmorgen zur Kirche ging. Heute kommt es mir vor, als habe mich dieses Rennen das letzte bißchen Energie gekostet, das ich noch zur Verfügung hatte. Ein paar Wochen später wollte ich den Grand Prix in Laguna Seca gewinnen. Doch mir fehlte der Biß und die Kraft dazu.« Statt sein Husarenstück beim Heimspiel in Amerika zu wiederholen, stürzte Kevin im Training erneut, renkte

**Schwantz als GP-Sieger: Die Triumphpose machte ihn weltberühmt**

seine bereits zwei Jahre zuvor in Assen dislozierte linke Hüfte abermals aus und brach das rechte Kahnbein.

Weil das gebrochene, durch die ständige Überlastung mürbe gewordene linke Handgelenk nicht mehr konventionell heilte, wurden ihm nach der Saison drei Handwurzelknochen herausoperiert. »Das größte Problem ist, daß ich das Handgelenk seitdem nicht mehr nach hinten abwinkeln kann. Anstatt mich mit dem Unterarm abzustützen, lastet der gesamte Bremsdruck auf der Brustmuskulatur und der Hand selbst. Wenn ich es in Zahlen ausdrücken soll, macht das etwa 30 bis 40 Prozent meines Problems aus. Der Rest steckt im Herzen«, schilderte Schwantz.

Zu dem teilweise steifen Handgelenk gesellte sich eine Daumenverletzung beim allerersten Testeinsatz im Winter, so daß er quasi ohne jede Saisonvorbereitung in die ersten Rennen 1995 ging. Während sein neuer Teamkollege Daryl Beattie überlegen auftrumpfte, fuhr der entthronte Superstar hinterher.

Und ging im Training zum Australien-Grand Prix erneut zu Boden. »Das Hinterrad blockierte schlagartig, und es gab absolut nichts, was ich tun konnte. Manche Zeitungen schrieben, das Getriebe sei blockiert, doch in Wirklichkeit ist nur ein

**Schwantz als Rollerfahrer: Das alte Feuer war erloschen**

kleiner, lächerlicher Kolben gebrochen. Möglicherweise war es das höchste Tempo, bei dem ich je gestürzt bin. Solche Erinnerungen bleiben haften, und je öfter ich daran zurückdachte, desto tiefer gruben sie sich in meinen Kopf. Damals überlegte ich, auf die Streckenbegrenzungsmauer zu sitzen oder zum Motorrad zurückzugehen. Ich überwand mich, es nochmals zu versuchen, weil ich glaubte, nur genügend Zeit im Sattel zubringen zu müssen, um das alte Zutrauen zurückzugewinnen. Doch es passierte nicht«, schilderte Kevin.

Der traurige fünfte Platz im Regen von Japan, wo er 1988 gleich zu Beginn seiner ersten kompletten GP-Saison gewonnen hatte und mit seiner neuen Siegerpose aufrecht in den Fußrasten stehend schlagartig weltberühmt geworden war, nahm ihm dann den letzten Funken von Begeisterung. Auf dem glitschigen Parkett hatte ihn die Angst gepackt, er fühlte sich unwohl auf seiner 300 km/h-Rakete und fürchtete sich davor, in den Sattel zurückzukehren.

Ein langes Gespräch mit Wayne Rainey auf dem Rückflug nach Amerika bestärkte ihn dann darin, seinem Instinkt nachzugeben. »Wir haben eine Menge darüber geredet, wie er sich 1993 fühlte. Er sagte, er hätte keinen Spaß mehr gehabt und sei nur gefahren, weil andere es von ihm erwarte-

**Debüt mit Hindernissen:**
Scott Russell (oben) hatte Schwierigkeiten
mit seinem alten Arbeitgeber, sein Motorrad (links) blieb zunächst abgedeckt

ten. Er sagte: Wenn du jemals dasselbe fühlst, mußt du sofort aufhören. Und genau dieses Gefühl hatte ich: Daß ich den Rennsport nicht mehr für mich selbst betreibe«.

Zuhause auf seiner Ranch in Texas fiel dann die endgültige Entscheidung. »Daryl Beattie und ich haben einige Tage zusammen verbracht, die Zeit vertrödelt und mit verschiedenen Sportarten versucht, für Jerez in Form zu kommen. Doch die letzten beiden Tage vor der Abreise, ein Samstag und ein Sonntag, verbrachte ich im Bett, ohne auch nur einmal aufzustehen. Nachts wälzte ich mich hin und her, weil ich nicht einschlafen konnte und immer wieder darüber nachgrübelte, ob ich nun nach Spanien aufbrechen sollte oder nicht. Am Montag stand meine Entscheidung dann fest. Ich wußte, daß ich mental nicht auf dieses Rennen vorbereitet war und sagte meinen Eltern telefonisch ab. Damit habe ich jeden im Team in eine üble Lage gebracht, doch ich bin glücklich, daß es trotzdem jeder akzeptierte und verstand.«

Daryl Beatties Erfolge hätten ihm den Rücktritt leichter gemacht, fügte Schwantz hinzu, doch gleichzeitig demoralisierten sie ihn auch. »Beim ersten Rennen in Eastern Creek hatte ich vielleicht keine ganz faire Chance, weil ich das Motorrad

auf der Linie abwürgte und erst spät die Verfolgung aufnehmen konnte. Doch in Malaysia wurde seine Stärke offenkundig: Ich bin wirklich schnell und gut gefahren, doch was auch immer ich probierte, um ihn abzuschütteln, mißlang, er klebte stets dicht an meinem Hintern. Kein Rennfahrer mag das, wenn er eigentlich die Nummer eins sein müßte. Doch ohne Daryls Erfolge hätte ich mich wahrscheinlich zum Weitermachen gezwungen und mich am Ende womöglich schlimm verletzt. Zumindest wäre ich kein sehr glücklicher Mensch gewesen.«

Der Rücktritt war damit endgültig, nur auf seinen neuen Nachfolger Scott Russell warteten die Fotografen zunächst vergeblich vor der Suzuki-Box. Die Maschinen des Superbike-Weltmeisters 1993 blieben abgedeckt, der 30jährige spazierte in Zivil durchs Fahrerlager und schwindelte neugierige Fragesteller an, seine neue Lederkombi passe nicht.

In Wirklichkeit gab es Ärger mit seinem früheren Arbeitgeber Kawasaki, wo er sich mit ähnlich windigen Ausweichmanövern seinen Verpflichtungen entzogen hatte. Schon vor dem Superbike-Lauf in England

**Sensation im Training: Chili preschte auf der Vorjahres-Cagiva in die erste Startreihe**

**Luca Cadalora: Am besten wäre Schnee**

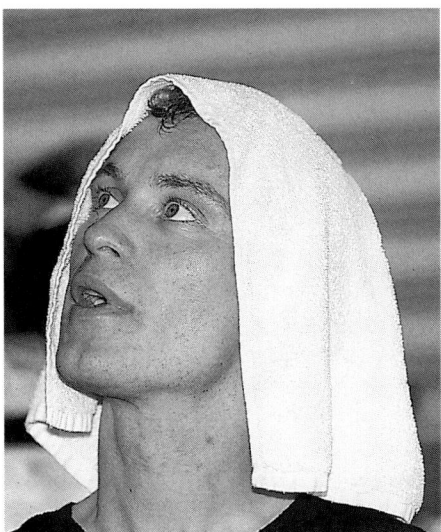

**Ralf Waldmann: Tagelang nur Eiscreme**

war Russell zu geheimen Tests mit der Lucky Strike-Suzuki ausgerückt, hatte dabei aber das Pech, die Halbliterrakete zur Mittagszeit ins Gras zu werfen und ein paar Knochen im Fuß anzuknacksen. Von seinem Kawasaki-Teamchef Rob Muzzy in England auf die Verletzung angesprochen, behauptete Russell noch, er sei vom Mountain Bike gefallen.

Wenig später war seine neue, vorläufig bis zum Saisonende reichende Vereinbarung mit Lucky Strike Suzuki perfekt, was Russell als »die Chance meines Lebens« empfand und alle Brücken hinter sich abbrach. Ungerührt ließ er seinen Kawasaki-Vertrag platzen und redete sich darauf heraus, der Vertrag sei nicht mit ihm persönlich, sondern mit einer Firma geschlossen, die nur einen Nachfolger anzubieten brauchte, um juristisch einwandfrei dazustehen. Russell feuerte auch seinen Manager Tom Sheehy, weil der die Nacht und Nebel-Aktion nicht mittragen wollte.

Rob Muzzy schwor, Russell mit allen juristischen Mitteln vom Einsatz auf der Werks-Suzuki fernzuhalten, und für jenen ersten Trainingstag in Mugello gelang ihm das sogar. Ein Telefax, das Muzzys Anwalt in Amerika am Donnerstag kurzfristig ins Suzuki-Hauptquartier absetzte, machte die Japaner derart nervös, daß sie Russell

kurzfristig mit einem Startverbot belegten. Bis Samstagmorgen um vier Uhr früh glühten dann die Telefondrähte heiß, um das diplomatische und juristische Verwirrspiel aufzulösen. Dann hatte Russell endlich grünes Licht, qualifizierte sich als 13. und sprach in einer Pressekonferenz bereits kühn davon, dereinst auch in der Halbliterklasse den WM-Titel an sich zu reißen.

Nicht er, sondern Wild Card-Pilot Pierfrancesco Chili war die eigentliche Sensation des Trainings. Ein paar Tage zuvor hatte der frühere Grand Prix-Star, mittlerweile als Ducati-Pilot in der World Superbike-Serie untergekommen, zusammen mit seinem World Superbike-Kollegen Troy Corser Tests auf der alten Werks-Cagiva C 594 absolviert. Wegen einer vibrierenden Vorderradbremse und Schwierigkeiten mit der Federung waren die Zeiten wenig ermutigend, so daß Corser bei seinem Job in der Superbike-WM blieb und auf das GP-Abenteuer verzichtete.

Doch im Grand Prix-Training liefen Chili und die beiden alten Cagiva plötzlich zu großer Form auf. Obwohl die Motorräder um keine Schraubendrehung weiterentwickelt und präzise auf jenem technischen Stand des Vorjahres waren, mit dem sie Doug Chandler hinterlassen hatte, preschte Chili als Dritter in die erste Startreihe vor.

»Damit habe ich absolut nicht gerechnet«, jubelte er. Weil seine Motorräder so gut liefen, mußten sie sogar bei der technischen Abnahme vorgeführt werden, um den Verdacht von Untergewicht aus der Welt zu räumen.

Sein Landsmann Luca Cadalora rutschte hingegen noch hinter Loris Reggiani und die Zweizylinder-Aprilia auf den niederschmetternden neunten Startrang ab. Vor dem Grand Prix hatte es mit Teamchef Kenny Roberts einen handfesten Streit gegeben, bei dem Cadalora klein beigeben mußte: Roberts drohte ihm mit der fristlosen Entlassung, falls Cadalora sein Team und die Dunlop-Reifen weiterhin in den italienischen Medien schlechtmachen würde. Die Suche nach Grip wurde dadurch nicht einfacher, und als die Piloten eine Viertelstunde vor dem Abwinken des Abschlußtrainings auch noch von einem Regenschauer überrascht wurden, steckte Cadalora plötzlich in der dritten Startreihe fest. »Ein Regenrennen wäre mir das liebste. Noch besser wäre Schnee«, spottete der Yamaha-Star, der im letzten Jahr noch aus der Pole Position gestartet war.

Schnellster war Michael Doohan vor Shinichi Itoh, und auffallender als die Rundenzeiten war, wie oft die Honda-Stars unterwegs stehenblieben und Starts exerzierten: Itoh, Crivillé und Loris Capirossi hatten eine »Launch Control« eingebaut, die auf Knopfdruck in Lenkermitte aktiviert werden konnte und mit einer zahmeren Zündkurve in den ersten beiden Gängen für weniger brutal einsetzende Power und damit mehr Traktion sorgen sollte. Beim Erreichen des dritten Gangs schaltete das System automatisch ab.

Doriano Romboni, Star des Agostini-Honda-Teams in der 250 ccm-Klasse, kam gleich gar nicht dazu, an seiner Werks-Honda die neuesten Abstimmungstricks auszuprobieren. Nach drei Runden im ersten freien Training stieg er wieder von seiner Maschine, hielt sich das am Nürburgring gebrochene Handgelenk und gab auf. »Es geht nicht. Die Schmerzen sind zu stark«, gab er enttäuscht zu Protokoll.

Auch Ralf Waldmann blieb mit dem achten Trainingsplatz unter den Erwartungen. Nach dem Nürburgring-Grand Prix hatte er sich die Mandeln herausnehmen lassen, ernährte sich ein paar Tage lang von Joghurt und Eiscreme und magerte um fünf auf 59 Kilo ab. Klapperdürr kam er in Mugello an, bereute die längst fällige Operation jedoch keineswegs. »Ich konnte sie bei bestem Willen nicht länger verschieben. Wegen der vereiterten Mandeln hatte ich ständig Bronchitis und kam mit den Klimaumstellungen schlecht zurecht. Deshalb habe ich in Kauf genommen, lieber bei einem Rennen nicht richtig fit zu sein als den ganzen Rest der Saison Probleme zu haben«.

## 250 ccm: Bayle fahrend k.o.

Im Rennen war Waldi dann besser aufgelegt als erwartet. Von einer Infusion im Klinomobil Dr. Costas auf Trab gebracht, fegte Waldi als Dritter hinter Max Biaggi und Aprilia-Testfahrer Marcellino Lucchi los und hielt vor Tadayuki Okada und

Roberto Locatelli zunächst den dritten Platz. Nur gegen den unglaublich aufdrehenden Tetsuya Harada war kein Kraut gewachsen: Obwohl er auf den Geraden im Vergleich zu den schnellsten Aprilia jämmerlich hinterherhinkte und jeweils mehrere Längen einbüßte, klebte der Yamaha-Star nach drei Runden bereits vor Waldmann im Windschatten Lucchis, fand in Runde acht eine Lücke, stach auf Platz zwei und war daraufhin derart guter Laune, daß er sich am Ende der neunten Runde sogar zu einem Überholmanöver gegen den führenden Max Biaggi eingeladen sah.

Harada kam mit mehr Schwung aus der Zielkurve und behauptete sich für ein paar hundert Meter als Spitzenreiter, doch Biaggi brauchte nur am Gasgriff zu drehen, um die Situation wieder zu bereinigen. Nach dieser Aktion ließ Biaggi nichts mehr anbrennen und kontrollierte einen lässigen Vorsprung, den er bis zur vorletzten Runde auf satte drei Sekunden anwachsen ließ, um auf der letzten Runde genügend Spielraum für eine Serie hübscher Wheelies zu haben.

Im Vorjahr gestürzt, buchte er auf jener

**Ein Hochgefühl: Sieger Max Biaggi mit Harada (links) und Lucchi**

Strecke, auf der sein Werk Jahr für Jahr Zehntausende von Testkilometern abspulte, nun endlich den erwarteten Sieg. »Es ist bewegend, vor eigenem Publikum zu gewinnen. Ein Hochgefühl«, schwärmte er. »Ich bin froh, die Fans nicht enttäuscht zu haben. Ich wollte meine Verfolger gleich

**Im Vorjahr gestürzt, diesmal unbesiegbar: Biaggi (1) vor Harada (7) und Lucchi (34)**

nach dem Start abschütteln, doch die Strecke hatte viel weniger Grip als im Training, vielleicht wegen des Regens über Nacht. Jedenfalls konnte ich nicht schnell genug in die Kurven einbiegen, obwohl ich denselben Hinterreifen wie am Vortag verwendete. Erst, als ich meine Linien änderte und mit viel weiteren Radien fuhr, ging es besser«. Punktgleich mit seinem Herausforderer Tetsuya Harada holte er sich dank der besseren Einzelergebnisse auch die Tabellenführung zurück.

Denn dessen Chancen, Biaggi am Schluß vielleicht doch noch ein Schnippchen zu schlagen, sanken von Runde zu Runde. »Ich mußte in der Anfangsphase sehr hart fahren, um zu Biaggi und Lucchi aufzuschließen, das hat viel Gummi gekostet«, schilderte der Japaner. »Schließlich hatte ich einen mächtigen Vorderradslide, den ich nur dadurch abfangen konnte, daß ich mein Knie gegen die Bordsteine stemmte. Eine Runde später sah ich, welch beeindruckende Reifenspur ich dabei liegenließ«. Wenigstens vereitelte er das Ziel von Marcellino Lucchi, ihm noch ein paar Punkte mehr wegzuschnappen. »Ich bin froh über Rang drei, denn mit diesem

Podestplatz habe ich mir einen langgehegten Traum erfüllt. Doch Biaggi und Harada waren eine Klasse für sich«, bestätigte der 38jährige.

Weshalb sich auch recht schnell eine respektable Lücke zu den Verfolgern auftat. Sechs Sekunden hinter Lucchi bewachten sich Tadayuki Okada und Ralf Waldmann im Kampf um Platz vier auf Schritt und Tritt, am Ende hielt Waldi den Japaner um zwei, drei Radlängen in Schach. »Das habe ich alles meiner überlegenen Motorleistung und dem Tuning von Sepp Schlögl zu verdanken. So gut wie heute ist meine Maschine in diesem Jahr noch nie gelaufen. Ich hatte garantiert die schnellste Honda des Feldes, Okada konnte nicht einmal aus dem Windschatten überholen«, gab Waldmann alle Komplimente flugs an sein Team weiter.

Weitere 22 Sekunden hinter ihm hatte Kenny Roberts junior seinen großen Auftritt. In der letzten Runde ging er hintereinander mit Jean-Philippe Ruggia, Nobuatsu Aoki und Patrick van den Goorbergh ins Gericht und erbeutete trotz mangelnder Motorleistung Rang sechs.

Fünf Sekunden hinter dieser Gruppe lan-

dete Eskil Suter auf einem respektablen zehnten Rang, nachdem er schon in der Startkurve für erheblichen Aufruhr gesorgt hatte. »Er hat sich gnadenlos verbremst und ist am Feld vorbeigeschossen, als gäbe es kein morgen. Er hat mir den Lenker aus der Hand gerissen. Beinahe wäre ich gestürzt«, schilderte Waldis Teamkollege Jürgen Fuchs, der das Ziel schließlich als 15. erreichte. Suter sah die Sache anders: »Mein Bremspunkt hat perfekt gepaßt. In dieser Kurve habe ich regelmäßig 30 Meter auf die andern gutgemacht«, grinste er.

Jean-Michel Bayle wurde wegen unvorhergesehener Umstände an solchen Kunststückchen gehindert. Bei einem Trainingssturz hatte der Franzose einen Bluterguß im linken Knie davongetragen und sich bereits am Vormittag fürs Warm-Up eine schmerzstillende Spritze verpassen lassen. Die zweite Injektion, die ihm Dr. Claudio Costa vor dem Rennen ins Knie jagte, war dann des Guten zuviel: Sie legte wichtige Nervenstränge lahm und ließ das gesamte Bein einschlafen. »Als ich nach dem Start auf die erste Kurve zubremste, hatte ich keine Ahnung, wieviel Gänge ich schon geschaltet hatte. Weiterzufahren, war ein Ding der Unmöglichkeit«, bedauerte Bayle.

**Garantiert die schnellste Honda: Ralf Waldmann (28) vor Tadayuki Okada (2)**

## 500 ccm: Luca in der Krise

Auch Michael Doohan ging nicht ganz fit ins Rennen, nachdem sich im Training zum Nürburgring-Grand Prix den linken Ringfinger gebrochen hatte, schwang sich aber dennoch zu einer prachtvollen Pole Position auf.

Was er im Rennen aufführte, war fahrerische Meisterleistung und spannende Regie zugleich: Zunächst in Führung, verpaßte er in Runde sechs plötzlich eine Kurve, rumpelte durchs Gras und zirkelte haarscharf am Kiesbett entlang mit viel Glück auf die Strecke zurück. Dann sputete er sich, den geflüchteten Daryl Beattie wieder dingfest zu machen und holte am Ende doch noch den verdienten Sieg. »Ich bin langsamer als üblich in die erste Kurve eingebogen,

**Doohan vor Beattie: Kurve verpaßt**

**Elfter nach verpatztem Start: Scott Russell war noch keine Hilfe für Daryl Beattie**

um zügiger herausbeschleunigen und den anderen ein bißchen davonfahren zu können. Daß das Hinterrad bergauf durchdrehte, störte mich nicht weiter, doch dann stieg das Vorderrad gen Himmel. Als es wieder Bodenberührung hatte, war ich längst über den Punkt hinaus, an dem ich gerne gebremst hätte«, schilderte der Weltmeister, der sich beim Regen-GP von Japan schon verbremst hatte und anschließend in Jerez und am Nürburgring zweimal hintereinander gestürzt war. »Für

den Rest des Rennens ohrfeigte ich mich selbst und dachte darüber nach, was ich wohl anstellen muß, um einen Grand Prix zu beenden, ohne zu untersuchen, wie naß das Gras neben der Strecke ist«.

Daryl Beattie genoß bei der Besichtigung des Zwischenfalls natürlich einen Logenplatz. »Ich traute meinen Augen nicht, als ich ihn schon wieder von der Strecke abbiegen sah«, schmunzelte der WM-Leader. »Später erkannte ich auf meiner Boxentafel, daß mein Vorsprung schrumpf-

te, daraus folgerte ich, daß er den Rückweg auf die Strecke geschafft hatte«. Trotz seiner Niederlage hatte Beattie noch 24 Punkte Vorsprung, doch die Leichtigkeit, mit der Doohan am Ende gewonnen hatte, stempelte Beattie trotzdem zum Außenseiter. »Zwei Rennen zu verschenken, ist natürlich ein dickes Ding. Aber es stehen immer noch acht aus, und wir werden die Jungs bei Suzuki so hart wie möglich unter Druck setzen«, kündigte Doohan an.

Scott Russell war für Daryl Beattie im

**Trophäe von Kevin Schwantz: Sieger Doohan, Beattie, Puig (rechts)**

**In den Sand gesetzt: Wild Card-Pilot Pierfrancesco Chili hatte es zu eilig und verpaßte den möglichen Podestplatz mit der alten Cagiva**

ersten Rennen natürlich noch keine rechte Hilfe. Nachdem er schon den ersten Trainingstag verpaßt hatte, ließ er am Start die Kupplung zu früh schnalzen und machte sich mit den Nachzüglern auf den Weg. Am Schluß wurde er Elfter, fuhr aber immerhin an Vizeweltmeister Luca Cadalora vorbei. Der fuhr als Schatten seiner selbst auf Rang zwölf, drehte mal schnelle, mal irritierend langsame Runden und wußte sich nicht zu helfen. »Mein Problem steckte im Kopf. Ich hatte für dieses Rennen wenig Zuversicht und konnte nicht geradeaus denken. Mir fehlte die Konzentration«, gab er hinterher zu.

Auch einer neuerlichen Aussprache mit Teamchef Kenny Roberts ging er nicht aus dem Weg. »Er erklärte mir, daß er aus seinen Abstimmungsproblemen nicht herausgefunden hätte, immer konfuser geworden sei und sich nicht mehr hätte konzentrieren können. Er sagte, es sei sein Fehler gewesen. Wenn er das nicht getan hätte, hätte ich ihn für den Assen-Grand Prix ersetzt. Aber solange er ehrlich mit uns ist, werde ich meinen Vertrag erfüllen«, kommentierte Roberts.

Der sechste Platz von Norifumi Abe war ein schwacher Trost, denn Roberts mußte mitansehen, wie selbst Wild Card-Pilot Pierfrancesco Chili am großen Star seines Teams vorbeiheizte. Nach schlechtem Start kämpfte sich der Cagiva-Mann auf den achten Platz vor und hätte bei dem Tempo seiner Aufholjagd am Ende sicher für eine kleine Sensation gesorgt – wenn er sich nicht vor lauter Übermut verbremst und einen großen Umweg durchs Kiesbett genommen hätte. Mühsam und mit schleifender Kupplung schaufelte sich Chili wieder aus dem tückischen Untergrund heraus, reihte sich als Zwölfter wieder ein und sicherte am Ende vor Cadalora den zehnten Platz. »Schade für Cagiva und die Fans, es wäre mehr dringewesen«, bedauerte er. »Doch irgendetwas war mit der Balance nicht in Ordnung. Als ich trotzdem versuchte, so aufzudrehen wie im Training, mußte ich geradeaus«.

## 125 ccm: Tokudome schlägt zurück

Solche Fehler leistete sich Haruchika Aoki nicht. Trotz seiner zarten 19 Jahre war er dank seiner pfeilschnellen Honda, kluger Taktik und einer bemerkenswerten Nervenstärke abermals unbesiegbar. Mit dem Instinkt des Leoparden im Blätterdickicht des Dschungels wartete er im dichten Pulk bis zum entscheidenden Moment, um dann unbarmherzig nach vorn zu stoßen und seine Beute zu machen. Aoki gewann mit vier Tausendstelsekunden Vorsprung, und weil er bis auf den Nuller im Gewitter-Grand Prix von Malaysia alle Rennen dieser Saison für sich entschieden hatte, häufte er kurz vor Halbzeit der Saison beeindruckende 52 Punkte Vorsprung auf.

Dabei standen die Wetten, welcher der sieben Mann, die gemeinsam auf die Ecken zustachen und sich jeden Zentimeter streitig machten, in jeder der 20 Rennrunden völlig offen. Emilio Alzamora, stets unter Todesverachtung fahrend, kämpfte sich auf Rang zwei und legte sich gleich anschießend ins Kiesbett.

Dirk Raudies startete als Sechster, fuhr aber auf Anhieb schneller als alle andern und ging gerade in Führung, als ihm am Ende der Start- und Zielgeraden der Motor ausging. Ruckelnd lief das Triebwerk in der anschließenden Spitzkehre wieder an, doch weil sich das Spiel in jeder Runde wiederholte, fiel der Weltmeister von 1993 immer weiter zurück, bevor er schließlich entnervt an die Box tuckerte. »Der Generator ist futsch. Obwohl wir einen Schlauch über den Kasten gezogen haben, vibrieren

**Start der 125 ccm-Klasse (links): Öttl (5), Sakata (1), Perugini (7), Aoki (12), Alzamora (26), Raudies (4)**

**Der wilde Kampf um den Sieg: Öttl (5) führt vor Aoki (12) und Perugini (7) (rechts)**

immer wieder die Kabel ab. Das Ding hatte nur 600 Kilometer drauf. Sollen wir denn in jedem Rennen neue Motoren nehmen?« fragte sich Cheftechniker Ulli Maier. Raudies selbst, in dieser Saison hartnäckiger denn je vom Pech verfolgt, war erst nach einer ganzen Weile ansprechbar. »Heute ärgert´s mich besonders. Mir hätte es zum Wegfahren gereicht. Mein Ding ist gerannt wie die Sau!«

Jetzt waren es noch fünf Mann an der Spitze, doch das Drängeln ging genauso unbefangen weiter. Noboru Ueda stürzte und wurde durch den wie ein Wirbelwind nachrückenden Masaki Tokudome ersetzt, derweil führte Peter Öttl seinem Markengefährten Stefano Perugini, WM-Leader Aoki und dem noch amtierenden Weltmeister Kazuto Sakata vor, wieviel Leistung das Team von Harald Eckl mittlerweile aus dem Aprilia-Werksmotor hervorzuzaubern. »Anfang der Saison war ich wegen des PS-Mangels enttäuscht, doch mittlerweile habe ich ein Motorrad zum Gewinnen«, jubelte Peter Öttl, der nicht weniger als zwölfmal als Spitzenreiter am Zielstrich vorbeimarschierte und seine Verletzung heldenhaft ignorierte.

Zwei Tage nach seinem Sturz am Nürburgring war der gebrochene linke Unterarm mit einer Platte und sieben Schrauben repariert worden, eine Woche später saß Öttl bereits wieder auf dem Mountain Bike und trat in Mugello mit einem halbelastischen Spezialgips an, der den Muskeln genügend Spielraum bot. Erst im Endspurt der letzten Runde zollte er der Verletzung Tribut. »Ich habe Kazuto Sakata innen überholt und war Dritter. Haruchika Aoki und Stefano Perugini führten und blieben auf der letzten Geraden vor der Zielkurve ganz innen. Ich wich nach außen aus, bremste aber zu spät und mußte einen weiten Bogen machen«, berichtete Öttl, warum er dann doch noch um ein paar Hundertstelsekunden am Podest vorbeifuhr und als Vierter einlief.

Denn in jener Kurve war innen plötzlich Masaki Tokudome zu Stelle. Bisher hatte sich der Japaner von Fahrwerksschwierigkeiten und den fortwährenden Sticheleien seines Landsmanns Kazuto Sakata irritieren lassen. Am Nürburgring war er drauf und dran, dem Weltmeister davonzufahren, als ihn Sakata von hinten aus dem Sattel torpedierte.

Nach einem Kurzurlaub in Südfrankreich prächtig von seinem Schleudertrauma erholt, schlug der gedemütigte Tokudome nun zurück. Mit Platz drei besiegte er nicht

**Endlich ein Erfolgserlebnis: Tokudome wurde im Endspurt Dritter**

nur seinen Erzrivalen, sondern bescherte sich selbst und dem bislang weit unter Wert geschlagenen Ditter Plastic-Team das erste große Erfolgserlebnis. »Ich bin in den ersten Runden zu langsam gefahren. Mein Glück war, daß sich die Jungs an der Spitze gegenseitig aufhielten, so daß ich bequem aufschließen konnte. Jetzt bin ich

**Sieger Aoki, Perugini, Tokudome (rechts)**

happy – für meinen Geschmack kann es in Assen genauso weitergehen«, strahlte er.

Nur sein Teamkollege Oliver Koch stand mit Tränen in den Augen an der Boxenmauer: Er hatte Masaki Tokudome nach drei Runden bereits überholt, als sein Motorrad mit abgescherter Antriebswelle verendete.

Noch früher war der Grand Prix für den vierfachen Weltmeister Jorge Martínez zu Ende gegangen. Im ersten Zeittraining geriet der Spanier vor dem Einbiegen in eine schnelle Rechtskurve auf den weißen Strich der Streckenbegrenzung, stürzte schwer und brach sich das rechte Kahnbein.

## Gespanne: Triumph für Swissauto

Nach dem massiven Kurbelwellen-Kollaps vom Nürburgring hatten auch die Kunden des neuen Swissauto-Gespannmotors leise Befürchtungen, in Mugello von Neuem als Trainingsweltmeister dazustehen.

Doch mittlerweile hatte Swissauto die Kurbelwellenlagerung modifiziert. Rolf Biland und Paul Güdel hatten die revidierten Motoren bereits in Frankreich getestet, und nun war es nur noch Ralph Bohnhorst, der mit so kapital explodiertem Motor ausschied, daß dem hinterherfahrenden Derek Brindley die Trümmer um die Ohren

## 500 cm³:

**Ergebnisse**

| | | | | |
|---|---|---|---|---|
| 1. Michael Doohan | AUS | Honda NSR | 44.20.790 |
| 2. Daryl Beattie | AUS | Suzuki RGV | 44.24.518 |
| 3. Alberto Puig | E | Honda NSR | 44.29.712 |
| 4. Shinichi Itoh | J | Honda NSR | 44.35.226 |
| 5. Alex Crivillé | J | Honda NSR | 44.37.100 |
| 6. Norifumi Abe | J | Yamaha YZR | 44.37.160 |
| 7. Alexandre Barros | BR | Honda NSR | 44.37.208 |
| 8. Loris Reggiani | I | Aprilia RSV | 44.55.537 |
| 9. Loris Capirossi | I | Honda NSR | 45.01.704 |
| 10. Pierfrancesco Chili | I | Cagiva C 594 | 45.15.522 |
| 11. Scott Russell | USA | Suzuki RGV | 45.21.042 |
| 12. Luca Cadalora | I | Yamaha YZR | 45.23.542 |
| 13. Bernard Garcia | F | ROC-Yamaha | 45.24.134 |
| 14. Neil Hodgson | GB | ROC-Yamaha | 45.47.737 |
| 15. Marc Garcia | F | ROC Yamaha | 45.55.340 |

16. Juan Borja (E) ROC-Yamaha, 17. Adrian Bosshard (CH) ROC-Yamaha, 18. James Haydon (GB) Harris-Yamaha, 19. Laurent Naveau (B) ROC-Yamaha, 20. Lucio Pedercini (I) ROC-Yamaha, – 1 Rde., 21. Bruno Bonhuil (F) ROC-Yamaha, 22. Scott Gray (USA) Harris-Yamaha, 23. Jim Filice (USA) Harris Yamaha.

**WM-Stand** / **Pkt.**

| | |
|---|---|
| 1. Beattie | 119 |
| 2. Doohan | 95 |
| 3. Puig | 83 |
| 4. Crivillé | 72 |
| 5. Cadalora | 70 |
| 6. Itoh | 52 |
| 7. Barros | 49 |
| 8. Abe | 45 |
| 9. Capirossi | 35 |
| 10. Schwantz | 34 |
| 11. Reggiani | 34 |
| 12. Borja | 29 |
| 13. Migliorati | 17 |
| 14. B. Garcia | 17 |
| 15. Aoki | 16 |

**Schnellste Runde:** Doohan in 1.54.381 = 165,080 km/h

**Rekord:** Michael Doohan (Honda) in 1.53.880 = 165,880 km/h (1993)

**Durchschnitt Sieger:** 23 Runden oder 120,635 km in 44.20.790 = 163,217 km/h

**Ausfälle:** S. Emmett (GB) Suzuki, Aufgabe/Schmerzen; J. McWilliams (BG) Yamaha, Vorderradbremse defekt; C. Migliorati (I) Harris-Yamaha, Motor defekt; B. Haenggeli (CH) ROC-Yamaha, Aufgabe/Schmerzen; E. McManus (GB) Harris-Yamaha, ein Zylinder defekt; A. Stroud (NZ) ROC-Yamaha, Motor defekt; F. Protat (F) ROC-Yamaha, Nichtstarter; J. Jeandat (F) Paton, Kupplung defekt; M. Papa (I) Librenti, Nichtstarter.

**Trainingszeiten:** 1. Doohan 1.53.524, 2. Itoh 1.54.387, 3. Chili 1.54.729, 4. Beattie 1.54.758, 5. Puig 1.54.949, 6. Capirossi 1.55.046, 7. Crivillé 1.55.101, 8. Reggiani 1.55.110, 9. Cadalora 1.55.444, 10. Barros 1.55.534, 11. Abe 1.55.653, 12. Hodgson 1.56.927, 13. Russell 1.56.960, 14. M. Garcia 1.57.103, 15. Bosshard 1.57.284, 16. McWilliams 1.57.338, 17. B. Garcia 1.57.388, 18. Borja 1.57.496, 19. Migliorati 1.57.610, 20. Naveau 1.57.643

## 250 cm³:

**Ergebnisse**

| | | | | |
|---|---|---|---|---|
| 1. Massimiliano Biaggi | I | Aprilia | 41.06.275 |
| 2. Tetsuya Harada | J | Honda TZM | 41.07.350 |
| 3. Marcellino Lucchi | I | Aprilia | 41.10.766 |
| 4. Ralf Waldmann | D | Honda NSR | 41.16.089 |
| 5. Tadayuki Okada | J | Honda NSR | 41.16.138 |
| 6. Kenny Roberts jr. | USA | Yamaha TZM | 41.38.632 |
| 7. Nobuatsu Aoki | J | Honda NSR | 41.38.931 |
| 8. Patrick v.d.Goorbergh | NL | Aprilia | 41.39.010 |
| 9. Jean-Philippe Ruggia | F | Honda NSR | 41.39.160 |
| 10. Eskil Suter | CH | Aprilia | 41.44.566 |
| 11. Carles Checa | E | Honda NSR | 41.52.738 |
| 12. José Luis Cardoso | E | Aprilia, | 41.58.266 |
| 13. Roberto Locatelli | I | Aprilia | 41.58.351 |
| 14. Sadanori Hikita | J | Honda RS | 42.01.414 |
| 15. Jürgen Fuchs | D | Honda | 42.01.436 |

16. Olivier Jacque (F) Honda RS, 17. Oliver Petrucciani (CH) Aprilia, 18. Massimo Ottobre (I) Aprilia, 19. Regis Laconi (F) Honda, 20. Luca Boscoscuro (I) Aprilia, 21. Bernd Kassner (D) Aprilia, 22. Gregorio Lavilla (E) Honda

**WM-Stand** / **Pkt.**

| | |
|---|---|
| 1. Biaggi | 118 |
| 2. Harada | 118 |
| 3. Waldmann | 87 |
| 4. Aoki | 65 |
| 5. Okada | 53 |
| 6. Ruggia | 49 |
| 7. Roberts jr. | 39 |
| 8. d'Antin | 31 |
| 9. Checa | 27 |
| 10. Bayle | 27 |
| 11. Cardoso | 24 |
| 12. Romboni | 23 |
| 13. Lucchi | 22 |
| 14. Suter | 21 |
| 15. J. Goorbergh | 20 |

**Schnellste Runde:** Biaggi in 1.56.188 = 162,512 km/h

**Rekord:** Max Biaggi (Aprilia) in 1.56.102 = 162,633 (1994)

**Durchschnitt Sieger:** 21 Runden oder 110,145 km in 41.06.275 = 160,778 km/h

**Ausfälle:** N. Mackenzie (GB) Aprilia, Motor festgegangen; J. Bayle (F) Aprilia, Aufgabe/Trainingssturz; L. d'Antin (E) Honda, Nichtstarter/Trainingssturz; J. Goorbergh (NL) Honda, Vorderreifen-Probleme; A. Stadler (D) Aprilia, Sturz; L. Maurel (E) Honda, Sturz; D. Bulega (I) Honda, Nichtstarter/Trainingssturz; M. Castilla (E) Yamaha, Sturz; P. Riba (E) Aprilia, Motor defekt; A. Gramigni (I) Honda, Motor defekt.

**Trainingszeiten:** 1. Biaggi 1.55.047 = 164,124 km/h, 2. Lucchi 1.55.114, 3. Harada 1.55.876, 4. Locatelli 1.56.107, 5. Okada 1.56.140, 6. Bayle 1.56.288, 7. Roberts jr. 1.56.466, 8. Waldmann 1.56.724, 9. Suter 1.56.876, 10. P. Goorbergh 1.56.902, 11. Aoki 1.57.194, 12. Ruggia 1.57.241, 13. J. Goorbergh 1.57.320, 14. Hikita 1.57.322, 15. Fuchs 1.57.420, 16. Ottobre 1.57.712, 17. Checa 1.57.880, 18. Gramigni 1.57.970, 19. d'Antin 1.58.056, 20. Cardoso 1.58.091, 21. Petrucciani 1.58.428, 22. Stadler 1.58.434

flogen. Die anderen BRM-Motoren hielten durch, denn die Ausfälle von Rolf Biland und Tony Wyssen hatten ganz profane Gründe.

Biland fiel der Schalthebel auseinander, Wyssen der Kuppplungskorb in die Verkleidung.

Doch die Brüder Paul und Charly Güdel hielten durch und bescherten den erleichterten Swissauto-Technikern nach tollem Fight mit Darren Dixon den ersten Triumph, der durch Klaus Klaffenböcks dritten Platz noch versüßt wurde. »Endlich ein Erfolg – dafür haben wir gearbeitet«, atmete Motorenkonstrukteur Urs Wenger durch.

Wie gut sein Motor wirklich war, sollte er von Sieger Güdel erfahren: Kurz vor Erreichen des Zielstrichs brach auch ihm der Schalthebel ab, worauf er Verfolger Dixon kurzerhand im vierten Gang in Schach hielt.

## Thunderbikes: Mark siegt ohne Kupplung

Der Fünfkampf an der Spitze des Thunderbike-Rennens wurde abrupt entschieden, als der Spanier Eustaquio Gavira mit querstehendem Motorrad in eine Rechtskurve einbog, mit seinem Hinterrad das Vorderrad von Stephane Mertens wegschubste und der wiederum Wilco Zeelenberg und Yves Briguet ins Verderben riß.

Denn nun war der Weg frei für Udo Mark: Der deutsche Superbike-Meister fädelte sich mit seiner Rubatto-Lortz-Kawasaki innen an den Trümmern vorbei und feierte den ersten Sieg in dieser Kategorie. »Dabei ging mir schon in der zweiten Runde die Kupplung kaputt«, schilderte er, »ich mußte die Gänge beim Herunterschalten ohne Kupplung reinwichsen und entsprechend früh bremsen. Andernfalls wäre ich auf und davongefahren«.

---

## 125 cm³:

**Ergebnisse**

| | | | | | WM-Stand | Pkt. |
|---|---|---|---|---|---|---|
| 1. Haruchika Aoki | J | Honda | 41.24.470 | | 1. Aoki | 125 |
| 2. Stefano Perugini | I | Aprilia | 41.24.474 | | 2. Perugini | 73 |
| 3. Masaki Tokudome | J | Aprilia | 41.24.641 | | 3. Sakata | 60 |
| 4. Peter Öttl | D | Aprilia | 41.24.710 | | 4. Saito | 50 |
| 5. Kazuto Sakata | J | Aprilia | 41.24.829 | | 5. Alzamora | 47 |
| 6. Tomomi Manako | J | Honda | 41.31.815 | | 6. Manako | 46 |
| 7. Akira Saito | J | Honda | 41.48.279 | | 7. Ueda | 44 |
| 8. Yoshiaki Katoh | J | Yamaha | 41.48.530 | | 8. Nakajoh | 39 |
| 9. Ken Miyasaka | J | Honda | 41.48.540 | | 9. Raudies | 31.5 |
| 10. Manfred Geissler | D | Aprilia | 41.49.655 | | 10. Öttl | 31 |
| 11. Hideyuki Nakajoh | J | Honda | 41.50.336 | | 11. Katoh | 29 |
| 12. Gianluigi Scalvini | I | Aprilia | 41.51.264 | | 12. Scalvini | 25.5 |
| 13. Andrea Ballerini | I | Aprilia | 41.51.874 | | 13. Miyasaka | 24.5 |
| 14. Takehiro Yamamoto | J | Honda | 42.04.550 | | 14. Tokudome | 21.5 |
| 15. Josep Sarda | E | Honda | 42.15.628 | | 15. Torrontegui | 19.5 |

16. Tomoko Igata (J) Honda, 17. Stefan Prein (D) Yamaha, 18. Yoshiyuki Sugai (J) Honda, 19. Gabriele Debbia (I) Yamaha, 20. Cristian Caliumi (I) Yamaha, 21. Stefano Cruciani (I) Honda, 22. Simone Giannecchini (I) Aprilia, 23. Ivan Cremonini (I) Honda, –1 Rde. 24 Hiroyuki Kikuchi (J) Honda, – 3 Rdn.

**Schnellste Runde:** Tokudome in 2.02.810 = 153,750 km/h (Rekord)
**Alter Rekord:** Kazuto Sakata (Aprilia) in 2.02.541 = 154,087 km/h (1994)
**Durchschnitt Sieger:** 20 Runden oder 104,900 km in 41.24.470 = 152,000 km/h
**Ausfälle:** N. Ueda (J) Honda, Sturz; D. Raudies (D) Honda, Generator defekt; J. Martinez (E) Yamaha, Nichtstarter/Trainingssturz; H. Torrontegui (E) Honda, Sturz; L. Bodelier (NL) Aprilia, Sturz; O. Koch (D) Aprilia, Antriebswelle gebrochen; V. Lopez (I) Aprilia, Pleuel gebrochen; E. Alzamora (E) Honda, Sturz; S. Kurfiss (D) Yamaha, Aufgabe/kein Grip am Hinterrad; I. Antonelli (I) Aprilia, Nichtstarter.
**Trainingszeiten:** 1. Sakata 2.02.213 = 154,501 km/h, 2. Aoki 2.02.321, 3. Perugini 2.02.806, 4. Alzamora 2.02.862, 5. Öttl 2.03.230, 6. Ueda 2.03.356, 7. Tokudome 2.03.455, 8. Saito 2.03.460, 9. Raudies 2.03.628, 10. Torrontegui 2.03.834, 11. Katoh 2.04.003, 12. Manako 2.04.195, 13. Nakajoh 2.04.454, 14. Martinez 2.04.632, 15. Koch 2.04.789, 16. Sarda 2.04.817, 17. Scalvini 2.04.822, 18. Miyasaka 2.04.843, 19. Ballerini 2.04.919, 20. Geissler 2.05.162

## Gespanne:

**Ergebnisse**

| | | | | | WM-Stand | Pkt. |
|---|---|---|---|---|---|---|
| 1. Güdel/Güdel | CH | LCR-BRM | 45.43.874 | | 1. Dixon | 45 |
| 2. Dixon/Hetherington | GB | Windle ADM | 45.44.080 | | 2. Abbott | 31 |
| 3. Klaffenböck/Parzer | A | Windle-BRM | 45.53.490 | | 3. Güdel | 25 |
| 4. D. Brindley/Hutchinson | GB | LCR-Honda | 45.56.150 | | 4. B. Brindley | 23 |
| 5. Abbott/Tailford | (GB) | Windle-ADM | 45.56.154 | | 5. Bösiger | 20 |
| 6. B. Brindley/Whiteside | GB | LCR-Yamaha | 47.01.838 | | 6. Klaffenböck | 16 |
| 7. Gälross/Berglund | S | LCR-Yamaha | 47.08.477 | | 7. Gälross | 16 |
| 8. Janssen/van Kessel | NL | LCR-Honda | 47.55.461 | | 8. Janssen | 16 |
| 9. Schlosser/Hänni | CH | LCR-ADM | – 1 Rde. | | 9. Willford | 15 |
| 10. Lausletho/Metsaranta | SF | LCR-Honda | – 1 Rde. | | 10. D. Brindley | 13 |
| 11. Willford/Wynn | GB | LCR-Honda | – 1 Rde. | | 11. Reddington | 13 |
| 12. Bösiger/Egli | CH | LCR-ADM | – 1 Rde. | | 12. Schlosser | 13 |
| 13. Kumagaya/Hopkinson | J/GB | LCR-Honda | – 1 Rde. | | 13. Kumagaya | 12 |
| 14. Reddington/Crone | GB | LCR-Honda | – 1 Rde. | | 14. Lausletho | 6 |
| 15. K. Webster/Hofsteenge | GB/NL | LCR-Honda | – 1 Rde. | | 15. Vögeli | 5 |

16. Meier/Brühwiler (CH) LCR-Krauser, 17. Vögeli/Wickli (CH) LCR-Honda – 2 Rdn., 18. Neumann/Hoess (D) LCR-Yamaha – 3 Rdn.

**Schnellste Runde:** Güdel in 2.01.930 = 154,859 km/h
**Rekord:** Biland/Waltisperg (ADM-LCR) in 1.59.380 = 158,167 km/h (1991)
**Durchschnitt Sieger:** 20 Runden oder 104,900 km/h in 45.43.874 = 137,630 km/h
**Ausfälle:** Biland/Waltisperg (CH) LCR-BRM, Schaltgestänge gebrochen; Bohnhorst/Brown (D/GB) LCR-BRM, Motor explodiert; Koster/Cavadini (CH) LCR-ADM, Aufgabe/Reifen untauglich; Wyssen/Wyssen (CH) LCR-BRM, Kupplung defekt; Arlati/Montanelli (I) LCR-Krauser, Nichtstarter.
**Trainingszeiten:** 1. Biland 1.56.600 = 161,938 km/h, 2. Güdel 1.58.861, 3. Wyssen 1.59.224, 4. Abbott 1.59.700, 5. Bösiger 1.59.930, 6. Bohnhorst 2.00.282, 7. D. Brindley 2.00.584, 8. Kumagaya 2.01.612, 9. Klaffenböck 2.01.699, 10. Lausletho 2.02.493, 11. B. Brindley 2.03.169, 12. Reddington 2.03.866, 13. Vögeli 2.04.449, 14. Gälross 2.04.782, 15. Janssen 2.05.740, 16. K. Webster 2.06.358, 17. Willford 2.06.568, 18. Schlosser 2.06.664, 19. Meier 2.07.531, 20. Dixon 2.07.742, 21. Koster 2.10.441, 22. Neumann 2.11.651, 23. Arlati 2.15.340

Getrennt marschieren, vereint feiern: Dirk Raudies (rechts) und Peter Öttl nach der Siegerehrung

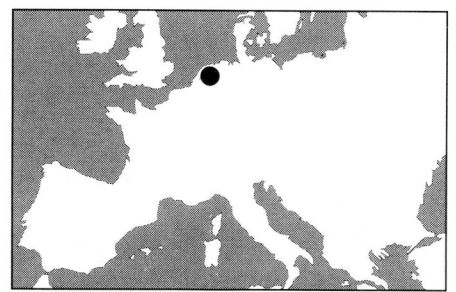

# Neue deutsche Welle

*Was beim Heimspiel am Nürburgring mißglückte, holten die deutschen Stars in Assen nach: Dirk Raudies und Peter Öttl feierten einen Doppelsieg bei den 125ern, Ralf Waldmann wurde Zweiter bei den 250ern, Udo Mark donnerte mit dem Thunderbike voraus.*

Schon zum 70. Mal ging in Assen, der legendären »Kathedrale des Motorradsports«, die berühmte »Dutch TT« über die Bühne, und zur Feier des Jubiläums und zur Erinnerung an alte Zeiten, wo die Strecke noch auf Kopfsteinpflaster durch die Dörfer und zwischen auf sattgrünen Wiesen weidenden Kuhherden durchführte, stieg am Samstagmorgen vor dem Start der GP-Klassen eine »Parade der Champions«.

Drei Runden dröhnte ein stattliches Feld von Oldtimern um die Strecke, zu dem sich unvergessene Stars wie Phil Read auf seiner alten 250 ccm-Yamaha, Giacomo Agostini auf seiner MV Agusta und der mittlerweile 72jährige Geoff Duke auf der Einzylinder-Norton Manx von 1950 nochmals in ihr altes Leder gezwängt und auf ihre Originalmaschinen geschwungen hatten.

Nur der Einsatz des Australiers Kel Carruthers auf der 350 ccm-Vierzylinder-Benelli, dem Schwestermodell seiner 250 ccm-WM-Maschine, scheiterte kurzfristig. Beim Aufwärmen am Tag zuvor ging die Kurbelwelle zu Bruch, weshalb Carruthers die Parade mit einer Ersatz-MV Agusta in Angriff nahm.

Anführer der Parade war Volksheld Kevin Schwantz, frenetisch gefeiert von 100000 begeisterten Fans. Der zurückge-

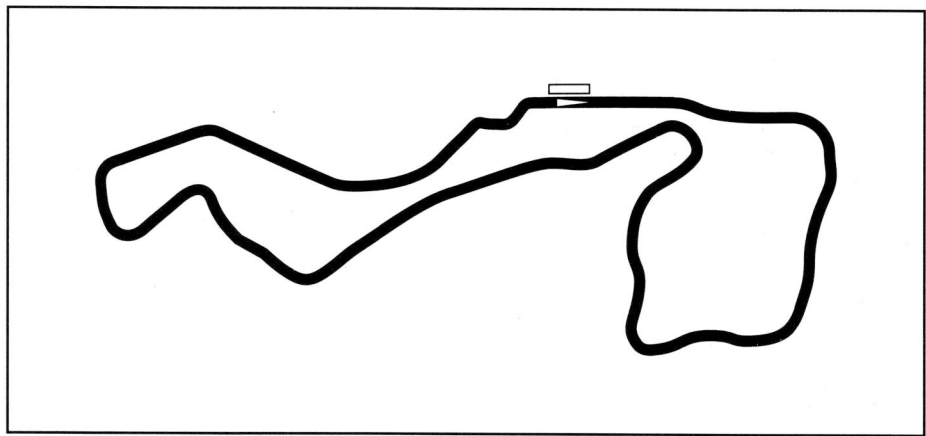

tretene Suzuki-Star war freilich nicht nur mit Wheelies und dem Festhalten einer riesigen Flagge beschäftigt, sondern auch damit, genügend Abstand zu Jim Redmans in höchsten Tönen schreiender Sechszylinder-Honda zu halten. »Ich konnte sie die ganze Zeit hinter mir kreischen hören«, grinste Schwantz über das legendäre Museumsstück aus den 60er Jahren.

Schwantz war blendend gelaunt, denn schließlich hatte Sponsor Lucky Strike zu seinen Ehren am Donnerstagabend eine mächtige Party steigen lassen. Über 300 Gäste, darunter viele Weltmeister der Vergangenheit und Gegenwart mit Michael Doohan, Kenny Roberts und Wayne Rainey in der ersten Reihe, bewunderten Kevins Triumphe und Tragödien, zu einem

mitreißenden Videoclip zusammengefaßt, auf einem Großbildschirm. Suzuki gab den neuen Zweijahresvertrag mit Sponsor Lucky Strike und Kevins Kronprinz Daryl Beattie bekannt, dann gab´s Popcorn, Budweiser und Barbecue. Und als die Band gegen halb elf eine Pause machte, stieg ein gewaltiges Feuerwerk zum Abendhimmel empor.

Doch am Morgen darauf folgte der große Katzenjammer. Obwohl er nur Coca-Cola getrunken hatte, gab Daryl Beattie am Kurvenausgang zuviel Gas, wurde über den Lenker gewirbelt und brach sich das linke Schlüsselbein. »Ich war flott unterwegs, jedoch nicht auf einer schnellsten Runde oder so etwas. Einige Kurven lang wurde ich von Norifumi Abe aufgehalten

99

**Kel Carruthers: MV Agusta statt Benelli**

**Beattie: Katzenjammer nach der Party**

und überholte ihn auf dem Weg in die Strubbenkurve. Deshalb hatte ich beim Einbiegen eine engere Linie als sonst, und ich hatte auch beim Rausfahren das Gefühl, daß ich das Motorrad etwas mehr als üblich umgelegt hatte«, berichtete Beattie. Beim Beschleunigen brach das Hinterrad dann urplötzlich aus und katapultierte den Suzuki-Star aus dem Sattel. »Es passierte so schnell, daß ich bereits in der Luft war, als ich noch das Gas zurückdrehte«, fügte er hinzu.

Wenigstens beging er nicht den Fehler, sich im Krankenhaus von Assen verarzten zu lassen. Um nicht denselben Quacksalbern in die Hände zu fallen, denen Michael Doohan sein steifes linkes Fußgelenk verdankte, ließ er sich auf der Stelle nach England fliegen und den Bruch von einem Londoner Top-Spezialisten verschrauben. »In Frankreich werde ich wieder fahren«, kündigte er hoffnungsfroh an. »Ich habe das Schlüsselbein schon einmal gebrochen und weiß, daß es weh tun wird. Aber mit einer eingebauten Platte ist der Knochen wenigstens fest«.

Am Nachmittag erwischte es dann Tetsuya Harada, bis dato im Kampf um die 250 ccm-Weltmeisterschaft punktgleich mit Max Biaggi an der Spitze der Wertung. Der Japaner schoß mit Topspeed die am Ende leicht nach links abknickende Gegengerade entlang. Just in dem Moment, in dem er sich halb in Schräglage aus der Verkleidung aufrichtete, um für die anschließende, engere »Stekkenwal«-

Linkskurve in die Bremsen zu gehen, rutschte das Vorderrad derart unspektakulär und ohne jede Vorwarnung unter ihm weg, als sei er auf blankes Eis geraten. Mit knapp 250 km/h schlitterte Harada endlos lang über die Grasnarbe, und weil es nichts gab, was seine Rutschpartie merklich abbremste, schlug er gut hundert Meter später mit voller Wucht in eine Strohballenreihe ein und drehte noch ein paar Salti, bevor er schließlich als Häuflein Elend zum Liegen kam.

Erst hieß es, Harada habe sich etliche Rückenwirbel gebrochen, am Spätnachmittag kam dann die erlösende Nachricht, daß er sich außer einem bedeutungslosen Bruch der rechten Elle nur Prellungen und Zerrungen zugezogen hatte. Am Samstagmorgen im Warm-Up versuchte Harada sogar, auf seiner Werks-Yamaha anzutreten und ließ sich von den Mechanikern in den Sattel hieven, gab das aussichtslose Ansinnen aber schnell wieder auf. »Das Bremsen war trotz des Arms kein Problem, aber ich konnte mich vor Schmerzen kaum im Sattel bewegen«, hakte er seinen Einsatz ab. »Es ist dasselbe Prinzip wie bei Kevin Schwantz: Niemand kann mit einem derart langsamen Motorrad 14 Rennen hintereinander um den Sieg mitkämpfen, ohne zu stürzen«, teilte Fernseh-Zuschauer John Kocinski einem spanischen Journalisten per Telefon mit.

Damit war in zwei Klassen bereits eine Vorentscheidung gefallen, und die Dutch TT, traditionell der Grand Prix der Saisonmitte, wurde wieder einmal ihrem Ruf als Angelpunkt vieler WM-Entscheidungen gerecht. Schon 1992 war Michael Doohans riesiger Vorsprung in der WM-Wertung wertlos geworden, als er sich bei einem Trainingssturz den rechten Knöchel brach und wegen der folgenden Komplikationen monatelang ans Krankenbett gefesselt blieb. Kevin Schwantzs Chancen, für ihn in die Bresche zu springen, wurden noch an jenem Wochenende durch eine Kollision mit Eddie Lawson ruiniert. Nicht anders das Jahr 1994: Schwantz brach sich in Assen das Handgelenk und begann, statt über die Titelverteidigung über den baldi-

gen Rücktritt nachzudenken.

Jetzt wurde Tetsuya Harada, im Kampf gegen Aprilia wegen seiner schwachbrüstigen Yamaha ohnehin schon in einer ungünstigen Position, entscheidend zurückgeworfen, und trotz allem Zweckoptimismus war auch bei Suzuki die Stimmung auf dem Nullpunkt. »Daryl kam mit einem Punktepolster hier an und hat es benutzt. Aber dazu sind Punktepolster ja auch da«, versuchte Teammanager Garry Taylor, den entstandenen Schaden herunterzuspielen.

Freilich wußte jeder, daß Beatties 24 Punkte-Vorsprung ausschließlich den Leichtsinnsfehlern Michael Doohans zu verdanken war, daß manche Chancen nur einmal kommen, und daß, wenngleich sich der Weltmeister immer wieder zu riskanten Manövern hinreißen ließ, doch keinerlei Verlaß darauf war, daß er sich aus Sympathie zu Beattie noch ein paarmal in Führung liegend auf die Nase legen würde.

Und es nützte auch nicht viel, daß Doohan in einer Pressekonferenz seine übliche Attacke gegen die holländische Rennstrecke ritt. Der Asphalt war dort nicht topfeben, sondern wie auf manchen Landstraßen abgerundet und in der Straßenmitte vergleichsweise höher. Beim Herausbeschleunigen aus voller Schräglage gaben die Piloten just in jenem Moment Gas, in dem sie aus dem überhöhten inneren Teil der Kurve auf den flacheren äußeren Abschnitt hinausfuhren, was die richtige Linie und den richtigen Punkt zum Gasgeben zu einer ganz besonderen Herausfor-

Harada sagte nach dem Warm-Up ab

Max Biaggi: Sieg auf der Lieblingsstrecke

derung machte. »Ich behaupte, daß diese Eigenart der Strecke für die vielen Stürze verantwortlich ist«, meinte Doohan. »Die Streckenführung ist okay, doch der Asphalt selbst müßte umgegraben und von Neuem aufgebracht werden. Unsere Federungsabstimmung hier ist grundverschieden von jeder anderen Rennstrecke, wir müssen alles viel härter einstellen, damit das Motorrad beim Herausfahren aus der Kurve und beim Überqueren der tückischen Straßenmitte nicht komplett ausfedert. Deshalb wirken die Motorräder hier auch viel nervöser. Und wenn du hinfällst, gibt es auf der schlüpfrigen Wiese nichts, was dich abbremst. Alles in allem ist dieser Schauplatz hier ein Rückfall in die Nachkriegsära«, beschwerte sich der Weltmeister.

Erstmals in dieser Saison fuhr er an der Pole Position vorbei und überließ die Ehre dem Spanier Alex Crivillé, neben Scott Russell und vielen 250- und 125 ccm-Piloten ein ausgesprochener Sympathisant dieser Strecke.

Die größten Liebhaber von Assen waren natürlich die Zuschauer, die schon an den Trainingstagen in Massen herbeiströmten und bis auf rüde gegen Fotografen geschleuderte Bierbüchsen für eine ungetrübte Volksfeststimmung sorgten. Als Prominentester von allen schwebte Prinz Willem-Alexander Claus George Ferdinand Prinz von Oranje am Samstag per Helikopter im Fahrerlager ein. Das Hauptinteresse seiner sportbegeisterten königlichen Hoheit galt zwar der Fliegerei. Der 28jährige verfügte bereits über eine kommerzielle Fluglizenz für Jets und war 1988 als freiwilliger Pilot für eine medizinische Hilfsorganisation im Afrika-Einsatz. Trotzdem ließ er sich

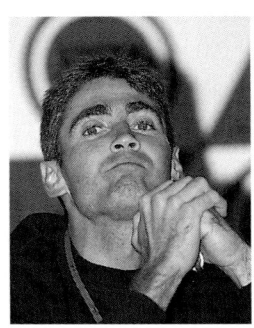

Assen-Hasser Michael Doohan: »Ein Rückfall in die Nachkriegsära«

Assen-Liebhaber Alex Crivillé (unten): »Eine der schönsten Strecken überhaupt«

nicht nehmen, die Motorradrennen live zu verfolgen – und wurde mit packenden Kämpfen in allen Klassen belohnt.

## 250 ccm: Die Dramen der letzten Runde

Ein anderer prominenter Sympathisant der Assen-Piste war Max Biaggi. Er fuhr in jedem einzelnen Training mit demoralisierendem Vorsprung voraus und hatte auf seiner Pole Position ein sattes 1,2 Sekunden-Guthaben. »Assen ist definitv meine Lieblingsstrecke«, frohlockte er voll bester Erinnerungen an seinen Vorjahressieg.

'Als sei seine Werks-Aprilia nicht schon schnell genug, hatte Cheftechniker Jan

Aprilia-Cheftechniker Jan Witteveen (rechts): Noch mehr Power für Max Biaggi

Witteveen ihn für Assen auch noch mit einem neuen Motor verwöhnt, der die schwarze, tropfenförmige Maschine wie eine Gewehrkugel die Zielgerade entlangschießen ließ.

Wie erwartet, schnellte Biaggi aus seiner Pole Position unangefochten auf und davon, hatte im Verlauf des Rennens bis zu zehn Sekunden Vorsprung und drosselte erst wegen einsetzenden leichten Sprühregens kurz vor Schluß etwas das Tempo. »Ein hübsches Geburtstagsgeschenk. Morgen werde ich nämlich 24«, ließ der Sieger wissen.

Nicht minder glücklich war Jan Witteveen nach der Feuertaufe des neuen Triebwerks. Mit diesem Motor, so ließ er hinter vorgehaltener Hand wissen, habe man Honda für die nächsten drei Jahre im Griff und könne sich verstärkt der Weiterentwicklung von Loris Reggianis schwachbrüstiger RSV 400 widmen.

Den Verfolgern war schon nach dem Training klar, daß sie sich allenfalls um Platz zwei streiten würden, und wenigstens entschädigten sie das Publikum bei dieser Entscheidung mit herzhaften Positionsgefechten. Ralf Waldmann, Tadayuki Okada und Jean-Michel Bayle bewachten sich auf Schritt und Tritt, im Finale stach Bayle dann der Hafer: Einen mächtigen Highsider ungerührt wegsteckend, griff er Okada an und ging vorbei auf Platz drei, um in der Schikane vor Start und Ziel, wenige Meter vor der Feier seines ersten Podestplatzes im Grand Prix-Geschäft, auch noch eine Attacke auf Ralf Waldmann zu reiten.

Doch dabei geriet er auf einen Wasserfleck, rutschte beim Herausbeschleunigen blitzartig weg und landete direkt vor dem Siegerpodest auf dem Hosenboden. »Waldmann war rechtsherum beim Reinfahren in die Schikane zu schnell und verlor vor dem Linksknick eine Menge Speed. Um ihn nicht abzuschießen, mußte ich auf die Bremse, worauf die Drehzahl in den Keller fiel. Als ich beim Gasgeben die Kupplung zuhilfe nahm, passierte es. Es ist eine Schande. Ich bin nicht glücklich!« meinte der Franzose mit hängendem Kopf.

Ralf Waldmann war hingegen selig. In Mugello infolge seiner Mandeloperation schwach und abgemagert, hatte er die Tage danach in seiner Wahlheimat Monaco verbracht und bei strahlendem Sonnenschein 300 Trainingskilometer mit dem Fahrrad absolviert.

Auf seinem Lieblingskurs zeigte er sich dann in alter Stärke. Im Dreikampf gegen Okada und Bayle ließ er dem Japaner nur zur Halbzeit einmal kurz den Vortritt, führte die Verfolgergruppe dann wieder an und brachte seinen zweiten Rang souverän und fehlerfrei ins Ziel. »Meine Taktik war, am Ende der Gegengeraden vorne zu sein und dann bis ins Ziel Kampflinie zu fahren. So kam keiner mehr vorbei«, triumphierte Waldi.

Schon mit einem Vorderradslide in der ersten Runde hatte er festgestellt, daß die Strecke nicht ganz so viel Grip bot wie im Training, zirkelte aber dennoch mit kon-

**Ralf Waldmann (28): Dank Kampflinie vor Okada (2) im Ziel (oben)**

**Endstation Schikane (unten): Checa (12) verlor Platz 5 an Roberts (25)**

stanten Rundenzeiten brillant am Limit durch die Kurven.

Andere hatten die Tücken der Strecke und des Nieselregens kurz vor dem Abwinken nicht so sicher im Griff. Denn neben Bayle gingen allein in der letzten Runde sechs Mann zu Boden. Einer von ihnen war der Holländer Wilco Zeelenberg Zu Saisonbeginn wegen Geldmangels von der gewohnten 250er auf ein Thunderbike gewechselt, stieg er für ein einmaliges

**Das kurze GP-Comeback: Wilco Zeelenberg stürzte von seiner Lucky Strike-Honda**

Grand Prix-Comeback bei seinem Heimspiel nochmals in den Sattel einer Werks-Honda. Die Gelegenheit kam, als Doriano Romboni, seit seinem Trainingssturz am Nürburgring mit einem Kahnbeinbruch außer Gefecht, am Dienstag vor dem Assen-Grand Prix erste Testfahrten unternahm und wegen starker Schmerzen im rechten Handgelenk erneut absagen mußte.

Sein geschäftstüchtiger Teammanager Giacomo Agostini reagierte schnell, lud Zeelenberg als Vertreter ein und fand auch sofort einen passenden Geldgeber: Lucky Strike, schon 1992 Sponsor in Wilco Zeelenbergs glückloser Saison auf einer Suzuki RGV 250, klebte sein rotes Emblem nach Yamaha und Suzuki nun erstmals auch auf eine Honda.

Nur bei der Benzinsorte herrschte Verwirrung: Auf seinem Leder trug Zeelenberg die Muschel seines Thunderbike-Sponsors Shell, auf der Maschine prangte

weiterhin der Schriftzug von Agostinis Geldgeber elf. Weitreichende Bedeutung hatte das nicht: Zeelenberg rutschte in der letzten Rennrunde an 17. Stelle in der Strubbenkurve aus.

Ziemlich zeitgleich ging es in der Schikane vor Start und Ziel drunter und drüber. Unmittelbar nach Jean-Michel Bayle schossen die holländischen Brüder Jürgen und Patrick van den Goorbergh im Kampf gegen Jean-Philippe Ruggia auf die Schikane zu, doch zur Enttäuschung ihrer Fans fuhren sie auch bei ihrem Heimspiel

**Pech im Endspurt: Patrick v. d. Goorbergh (16) verpaßte eine kleine Sensation**

an einer Sensation und dem möglichen vierten Platz vorbei. Patrick führte die Gruppe vor der letzten Linkskurve an, war aber beim Einbiegen zu langsam, was Jürgen als Einladung zu einem Überholversuch von außen ansah. Dabei kam er auf einen feuchten Fleck und rutschte aus. »Ich hielt mich am Gasgriff fest und den Motor am Laufen«, berichtete Jürgen später.

Patrick wurde durch diesen Zwischenfall kurz abgelenkt, war einen Tick zu spät auf der Bremse und purzelte nun ebenfalls. Platz vier ging dadurch an Ruggia, während sich Patrick und Jürgen van den Goorbergh vor ihren wie toll applaudierenden Fans als zerfledderte Kriegshelden ins Ziel retteten. Jürgen brachte seine Honda wieder in Fahrt und wurde Sechster, Patrick paddelte im Sattel seiner demolierten Aprilia dagegen mit totem Motor und allerletzter Kraft als 14. über die Linie.

Damit nicht genug, flogen in der Schikane mittlerweile schon wieder die Fetzen. Carles Checa und Kenny Roberts junior hatten sich das ganze Rennen über bewacht, doch der Spanier gab Platz fünf mit dem Ausrutscher am Ende kampflos preis, wenngleich er flugs wieder aufsprang und die Ziellinie noch als Elfter erreichte.

Wo schon so viel Plastik gesplittert war, mochten Takeshi Tsujimura und Oliver Petrucciani nicht zurückstehen: Tsujimura verlor einen möglichen siebten Platz durch den Sturz in der Schikane an seinen Landsmann Nobuatsu Aoki, Oliver Petrucciani verabschiedete sich hinter dem tapferen elftplazierten Jürgen Fuchs und hinter Adi Stadler, der als 13. zum zweiten Mal in dieser Saison Punkte erbeutete, aus dem Geschehen.

Schon in der dritten Runde hatte es am Ende der Startgeraden geknallt: Oliver Jacque, Eskil Suter und Roberto Locatelli stritten sich um Platz acht, als Jacque und Suter sich berührten und Locatelli mit ins Verderben rissen. Während Jacque und Suter unverletzt davonkamen, brach sich der glücklose Locatelli das linke Handgelenk und beschädigte das rechte Knie.

Nach dem Rennen legten vier Mann, Tsujimura, Petrucciani, Patrick van den Goorbergh und der an 19. Stelle plazierte Spanier Miguel Castilla Protest gegen das Resultat ein, weil sie schon vor dem Zieleinlauf rote Flaggen gesehen haben wollten. Die Rennleitung konterte, es könne sich nur um rot-gelbe Warnflaggen wegen der rutschigen Piste gehandelt haben, und schmetterte den Protest ab.

Flower Power: Waldi feierte Platz zwei

## 500 ccm: Crivillé verschont Doohan

Fürs Rennen der Halbliterklasse war die Piste wieder knochentrocken, und trotz des erwarteten Doohan-Sieges sahen die Zuschauer ein überaus unterhaltsames Rennen, weil sich der Weltmeister in guter Erinnerung an seine Eskapaden in Japan, Spanien und Deutschland zunächst in vornehmer Zurückhaltung übte. Auf seiner bestgehaßten Strecke plante er, »mit den anderen zusammenzubleiben, bis Rennende abzuwarten und dann zu sehen, ob ich schneller fahren kann«.

Und so geschah es dann auch. Alberto Puig und Alex Crivillé kamen als erste vom Start weg, bevor sich der erstaunliche Loris Capirossi nach vorn zwängte und mit Puig und Doohan im Gefolge vier atemberaubende Runden lang das Szepter schwang. Dann meldete sich Puig zu Wort und schob sich eingangs der Strubbenkurve elegant innen vorbei. Um ihn nicht entwischen zu lassen, setzte Doohan nach, eine Runde später demonstrierte auch Crivillé seine größere Erfahrung und verwies Capirossi auf den vierten Platz, den er bis zum Ende des Rennens behalten sollte. »Dieses Ergebnis haben wir gebraucht«, atmete Capirossi nach dem besten Resultat seit dem Klassenwechsel zu den 500ern auf, »der vierte Platz geht in Ordnung, auch wenn ich vielleicht noch hätte besser abschneiden können. Auf den schnellen Sektionen hielt ich nämlich gut mit den andern mit, nur in den langsamen Ecken

Japanische Höflichkeit: Tsujimura (3) gab Platz sieben an Aoki (verdeckt) ab

war ich wegen einer ratternden Vordergabel etwas im Nachteil«.

Puig führte ein Honda-Quintett mit Alexandre Barros auf Platz fünf für den größten Teil des Rennens an, stets unter wachsamer Kontrolle des Weltmeisters, der die meisten Kurven von weit außen in Angriff nahm, um beim Herausbeschleunigen nicht zu weit auf den abfallenden Teil der Straße hinausgetragen zu werden. »Puig war gut auf der Bremse, aber seine Kurvengeschwindigkeiten waren zu langsam. Das ist ein Charakteristikum seines 16,5 Zoll-Vorderrads im Vergleich zu meinem mit 17 Zoll«, erklärte der Weltmeister, warum Puig am Ende doch das Nachsehen hatte. »Es war trotzdem nicht einfach, an Puig vorbeizukommen. Ich habe es schon vorher einmal versucht und wäre um ein Haar mit meiner Schulter an seinem Auspuff hängengeblieben. Ich glaube nicht, daß das gut gewesen wäre«, grinste der Weltmeister nach seinem makellosen Sieg und der erfolgreichen Rückeroberung der WM-Führung.

**Vier Runden spitze: Capirossi (65) vor Puig (5), Doohan (1), Abe (17), Crivillé (6), Itoh (7)**

Vier Runden vor Schluß hatte sich Doohan zum entscheidenden Angriff durchgerungen und Puig auf Rang zwei verdrängt. Den drittplazierten Crivillé hatte Puig im Eifer des Gefechts vollkommen vergessen: In der letzten Runde schlug Crivillé mit einem tollkühnen Ausbremsmanöver zu und erbeutete nicht nur Rang zwei, sondern hätte den Lauf sogar um Haaresbreite gewonnen. Auf jener furiosen Schlußrunde erreichte er Tagesbestzeit und kurz vor dem Zielstrich sogar das Hinterrad von Doohan, ließ ihm dann aber um eine Zehntelsekunde den Vortritt. »Unter normalen Umständen hätte ich ihn ange-

**Doohan als Sieger – und im Sandwich zwischen Puig (5) und Crivillé (6)**

**Einsamer Sechster: Norifumi Abe kämpfte mit einem wackelnden Fahrwerk**

griffen. Aber angesichts der Situation in der Weltmeisterschaft wäre das keine gute Idee gewesen«, vertraute Crivillé einer Reihe spanischer Journalisten an.

Von solchen Gelegenheiten konnte die mit Michelin-Vorderreifen und Dunlop-Hinterradslicks ausgestattete, abermals vernichtend geschlagene Yamaha-Elite nur träumen. Norifumi Abe erreichte einen einsamen sechsten Platz und machte ein beim Beschleunigen wackelndes Fahrwerk verantwortlich, Luca Cadalora vermißte wie schon im Training die richtige Balance an seinem Motorrad und lief als abgeschlagener Siebter ein.

Adrian Bosshard schnappte sich als 15. einen Punkt, während der an 20. Stelle plazierte Bernard Haenggeli schon im Training seinen großen Auftritt hatte. Zur Feier seines 100. Grand Prix war der Schweizer im ersten freien Training nämlich mit der Startnummer 100 ausgerückt. Zehn Runden drehte er zur Freude der Schweizer Fotografen in dieser Aufmachung, dann wurde er vom irritierten Rennleiter mit der schwarzen Flagge von der Piste geholt – und mußte wieder die gewohnte 21 auf die Verkleidung kleben.

## 125 ccm: Aokis
## Serie gestoppt

Es war schon ganz besonderes Pech, daß Seriensieger Haruchika Aoki ausgerechnet beim Heim-Grand Prix seines holländischen, von Ex-GP-Star Hans Spaan geführten Blumex-Teams den ersten Einbruch erlitt: Er kam bei der Fahrwerkseinstellung mit den überhöhten Kurven nicht zurecht, qualifizierte sich als Siebter und blieb im Rennen auf fünfter Position in der Verfolgergruppe stecken. »Endlich haben wir seine unheimliche Serie gestoppt«, rieb sich Dirk Raudies genüßlich die Hände.

Doch das war nur ein Pluspunkt eines Rennwochenendes, das nach schlechtem Beginn einen gänzlich unerwarteten Ausgang nehmen sollte. Denn nach dem elften Trainingsplatz hatte der Weltmeister von 1993 nach den vielen Rückschlägen im bisherigen Saisonverlauf eigentlich schon das nächste Rennen abgeschrieben gehabt.

Erst lief sein Motor schlecht, als er nach einigen Umbauten im Abschlußtraining dann besser ging, war die Gesamtübersetzung zu kurz. »Beim Beschleunigen aus den engen Kurven habe ich immer wieder

etwas aufgeholt, doch auf der Geraden sind mir die anderen davongefahren. Mein Motor stand bei 14 000 Umdrehungen an. Ein Chaos«, meinte Raudies unzufrieden.

Fürs Rennen am Samstag lief der Motor dann jedoch endlich einmal wieder wie eine Rakete. Außerdem hatten seine Mechaniker die Gesamtübersetzung für die zu erwartende Windschattenschlacht auf drastische 229 km/h übersetzt. Ein Trick, der sich bezahlt machen sollte: Raudies drängelte nach dem Start des Rennens so ungestüm aus dem Mittelfeld nach vorn, daß der mit ihm losgefahrene Kazuto Sakata binnen zwei Runden den Anschluß verlor und irritiert begann, nach seinen eigenen Linien zu suchen.

Nach einer Runde noch Elfter, brauchte Dirk gerade mal bis Runde sechs, um auf der Zielgeraden aus dem Windschatten auch am letzten verbliebenen Gegner vorbeizuhuschen. Noboru Ueda leistete noch eine Weile Widerstand und schaffte es sogar in Runde neun noch einmal, Raudies zurückzuüberholen. Doch Raudies konterte prompt und war wieder vorn, profitierte dann von einem Rutscher des Japaners und konnte sich um ein paar Längen absetzen.

Als Ueda eine Runde später Emilio Alzamora torpedierte und beide ins Verderben riß, konnte Raudies nichts mehr gefährlich werden: Schlagartig hatte er zwei Sekunden Vorsprung vor der nächsten Verfolgergruppe, und weil sich diese Meute munter gegenseitig behinderte, wuchs sein Vorsprung bis auf über fünf Sekunden an, bevor er zum 14. Sieg seiner Karriere über die Linie brauste. »Endlich mal wieder gewonnen – ich bin unheimlich glücklich«, strahlte der Oberschwabe. »Im Training hatten wir etliche Schwierigkeiten, es ist einiges kaputtgegangen. Erst im Warm-Up lief der Motor wieder perfekt. Aber dann hatte ich einen schlechten Start und dachte, oh je, das Rennen ist schon wieder gelaufen. Doch die lange Gesamtübersetzung hat mir beim Kampf im Pulk unheimlich geholfen. Als ich erst einmal vorne war, wollte ich wie früher wegfahren, doch allein ohne Windschatten hat der Motor natürlich nicht mehr so schön gedreht. Ich

**Dirk Raudies (4):** Dank extralanger Übersetzung in Führung (oben). **Masaki Tokudome (8):** Platz sieben bis zum Sturz (unten)

**Peter Öttl vor Kazuto Sakata: In Assen zog der Weltmeister den kürzeren**

habe mich umgeschaut und immer wieder Ueda und Alzamora gesehen. Daß meine Verfolger gestürzt sind, habe ich gar nicht mitgekriegt. Ich sah lange »plus 0« auf meiner Boxentafel, plötzlich wurde »plus 1« gezeigt. Ich wußte gar nicht, was los war«.

Was los war in dem bis zuletzt acht Mann starken Verfolgerpulk, wußten nicht einmal

die Zuschauer, so wild ging es mit Führungswechseln und Rempeleien durcheinander. Der Unerschrockenste dabei war Peter Öttl, der den Unterarmbruch vom Nürburgring in Rekordzeit weggesteckt hatte. »In Mugello bin ich in den letzten sechs, sieben Runden müde geworden. Doch hier spürte ich die Verletzung schon gar nicht mehr«, versicherte er.

Mit einer seiner unwiderstehlichen Aufholjagden kämpfte sich Öttl vom achten Platz nach vorn und leistete dabei schwerere Arbeit als Dirk Raudies, weil seine Aprilia nicht nur weniger Leistung hatte, sondern für die Windschattenspiele in der dichten Verfolgergruppe auch noch deutlich zu kurz übersetzt war. »An Überholmanöver auf der Geraden war nicht zu den-

ken. Mein Glück war eine perfekte Fahrwerksabstimmung und Super-Reifen, die auch in den letzten Runden noch vollen Grip hatten. Ich konnte später bremsen und schneller durch die Kurven fahren als jeder andere, das hat mir geholfen, meine Gegner in Schach zu halten«, atmete Öttl auf.

Acht Runden vor Schluß war er bereits an die dritte Position vorgestoßen, wurde in der berüchtigten Strubbenkurve jedoch von Akira Saito eingeklemmt und fiel wieder an die zehnte Stelle zurück. »Das wieder aufzuholen, hat eine Menge Kraft und Substanz gekostet«, schilderte er.

Die letzten sechs Runden wechselte er sich mit Weltmeister Kazuto Sakata an der zweiten Position ab, und nach so vielen Rennen, wo er hart erkämpfte Top-Positionen am Ende doch noch abgeben mußte, behielt er diesmal endlich auch in der verflixten letzten Runde die Nerven: Im Vorjahr wenige Meter vor dem Zielstrich in der Schikane gestürzt, in der Zielkurve von Mugello ausgetrickst, behauptete er sich diesmal endlich mit kühlem Kopf und sauste ein paar Radlängen vor Akira Saito, Kazuto Sakata und WM-Leader Aoki über die Linie. »Ich blieb voll konzentriert, so wie in allen Runden vorher«, freute sich Peter Öttl über den Erfolg, den sein junger Teamkollege Manfred Geissler mit einem 13. Platz abrundete. »Es war das härteste Rennen, das ich je gefahren bin – wir haben uns keinen Zentimeter geschenkt und in den Kurven immer wieder berührt«.

Der deutsche Doppelsieg wurde von Zentausenden aus Deutschland angereisten Fans fröhlich gefeiert, während sich Peter Öttl und Dirk Raudies auf dem Podest in den Armen lagen, grölten die Zuschauer auf den Tribünen begeistert die deutsche Nationalhymne mit.

Die drangvolle Enge hatte kurz vor dem Ziel aber auch nochmals ihre Opfer gefordert. Mit dem Ziel vor Augen rempelten sich Kazuto Sakata und Hideyuki Nakajoh, der mit seiner wackelnden Honda kämpfend am Ausgang der Schikane nahezu zum Stillstand kam. Masaki Tokudome, bis dahin stolzer Siebter, konnte nicht mehr ausweichen, fuhr von hinten auf und überschlug sich, wobei er sich einen angebrochenen linken Mittelfußknochen einhandelte. »Ich wollte außen vorbei, aber es reichte nicht mehr«, seufzte Tokudome.

Teamkollege Oliver Koch hatte schon vorher aufgeben müssen. »Der Motor ging bereits in der Warm Up-Runde fest. Ich habe ihn zwar nochmals freigekriegt und erwischte einen recht guten Start, doch hat sich das Motorrad beim Gasgeben weiterhin wie Kaugummi angefühlt und hatte keine rechte Leistung. Weil ich immer weiter zurückfiel und einen Kolbenklemmer befürchtete, fuhr ich dann zur Box.« Eine goldrichtige Entscheidung: Der Kolbenring war schon in seiner Nut festgebacken, Ollis Maschine stand kurz vor dem Kollaps.

Auch Stefan Kurfiss blieb das Pech treu. Nach einer tollen Fahrt und einem nach wochenlanger PS-Suche deutlich erstarktem Yamaha-Motor erstmals in diesem Jahr in den Punkterängen, wurde er zwei Runden vor Schluß von Yoshiyuki Sugai abgeschossen.

## Gespanne: Bilands dritter Ausfall

Bei den Seitenwagen erlebte Rolf Biland das nächste Waterloo: Der Champion startete aus der Pole Position, machte ab der zweiten Runde Jagd auf den führenden Darren Dixon, fiel dann aber ebenso schnell wieder zurück und verschwand in Runde sechs endgültig von der Bildfläche. »Das Getriebe ließ sich nicht mehr schalten«, diagnostizierte er nach dem dritten Ausfall im dritten Rennen.

Aus demselben Grund rollten die Schweizer Gebrüder Wyssen aus, und weil bei den Mugello-Siegern Paul und Charly Güdel vor lauter Motorleistung das Antriebsritzel abscherte (»einen solchen Defekt hatten wir noch nie«) mußte BRM-Motorenhersteller Swissauto das Podest den mit konservativen Motorgehäusen ausgerüsteten Briten überlassen: Dixon siegte vor Steve Abbott und Derek Brindley.

Und doch stellten die BRM-Motoren ihr Leistungsvermögen unter Beweis. Bis sechs Runden vor Schluß war Ralph Bohnhorst Vierter und liebäugelte schon mit einem Podestplatz, als ihm im sechsten Gang der Schalthebel abfiel. Trotzdem fuhr er das Rennen zu Ende, wobei er neben der Durchzugskraft des Motors auch häufig die Kupplung beanspruchte. »Die muß tot sein«, vermutete er nach dem 16. Platz.

Ralph Bohnhorst: Am Schluß funktionierte nur noch der sechste Gang

## Thunderbikes: Marks clevere Taktik

Thunderbike-Star Udo Mark hatte seine immer wieder verschmorende Kupplung fürs Rennen in Assen verstärkt, doch war das ständige Schalten ohne Kupplung zu Lasten des Getriebes gegangen. Obwohl der vierte Gang seiner Kawasaki immer wieder heraussprang, hielt der deutsche Superbike-Meister tapfer in einem Vierkampf an der Spitze mit, gewann um Haaresbreite vor dem Holländer Jeffry de Vries und riß damit auch die Führung in der Trophy-Wertung an sich.

Eingangs der letzten Schikane war de

---

## 500 cm³:

**Ergebnisse**

| | | | |
|---|---|---|---|
| 1. Michael Doohan | AUS | Honda NSR | 41.27.422 |
| 2. Alex Crivillé | E | Honda NSR | 41.27.536 |
| 3. Alberto Puig | E | Honda NSR | 41.28.018 |
| 4. Loris Capirossi | I | Honda NSR | 41.33.040 |
| 5. Alexandre Barros | BR | Honda NSR | 41.39.877 |
| 6. Norifumi Abe | J | Yamaha YZR | 41.42.722 |
| 7. Luca Cadalora | I | Yamaha YZR | 41.58.162 |
| 8. Shinichi Itoh | J | Honda NSR | 42.05.892 |
| 9. Loris Reggiani | I | Aprilia | 42.20.066 |
| 10. Juan Borja | E | ROC-Yamaha | 42.20.077 |
| 11. Bernard Garcia | F | ROC-Yamaha | 42.21.934 |
| 12. Scott Russell | USA | Suzuki RGV | 42.26.972 |
| 13. Neil Hodgson | GB | ROC-Yamaha | 42.45.234 |
| 14. James Haydon | GB | Harris-Yamaha | 42.45.818 |
| 15. Adrian Bosshard | CH | ROC-Yamaha | 42.50.206 |

**WM-Stand**

| | Pkt. |
|---|---|
| 1. Doohan | 120 |
| 2. Beattie | 119 |
| 3. Puig | 99 |
| 4. Crivillé | 92 |
| 5. Cadalora | 79 |
| 6. Itoh | 60 |
| 7. Barros | 60 |
| 8. Abe | 55 |
| 9. Capirossi | 48 |
| 10. Reggiani | 41 |
| 11. Borja | 35 |
| 12. Schwantz | 34 |
| 13. B. Garcia | 22 |
| 14. Migliorati | 17 |
| 15. Aoki | 16 |

16. Eugene McManus (GB) Harris-Yamaha, 17. Christiano Migliorati (I) Harris-Yamaha, 18. Jeremy McWilliams(GB) Yamaha – 1 Rde., 19. Andrew Stroud (NZ) ROC-Yamaha, 20. Bernard Haenggeli (CH) ROC Yamaha, 21. Lucio Pedercini (I) ROC-Yamaha.

**Schnellste Runde:** Crivillé in 2.03.475 = 176,363 km/h

**Rekord:** Kevin Schwantz (Suzuki) in 2.02.443 = 177,849 km/h (1991)

**Durchschnitt Sieger:** 20 Runden oder 120,980 km in 41.27.422 = 175,092 km/h

**Ausfälle:** D. Beattie (AUS) Suzuki, Nichtstarter/Trainingssturz; S. Emmett (GB) Harris-Yamaha, Kupplung defekt; S. Gray (USA) Harris-Yamaha, Aufgabe/psychische Probleme; J. Filice (USA) Harris-Yamaha, Aufgabe/GP-Karriere beendet; B. Bonhuil (F) ROC-Yamaha, Sturz; F. Protat (F) ROC-Yamaha, Aufgabe/Schmerzen; M. Garcia (F) ROC-Yamaha, Nichtstarter/Sturz Warm-up-Runde; J. Jeandat (F) Paton, Motor defekt; C. Doorakkers (NL) Harris-Yamaha, Motorprobleme.

**Trainingszeiten:** 1. Crivillé 2.03.151 = 176,363 km/h, 2. Doohan 2.03.434, 3. Capirossi 2.03.671, 4. Puig 2.03.716, 5. Abe 2.03.874, 6. Russell 2.04.155, 7. Barros 2.04.173, 8. Beattie 2.04.284, 9. Itoh 2.04.543, 10. Cadalora 2.04.565, 11. Reggiani 2.04.688, 12. Borja 2.04.809, 13. B. Garcia 2.06.478, 14. Haydon 2.07.213, 15. Hodgson 2.07.410, 16. McWilliams 2.07.518, 17. Bosshard 2.07.582

---

## 250 cm³:

**Ergebnisse**

| | | | |
|---|---|---|---|
| 1. Massimiliano Biaggi | I | Aprilia | 38.24.532 |
| 2. Ralf Waldmann | D | Honda NSR | 38.29.154 |
| 3. Tadayuki Okada | J | Honda NSR | 38.29.428 |
| 4. Jean-Philippe Ruggia | F | Honda NSR | 38.41.966 |
| 5. Kenny Roberts jr. | USA | Yamaha TZM | 38.52.186 |
| 6. Jürgen v.d.Goorbergh | NL | Honda RS | 38.53.027 |
| 7. Nobuatsu Aoki | J | Honda NSR | 39.04.842 |
| 8. Alessandro Gramigni | I | Honda RS | 39.15.308 |
| 9. Luis d'Antin | E | Honda NSR | 39.15.425 |
| 10. Jürgen Fuchs | D | Honda | 39.15.431 |
| 11. Carles Checa | E | Honda NSR | 39.17.432 |
| 12. Niall Mackenzie | GB | Aprilia | 39.25.264 |
| 13. Adi Stadler | D | Aprilia | 39.32.604 |
| 14. Patrick v.d.Goorbergh | NL | Aprilia | 39.36.352 |
| 15. Gregorio Lavilla | E | Honda RS | 39.38.599 |

**WM-Stand**

| | Pkt. |
|---|---|
| 1. Biaggi | 143 |
| 2. Harada | 118 |
| 3. Waldmann | 107 |
| 4. Aoki | 74 |
| 5. Okada | 69 |
| 6. Ruggia | 62 |
| 7. Roberts jr. | 50 |
| 8. d'Antin | 38 |
| 9. Checa | 32 |
| 10. J. Goorbergh | 30 |
| 11. Bayle | 27 |
| 12. Cardoso | 24 |
| 13. Romboni | 23 |
| 14. Lucchi | 22 |
| 15. Suter | 21 |

16. Bernd Kassner (D) Aprilia, 17. Pere Riba (E) Aprilia, 18. Maurice Bolwerk (NL) Honda, 19. Miguel Castilla (E) Yamaha, 20. Rudi Markink (NL) Yamaha, – 1 Rde., 21. Frank van Zutphen (NL) Aprilia, 22. Rudy Mulder (NL) Yamaha

**Schnellste Runde:** Biaggi in 2.06.078 = 172,722 km/h (Rekord)

**Alter Rekord:** Max Biaggi (Aprilia) in 2.06.357 = 172,340 km/h (1994)

**Durchschnitt Sieger:** 18 Runden oder 108,882 km in 38.24.532 = 170,089 km/h

**Ausfälle:** T. Tsujimura (J) Honda, Sturz; T. Harada (J) Yamaha, Nichtstarter/Trainingssturz; J. Bayle (F) Aprilia, Sturz; W. Zeelenberg (NL) Honda, Sturz; E. Suter (CH) Aprilia, Sturz; O. Petrucciani (CH) Aprilila, Sturz; R. Locatelli (I) Aprilia, Sturz; O. Jacque (F) Honda, Sturz; L. Maurel (E) Honda, Motor defekt; S. Hikita (J) Honda, Sturz; J. Cardoso (E) Aprilia, Sturz; R. Laconi (F) Honda, Kupplung defekt.

**Trainingszeiten:** 1. Biaggi 2.05.180 = 173,961 km/h, 2. Harada 2.06.328, 3. Okada 2.06.668, 4. Waldmann 2.06.754, 5. Ruggia 2.07.011, 6. Jacque 2.07.291, 7. Bayle 2.07.326, 8. Locatelli 2.07.353, 9. Suter 2.07.413, 10. J. Goorbergh 2.07.674, 11. Roberts jr. 2.07.998, 12. P. Goorbergh 2.07.113, 13. Checa 2.08.208, 14. Gramigni 2.08.243, 15. Fuchs 2.08.456, 16. Tsujimura 2.08.600, 17. Aoki 2.08.753, 18. d'Antin 2.08.900, 19. Petrucciani 2.08.960

Vries innen an Mark vorbeigegangen. Was wie ein überlegenes Ausbremsmanöver des Holländers aussah, war in Wirklichkeit kluge Taktik des Schwarzwälders. »Ich habe die Bremspunkte das ganze Rennen über schön studieren können und wußte genau: Wenn ich an dem Punkt bremse, kommt er innen durch, verfehlt aber anschließend die Linie. Ich wußte, daß ich am Ziel wieder vorne sein würde«, grinste Mark über beide Backen. »Jeffry dachte, er hätte mich besiegt – doch ich habe ihn ausgetrickst!«

**Sieger Udo Mark (17): Ein gelungener Trick gegen de Vries (61)**

## 125 cm³:

**Ergebnisse**

| | | | | | WM-Stand | Pkt. |
|---|---|---|---|---|---|---|
| 1. Dirk Raudies | D | Honda | 38.50.272 | | 1. Aoki | 136 |
| 2. Peter Öttl | D | Aprilia | 38.55.150 | | 2. Perugini | 82 |
| 3. Akira Saito | J | Honda | 38.55.282 | | 3. Sakata | 73 |
| 4. Kazuto Sakata | J | Aprilia | 38.55.670 | | 4. Saito | 66 |
| 5. Haruchika Aoki | J | Honda | 38.55.808 | | 5. Raudies | 56.5 |
| 6. Herri Torrontegui | E | Honda | 38.56.876 | | 6. Manako | 53 |
| 7. Stefano Perugini | I | Aprilia | 38.56.890 | | 7. Öttl | 51 |
| 8. Hideyuki Nakajo | J | Honda | 38.57.388 | | 8. Alzamora | 47 |
| 9. Tomomi Manako | J | Honda | 38.58.370 | | 9. Nakajo | 47 |
| 10. Gianluigi Scalvini | I | Aprilia | 39.17.648 | | 10. Ueda | 44 |
| 11. Tomoko Igata | J | Honda | 39.20.242 | | 11. Katoh | 33 |
| 12. Yoshiaki Katoh | J | Yamaha | 39.20.511 | | 12. Scalvini | 31.5 |
| 13. Manfred Geissler | D | Aprilia | 39.29.644 | | 13. Torrontegui | 29.5 |
| 14. Luigi Ancona | I | Honda | 39.29.713 | | 14. Miyasaka | 24.5 |
| 15. Josep Sarda | E | Honda | 39.33.090 | | 15. Tokudome | 21.5 |

16. Hiroyuki Kikuchi (J) Honda, 17. Massimiliano d´Agnano (I) Aprilia, 18. Gabriele Debbia (I) Yamaha, 19. Stefan Prein (D)Yamaha, 20. Bas den Breejen (NL) Honda, 21. Marcel Nooren (NL) Honda, 22. Rob Filart (NL) Honda, – 1 Rde., 23. Peter den Heyer (NL) Yamaha

**Schnellste Runde:** Nakajoh in 2.15.629 = 160,559 km/h (Rekord)
**Alter Rekord:** Kazuto Sakata (Honda) in 2.16.586 = 159,434 km/h (1993)
**Durchschnitt Sieger:** 17 Runden oder 102.833 km in 38.50.272 = 158.865 km/h
**Ausfälle:** N. Ueda (J) Honda, Sturz; J. Martinez (E) Yamaha, Aufgabe/Schmerzen; M. Tokudome (J) Aprilia, Sturz; L. Bodelier (NL) Aprilia, Nichtstarter/Trainingssturz; O. Koch (D) Aprilia, Kolbenklemmer; A. Ballerini (I) Aprilia, Nichtstarter/Trainingssturz; E. Alzamora (E) Honda, Sturz; T. Yamamoto (J) Honda, Motorschaden/Warm-up-Runde; Y. Sugai (J) Honda, Sturz; S. Kurfiss (D) Yamaha, Sturz; K. Miyasaka (J) Honda, Motor defekt.
**Trainingszeiten:** 1. Nakajoh 2.15.237, 2. Saito 2.15.374, 3. Alzamora 2.15.448, 4. Sakata 2.15.456, 5. Torrontegui 2.15.626, 6. Öttl 2.15.786, 7. Aoki 2.15.929, 8. Ueda 2.15.958, 9. Tokudome 2.16.133, 10. Manako 2.16.197, 11. Raudies 2.16.483, 12. Perugini 2.16.726, 13. Kurfiss 2.16.956, 14. Miyasaka 2.17.030, 15. Koch 2.17.079, 16. Scalvini 2.17.152, 17. Yamamoto 2.17.286, 18. Geissler 2.17.362, 19. Sugai 2.17.595, 20. Igata 2.17.658

## Gespanne:

**Ergebnisse**

| | | | | | WM-Stand | Pkt. |
|---|---|---|---|---|---|---|
| 1. Dixon/Hetherington | GB | Windle-A. | 37.08.358 | | 1. Dixon | 70 |
| 2. Abbott/Tailford | GB | Windle-ADM | 37.13.580 | | 2. Abbott | 51 |
| 3. D. Brindley/Hutchinson | GB | LCR-H. | 37.33.314 | | 3. B. Brindley | 33 |
| 4. Klaffenböck/Parzer | A | Windle-BRM | 37.47.367 | | 4. Bösiger | 31 |
| 5. Bösiger/Egli | CH | LCR-ADM | 37.59.241 | | 5. Klaffenböck | 29 |
| 6. B. Brindley/Whiteside | GB | LCR-Yam | 38.22.472 | | 6. D. Brindley | 29 |
| 7. Kumagaya/Hopkinson | J/GB | LCR-H | 38.25.444 | | 7. Güdel | 25 |
| 8. Lausletho/Matsaranta | SF | LCR-H. | 38.37.676 | | 8. Gälross | 23 |
| 9. Gälross/Berglund | S | LCR-Yamaha | 38.48.949 | | 9. Janssen | 22 |
| 10. Janssen/van Kessel | NL | LCR-Hon. | 38.54.875 | | 10. Kumagaya | 21 |
| 11. Vögeli/Wickli | CH | LCR-ADM | 39.18.914 | | 11. Schlosser | 17 |
| 12. Schlosser/Hänni | CH | LCR-ADM | −1 Rde. | | 12. Willford | 15 |
| 13. K. Webster/Hofsteenge | GB/NL | LCR | −1 Rde. | | 13. Lausletho | 14 |
| 14. Neumann/Hoess | D | LCR-Yamaha | −1 Rde. | | 14. Reddington | 13 |
| 15. Smit/den Hertog | NL | LCR-Krauser | −1 Rde. | | 15. Vögeli | 10 |

16. Bohnhorst/Brown (D/GB) LCR-BRM.

**Schnellste Runde:** Abbott in 2.09.828 = 167,733 km/h
**Rekord:** Biland/Waltisperg (LCR) in 2.08.999 = 168,811 km/h (1993)
**Durchschnitt Sieger:** 17 Runden oder 102,833 km in 37.08.358 = 166,131 km/h
**Ausfälle:** Biland/Waltisperg (CH) LCR-BRM, Getriebe defekt; Güdel/Güdel (CH) LCR-BRM, Kettenritzel abgeschert; Koster/Cavandini (CH) LCR-ADM, Kabelbruch Zündung; Wyssen/Wyssen (CH) LCR-BRM, Getriebe defekt; Reddington/Crone (GB) LCR-Honda, Felge gebrochen; Willford/Bloemsma (GB/NL) LCR-Honda, nicht qualifiziert; Meier/Brühwiler (CH) LCR-Yamaha, Kerzenelektrode gebrochen; Steenbergen/Steenbergen (NL) LCR-Krauser, nicht qualifiziert.
**Trainingszeiten:**
1. Biland 2.08.594 = 169,342 km/h, 2. Dixon 2.08.759, 3. Abbott 2.09.761, 4. Güdel 2.10.369, 5. D. Brindley 2.10.414, 6. Bohnhorst 2.10.693, 7. Klaffenböck 2.11.180, 8. Bösiger 2.11.489, 9. Lausletho 2.12.542, 10. Reddington 2.13.868, 11. B. Brindley 2.14.182, 12. Kumagaya 2.14.376, 13. Gälross 2.14.871, 14. Janssen 2.16.114

**Schach dem Weltmeister: Ralf Waldmann (28) nutzte seine Vorteile gegen Max Biaggi (1) kaltblütig aus**

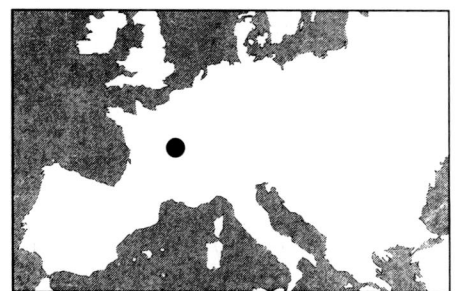

## 8. Juli 1995:
## Grand Prix Frankreich in Le Mans

*In der Hitze von Le Mans* # Der Sonnenkönig

*behielt Ralf Waldmann kühlen Kopf und wurde zum neuen Sonnenkönig.*

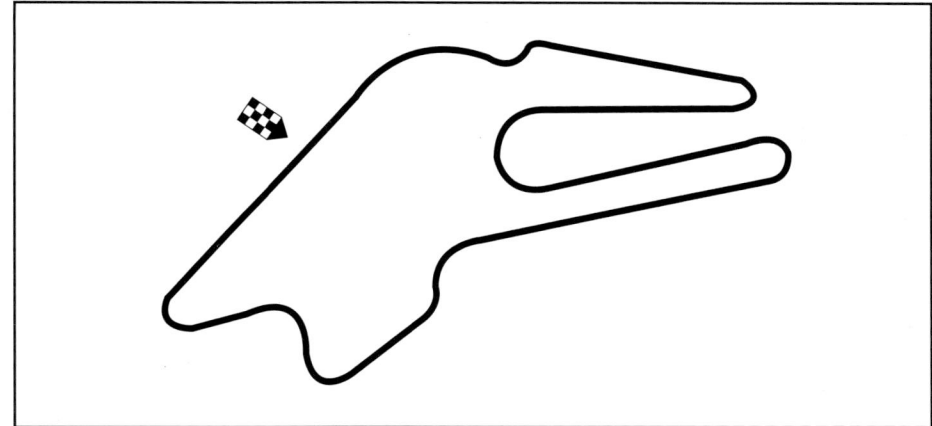

Claude Michy, der Veranstalter des Frankreich-Grand Prix, hatte eine besonders lustige Idee: Er kaufte den Superstars Kevin Schwantz und Wayne Rainey kurzerhand jeweils einen Stern aus der Orion-Galaxie und ließ ihnen von dem jungen französischen Piloten Regis Laconi ein Zertifikat überreichen, wo in dem Sternenhaufen ihr jeweils eigener zu finden sei.

Auch sonst strengte sich der Promotor gewaltig an, für ein abwechslungsreiches und stimmungsvolles Wochenende zu sorgen. Kein Geringerer als Joe Cocker gab am Freitagabend auf einer Wiese neben dem Fahrerlager ein Konzert, das von 15 000 Fans und fast der gesamten Fahrerlagerbesatzung verfolgt wurde.

Christian Sarron, Chef des Yamaha-World Superbike-Teams, trommelte außerdem ein Dutzend Stars vergangener Zeiten, Inhaber von nicht weniger als 50 WM-Titeln zusammen, ließ eine Serie von Yamaha XJR 1200 in den bunten Farben der ehemaligen Siegermaschinen lackieren und schickte sie nach einer zünftigen Cocktailparty zu einer »Star Show« auf die Strecke.

Kenny Roberts ließ vor dem Start seinen Hinterreifen in weißem Rauch aufgehen, Randy Mamola nutzte die vier Rennrunden zu einer Serie beeindruckender Wheelies. Neben Sarron selbst, Giacomo Agostini, Phil Read, Kenny Roberts, Randy Mamola, Jean-Francois Baldé, Franco Uncini,

Philippe Coulon, Carlos Lavado und Angel Nieto schwang sich auch Eddie Lawson in den Sattel.

Daß er die weite Reise von Kalifornien nach Europa auf sich nahm, hatte freilich noch einen zweiten Grund: Weil er für seine Autorennfahrer-Karriere keinen Sponsor mehr fand und ohnehin Langeweile hatte, nahm er eine Offerte von Kenny Roberts an, neben Randy Mamola Probefahrten auf der hinterherhinkenden Yamaha YZR 500 zu bestreiten.

Schon ein paar Wochen zuvor hatte ihn das Team zu Reifentests eingeladen, doch dann hatte sich Lawson an einer Werkzeugkiste in seiner Garage verlupft und mußte wegen Rückenbeschwerden absagen. Jetzt war es endlich soweit, wenngleich Teammanager Chuck Aksland den

Anlaß herunterspielte. »Eddie ist nur da, um ein paar Runden zu drehen, wirklich«, wiegelte er ab. »Wir werden sehen, ob ihm die Sache Spaß macht. Wenn ja, werden wir ihn später möglicherweise für offizielle Testfahrten verpflichten.«

Eigentlich hätte auch Fortuna-Teamchef Sito Pons an der »Star Show« teilnehmen sollen, doch nach dem schweren Unfall seines Halbliter-Piloten Alberto Puig im Abschlußtraining plagten den Spanier ganz andere Sorgen.

Puig hatte gerade die zweitschnellste Runde gedreht und mit vollem Speed die Zielgerade passiert, als er in dem 270 km/h schnellen, zur Schikane führenden Bergauf-Rechtsknick die Kontrolle über seine Honda NSR 500 verlor. Wie das Data Recording später zeigen sollte, lenkte Puig

Sofort wurde er im Privatflugzeug des Ex-GP-Stars Angel Nieto nach Barcelona geflogen und operiert, wobei auch der Nerv mit mikrochirurgischer Kleinarbeit wieder zusammengenäht wurde. Wie erfolgreich die Operation war und ob Puig das Fußgelenk einst wieder würde abwinkeln können, vermochten die Ärzte nicht vorauszusagen.

**Star Show und Yamaha-Tests: Eddie Lawson**

**Crash bei Tempo 262: Alberto Puig trug einen komplizierten Beinbruch davon**

pel an jener Stelle um über einen Meter nach hinten verschob.

Capirossi brach den kleinen rechten Zeh und erlitt eine schmerzhafte Muskelzerrung in der linken Schulter. Ursprünglich hatte er am Samstag wieder fahren wollen, doch als er nach einer schlecht verbrachten Nacht mit Schmerzen aufwachte, sagte der 22jährige erstmals in neun Jahren ein Ren-

**Crash beim Überholen: Loris Capirossi erlitt eine schmerzhafte Muskelzerrung**

schneller denn je zuvor in den Rechtsknick ein. An der Stelle, an der die Piloten normalerweise nur das Gas zurückdrehen und zwei Gänge zurückschalten, um vor der anschließenden Schikane etwas Tempo abzubauen, zog er deshalb auch für einen kurzen Moment die Vorderradbremse, worauf beide Räder wegen des welligen Asphalts kurz den Fahrbahnkontakt verloren.

Während sich seine Honda gleich wieder fing und in voller Schräglage wie auf Schienen weiterraste, fiel Puig bei exakt 262 km/h aus dem Sattel, wahrscheinlich, weil er mit dem Knie an den Bordsteinen hängengeblieben war. Gemeingefährlich dicht führten die Leitplanken an dieser Stelle neben der Piste entlang, weshalb der Spanier praktisch ungebremst mit voller Wucht in die Airfences und die dahinterliegende solide Streckenbegrenzung einschlug. Die Luftpolster retteten den 28jährigen zwar das Leben, konnten ihn aber nicht vor einer schweren Verletzung bewahren: Puig brach das linke Schien- und Wadenbein dicht unterm Knie, außerdem riß ein wichtiger Nerv.

Der für die Streckenabnahmen zuständige Fahrersprecher Franco Uncini wurde später an der Unfallstelle gesichtet, was den um die Sicherheit der Piloten besorgten Michael Doohan eher noch mehr aufbrachte, als ihn zu beruhigen. »Vom Hinschauen wird es auch nicht besser«, meinte er erbost. »Die Streckenbegrenzung dort ist 20 Meter neben der Ideallinie, und wir haben diese Stelle im letzten Jahr schon kritisiert. Das Einzige, was passierte, war, ein paar Airfences hinzupflastern. Doch unsere Körper sind nicht dafür gebaut, um mit Tempo 260 in ein Luftkissen einzuschlagen«.

Tags zuvor hatte es bereits Loris Capirossi erwischt. Gleich in der achten Runde des ersten freien Trainings am Freitagmorgen fuhr er in einer Linkskurve außen an einem langsameren Fahrer vorbei und wurde gleich anschließend von seiner Pileri-Honda abgeworfen. »Ich hatte zuviel Schräglage und gab zu früh wieder Gas. Ein gewaltiger Sturz«, vermeldete er. Und das war keine Übertreibung: Der kleine Italiener schlug mit derartiger Wucht in die Streckenbegrenzung, daß er die Reifensta-

nen aus gesundheitlichen Gründen ab. »Ich kann meinen linken Arm kaum bewegen und deshalb auch nicht fahren«, meinte er und jettete schleunigst nach Italien zurück, um mit einer Behandlung bei seinem Physiotherapeuten zu beginnen.

Sein Ausfall gab Teamchef Francesco Pileri recht, der seinen Rennstall für die nächste Saison zu einem Zwei-Mann-Team aufzurüsten gedachte und neben dem unkonstanten Neuling Capirossi einen erfahrenen Piloten suchte, der zu regelmäßigen Top-Plazierungen imstande war. Sehr zum Verdruß des jahrelang von einem unangefochtenen Nummer eins-Status verwöhnten Capirossi kam dabei der Name Luca Cadalora ins Gespräch. Cadalora wollte unter allen Umständen vom Yamaha-Roberts-Rennstall weg, in dem er dem WM-Titel drei Jahre lang erfolglos hinterhergefahren war und den Machtkampf um den Wechsel von Dunlop zu Michelin verloren hatte.

Mit Pileris Angebot im Rücken fiel es ihm schon bedeutend leichter, sich mit seiner Rolle im Roberts-Team abzufinden und das Beste aus den verbleibenden Rennen zu machen, ohne weiter aufzubegehren. In Assen hatte er bereits eine neue Generation von Dunlop-Reifen erhalten und kurz ausprobiert, vor dem Frankreich-Grand Prix hatte er dann um ausführlichere Tests in Barcelona nachgesucht und die neuen Reifen zusammen mit dem Roberts-Schützling Sete Gibernau auf Herz und Nieren untersucht. »Die Dunlop-Leute strengen sich gewaltig an, um den Unterschied zu den Michelin zu überbrücken, deshalb geben auch wir unser Bestes«, meinte er artig. Die Kombination, mit der Cadalora und Norifumi Abe Training und Rennen bestreiten sollten, war freilich nach wie vor gemischt: Michelin-Standardreifen vorn, Dunlop-Slicks hinten.

Aprilia 250-Star Jean-Michel Bayle, schon am Nürburgring und in Assen unsanft zu Boden gegangen, machte sich nach einem Trainingssturz am Freitagnachmittag weniger um die Reifen als um seinen verbogenen Rahmen Sorgen und forderte ein neues Chassis. Jack Findlay, Technischer Direktor und Wächter über die umstrittene Regelung, nur ein Motorrad einsetzen zu dürfen, lehnte zunächst ab. Erst, als Aprilia-Teamdirektor Carlo Pernat ihn dazu aufforderte, schriftlich die Verantwortung für etwaige weitere durch Bayles Rahmen verursachte Unfälle zu übernehmen, gab Findlay nach. Bayle qualifizierte sich danach als Achter, hatte

aber auch bei seinem Heimspiel nicht den Hauch einer Chance, an die Superzeiten von Weltmeister Max Biaggi heranzukommen.

Und das, obwohl sich Max gleich in der ersten Runde des freien Samstagstrainings einen Sturz leistete. »Am Freitag lief das Motorrad gut, doch ich verbrachte 20 Minuten an der Box, um den Gabelwinkel steiler stellen zu lassen, weil ich mehr Handlichkeit brauchte. Heute im Abschlußtraining war den Hondas so gut wie nicht hinterherzukommen«, meinte er trotz der Bestzeit nachdenklich.

Dagegen strotzte Ralf Waldmann vor Zuversicht, denn obwohl er nur als Dritter hinter Doriano Romboni für die erste Startreihe qualifiziert war, fehlte ihm nur etwas mehr als eine Zehntelsekunde auf den Weltmeister. »Ich hätte auch Bestzeit erreichen können. Leider habe ich in der entscheidenden Phase ein paar Fehler eingebaut und ein paarmal zu spät oder zu hart gebremst. Aber ich freue mich aufs Rennen – diesmal wird es Biaggi nicht so einfach haben, davonzufahren«, meinte er und tupfte sich ein paar Schweißtropfen von der Stirn.

Mehr an Erschöpfung war ihm trotz der brütenden Hochsommerhitze, die den Asphalt zum Flimmern brachte und bei der jede Bewegung unter der stechenden Sonne zu harter Arbeit wurde, nicht anzu-

merken. »Die Mandeloperation im Mai war genau das Richtige. Ich hätte sie schon viel früher machen sollen«, beteuerte er. »Früher war ich nach acht Stunden Schlaf noch schlapp, kriegte den Hintern nicht hoch und mußte mich zum Aufstehen zwingen. Heute geh´ ich um zwölf ins Bett und wach morgens um sieben ganz von alleine auf«.

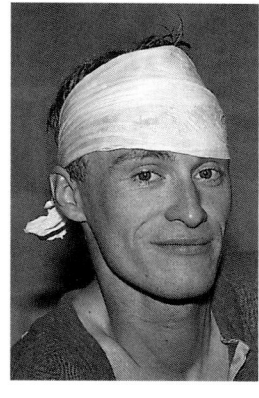

**Ralf Waldmann: Ab morgens um sieben war die Welt in Ordnung**

Zu Saisonbeginn in Malaysia, wo das Thermometer auch über 35 Grad kletterte, hatte er sich über die Distanz gequält und das Podest aus Konditionsmangel verpaßt. Jetzt hämmerte er seine Runden so unerschütterlich wie eine Dampfmaschine aneinander und brauchte zwischendurch höchstens einen Schluck aus der Trinkflasche nachzutanken, um wieder fit zu sein.

Ebenso stark war sein Motorrad. Bei Tests in Barcelona hatte das HB-Team nämlich eine neue Airbox erprobt und die Vorzüge eines anderen Zündungschips entdeckt. In den ersten vier Gängen zog Waldis Werksmaschine nun spürbar besser durch, und während der Weltmeister wegen der spitzeren, abrupter einsetzenden Leistung seiner Aprilia eine relativ harte Fahrwerkseinstellung und deshalb auch härtere Reifen brauchte, beschleunigte Ralf Waldmann mit der Gleichmäßigkeit einer Turbine aus den vielen Erster Gang-Kurven von Le Mans und konnte sich trotz der langen Renndistanz weichere Reifen mit besserem Grip erlauben. »Im letzten Jahr hatte ich hier meine Schwierigkeiten. Diesmal

**Luca Cadalora: Neue Reifen, neue Motivation**

**Sieger Waldmann: »Das beste Rennen je«**

**Sturz in der dritten Runde: Romboni**

und stürmte vor einem Honda-Quartett mit Doriano Romboni, Ralf Waldmann, Nobuatsu Aoki und Luis d´Antin auf die erste Kurve zu.

Wenig später übernahm Waldi Platz zwei, doch es sollte sich bald zeigen, daß Waldi nicht nur der beste Honda-Fahrer, sondern auch der beste Mann auf der Strecke war. Nur drei Runden lang blieb er im Windschatten des Weltmeisters versteckt, dann stürmte Ralf Waldmann ungeduldig in Führung und hielt den Weltmeister in einem bis zum Zielstrich faszinierenden Duell kaltblütig auf Distanz.

Immer wieder scharrten die Verkleidungen aneinander, einmal blieb Biaggi bei dem heißen Tanz sogar am Kupplungshebel der gelben Honda hängen und riß sich die Lederkombi auf. Nach Rennende deutete Max schmunzelnd auf seinen ausgefransten Ärmel und sprach von einem 1000 Dollar-Schaden, worauf Waldi schlagfertig konterte, Hersteller Lino Dainese sei sein Freund und werde den Schaden kostenlos reparieren.

Auch auf der Strecke ließ sich der deutsche Honda-Star zu keiner Sekunde einschüchtern. In der letzten Runde führte er besonders eindrucksvoll vor, wie clever und abgebrüht er in dieser Klasse mittlerweile geworden war: Biaggi hatte ihm ein

komme ich viel besser um die engen Ecken«, stellte er erleichtert fest.

## 250 ccm: Rambo riskiert zuviel

Und nutzte diesen Vorteil im Rennen kaltblütig aus. Biaggi hatte den besten Start

paarmal außen das Vorderrad gezeigt, doch Waldi durchschaute das Ablenkungsmanöver und raubte ihm mit einer besonders engen Linie jede Chance. »Ich wußte, daß er sein Glück in der letzten Runde versuchen würde, aber ich bin Kampflinie gefahren und habe ihm keinen Platz gelassen. Sein Motorrad war im Topspeed etwas

**Schnell begonnen, schnell zurückgefallen: Luis d´Antin (9) vor Jean-Michel Bayle (8)**

**Trotz Zündaussetzern Fünfter: Harada**

**Platz zwölf: Jürgen Fuchs quetschte sein Motorrad aus »wie eine Zitrone«**

schneller, doch das machte nichts, weil ich dafür ein besseres Fahrwerk hatte und später bremsen konnte. Ich denke, das war das beste Rennen meines Lebens«, jubelte Waldi, der mit seinem Sieg nicht nur den zweiten Platz in der WM-Wertung zurückeroberte, sondern auch jede Menge an gesundem Selbstvertrauen tankte. »Ab jetzt fahre ich überall voll auf Angriff. Denn jetzt habe ich gezeigt, daß Max Biaggi keineswegs unschlagbar ist. Bei 31 Punkten Rückstand ist in der Weltmeisterschaft noch alles drin«.

Biaggi war trotz seiner Niederlage genauso vergnügt, denn er hatte den Umständen entsprechend das Beste aus der Situation gemacht. »Dieser Kurs ist für unsere Aprilia bekanntlich nicht ideal. Als ich feststellen mußte, daß ich heute nicht wie in Assen auf und davonfahren konnte, ließ ich Ralf vorbei, um ihn die Führungsarbeit machen zu lassen und seine Linien zu studieren. Dabei fiel mir auf, daß er besser als ich in die Kurven hineinbremste«, lobte er seinen Rivalen. »Am Schluß habe ich wirklich alles versucht, doch Ralf war einfach zu schnell. In der letzten Runde stach er mit derartigem Tempo auf die

Schikane zu, daß ich damit rechnete, er werde geradeaus fahren. Aber er hatte alles perfekt unter Kontrolle«.

Ganz im Gegensatz zu seinem früheren Teamkollegen Doriano Romboni. Schon in der dritten Runde purzelte Rambo aus dem Sattel, brach sich zwei Finger und einen Zeh und löste bei Teamchef Giacomo Agostini ungläubiges Kopfschütteln aus. »Nach zwei Monaten Rennpause muß man sich langsam ans Limit herantasten. Eine Sekretärin schafft direkt nach dem Urlaub auch weniger Schreibmaschinenanschläge als sonst.«

Zehn Runden später war auch Nobuatsu Aoki von dem Tempo an der Spitze überfordert und stürzte, der Rest der Honda-Armada hatte bereits vorher den Anschluß verloren. Tadayuki Okada wurde am Ende Dritter, büßte wegen anhaltender Fahrwerksprobleme jedoch sieben Sekunden auf die Spitze ein. Carles Checa, 250 ccm-Teamkollege des verletzten Alberto Puig im Fortuna-Rennstall von Sito Pons, zeigte als Vierter sein bislang bestes Rennen in der 250 ccm-Klasse. Eine Feindberührung mit Takeshi Tsujimura überstand er unbeschadet, während der Japaner bei der

Kollision seinen Bremshebel verlor und aufgeben mußte.

Zwanzig Sekunden weiter hinten stritten sich die restlichen beiden Honda-Werksfahrer um Platz sieben. Luis d'Antin fiel nach starkem Beginn deutlich zurück, schaffte es am Ende aber, Jean-Philippe Ruggia bei seinem Heimspiel zu überlisten. »Ich hatte gegen d'Antin nicht einmal aus dem Windschatten heraus eine Chance. Schon im Training lief der Motor nicht richtig«, meinte der Franzose frustriert.

Zwischen die beiden schob sich das Yamaha-Duo Kenny Roberts junior und Tetsuya Harada. Obwohl er von Team-Physiotherapeut Dean Miller dreimal täglich massiert wurde, wurde der Japaner immer noch von Rückenschmerzen nach seinem Trainingssturz in Assen geplagt. Außerdem lag seine Yamaha schlecht, und beim Beschleunigen aus den vielen engen Kurven kam ihre typische Muskelschwäche besonders deutlich zum Tragen. »Ich habe alles versucht. Dreimal wäre ich fast gestürzt«, meinte er nach dem 15. Trainingsplatz.

Roberts startete von Startplatz 14 und klagte über dieselben Probleme. »Meine größte Sorge ist das Einlenken in die langsamen Kurven. Immer wieder reizt es mich, die anderen auszubremsen, aber dann beim Einbiegen fühlt sich das Motorrad nicht sicher genug an. Wenn wir einen stärkeren Motor hätten, der uns aus dem Schlamassel herauszieht, wäre es einfacher«.

Teamchef Wayne Rainey ballte nach dem schlechtesten Trainingsergebnis der Saison die Faust und schwor, man werde nicht aufgeben, und tatsächlich fanden die Mechaniker im Warm-Up am Sonntagmorgen noch eine Lösung fürs Fahrwerk, nach der sich die Yamaha wieder lammfromm benahmen. Harada und Roberts ließen sich denn auch nicht lange bitten: Seite an Seite brausten sie aus der vierten Startreihe los, wühlten sich eifrig durch die Verfolgergruppe und landeten am Ende immerhin auf den Plätzen fünf und sechs. »Meine Maschine litt unter Zündaussetzern. Sonst wäre Platz drei dringewesen«, berichtete Harada. »Mein Motor lief in Runde zwei nur auf einem Zylinder. Das hat auch mich ein paar wertvolle Plätze gekostet«, ergänzte Roberts. Teamchef Wayne Rainey war trotzdem begeistert. »Ein hartes Wochenende, doch die Jungs haben toll gearbeitet«, zollte er Fahrern wie Technikern gleichermaßen Respekt.

Und so toll zogen sich auch manche Privatfahrer aus der Affäre. Direkt hinter seinem berühmten Teamkollegen Ruggia holte der Franzose Olivier Jacque mit seinem Production Racer den erstaunlichen neunten Platz. Der Schweizer Eskil Suter erbeutete mit der gebrauchten Werks-Aprilia Rang zehn und hatte die Ehre, in der letzten Runde an Werksfahrer Jean-Michel Bayle vorbeizuziehen. Der frühere Cross-Superstar hatte nach seinem Pech in Assen auch beim Heimspiel in Frankreich kein Glück: Wegen eines gebrochenen Auspuffs fiel er von Platz sechs dramatisch zurück und wurde schließlich Elfter.

Jürgen Fuchs feierte seinen zwölften Platz dagegen wie einen Sieg. »Ich habe das Motorrad ausgequetscht wie eine Zitrone und beim Bremsen nach Kräften reingehalten«, freute er sich. Adi Stadler

verpaßte mit Platz 16 hingegen abermals die Punkteränge und ließ den Kopf hängen. »Mein Motor lief nicht richtig und ist unterwegs sogar einmal ausgegangen«, schilderte er.

## 500 ccm: Cadaloras Freude am Fahren

Solche Sorgen hatte Halbliter-Weltmeister Michael Doohan nicht. Die ersten sechs Runden ließ er sich noch Zeit und knöpfte sich Daryl Beattie, Alex Crivillé und Luca Cadalora vor wie ein Gourmet, der sich den Genuß nicht durch unnötige Hast verderben lassen will.

Einmal in Führung, zog er jedoch wie selbstverständlich auf satte 22 Sekunden davon und baute seine WM-Führung mit dem fünften Saisonsieg auf zehn Punkte aus. »Das Rennen war nicht sonderlich schnell«, meinte er. »Einmal hatte ich zwei Sekunden Vorsprung vor den andern, in der nächsten Runde dann bereits deren fünf. Ich fragte mich, ob sich meine Verfolger gegenseitig aus dem Weg geräumt hatten oder ob meine Boxentafel falsch war. Etwas später schaute ich über die Schulter und sah niemanden mehr hinter mir. Dabei kam mir alles ganz einfach vor«, gab er zu Protokoll.

Daryl Beattie war beim Comeback nach dem Assen-Crash freilich weit von seiner Bestform entfernt. Das gebrochene Schlüsselbein war schon drei Jahre zuvor einmal entzweigegangen und mußte mit acht statt der geplanten sechs Schrauben fixiert werden, außerdem wurde ein Knochenstück aus der Hüfte eingebaut. Beattie hatte beim Anbremsen der vielen engen Kurven Schmerzen, wegen eines gequetschten Nervs schlief beim Fahren zudem immer wieder die linke Hand ein, so daß er schon im Training eine volle Sekunde auf Michael Doohan verlor.

Im Rennen schaffte er dank einem Sturz des zweitplazierten Alex Crivillé immerhin den dritten Platz und blieb in der WM-Wertung auf Tuchfühlung. »Ich bin froh, auf dem Podest zu stehen, aber gleichzeitig bin ich enttäuscht, weil ich nicht auf dieselben Zeiten wie im Training gekommen bin. Wahrscheinlich war die Piste heute rutschiger«, vermutete er. »Ich war lange hinter Luca Cadalora, doch er hat mir alles, was ich beim Bremsen gutmachte, beim Herausbeschleunigen wieder abgenommen«.

Tatsächlich hatte der Italiener soviel Spaß am Fahren wie schon lange nicht mehr, wurde mit einer beherzten Fahrt zum dritten Mal in dieser Saison Zweiter und holte sich punktgleich mit Alberto Puig

**Der Weltmeister feiert, die Fans jubeln mit: Michael Doohan war unschlagbar**

**Oben;** Start der Halbliterklasse
*Links und unten:* Cadalora schlug Beattie
(4) und feierte Platz zwei

Platz elf: Adrian Bosshard (14, hinter Toshi Arakaki, 32)

Sieg über die Privatfahrer: Scott Russell

den vierten WM-Rang zurück. »Endlich haben wir die Balance einmal richtig hingekriegt«, lächelte er erleichtert. »Es war ein hartes, aber auch ein hochinteressantes Rennen. Ich konnte nach Herzenslust rutschen und mit dem Hinterrad steuern. Das gelingt mir selten, und deshalb war es für mich ein sehr spezieller Tag«.

Noch abwechslungsreicher war das Rennen für Cadaloras Teamkollegen Norifumi Abe. Erst leistete sich der Japaner einen Ausritt, dann stürzte er beim Versuch, die verlorenen Meter wieder gutzumachen. Immer noch unbeeindruckt, stellte er seine havarierte Maschine wieder auf die Räder und fuhr weiter, nur um festzustellen, daß mit abgebrochener Fußraste kein Blumentopf zu gewinnen war. »Ich erwischte einen tollen Start und war zwischendurch bereits Vierter. Doch dann donnerte mir einer in die Verkleidung, und ich mußte das Gas zudrehen. Dadurch verlor ich ein paar Plätze und wurde richtig zornig«, schilderte der japanische Teenager den Beginn des Dramas.

Weil so viele Stars ausgefallen waren, schaffte auch Superbike-Exweltmeister Scott Russell ein sehenswertes Resultat. Die neue Nummer zwei bei Suzuki wurde

Sechster, hatte allerdings nur noch Privatfahrer hinter sich. Zwei davon hielten die Schweizer Fahne hoch: Adrian Bosshard wurde Elfter, Bernhard Haenggeli freute sich über Rang 14.

## 125 ccm: Tokudomes toller Blitzstart

Bei den 125ern meldete sich Haruchika Aoki nach dem kleinen Einbruch von

Assen mit einer fehlerfreien Fahrt, meisterlicher Taktik und einem glänzenden sechsten Saisonsieg als WM-Favorit zurück. »Die anderen hatten schnellere Motorräder, und meine Reifen waren zum Ende hin schon ziemlich verbraucht. Damit hatte ich nur eine Chance auf den Sieg: Als Erster in die letzte Runde einzubiegen«, beschrieb der nervenstarke Japaner mit höflichem Lächeln, wie er Dirk Raudies und Peter Öttl den Spaß verdarb.

Denn zunächst schienen die Doppelsie-

Der entgangene Sieg: Peter Öttl (5) vor Dirk Raudies (4)

ger von Assen an ihren Triumph anknüpfen zu können. Raudies schnellte bergauf wie ein Torpedo an der Konkurrenz vorbei und übernahm in Runde sechs erstmals die Führung, Öttl setzte nach einem unverschuldeten Ausritt in der ersten Runde zu seiner typischen Aufholjagd an und gab im letzten Renndrittel den Ton an.

Doch auf dem Podest war Haruchika Aoki der lachende Dritte, während sich Raudies und Öttl mit sichtbar verhaltener Begeisterung als Flankenschutz postierten. »Im Großen und Ganzen bin ich zufrieden, doch wenn man so lange führt, ist ein dritter Platz natürlich nicht ganz so erfreulich«, grübelte Öttl, der seit 1991 auf einen Grand Prix-Sieg wartete. »Das Rennen in Assen war perfekt, da bin ich die letzte Runde so stark gefahren wie die erste. Hier kam mir im Endspurt ein Slide dazwischen. Wenn der nicht gewesen wäre, hätte ich Raudies noch überholen können«.

Der haderte freilich genauso mit seinem Schicksal. »Diese Erster Gang-Kurven kann ich überhaupt nicht leiden. Trotzdem konnte ich zwischendurch wegfahren, aber dann hat Aoki eine Wahnsinnsrunde hingelegt. Am Schluß habe ich mich noch verschaltet, bin in den ersten statt in den zweiten Gang geraten und wäre fast von meinem Hinterrad überholt worden«, schilderte er. »Aber daran war auch meine blöde Magen- und Darmverstimmung schuld. Wenn man drei Tage lang nur Wasser oben reinleert und unten läuft´s zum falschen Loch wieder raus, ist das nicht so gut. In den letzten Runden hatte ich einen ganz trockenen Mund«.

So wie Masaki Tokudome. Obwohl er in Assen links einen Mittelfußknochen brach und bei Trainingsbeginn in Le Mans hinter dem großen Zeh eine weitere Bruchstelle entdeckt wurde, schaffte der Ditter Plastic-Pilot mit einer cleveren Windschattenfahrt Trainingsplatz zwei und erstmals einen Platz in der ersten Startreihe.

Noch erstaunter war er, als er in den ersten Rennrunden plötzlich in Führung lag. »Ich jauchzte und jubelte unter dem Helm, weil ich nicht glauben konnte, daß keiner vor mir war – ein tolles Gefühl«,

**Blitzstart: Tokudome (8, neben Aoki, 12)**

schilderte er. Doch ab der sechsten Runde verging ihm das Lachen: Wegen der ersten Hinterradrutscher fiel er im Spitzenpulk zurück, durch das Windschattenfahren überhitzte der Motor und legte die Schaltautomatik lahm, weshalb sich Tokudome den kaputten Fuß ein paarmal ordentlich wehtat und mit zusammengebissenen Zähnen Achter wurde.

Sechs Plätze weiter hinten landete sein Teamkollege Oliver Koch: Im Training noch durch zwei Motorschäden und eine Bremsdefekt frustriert, kam er erstmals seit dem Spanien-Grand Prix wenigstens wieder ins Ziel.

Dagegen ließ Öttl-Teamkollege Tex Geissler nach dem 17. Platz bitter enttäuscht den Kopf hängen. »Es gibt Höhen und Tiefen im Rennfahrerleben, und ich bin derzeit eher auf der zweiten Seite«, philosophierte er. »Das Fahren geht mir derzeit schlecht von der Hand, und wenn kleine Probleme mit dem Motorrad hinzukommen, klappt fast gar nichts mehr.«

Wie bei den Yamaha-Chauffeuren Stefan Kurfiss und Stefan Prein: Kurfiss fuhr auf seiner asthmatischen Maschine als 20. hinterher, Prein wurde schon in Runde vier wegen eines Motorschadens erlöst.

**Endlich mal wieder im Ziel: Olli Koch (18)**

## Gespanne: Biland und Bohnhorst

Dagegen gelang Rolf Biland nach den Nullnummern zu Saisonbeginn endlich wieder der Auftritt, den die Gespann-Fans so schmerzlich vermißt hatten. Obwohl er ein Training ausgelassen hatte, weil ein Ringtausch der swissauto-Kurbelwellen stattfand und einer der anderen BRM-Kun-

den sonst nicht hätte fahren können, war der Weltmeister im Rennen überlegen und brachte seinen Vorsprung endlich einmal über die Linie. »Rolf ist ein wilder Hund, nicht zu fassen«, anerkannte der zweitplazierte Darren Dixon. »Aber es ist gut für unseren Sport, daß er mal wieder da oben steht«.

Und es war gut für das Image der neuen BRM-Motoren. »Eine Erlösung für die Crew«, atmete Biland auf, »denn jetzt kann man jeden Zweifel an dieser Investition auf die Seite schreiben«.

Zumal auch der tüchtige Ralph Bohnhorst dank des BRM-Motors erstmals seit seinem Sieg in Hockenheim 1991 wieder

**Eine Erlösung für die Crew: Rolf Bilands erster Sieg**

## 500 cm³:

**Ergebnisse**

| | | | | WM-Stand | Pkt. |
|---|---|---|---|---|---|
| 1. Michael Doohan | AUS | Honda NSR | 46.10.991 | 1. Doohan | 145 |
| 2. Luca Cadalora | I | Yamaha YZR | 46.32.914 | 2. Beattie | 135 |
| 3. Daryl Beattie | AUS | Suzuki RGV | 46.34.598 | 3. Puig | 99 |
| 4. Shinichi Itoh | J | Honda NSR | 46.50.614 | 4. Cadalora | 99 |
| 5. Alexandre Barros | BR | Honda NSR | 47.02.691 | 5. Crivillé | 92 |
| 6. Scott Russell | USA | Suzuki RGV | 47.30.267 | 6. Itoh | 73 |
| 7. Jeremy McWilliams | GB | Yamaha YZR | 47.31.524 | 7. Barros | 71 |
| 8. Neil Hodgson | GB | ROC-Yamaha | 47.43.226 | 8. Abe | 55 |
| 9. Toshi Arakaki | J | Harris-Yamaha | 47.50.219 | 9. Capirossi | 48 |
| 10. Laurent Naveau | B | ROC-Yamaha | 47.50.412 | 10. Reggiani | 41 |
| 11. Adrian Bosshard | CH | ROC-Yamaha | 47.51.442 | 11. Borja | 35 |
| 12. Frédéric Protat | F | ROC-Yamaha | 47.54.068 | 12. Schwantz | 34 |
| 13. Marc Garcia | F | ROC-Yamaha | 47.58.758 | 13. Garcia | 22 |
| 14. Bernard Haenggeli | CH | ROC-Yamaha | – 1 Rde. | 14. Hodgson | 21 |
| 15. Philippe Monneret | F | ROC-Yamaha | – 1 Rde. | 15. Russell | 19 |

16. Bruno Bonhuil (F) ROC-Yamaha, 17. Scott Gray (USA) Harris-Yamaha – 6 Rdn.

**Schnellste Runde:** Doohan in 1.41.850 = 156,583 km/h

**Rekord:** Michael Doohan (Honda) in 1.41.200 = 157,589 km/h (1991)

**Durchschnitt Sieger:** 27 Runden oder 119,610 km in 46.10.991 = 155,394 km/h

**Ausfälle:** A. Puig (E) Honda, Nichtstarter/Trainingssturz; A. Crivillé (E) Honda, Sturz; S. Emmett (GB) Harris-Yamaha, Kupplung rutschte; A. Barros (BR) Honda, Sturz; B. Garcia (F) ROC-Yamaha, Motor defekt; L. Reggiani (I) Aprilia, Reifenprobleme; N. Abe (J) Yamaha, Sturz; C. Migliorati (I) Harris-Yamaha, Benzinzufuhr defekt; L. Pedercini (I) ROC-Yamaha, Motor defekt; E. McManus (GB) Harris-Yamaha, Sturz; J.-P. Jeandat (F) Paton, Sturz; J. Haydon (GB) Harris-Yamaha, Gaszug ausgehängt; M. Papa (I) ROC-Yamaha, Motor defekt.

**Trainingszeiten:** 1. Doohan 1.40.821 = 158,181 km/h, 2. Puig 1.41.453, 3. Beattie 1.41.795, 4. Crivillé 1.41.838, 5. Itoh 1.42.023, 6. Abe 1.42.033, 7. Russell 1.42.129, 8. Reggiani 1.42.392, 9. Cadalora 1.42.436, 10. Barros 1.42.442, 11. Garcia 1.42.470, 12. Hodgson 1.43.526, 13. McWilliams 1.44.060, 14. Jeandat 1.44.088

## 250 cm³:

**Ergebnisse**

| | | | | WM-Stand | Pkt. |
|---|---|---|---|---|---|
| 1. Ralf Waldmann | D | Honda NSR | 43.39.063 | 1. Biaggi | 163 |
| 2. Massimiliano Biaggi | I | Aprilia | 43.39.614 | 2. Waldmann | 132 |
| 3. Tadayuki Okada | J | Honda NSR | 43.46.238 | 3. Harada | 129 |
| 4. Carles Checa | E | Honda NSR | 43.51.970 | 4. Okada | 85 |
| 5. Tetsuya Harada | J | Yamaha TZM | 44.04.062 | 5. Aoki | 74 |
| 6. Kenny Roberts jr. | USA | Yamaha TZM | 44.07.520 | 6. Ruggia | 70 |
| 7. Luis d'Antin | E | Honda NSR | 44.08.280 | 7. Roberts jr. | 60 |
| 8. Jean-Philippe Ruggia | F | Honda NSR | 44.09.171 | 8. d'Antin | 47 |
| 9. Olivier Jacque | F | Honda RS | 44.19.516 | 9. Checa | 45 |
| 10. Eskil Suter | CH | Aprilia | 44.25.724 | 10. Bayle | 32 |
| 11. Jean-Michel Bayle | F | Aprilia | 44.27.300 | 11. J. Goorbergh | 32 |
| 12. Jürgen Fuchs | D | Honda RS | 44.27.563 | 12. Suter | 27 |
| 13. Patrick v. d. Goorbergh | NL | Aprilia | 44.29.856 | 13. Cardoso | 24 |
| 14. Jürgen v. d. Goorbergh | NL | Honda | 44.39.294 | 14. Fuchs | 24 |
| 15. Alessandro Gramigni | I | Honda | 44.53.184 | 15. Romboni | 23 |

16. Adi Stadler (D) Aprilia, 17. Luis Carlos Maurel (E) Honda, 18. Gregorio Lavilla (E) Honda, 19. Niall Mackenzie (GB) Aprilia, 20. Oliver Petrucciani (CH) Aprilia, 21. Florian Ferracci (F) Aprilia

**Schnellste Runde:** Waldmann in 1.43.880 = 153,523 km/h (Rekord)

**Alter Rekord:** Loris Capirossi (Honda) in 1.44.030 = 153,302 km/h (1994)

**Durchschnitt Sieger:** 25 Runden oder 110,750 km in 43.39.063 = 152,230 km/h

**Ausfälle:** T. Tsujimura (J) Honda, Bremshebel verloren/Kollision Checa; D. Romboni (I) Honda, Sturz: N. Aoki (J) Honda, Sturz; B. Kassner (D) Aprilia, Sturz; S. Hikita (J) Honda, Sturz; J.-L. Cardoso (E) Aprilia, Motor defekt; M. Castilla (E) Yamaha, Motor defekt; P. Riba (E) Aprilia, Federungsprobleme; R. Laconi (F) Honda, Sturz.

**Trainingszeiten:** 1. Biaggi 1.43.517 = 154,062 km/h, 2. Romboni 1.43.556, 3. Waldmann 1.43.633, 4. Aoki 1.43.738, 5. d'Antin 1.44.166, 6. Checa 1.44.264, 7. Okada 1.44.378, 8. Bayle 1.44.788, 9. Suter 1.44.788, 10. Tsujimura 1.44.896, 11. Ruggia 1.44.908, 12. Fuchs 144.997, 13. Jacque 1.45.057, 14. Roberts jr. 1.45.165, 15. Harada 1.45.166, 16. J. Goorbergh 1.45.206, 17. Cardoso 1.45.674, 18. P. Goorbergh 1.45.942, 19. Gramigni 1.46.027, 20. Hikita 1.46.033, 21. Laconi 1.46.198, 22. Maurel 1.46.634, 23. Mackenzie 1.46.642, 24. Stadler 1.46.679, 25. Petrucciani 1.46.787

einen Podestplatz eroberte. »Und das mit Masato Kumanos fünf Jahre altem LCR-Chassis«, schmunzelte er. »Das Classic Race hätten wir damit locker gewonnen«.

### Thunderbikes: Marks flatternde Augenlider

Der Schweizer Yves Briguet gewann das Thunderbike-Rennen vor seinem belgischen Honda-Markengefährten Stéphane Mertens. Verfolger Udo Mark erbeutete Platz drei erst nach einem halsbrecherischen Ausbremsmanöver gegen den Holländer Wilco Zeelenberg. »Das sind

Aktionen, bei denen dir die Augenlider auf und zu fliegen«, schilderte das Superbike-As. »Bei hohen Temperaturen werden Gabel und Lenkkopf meiner Kawasaki offensichtlich labiler, denn beim Anbremsen hatte ich derart extreme Vibrationen, daß ich fallweise die Strecke nicht mehr sah«.

Trotzdem war Mark mit dem Saisonverlauf hochzufrieden. »Dafür, daß wir als kleines Team mit einem brandneuen Serienmotorrad antreten, läuft's bombastisch. Wenn das Werk unsere Verbesserungen aufgreift und in die Serie einfließen läßt, wird die Kawasaki 1996 kaum zu schlagen sein«.

**Jubel: Biland/Waltisperg, Bohnhorst (r.)**

## 125 cm³:

### Ergebnisse

| | | | | | WM-Stand | Pkt. |
|---|---|---|---|---|---|---|
| 1. Haruchika Aoki | J | Honda | 42.52.844 | | 1. Aoki | 161 |
| 2. Dirk Raudies | D | Honda | 42.53.889 | | 2. Perugini | 92 |
| 3. Peter Öttl | D | Aprilia | 42.54.496 | | 3. Saito | 79 |
| 4. Akira Saito | J | Honda | 43.00.348 | | 4. Sakata | 77 |
| 5. Tomomi Manako | J | Honda | 43.00.846 | | 5. Raudies | 76,5 |
| 6. Stefano Perugini | I | Aprilia | 43.02.403 | | 6. Öttl | 67 |
| 7. Emilio Alzamora | E | Honda | 43.02.646 | | 7. Manako | 64 |
| 8. Masaki Tokudome | J | Aprilia | 43.02.851 | | 8. Alzamora | 56 |
| 9. Yoshiaki Katoh | J | Yamaha | 43.03.368 | | 9. Nakajoh | 52 |
| 10. Herri Torrontegui | E | Honda | 43.06.601 | | 10. Ueda | 44 |
| 11. Hideyuki Nakajoh | J | Honda | 43.13.012 | | 11. Katoh | 40 |
| 12. Kazuto Sakata | J | Aprilia | 43.19.532 | | 12. Torrontegui | 35,5 |
| 13. Tomoko Igata | J | Honda | 43.22.037 | | 13. Scalvini | 31,5 |
| 14. Oliver Koch | D | Aprilia | 43.24.862 | | 14. Tokudome | 29,5 |
| 15. Gabriele Debbia | I | Yamaha | 43.25.240 | | 15. Miyasaka | 24,5 |

16. Luigi Ancona (I) Honda, 17. Manfred Geissler (D) Aprilia, 18. Vittorio Lopez (I) Aprilia, 19. Takehiro Yamamoto (J) Honda, 20. Stefan Kurfiss (D) Yamaha, 21. Hiroyuki Kikuchi (J) Honda, 22. Stefano Cruciani (I) Aprilia, 23. Alain Bronec (F) Aprilia

**Schnellste Runde:** Öttl in 1.50.477 = 144,356 km/h (Rekord)
**Alter Rekord:** Hideyuki Nakajoh (Honda) in 1.50.818 = 143.912 km/h (1994)
**Durchschnitt Sieger:** 23 Runden oder 101,890 km in 42.52.844 = 142,568 km/h
**Ausfälle:** N. Ueda (J) Honda, Sturz; J. Martinez (E) Yamaha, Aufgabe/Schmerzen; S. Prein (D) Yamaha, Motor defekt; G. Scalvini (I) Aprilia, Sturz; Y. Sugai (J) Honda, Sturz; K. Miyasaka (J) Honda, Sturz; M. d'Agnano (I) Aprilia, Sturz; J. Sarda (E) Honda, Sturz; E. Mizera (F) Aprilia, Motor überhitzt; F. Petit (F) Honda, Aufgabe/schlechter Start; C. Rochel (F) Honda, Sturz.
**Trainingszeiten:** 1. Aoki 1.49.605 = 145,504 km/h, 2. Tokudome 1.50.062, 3. Öttl 1.50.445, 4. Alzamora 1.50.490, 5. Raudies 1.50.597, 6. Scalvini 1.50.712, 7. Saito 1.50.735, 8. Torrontegui 1.50.942, 9. Miyasaka 1.51.204, 10. Sakata 1.51.207, 11. Perugini 1.51.220, 12. Nakajoh 1.51.322, 13. Ueda 1.51.418, 14. Debbia 1.51.519, 15. Katoh 1.51.533, 16. Igata 1.51.537, 17. Martinez 1.51.629, 18. Manako 1.51.684, 19. Sugai 1.51.960, 20. Ancona 1.52.058, 21. Sarda 1.52.188

## Gespanne:

### Ergebnisse

| | | | | | WM-Stand | Pkt. |
|---|---|---|---|---|---|---|
| 1. Biland/Waltisperg | CH | LCR-BRM | 42.15.432 | | 1. Dixon | 90 |
| 2. Dixon/Hetherington | GB | Windle-ADM | 42.26.738 | | 2. Abbott | 61 |
| 3. Bohnhorst/Brown | D/GB | LCR-BRM | 42.40.177 | | 3. Bösiger | 44 |
| 4. Bösiger/Egli | CH | LCR-ADM | 42.40.525 | | 4. B. Brindley | 41 |
| 5. D. Brindley/Hutchinson | GB | LCR-Honda | 42.44.460 | | 5. D. Brindley | 40 |
| 6. Abbott/Tailford | GB | Windle-ADM | 42.47.479 | | 6. Kumagaya | 30 |
| 7. Kumagaya/Hopkinson | J/GB | LCR-Honda | 42.57.106 | | 7. Klaffenböck | 29 |
| 8. B. Brindley/Whiteside | GB | LCR-Yamaha | 43.27.713 | | 8. Gälross | 29 |
| 9. Lausletho/Matsaranta | SF | LCR-Honda | 43.42.118 | | 9. Janssen | 26 |
| 10. Gälross/Berglund | S | LCR-Yamaha | 43.45.300 | | 10. Güdel | 25 |
| 11. Reddington/Crone | GB | LCR-Honda | 43.52.599 | | 11. Biland | 25 |
| 12. Janssen/van Kessel | NL | LCR-Honda | 43.58.127 | | 12. Lausletho | 21 |
| 13. Willford/Edwards | GB | LCR-Honda | – 1 Rde. | | 13. Reddington | 18 |
| 14. Meier/Brühwiler | CH | LCR-Yamaha | – 1 Rde. | | 14. Willford | 18 |
| 15. Whittington/Birkett | GB | LCR-Krauser | – 1 Rde. | | 15. Schlosser | 17 |

**Schnellste Runde:** Biland in 1.48.778 = 146,611 km/h
**Rekord:** Michel/Birchall (LCR-Krauser) in 1.48.132 = 147,486 km/h (1991)
**Durchschnitt Sieger:** 23 Runden oder 101,890 km in 42.15.432 = 144,671 km/h
**Ausfälle:** Güdel/Güdel (CH) LCR-BRM, Schaltautomatik defekt; Klaffenböck/Parzer (A) Windle-BRM, Bremse hinten defekt; Koster/Klaffenböck (CH/A) LCR-ADM, Antriebskette gerissen; Wyssen/Wyssen (CH) LCR-BRM, disqualifiziert/Frühstart; K. Webster/Hofsteenge (GB/NL) LCR-Honda, Zündung defekt; Schlosser/Hänni (CH) LCR-ADM, Sturz; Ferrand/Jeambrun (F) LCR-Krauser, Sturz.
**Trainingszeiten:** 1. Güdel 1.47.093 = 148,917 km/h, 2. Biland 1.48.139, 3. Bohnhorst 1.48.266, 4. Dixon 1.48.764, 5. D. Brindley 1.49.509, 6. Abbott 1.49.558, 7. Lausletho 1.49.855, 8. Bösinger 1.49.923, 9. Klaffenböck 1.50.197, 10. Reddington 1.50.317, 11. Kumagaya 1.50.736, 12. B. Brindley 1.50.804, 13. Janssen 1.53.184, 14. Schlosser 1.53.880, 15. Gälross 1.54.082, 16. K. Webster 1.55.003, 17. Ferrand 1.55.108, 18. Meier 1.55.747, 19. Willford 1.55.784, 20. Wyssen 1.56.782, 21. Whittington 1.57.514

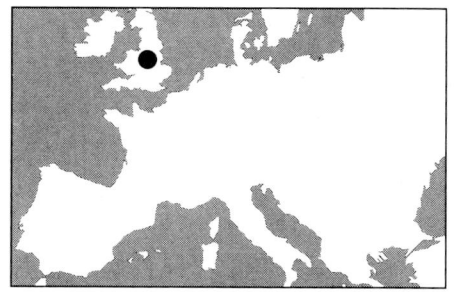

# Der Max macht's

*Im Training verletzt,*
*im Rennen wieder obenauf: Superstar Max Biaggi machte es in England ganz besonders*
*spannend.*

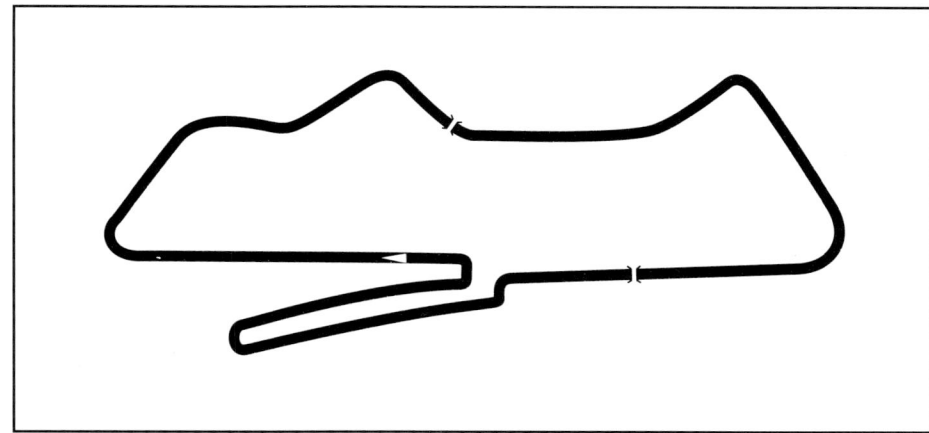

Vor dem britischen Grand Prix gab Michael Doohan ein aufsehenerregendes Interview, in dem er ziemlich schonungslos mit den anderen Halbliterstars abrechnete und eine Menge Leute gegen sich aufbrachte.

Der Australier behauptete, die Hälfte seiner Kollegen verdiene ihre Werksmaschinen nicht, daß er es satt habe, ohne echte Gegner vorauszufahren und daß er zum Jahresende zurücktreten werde, falls sich an der Situation nicht schleunigst etwas ändere. »Derzeit bemühe ich mich nur, keine Fehler zu machen. Ich mache nur so viel, wie es braucht, um zu gewinnen. Um ehrlich zu sein: Derzeit ist es sterbenslangweilig da draußen«, schilderte er. »Ich will damit keineswegs behaupten, Daryl Beattie sei langsam. Aber gegen Kevin Schwantz oder Wayne Rainey anzutreten, war trotzdem etwas anderes. Mit jemandem wie Kevin wußtest du, daß du wirklich rennfahren mußtest. Du wußtest, daß er alles versuchen würde, dich zu überholen und anschließend abzuhauen. Doch derzeit gibt es keine Fahrer in der Halbliterklasse, die dich so herausfordern können«.

Diese Herausforderung war das Einzige, was Doohan noch motivieren konnte. Geld

**Magier Max: Trotz Armverletzung fuhr er Harada (verdeckt), Waldmann (28) und Jaque (19) locker davon**

hatte er genug, um nie wieder arbeiten zu müssen, und durch seine Siege und den Titel 1994 teilte er längst den Ruhm der Größten seines Gewerbes. Was für ihn zählte und das Risiko mitsamt dem steifen rechten Fußgelenk von seinem Assen-Sturz 1992 rechtfertigte, war der Wettkampf an sich. »Ich kenne die Realitäten dieses Sports«, ließ er die unvermeidlichen Stürze anklingen, »und wenn ich in solche Situationen gerate, wo ich nicht wirklich gegen jemanden fahre, dann ist es möglicherweise Zeit zum Aufhören«.

Die beste Antwort dazu hatte Luca Cadalora parat. »Wenn es ihm so langweilig ist, dann soll er doch eine Yamaha fahren«, konterte der Italiener. Weil das den Rennstall von Kenny Roberts aus der Krise geführt und die Königsklasse insgesamt

aufgewertet hätte, versuchte der Tabakkonzern Philip Morris tatsächlich, einen solchen Super-Deal einzufädeln. »Ich habe nie mit Michael Doohan gesprochen, denn momentan bin ich damit beschäftigt, Luca schneller zu machen. Aber wir wären blöd, wenn wir es nicht versuchen würden«, bestätigte Cadaloras Teamchef Kenny Roberts das Interesse. Über die neue Rekordsumme für den geplanten Transfer wurde freilich nur hinter vorgehaltener Hand spekuliert: Im Fahrerlager war von satten fünf Millionen Dollar die Rede.

Einer jener Gegner, der Doohan wenigstens auf manchen Strecken das Wasser reichen konnte und den der Australier sehnlichst zurückwünschte, war Alberto Puig. Doch die Folgen seines schweren Le Mans-Sturzes waren zwei Wochen nach

**Michael Doohan (links):**
**»Da draußen ist es**
**sterbenslangweilig**

**Luca Cadalora (oben):**
**»Dann soll er doch**
**Yamaha fahren!«**

dem Unfall noch völlig unabsehbar. Viermal hatte man den Spanier bereits an dem gebrochenen linken Bein operiert, bei dem nicht nur Schienbeinkopf und Wadenbein zertrümmert, sondern auch Bänder und Menisken im Knie sowie ein wichtiger Nerv abgerissen wurden. Nach einer Thrombose in der Hauptarterie zur Blutversorgung des Beins bestand sogar akute Amputationsgefahr, nur durch eine Notoperation und die Verpflanzung eines weniger wichtigen Blutgefässes konnte das Bein gerettet werden.

Neben vielen anderen Prominenten, die ihn am Krankenbett besuchten, meldete sich auch König Juan Carlos persönlich mit Genesungswünschen am Telefon, und so blieb der Katalane trotz der Schwere seiner Verletzung bemerkenswert tapfer. »Ich danke Gott, denn es hätte alles noch viel schlimmer sein können«, erklärte Puig, der schon 1990 einen offenen Bruch des linken Schienbeins erlitten hatte und zwei Jahre lang an den Folgen laborierte. »Mein einziges Ziel: So schnell wie möglich in den Sattel zurückzukehren und Weltmeister 1996 zu werden«.

Daryl Beattie hatte trotz Doohans Überlegenheit immer noch den Titel 1995 im Visier, und die Aktien seines Teams schnellten unerwartet in die Höhe, als

**K.o. im Warm-Up: Scott Russel freute sich zu früh aufs Rennen**

126

Teamkollege Scott Russell schon im ersten freien Training mit der schnellsten Zeit verblüffte und trotz eines Ausrutschers im Abschlußtraining immer noch als Dritter hinter Doohan und Beattie in der ersten Reihe stand. »Leider war das Motorrad zu stark beschädigt, so daß ich nicht zur Box zurückfahren konnte. Denn eigentlich wollte ich nochmals mit frischen Reifen raus und eine richtig schnelle Zeit vorlegen«, meinte er. »Aber die erste Reihe ist auch so schon ziemlich gut. Die Suzuki ist auf diesem Kurs leichter zu fahren als ein Superbike. Durch das geringere Gewicht läßt sie sich mit geringerem Aufwand in die Bergabkurven einfädeln. Auf der

Bremse verschlinge ich jedermann mit Haut und Haaren«, beteuerte der Amerikaner. Und weil er auf seiner Lieblingsstrecke bereits fünf World Superbike-Siege eingesammelt hatte, träumte er ganz ohne falsche Bescheidenheit vom ersten Grand Prix-Triumph. »Die oberste Podeststufe geht mir nicht aus dem Sinn«, grinste Russell.

Doch das Lachen sollte ihm im Warm-Up am Sonntagmorgen vergehen: Paton-Pilot Jean-Pierre Jeandat zog für einen Kerzenstop urplötzlich nach rechts und nahm Russell die Vorfahrt, der bei dem Sturz das linke Handgelenk anknackste, für ein paar Minuten k.o. ging und deshalb auch nicht zum Rennen zugelassen wurde. »Ich bin stocksauer«, erklärte Russell später. »Der Sturz passierte ganz am Ende des freien Trainings. Ich folgte Daryl, als wir auf einen langsameren Fahrer aufliefen. Daryl reichte es vorbei, dann bemerkte ich, wie langsam dieser Kerl unterwegs war. Er zog leicht nach links, worauf ich nach rechts schwenkte und vorbeifahren wollte. Just in diesem Moment bog auch er nach rechts zu einem Kerzencheck ab. Ich hatte keine Chance, auszuweichen. Das Nächste, an was ich mich erinnern kann, ist, wie ich aus dem Krankenwagen gehievt und ins Medical Center verfrachtet wurde«.

Auch Lokalmatador Jamie Whitham,

**Harald Bartol:**
**Tricks mit Hub**
**und Bohrung**

**Vorsicht Attacke:**
**Barton fuhr wilder**
**als Kurfiss (links)**

**Prein, Kellner (rechts):**
**Dem Nachwuchs**
**keine Chance**

Superbike-Star und Wild Card-Pilot auf einer ROC-Yamaha, mußte nach einem Sturz am Freitag auf den Start verzichten. In den Tagen darauf war ihm ständig schlecht, was sein Team zunächst noch darauf zurückführte, daß er auf dem Rücken gelandet war und seine Nieren geprellt hatte. Als sich sein Zustand nicht besserte und Whitham auch in den Tagen darauf müde und kraftlos blieb, wurde er ins Spital eingeliefert, wo die Ärzte erst nach langen Untersuchungen zur wirklichen, erschütternden Diagnose kamen: Whitham litt unter Lymphdrüsenkrebs und mußte sich einer Chemotherapie unterziehen.

125 ccm-Wild Card-Pilot Darren Barton war hingegen der Star der Veranstaltung. Der kleine Engländer, Nummer eins der englischen Meisterschaft, hatte sich für dieses Rennen ins deutsche Scott-Attac-Team eingekauft, wo nach den mageren Resultaten seit Saisonbeginn der Haussegen schiefhing. Fahrer Stefan Kurfiss machte sein langsames Motorrad und anhaltende Fahrwerksschwierigkeiten für den Mangel an Erfolg verantwortlich, Team-Cheftechniker Heinz Röhrich und der österreichische Tuner Harald Bartol waren der Ansicht, Kurfiss drehe nicht kräftig genug am Gas.

In sechswöchigen Sonderschichten hatten sie nämlich jene Spezialteile aufpoliert, die seit einem Jahr in Bartols Werkstatt im österreichischen Straßwalchen verstaubten,

und jenen Motor zum Laufen gebracht, den Martínez im Vorjahr aus Angst vor der Eifersucht japanischer Techniker verschmäht hatte: Eine quadratisch ausgelegte Variante mit 54 statt 56 Millimeter Bohrung.

Das Ergebnis war frappierend und gab selbst den trägen Yamaha-Technikern zu denken. Statt magerer 43 PS bremsten Bartol und Röhrich plötzlich deren 46,5 aus dem Motor, darüber hinaus hatte das Aggregat ein derart breites Leistungsband, daß es sich vor den besten A-Kit-Honda nicht zu verstecken brauchte.

Ursprünglich von Stefan Prein engagiert, aber nicht vereinbarungsgemäß honoriert, wechselte Bartol schließlich vollständig die Seiten und reiste mit dem Scott-Attac-Team nach England an, um höchstpersönlich mitzuerleben, ob sich die Arbeit gelohnt hatte.

Barton qualifzerte sich als bester Yamaha-Pilot auf Platz zehn und war damit auf Anhieb der neue Star im Team, Kurfiss fuhr hingegen auf Rang 28 hinterher und wurde links liegengelassen. »Der Motor ist gut, da gibt´s nichts – die haben geschafft wie die Brunnenputzer«, anerkannte Kurfiss, »doch wenn du plötzlich mehr Leistung hast, hast du plötzlich auch ganz neue Set-Up-Probleme. Solche Schwierigkeiten kannst du überspielen, wenn du bei deinem Heim-Grand Prix jeden Zentimeter Strecke kennst, topmotiviert bist und nichts zu verlieren hast. Auch ich war als Wild

Card-Fahrer in Hockenheim schon mal Siebter«.

Daß mit der 125 ccm-Yamaha unter normalen Umständen wenig Staat zu machen war, zeigten auch die Trainigszeiten der anderen: Gabriele Debbia war Trainings-Zwölfter, Yoshiaki Katoh 15., der seit dem Kahnbeinbruch in Italien angeschlagene Jorge Martínez nur auf Platz 21. Stefan Prein hatte eine Muskelzerrung im Rücken, aber keine Lust, sich wegen eines 20. oder 25. Platzes fitspritzen zu lassen und ließ seinen Team-Junior und DM-Piloten Christian Kellner erstmals GP-Luft schnuppern. Ohne rechte Betreuung von seiten des Chefs, der sich ja auch selbst nicht auf seiner Yamaha zu helfen wußte, kurvte Kellner abgeschlagen als Letzter durch die Gegend.

Yamaha 250-Teamchef Wayne Rainey nutzte das Fehlen der immer wieder angekündigten neuen Variante mit Drehschiebermotor währenddessen zu einer erneuten Verbalattacke auf das Ersatzmaschinenverbot. »Diese Regelung macht den Rennsport teurer statt billiger. Ohne sie wäre das neue Motorrad längst hier, wir könnten es im Grand Prix-Training im direkten Vergleich einsetzen und weiterentwickeln. Statt dessen müssen wir für teures Geld Rennstrecken mieten«, beschwerte er sich. Konkurrenzfähig war die vermeintliche Wunderwaffe ohnehin noch nicht: An Spitzenleistung mangelte es nicht, doch wegen der spitzen Leistungscharakteristik kamen weder Testfahrer Kohji Namba noch Tetsuya Harada selbst auf die angepeilten Rundenzeiten.

Dafür quetschte Harada aus dem gewohnten Modell mit Membraneinlaß wieder das Optimum heraus. »Ihm hinterherzufahren, ist wie ein Kunstwerk zu betrachten«, schwärmte Donington-Neuling Kenny Roberts junior begeistert, nachdem ihn der Star des Teams zum Kennenlernen der Piste ein paar Runden im Windschatten mitgezogen hatte. »Bei ihm sieht alles aus wie ein Kinderspiel. Er fährt unglaublich weich, präzise und effizient«.

Während Roberts im Abschlußtraining auf die zehnte Position zurückfiel und die fehlenden Sekundenbruchteile weitgehend seinen 12 Kilogramm Mehrgewicht im Vergleich zu Harada zuschrieb, schaffte der Japaner am Ende als Vierter den Sprung in die erste Startreihe.

Ralf Waldmann war Zweiter, gab aber zu Protokoll, Nachzügler hätten ihm seine schnellsten Runden verdorben, und er sehe keinen Grund, warum er nicht an seine stolze Leistung von Le Mans anknüpfen sollte. Denn wie schon in Frankreich kam ihm auch in England das Layout der Strecke zugute: Aus den Spitzkehren heraus hatte er mit seiner sanfter einsetzenden

Immer gut für Überraschungen: Am Samstag trug Biaggi den Arm in der Schlinge, am Sonntag (neben Harada) reckte er ihn im Triumph

Honda geringere Schwierigkeiten als Max Biaggi mit der etwas stärkeren, beim Gasgeben aber auch giftiger zubeißenden Aprilia, weshalb sich Waldi auch insgesamt eine weichere Fahrwerksabstimmung und weichere Reifen leisten konnte.

Was seine Hoffnungen weiter schürte, war die Armschlinge, mit der Biaggi am Samstagabend durchs Fahrerlager marschierte. Bereits am Freitag hatte sich der Weltmeister die Pole Position gesichert, stürzte im Abschlußtraining am Samstagnachmittag dann aber wegen eines unnötigen Manövers auf die rechte Hand. Mit zusammengebissenen Zähnen bestritt er

die letzten zehn Minuten der Qualifikation und fuhr abermals Tagesbestzeit, beim Röntgen wurde dann anschließend ein angebrochener vierter Mittelhandknochen festgestellt. »Hikita schien mir die Tür vor der Nase zuzuschlagen, deshalb geriet ich auf die Randsteine«, schilderte Biaggi und fügte mit düsterer Miene hinzu: »Ich habe keine Ahnung, wieviele Runden ich morgen durchhalten kann«.

### 250 ccm: Jacques Privatvergnügen

Doch ob es nun die Künste von Rennarzt Dr. Claudio Costa, ob es Biaggis Willenskraft in entscheidenden Phasen einer Saison oder ob die Armschlinge ohnehin nur eine der Eulenspiegeleien des schelmischen kleinen Teufels war, jedenfalls schien die Verletzung am nächsten Tag wie weggeblasen.

Als sei er topfit, knüpfte Biaggi seinem Rivalen Tetsuya Harada in Runde drei die Führung ab, stürmte auf vier Sekunden Vorsprung davon und drosselte das Tempo nach einem grandiosen Solo erst in den letzten Runden, als ihm nichts und niemand mehr gefährlich werden konnte. »Ich bin sehr, sehr glücklich«, erzählte er mit honigsüßem Lächeln. »Am Anfang hatte ich ein paar Probleme mit der Hand, weil beim Bremsen das gesamte Gewicht darauf geworfen wird. Doch nach ein paar Runden haben die Spritzen gewirkt, die

**Kenny Roberts junior: Lehrstunden von Künstler Tetsuya Harada**

mir Dr. Costa verpaßt hat, und ich habe die Verletzung vergessen.«

Statt wie in Le Mans gleich Biaggis Windschatten zu erwischen, verpaßte Ralf Waldmann den Anschluß, weil er sich erst einmal mit dem erstaunlichen Olivier Jacque beschäftigen mußte. Der tolldreiste Franzose fuhr auf seiner Production-Honda wie selbstverständlich mit den weltbesten Werkspiloten um die Wette, und weil Waldi am Nürburgring nach einem Angriff auf den erstaunlichen Franzosen aus dem Sattel gepurzelt war, blieb er diesmal besonders geduldig und vertrieb Jacque erst in Runde fünf vom zweiten Platz.

Biaggi war zu diesem Zeitpunkt längst entwischt, weshalb Waldi nun zunächst sehr erfolgreich daranging, die Angriffe von Tetsuya Harada zu parieren. Wie ein Polizeihund klebte der Japaner an Waldis Hinterrad, wurde aber bei allen Fluchtversuchen gleich wieder an die Kette gelegt. »Ich habe das ganze Rennen versucht, an ihm vorbeizukommen, aber es ging einfach nicht. Eigentlich hatte ich mich schon mit Platz drei abgefunden«, schilderte der Japaner.

Doch in der allerletzten Kurve vor dem Ziel unterlief Ralf Waldmann dann der entscheidende Patzer. »Ich war ein bißchen spät auf der Bremse, bin ziemlich innen reingefahren und habe eine Bodenwelle erwischt. Das Vorderrad ist weggesprungen, und ich mußte blitzartig aufrichten, um nicht zu stürzen«, berichtete er, warum ihn der Yamaha-Star dann doch noch um eine Radlänge auf Platz drei verwies. »Harada hat mich nicht besiegt, sondern ich habe einen dummen Fehler gemacht und ihm Platz drei geschenkt. Trotzdem ist in der Weltmeisterschaft noch alles drin. Biaggi kann ja auch mal ausfallen. Für mich gibt es nur eins: Vollgas«, ballte er voller Angriffslust die Faust.

Hatte er die Ideallinie schon im früheren Verlauf des Rennens etliche Male verpaßt, so hielt Nachwuchsmann Olivier Jacque sein furioses Tempo bis zum Zielstrich durch und fuhr mit seinem Production Racer am Ende sogar seinem Teamkollegen Jean-Philippe Ruggia auf der Werks-Honda um die Ohren. »Meine einzige Chance war, mich eisern im Windschatten zu halten, weil meine Maschine nicht schnell genug ist. Wegen des Windes heute war das umso wichtiger«, berichtete der Vize-Europameister des Vorjahres. »Am Anfang fuhr ich ein bißchen zu hart, bremste Harada vor der Schikane aus und berührte ihn. Aber später war ich nicht

*Unten:* **Waldi verlor um Sekundenbruchteile.** *Oben:* **Jacque gewann gegen den Star im Team**

**Glückwunsch: Sieger Biaggi, Chris Walker (85), Regis Laconi (55)**

mehr besonders unter Druck. Unterwegs überlegte ich noch, ob ich Ruggia aus teaminterner Höflichkeit den Vortritt lassen sollte, doch weil er sowieso keine Chance auf den Tiel hat, habe ich es mir anders überlegt: Diese Möglichkeit, endlich einmal ein Topresultat zu erzielen, konnte ich mir einfach nicht entgehen lassen«.

Während Ruggia Getriebeprobleme beklagte und behauptete, er habe am Schluß nicht mehr in den sechsten Gang schalten können, verpaßte sein Landsmann Jean-Michel Bayle wieder einmal schuldlos das Ziel. »Kenny Roberts junior versuchte mich auszubremsen und ist mir in die Maschine geknallt. Dabei war ich

bereits auf Platz fünf«, haderte er mit seinem Schicksal. »Eigentlich wollte ich ihn erst in der Melbourne-Spitzkehre schnappen. Aber dann wurde ich vor der Schikane in seinem Windschatten angesaugt, und als ich dann in die Bremse langte, war plötzlich das Hinterrad in der Luft. Ich wollte trotzdem einbiegen, aber beim Herunterschalten hatte das Hinterrad immer noch keinen Bodenkontakt, und ich mußte geradeaus«, beschrieb Little Kenny seine Sicht der Dinge.

Wegen Bayles Sturz wurde Eskil Suter auf Platz neun als zweitbester Aprilia-Fahrer gewertet und freute sich, weil der Hinterreifen seiner Mohag-Aprilia nach anfänglichen Rutschern immer mehr Grip aufbaute. Trotz einem Muskelfaserriß im rechten Oberarm und einer schweren Erkältung kämpfte sich Waldis Teamkollege Jürgen Fuchs auf Platz 12, Adi Stadler erreichte Rang 18, obwohl ihm unterwegs immer wieder der Motor abstarb.

Bernd Kassner rutschte mit seinen Michelin-Pneus dagegen hilflos durch die Gegend und regte sich derart über den Fahrstil des spanischen Checa-Vertreters Ruben Xaus auf, daß er zur Halbzeit an die Box tuckerte.

## 500 ccm: Abe gibt nicht auf

Denn Carles Checa selbst hatte die Vertretung von Alberto Puig übernommen und schlug sich bei seinem allerersten Halbliter-Grand Prix schon mit dem zehnten Trainingsplatz erstaunlich tapfer. Im Rennen schoß er blitzartig nach vorn, überholte Luca Cadalora und war rundenlang an fünfter Stelle. In Runde neun wurde die tollkühne Fahrt des Halbliter-Debütanten dann jäh unterbrochen: Der Engländer James Haydon schoß ihn in der Melbourne-Hairpin mit solcher Wucht von hinten ab, daß ein Fetzen seines Vorderreifens an den unteren Schalldämpfern von Checas Honda hängenblieb.

Eine Runde später kam es auch an der Spitze des Feldes zur entscheidenden

**Immer mehr Grip: Eskil Suter war zweitbester Aprilia-Pilot**

Wende. Daryl Beattie war nach einem Blitzstart zunächst entwischt und schien dem Feld mühelos auf und davonzufahren, weil Doohan schlecht vom Fleck gekommen war und drei Runden lang in der Meute feststeckte. Satte 300 Meter betrug Beatties Vorsprung, als Doohan sich endlich aus dem Pulk befreit hatte.

Doch zu Nervosität bestand kein Anlaß. Wie ein Scharfschütze, der voller Bedacht das Zielfernrohr aufsteckt und erst dann mit eiskalter Ruhe auf seinen wegrennenden Gegner anlegt, ließ sich Doohan mit seinem Gegenschlag Zeit, holte dafür aber umso gründlicher aus. »Ich dachte, ich könne es schaffen und abhauen. Doch dann zeigte mir die Boxentafel plus 2, plus 1,8, plus 1,3, und ich wußte: Hier kommt er...«, schilderte Beattie das alptraumhafte Gefühl, trotz verzweifelter Versuche nicht entkommen zu können. »Nachdem die Trainingszeiten so dicht beieinander lagen, rechnete ich mit einem härteren Kampf«, trauerte Doohan wie Obelix um die wegrennenden Römer – es gab einfach niemanden, mit dem er seinen Spaß haben konnte.

Was noch lange nicht hieß, daß es auch für die Zuschauer langweilig war. Adrian Bosshard lag nach einem Superstart an siebter Stelle, kollidierte dann mit Loris Reggiani und mußte über die Bordsteine, brachte aber immer noch einen tollen zehnten Platz ins Ziel. Alex Crivillé und Alexandre Barros fighteten das ganze Rennen über um Platz drei, in der vorletzten Runde schlüpfte der Spanier dann in der berühmten Melbourne Hairpin innen vorbei und hatte seinen brasilianischen Namensvetter endgültig besiegt. Freilich hätte er sich die Mühe sparen können: Ausgerechnet der generalstabsmäßig organisierte Erv Kanemoto hatte seinem Schützling zuwenig Sprit in den Tank gefüllt, Barros blieb in der letzten Runde mit trockenen Vergasern liegen.

**Nach Blitzstart wieder eingefangen: Daryl Beattie fuhr auch in England am Sieg vorbei**

**Wenig Fortune fürs Fortuna-Team: Sturzopfer Checa (12), Haydon (69), Abe (verdeckt)**

Alex Crivillé erkämpfte Platz drei - dann ging Gegner Barros der Sprit aus

Drei Runden Rückstand: Norifumi Abe

Norifumi Abe wurde bei der Kollision von Checa und Haydon mit ins Verderben gerissen, bewies aber ganz besonderen Sportsgeist: Obwohl seine hintere Bremsscheibe bei der Kollision zerplatzte und er bei einem Boxenstop drei Runden verlor, fuhr er das Rennen zu Ende. »Ich hatte jede Menge Spaß da draußen«, grinste er.

Was man von seinem Teamkollegen Luca Cadalora nicht behaupten konnte. In der ersten Kurve noch ganz vorn, erlebte er eine Runde später einen mächtigen Vorderradslide und wurde auf jener Strecke, auf der er 1993 seinen ersten Halbliter-GP gewonnen hatte, allmählich auf Platz fünf durchgereicht. »Kein Vorderradgrip«, kommentierte er enttäuscht.

## 125 ccm: Champagner im Ditter-Team

Tatsächlich war die Haftung auf der Strecke schlechter als am Tag zuvor, weshalb auch das immens dichte Feld der 125 ccm-Klasse, bei dem sich 19 Mann innerhalb einer Sekunde qualifiziert hatten, ungewohnt früh auseinandergerissen wurde.

In der tückischen Zielkurve rutschte Akira Saito gleich in der ersten Runde aus, der drittplazierte Haruchika Aoki konnte dem umhertrudelnden Motorrad nicht mehr ausweichen und wurde ebenfalls zu Boden gerissen. Während Kazuto Sakata und Stefano Perugini unbehelligt an der Spitze

davonflitzten und der Weltmeister nach einem Ausritt Peruginis schließlich den ersten Saisonsieg feierte, machte Aoki seinem Ärger mit einem zornigen Fausthieb gegen die Streckenbegrenzung Luft.

Sechs Runden später erwischte es Peter Öttl an der gleichen Stelle. »Ich war an Alzamoras Hinterrad und habe zu früh beschleunigt. Dabei ist das Hinterrad schlagartig weggerutscht«, berichtete Öttl von seinem Highsider. »Meine Hüfte ist geprellt und aufgeschürft, doch das geht vorbei – der Schmerz über meinen eigenen Fehler wiegt schwerer«.

Dirk Raudies mußte bremsen, um nicht über Öttls Aprilia zu schanzen, was Alzamora zur Flucht nutzte und gute 100 Meter zwischen sich und den Exweltmeister

Zu früh beschleunigt: Peter Öttl wurde die tückische Zielkurve zum Verhängnis

Achtung, Spitze kommt: Tomami Manako

**Ausritt ins Grüne: So verlor Perugini**

**Oliver Koch: Ein toller sechster Platz – bis Manako kam**

brachte. »Doch ich holte allmählich wieder auf und konnte sehen, daß er nervös wurde. Er hat sich immer öfter nach mir umgedreht«, grinste Raudies. »Leider passierte mir dann selbst noch ein Fehler. Ich bin über die Randsteine gerattert, danach habe ich ihn nicht mehr erwischt«.

Doch eigentlich hatte Raudies das Rennen schon am Start verloren. »Ich hatte zuviel Power! Mein Karren machte ein Wheelie, so hoch, daß ich das Gas zurückdrehen mußte.«

Auch Oliver Koch lag zunächst vor Dirk Raudies und behauptete einen tollen sechsten Platz, mußte aber noch in der ersten Runde durchs Kiesbett. »Tomomi Manako ist mir in der Schikane ins Motorrad und gegen den Lenker gedonnert. Als 25. habe

ich mich wieder eingereiht«, berichtete der deutsche Vertreter des Ditter Plastic-Teams. Trotzdem steckte Olli nicht auf, sondern wälzte sich im Öttl-Stil von hinten durchs Feld. Sechs Runden vor Schluß hatte er den Anschluß zu einer wild um Platz sechs raufenden Gruppe gefunden und fiel nur deshalb wieder auf Rang elf zurück, weil ihm Tex Geissler in einer Kurve die Tür vor der Nase zuschlug und Koch einen Gang zurückschalten mußte.

Sein japanischer Teamkollege Masaki Tokudome, nach einem Trainingssturz auf Startplatz 17 zurückgefallen, bot eine nicht minder unterhaltsame Show. Von Platz 21 nach einer Runde arbeitete er sich trotz einer Verletzüng am Schaltfuß energisch voran, übertölpelte in der Schlußphase den

dichtesten Pulk von Fahrern und stahl sich auf Rang sechs davon. Zwischendurch fand er geradeaus sogar noch die Zeit, die Rändelmutter an seiner Vorderbremse nachzustellen.

Wurden im Ditter-Team sofort Champagnerflaschen geköpft, so wurde trotz Öttls Sturz am Ende auch im Aprilia Deutschland-Team gefeiert. »Das gibt mir Selbstvertrauen«, jubelte Tex Geissler nach seinem siebten Platz, dem besten Ergebnis seiner Grand Prix-Karriere, bei dem er den vierfachen Weltmeister Jorge Martínez an der Nase herumführte. »Mein Start war granatenmäßig, ich war hyperhochkonzentriert und bin losgeschossen wie eine Rakete. Am Schluß habe ich meine Gegner der Reihe nach auf der Bremse erwischt«.

**Kazuto Sakata (1): Endlich der erste Sieg**

**Tex Geissler (23, vor Perugini, 7): »Hyperhochkonzentriert« zum besten GP-Ergebnis**

## Gespanne: Bohnis bestes Rennen

Ebenso zufrieden war Ralph Bohnhorst nach dem Seitenwagen-Lauf. »Einen Österreicher zu überholen, war noch nie ein Problem«, grinste er nach dem dritten Platz und einer erfolgreichen Attacke gegen Klaus Klaffenböck. »Das war eines meiner besten Rennen, richtig schön knallhart, aber fair. Nach dem Training habe ich, ehrlich gesagt, nicht mit einem solchen Ergebnis gerechnet. Erst ging der Fön zum Entfernen des Reifenabriebs kaputt, dann verendete das Batterieladegerät, außerdem

**Ralph Bohnhorst: »Richtig schön knallhart« auf Platz drei**

---

### 500 cm³:

**Ergebnisse**

| | | | | WM-Stand | Pkt. |
|---|---|---|---|---|---|
| 1. Michael Doohan | AUS | Honda NSR | 47.28.602 | 1. Doohan | 170 |
| 2. Daryl Beattie | AUS | Suzuki RGV | 47.32.888 | 2. Beattie | 155 |
| 3. Alex Crivillé | E | Honda NSR | 47.50.794 | 3. Cadalora | 110 |
| 4. Loris Capirossi | I | Honda NSR | 48.05.898 | 4. Crivillé | 108 |
| 5. Luca Cadalora | I | Yamaha YZR | 48.09.015 | 5. Puig | 99 |
| 6. Shinichi Itoh | J | Honda NSR | 48.14.733 | 6. Itoh | 83 |
| 7. Neil Hodgson | GB | ROC-Yamaha | 48.27.111 | 7. Barros | 71 |
| 8. Juan Borja | E | ROC-Yamaha | 48.27.932 | 8. Capirossi | 61 |
| 9. Bernard Garcia | F | ROC-Yamaha | 48.30.034 | 9. Abe | 55 |
| 10. Adrian Bosshard | CH | ROC-Yamaha | 48.59.355 | 10. Borja | 43 |
| 11. Toshi Arakaki | J | Harris-Yamaha | 48.59.470 | 11. Reggiani | 41 |
| 12. Bruno Bonhuil | F | ROC-Yamaha | 49.05.210 | 12. Schwantz | 34 |
| 13. Sean Emmett | GB | Harris-Yamaha | 49.05.734 | 13. Hodgson | 30 |
| 14. Eugene McManus | GB | Harris-Yamaha | 49.06.238 | 14. B. Garcia | 29 |
| 15. Chris Walker | GB | Harris-Yamaha | – 1 Rde. | 15. Arakaki | 20 |

16. Frédéric Protat (F) ROC-Yamaha, 17. Bernard Haenggeli (CH) ROC-Yamaha, 18. Norifumi Abe (J) Yamaha, – 3 Rdn.

**Schnellste Runde:** Doohan in 1.33.693 = 154,577 km/h

**Rekord:** Kevin Schwantz (Suzuki) in 1.33.569 = 154,782 km/h (1991)

**Durchschnitt Sieger:** 30 Runden oder 120,690 km in 47.28.602 = 152,525 km/h

**Ausfälle:** A. Barros (BR) Honda, Benzinmangel; J. McWilliams (GB) Yamaha, Fußraste abgebrochen; C. Checa (E) Honda, Sturz; L. Reggiani (I) Aprilia, Motorschaden, C. Migliorati (I) Harris-Yamaha, Sturz; L. Pedercini (I) ROC-Yamaha, Motorschaden; S. Gray (USA) Harris-Yamaha, Sturz; M. Garcia (F) ROC-Yamaha, Sturz; S. Russell (USA) Suzuki, Nichtstarter/Trainingssturz; J.-P. Jeandat (F) Paton, Nichtstarter/Trainingssturz; J. Haydon (GB) Harris-Yamaha, Sturz; M. Papa (I) ROC-Yamaha, Aufgabe/Handverletzung; J. Whitham (GB) ROC-Yamaha, Nichtstarter/Trainingssturz.

**Trainingszeiten:** 1. Doohan 1.33.701 = 154,564 km/h, 2. Beattie 1.34.082, 3. Russell 1.34.192, 4. Cadalora 1.34.318, 5. Crivillé 1.34.328, 6. Capirossi 1.34.354, 7. Barros 1.34.654, 8. Reggiani 1.34.678, 9. Itoh 1.34.889, 10. Checa 1.34.910, 11. Hodgson 1.34.913, 12. Haydon 1.35.076, 13. Abe 1.35.231, 14. Bosshard 1.35.783, 15. Borja 1.35.838

---

### 250 cm³:

**Ergebnisse**

| | | | | WM-Stand | Pkt. |
|---|---|---|---|---|---|
| 1. Massimiliano Biaggi | I | Aprilia | 43.14.102 | 1. Biaggi | 188 |
| 2. Tetsuya Harada | J | Yamaha TZM | 43.16.950 | 2. Harada | 149 |
| 3. Ralf Waldmann | D | Honda NSR | 43.17.022 | 3. Waldmann | 148 |
| 4. Olivier Jacque | F | Honda RS | 43.33.900 | 4. Okada | 93 |
| 5. Jean-Philippe Ruggia | F | Honda NSR | 43.34.824 | 5. Ruggia | 81 |
| 6. Niall Mackenzie | GB | Aprilia | 43.41.156 | 6. Aoki | 80 |
| 7. Jürgen v.d. Goorbergh | NL | Honda RS | 43.41.972 | 7. Roberts jr. | 60 |
| 8. Tadayuki Okada | J | Honda NSR | 43.44.198 | 8. d'Antin | 52 |
| 9. Eskil Suter | CH | Aprilia | 43.58.552 | 9. Checa | 45 |
| 10. Nobuatsu Aoki | J | Honda NSR | 43.58.748 | 10. J. Goorbergh | 41 |
| 11. Luis d'Antin | E | Honda NSR | 43.59.274 | 11. Jacque | 35 |
| 12. Jürgen Fuchs | D | Honda RS | 43.59.662 | 12. Suter | 34 |
| 13. Takeshi Tsujimura | J | Honda RS | 44.01.596 | 13. Bayle | 32 |
| 14. Roberto Locatelli | I | Aprilia | 44.01.690 | 14. Fuchs | 28 |
| 15. Regis Laconi | F | Honda RS | 44.13.756 | 15. Gardoso | 24 |

16. Jose Luis Cardoso (E) Aprilia, 17. Jamie Robinson (GB) Aprilia, 18. Adi Stadler (D) Aprilia, 19. Sadanori Hikita (J) Honda, 20. Olivier Petrucciani (CH) Aprilia, 21. Chris Walker (GB) Honda, 22. Gregorio Lavilla (E) Honda, 23. Luis Carlos Maurel (E) Honda, 24. Scott Smart (GB) Honda, – 1 Rde.

**Schnellste Runde:** Biaggi in 1.35.437 = 151,752 km/h

**Rekord:** Jean-Philippe Ruggia (Aprilia) in 1.34.888 = 152,630 (1993)

**Durchschnitt Sieger:** 27 Runden oder 108,621 km in 43.14.102 = 150,740 km/h

**Ausfälle:** D. Romboni (I) Honda, Nichtstarter/Trainingssturz; J.-M. Bayle (F) Aprilia, Sturz; R. Xaus (E) Honda, Sturz; P. v.d. Goorbergh (NL) Aprilia, Kupplungsschaden; B. Kassner (D) Aprilia, Aufgabe; K. Roberts jr. (USA) Yamaha, Sturz; D. Bulega (I) Honda, Nichtstarter/Trainingssturz; M. Castilla (E) Yamaha, Sturz, P. Riba (E) Aprilia, Motorschaden; C. Ramsay (GB) Aprilia, Sturz.

**Trainingszeiten:** 1. Biaggi 1.35.122 = 152,255 km/h, 2. Waldmann 1.35.178, 3. Bayle 1.35.362, 4. Harada 1.35.502, 5. Okada 1.45.544, 6. J. Goorbergh 1.35.832, 7. Mackenzie 1.35.971, 8. Ruggia 1.36.010, 9. Jacque 1.36.027, 10. Roberts jr. 1.36.092, 11. Suter 1.36.205, 12. d'Antin 1.36.247, 13. Tsujimura 1.36.472, 14. Aoki 1.36.521, 15. Fuchs 1.36.598, 16. Petrucciani 1.36.662, 17. Cardoso 1.36.791, 18. P. Goorbergh 1.37.031, 19. Stadler 1.37.142, 20. Robinson 1.37.273, 21. Locatelli 1.37.281

haben wir zweimal die Kurbelwelle gewechselt«.

Da erlebte der noch amtierende Weltmeister Rolf Biland ein ruhigeres Wochenende. »Keine Probleme«, konstatierte er nach Pole Position und einem makellosen Sieg, »nur an die Weltmeisterschaft verschwende ich keinen Gedanken. Es ist gut für den Sport, wenn mal ein anderer gewinnt«.

Zumal auch der in der WM-Wertung überlegen führende Darren Dixon keiner war, der so leicht aufgab: An der Melbourne Hairpin rauschte er mit vollem Speed ins Kiesbett, kehrte nach langer Holperfahrt aber steinsprühend auf die Strecke zurück und sicherte noch Rang sechs.

## Thunderbikes: Marks Zitterpartie

Im Rennen der Thunderbikes donnerte es gewaltig: In der ersten Runde wurde der schnelle Spanier Eustaquio Gavira von dem britischen Lokalmatador Dave Heal aus dem Sattel torpediert, in Runde acht ritt der schlecht gestartete Schweizer Yves Briguet dann einen etwas zu riskanten Angriff auf den Engländer Mike Edwards und den Belgier Stephane Mertens. Alle drei gingen zu Boden, wobei sich Edwards das linke Bein brach, Briguet als Einziger weiterfahren konnte und mit verbogenem Lenker noch Platz 13 erreichte.

Der Holländer Jeffry de Vries, der Australier Fred Bayens und der deutsche Superbike-Meister Udo Mark wurden durch den Unfall unerwartet nach vorn gespült. De Vries bescherte Yamaha am Ende den ersten Sieg, Kawasaki-Pilot Udo Mark mußte um seinen dritten Platz dagegen bis zum Zielstrich zittern. »Eine Stunde vor dem Rennen ging unser bester Motor beim Warmlaufen kaputt, weshalb wir den Ersatzmotor mit defektem Getriebe einbauen mußten«, berichtete Mark. »Der dritte und vierte Gang ließen sich kaum schalten und sprangen immer wieder heraus. Ich habe jede Runde gebetet, daß das Rennen nicht mehr lange weitergeht...«

---

## 125 cm³:

### Ergebnisse

| | | | | | WM-Stand | Pkt. |
|---|---|---|---|---|---|---|
| 1. Kazuto Sakata | J | Aprilia | 44.06.180 | | 1. Aoki | 161 |
| 2. Stefano Perugini | I | Aprilia | 44.09.331 | | 2. Perugini | 112 |
| 3. Emilio Alzamora | E | Honda | 44.11.743 | | 3. Sakata | 102 |
| 4. Dirk Raudies | D | Honda | 44.13.946 | | 4. Raudies | 89,5 |
| 5. Hideyuki Nakajoh | J | Honda | 44.26.740 | | 5. Saito | 79 |
| 6. Masaki Tokudome | I | Aprilia | 44.33.114 | | 6. Alzamora | 72 |
| 7. Manfred Geissler | D | Aprilia | 44.33.412 | | 7. Öttl | 67 |
| 8. Jorge Martinez | E | Yamaha | 44.33.784 | | 8. Manako | 64 |
| 9. Darren Barton | GB | Yamaha | 44.34.498 | | 9. Nakajoh | 63 |
| 10. Takehiro Yamamoto | J | Honda | 44.34.637 | | 10. Ueda | 44 |
| 11. Oliver Koch | D | Aprilia | 44.35.266 | | 11. Katoh | 40 |
| 12. Herri Torrontegui | E | Honda | 44.36.550 | | 12. Tokudome | 39,5 |
| 13. Gabriele Debbia | I | Yamaha | 44.39.617 | | 13. Torrontegui | 39,5 |
| 14. Ken Miyasaka | J | Honda | 44.45.437 | | 14. Scalvini | 31,5 |
| 15. Luigi Ancona | I | Honda | 44.45.456 | | 15. Geissler | 30 |

16. Tomoko Igata (J) Honda, 17. Hiroyuki Kikuchi (J) Honda, 18. Yoshiyuki Sugai (J) Honda, 19. Steve Patrickson (GB) Honda, 20. Massimiliano d'Agnano (I) Aprilia, 21. Pete Jennings (GB) Honda, – 1 Rde., 22. Stefan Kurfiss (D) Yamaha, 23. Christian Kellner (D) Yamaha.

**Schnellste Runde:** Perugini in 1.40.647 = 143,897 km/h (Rekord)
**Alter Rekord:** Kazuto Sakata (Honda) in 1.41.347 = 142,903 km/h (1993)
**Durchschnitt Sieger:** 26 Runden oder 104,598 km in 44.06.180 = 142,301 km/h
**Ausfälle:** N. Ueda (J) Honda, Schalthebel gebrochen; P. Öttl (D) Aprilia, Sturz; H. Aoki (J) Honda, Sturz; A. Saito (J) Honda, Sturz; G. Scalvini (I) Aprilia, Aufgabe/Leistungsverlust; Y. Katoh (J) Yamaha, Sturz; T. Manako (J) Honda, Sturz; A. Ballerini (I) Aprilia, Zündungsschaden; V. Lopez (I) Aprilia, Riß im Motorgehäuse; J. Sarda (E) Honda, Bremse defekt; J. Falls (GB) Honda, Sturz.
**Trainingszeiten:** 1. Perugini 1.40.640 = 143,907 km/h, 2. Sakata 1.40.641, 3. Alzamora 1.40.647, 4. Aoki 1.40.749, 5. Raudies 1.40.759, 6. Saito 1.40.857, 7. Öttl 1.41.067, 8. Koch 1.41.085, 9. Ueda 1.41.106, 10. Barton 1.41.244, 11. Scalvini 1.41.245, 12. Debbia 1.41.275, 13. Yamamoto 1.41.399, 14. Tokudome 1.41.401, 15. Katoh 1.41.413, 16. Torrontegui 1.41.449, 17. Geissler 1.41.450, 18. Nakajoh 1.41.520, 19. Ancona 1.41.541, 20. Manako 1.41.670, 21. Martinez 1.41.818

---

## Gespanne:

### Ergebnisse

| | | | | | WM-Stand | Pkt. |
|---|---|---|---|---|---|---|
| 1. Biland/Waltisperg | CH | LCR-BRM | 42.51.654 | | 1. Dixon | 100 |
| 2. Bösinger/Egli | CH | LCR-ADM | 43.02.292 | | 2. Abbott | 72 |
| 3. Bohnhorst/Brown | D/GB | LCR-BRM | 43.05.140 | | 3. Bösiger | 64 |
| 4. K. Klaffenböck/Parzer | A | Windle-BRM | 43.06.094 | | 4. Biland | 50 |
| 5. Abbott/Tailford | GB | Windle-ADM | 43.07.145 | | 5. B. Brindley | 50 |
| 6. Dixon/Hetherington | GB | Windle-ADM | 43.40.730 | | 6. Klaffenböck | 53 |
| 7. B. Brindley/Whiteside | GB | LCR-Yamaha | 44.06.115 | | 7. D. Brindley | 40 |
| 8. Wyssen/Wyssen | CH | LCR-BRM | 44.22.792 | | 8. Kumagaya | 37 |
| 9. Kumagaya/Hopkinson | J/GB | LCR-Honda | 45.31.952 | | 9. Bohnhorst | 32 |
| 10. Janssen/van Kessel | NL | LCR-Honda | – 1 Rde. | | 10. Janssen | 32 |
| 11. Schlosser/Hänni | CH | LCR-ADM | – 1 Rde. | | 11. Gälross | 29 |
| 12. Whittington/Birkett | GB | LCR-Krauser | – 1 Rde. | | 12. Güdel | 25 |
| 13. Koster/J. Klaffenböck | CH/A | LCR-ADM | – 2 Rdn. | | 13. Schlösser | 22 |

**Schnellste Runde:** Klaffenböck in 1.37.603 = 148,385 km/h
**Rekord:** Biland/Waltisperg (LCR-Swissauto) in 1.37.466 = 148,563 km/h (1994)
**Durchschnitt Sieger:** 26 Runden oder 104,598 km in 42.51.654 = 146,424 km/h
**Ausfälle:** D. Brindley/Hutchinson (GB) LCR-Honda, Plattfuß; Gündel/Gündel (CH) LCR-BRM, Aufgabe/Kette überdehnt; Lausletho/Matsaranta (SF) LCR-ADM, Getriebeschaden; K. Webster/Hofsteenge (GB/NL) LCR-Honda, Zündungsschaden; Reddington/Crone (GB) LCR-Honda, Sturz; Galross/Berglund (S) LCR-Yamaha, Wasserverlust/überhitzt; Willford/Wynn (GB) LCR-Honda, Zündungsschaden; Baker/Stapleton (GB) LCR-Krauser, Kette gerissen; Fisher/B. Hutchinson (GB) LCR-ADM, Schalthebel gebrochen.
**Trainingszeiten:** 1. Biland 1.36.061 = 150,767 km/h, 2. Güdel 1.36.400, 3. Dixon 1.36.897, 4. D. Brindley 1.37.575, 5. Abbott 1.37.923, 6. Bösiger 1.38.410, 7. K. Klaffenböck 1.38.436, 8. Bohnhorst 1.38.917, 9. Wyssen 1.39.149, 10. Kumagaya 1.39.245, 11. Lausletho 1.39.376, 12. B. Brindley 1.40.342, 13. Reddington 1.40.408, 14. Janssen 1.41.452, 15. K. Webster 1.41.852

**Sieger Luca Cadalora: Die richtigen Reifen – und die richtige Portion Glück**

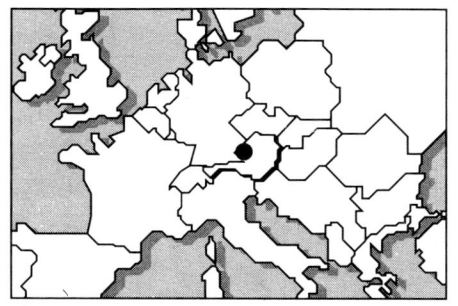

# Luca der Lokomotivführer

*Mit neuen Vorderreifen* fuhr Luca Cadalora wie auf Schienen durch die Kurven – und feierte den langersehnten ersten Sieg der Saison.

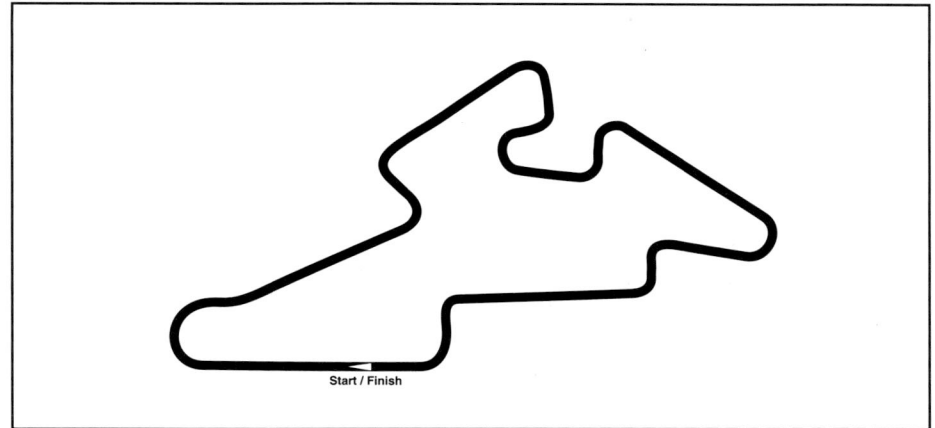

Start / Finish

Yoshiaki Katoh, Teamkollege von Jorge Martínez im spanischen Cepsa-Yamaha-Team, hatte sich vor dem Grand Prix in Brünn eine Darminfektion zugezogen und blieb zuhause. Auf diese Weise kam der 19jährige Angel Nieto junior, Sohn des 13fachen Weltmeisters Angel Nieto, zehn Jahre nach dem Rücktritt seines berühmten Vaters zu seiner ersten Bewährungsprobe im Grand Prix-Geschäft.

Angel Nieto senior hatte seinerzeit noch viel früher angefangen. 1965 fuhr er als 17jähriger beim Montjuich-Grand Prix in Barcelona mit, und es dauerte zwei Rennen, bis den Funktionären auffiel, daß Nieto das damals erforderliche Mindestalter von 18 Jahren noch nicht erreicht hatte. Nieto wurde für den Rest der Saison gesperrt und mußte bis zum Jahr 1966 auf die Fortsetzung seiner Karriere warten.

Während die Karriere seines Sohnes »Gelete« in Brünn 1995 mit einem 31. Trainingsplatz begann, ging die von Stefan Kurfiss im deutschen Scott-Attac-Team vorzeitig zu Ende. Obwohl die vielen Rückschläge seit Saisonbeginn an seiner frustrierend langsamen Yamaha lagen und die neuen, gemeinsam von dem Österreicher Harald Bartol und Team-Techniker Heinz Röhrich aufgebauten Motoren erst seit zwei Rennen zur Verfügung standen, wurde Kurfiss als Schuldiger für die anhaltende Erfolglosigkeit ausgedeutet und in die Verbannung geschickt.

Als offizieller Nachfolger wurde der kleine Engländer Darren Barton präsentiert, der als Wild Card-Pilot in Donington für Aufsehen gesorgt hatte. Bei seiner ersten Ausfahrt auf der anspruchsvollen 5,4 Kilometer-Strecke von Brünn vollbrachte der Newcomer freilich auch keine Wunder und erreichte im Training Platz 20.

Nur als 24. war Stefan Prein qualifiziert, und das, obwohl er seine Yamaha in einem spektakulären Manöver gegen eine mit Werks-Teilen präparierte Honda getauscht hatte. In einem letzten, verzweifelten Versuch, das zum Saisonende drohende Karriere-Ende abzuwenden, sattelte er gegen eine Mietgebühr von 5000 Mark pro Rennen auf eine Ersatzmaschine des Docshop-Teams von Akira Saito um und zog unter seine beiden Yamaha-Jahre einen endgülti-

gen Schlußstrich. »Jede weitere investierte Mark mit Yamaha ist gutes Geld Schlechtem hinterhergeschmissen«, formulierte er, hatte aber auch auf der Honda seine liebe Not und machte die schwierige Abstimmung auf die von Prein seit Jahren verwendeten Whitepower-Federelemente für die wenig aufsehenerregenden Rundenzeiten verantwortlich.

Bei Honda-Star Dirk Raudies lief auch einiges aus dem Ruder. Das erste Zeittraining wurde durch einen Kolbenringbruch unterbrochen, worauf es dem Team mit Nachbarschaftshilfe aus der Box von Jürgen Fuchs gelang, in Rekordzeit von 20 Minuten einen kompletten Motortausch vorzunehmen. Raudies rückte ohne jegliche Feinabstimmung in den letzten Trainigsminuten nochmals aus und schaffte es,

Wie der Vater, so der Sohn: Gelete Nieto

Nie wieder Yamaha: Stefan Prein

fen, den das Marlboro-Team vom England-Grand Prix zu Tests ins italienische Mugello zurückbrachte, hatte Cadalora plötzlich wieder Spaß am Fahren. »Die Karkasse hat endlich die nötige Stabilität und die Gummimischung trotzdem genügend Grip. Jetzt bekomme ich beim Fahren das Feedback, das ich brauche, und das bedeutet, daß ich nun wieder das Vertrauen habe, in den Kurven tüchtig umzulegen«, schwärmte er schon bei der Ankunft in Brünn.

Trotz eines Sturzes 20 Minuten vor dem Ende des ersten Zeittrainings qualifizierte er sich als Dritter, nach einem reibungslos

auf Rang neun vorzustoßen.

Eine Stunde nach diesem Husarenstück herrschte abermals Hektik in der Box. Mechaniker Gerold Bucher brachte den rechten Zeigefinger unter die laufende Antriebskette und säbelte sich die Fingerkuppe ab. Nach gründlicher Suche wurde sie wiedergefunden und Rennarzt Dr. Claudio Costa überbracht, der sie nach einer schmerzhaften Reinigungsprozedur wieder annähte.

Das Abschlußtraining am Samstagnachmittag wurde von Regenschauern unterbrochen, und Raudies stand zehn Minuten vor Schluß noch in der dritten Startreihe, wetterte über die verrückt spielende Elektrik und ärgerte sich, weil er kostbare Zeit im Trockenen wegen eines Reifenwechsels vertrödelt hatte.

Auf abtrocknender Piste überwand er sich kurz vor dem Abwinken dann jedoch nochmals zu einem Endspurt und zischte mit dem Messer zwischen den Zähnen als Siebter in Startreihe zwei. »Die erste Runde war hart, denn da war die Strecke noch ziemlich naß, eine Kurve sogar patschnaß. Zwei Runden später war die Strecke trocken, und ich hatte Glück, Nakajohs Windschatten zu erwischen. Der Motor lief nämlich immer noch nicht richtig«, erklärte er, bevor er sich an Cheftechniker Ulli Maier wandte und eine Generalüberholung seiner gelben Maschine forderte. »Fürs

Rennen bauen wir alle Teile neu ein, egal, ob sie hin sind oder nicht«.

Auch Peter Öttl, wie die anderen Aprilia-Werkspiloten mit neuen Auspuffanlagen versorgt, hatte im Training mit dem wechselhaften Wetter seine liebe Not und qualifizierte sich gerade noch als Achter. »Das war bitter nötig«, atmete er auf. »Als die ersten Tropfen fielen, war ich auf einer schnellen Runde. Wenn es nur 30 Sekunden später angefangen hätte zu regnen, hätte ich eine gute Zeit erzielt, doch so mußte ich bis zum Ende bangen«.

Auf dieser Rennstrecke, wo er in seiner gesamten Karriere erst einmal, mit dem siebten Platz 1993, erfolgreich ins Ziel gekommen war, trat Öttl ohnehin mit gemischten Gefühlen an. Hier hatte er 1989 die »ewige« 80 ccm-Weltmeisterschaft in Führung liegend durch einen Sturz verspielt, hier wurde er 1992 nach einem Ausrutscher in der ersten Runde überfahren und brach beide Beine, 1994 blieb er sogar schon in der zweiten Kurve wegen eines Kolbenklemmers stehen. »Es fällt mir schwer, ein Brünn-Rennen unbelastet anzugehen, denn hier habe ich meine schwersten Niederlagen und die größten Schmerzen wegstecken müssen. Eigentlich kann das nur ein Sieg wieder gutmachen«, sinnierte Öttl.

Auf den hoffte auch Luca Cadalora. Denn mit dem neuesten Dunlop-Vorderrei-

Dirk Raudies, Mechaniker Gerold Bucher: Fingerkuppe abgesäbelt

verlaufenen Abschlußtraining stand er dann zum ersten Mal in der Saison 1995 auf der Pole Position. »Ich bin entzückt, wirklich glücklich – ich hatte schon fast vergessen, wie es sich anfühlt, Trainingsschnellster zu sein. Es beruhigt mich, daß ich mit einem der neuen Vorderreifen 20 Runden zurückgelegt habe, ohne daß der Grip nennenswert nachgelassen hätte. Morgen kann ich gewinnen – ich denke, daß es ein schönes Rennen werden wird«, kündigte er voll neuem Selbstvertrauen an.

»Luca wird morgen zur Stelle sein«, bestätigte Weltmeister Michael Doohan, der erst zum zweitenmal in diesem Jahr beim Rennen um die Trainingsbestzeit den kürzeren gezogen hatte und Phänomene an

**Gemischte Gefühle: Peter Öttl (mit Teamchef Eckl)**

**Verbreitet gute Laune: Max Biaggi (oben), Luca Cadalora und Daryl Beattie (darunter)**

seinem Motorrad feststellte, wie sie normalerweise Cadaloras Yamaha eigen waren. »Wir hatten eine Menge damit zu tun, das Einlenkverhalten meines Motorrads zu verbessern. Gestern fehlte mir das Vertrauen beim Abwinkeln, die Vorderpartie drängte ständig in Richtung Kurvenrand. Erst heute fühlte es sich wieder halbwegs normal an«, schilderte der Australier.

Trotz zweier ausführlicher Tests in Brünn hatte Daryl Beattie auf dem Weg zum dritten Trainingsplatz dieselben Probleme. Sein Teamkollege Scott Russell plagte sich nach seinem Sturz beim England-Grand Prix darüber hinaus auch noch mit Schmerzen im linken Arm und qualifizierte sich nur als Elfter, dafür gewann der 30jährige am Verhandlungstisch mit dem Team Lucky Strike-Suzuki: Am Samstagabend unterschrieb der in Mugello als Ersatz für den zurückgetretenen Kevin Schwantz verpflichtete Superbike-Exweltmeister einen neuen Vertrag für 1996.

Nicht minder happy war der 21jährige Engländer Neil Hodgson. Wegen seines unbestreitbaren Talents borgte Kenny Roberts dem ROC-Piloten eine reinrassige Werks-Yamaha und übte überdies noch Manöverkritik vom Streckenrand. »Der Motor ist definitv besser als der meiner Privat-Yamaha, hingegen haben wir das Fahrwerk aus Zeitmangel weitgehend so abgestimmt wie das meiner ROC-Yamaha.

Die größte Hilfe war Kenny selbst: Er brachte mir bei, noch mehr über meine Fahrweise nachzudenken, mich noch stärker zu konzentrieren und analytischer zu werden«, berichtete er nach seinem zehnten Trainingsplatz.

Das beherrschte 250 ccm-Weltmeister Max Biaggi längst perfekt. Seine Aprilia hatte nicht nur mehr Topspeed, sondern auch ein stabileres Chassis als die Konkurrenz von Honda und Yamaha und zog in den vielen schnellen Kurven wie auf Schienen ihre Spur, so daß Biaggi im Abschlußtraining mühelos um 0,6 Sekunden davonfahren konnte. »Eine schöne Strecke, ich mag diesen Kurs«, meinte Max befriedigt, »wenn es klappt, will ich die andern auch im Rennen abschütteln und im Kampf um die Weltmeisterschaft eine Vorentscheidung treffen. Die größte

**Tetsuya Harada: Das Warten geht weiter**

Gefahr dürfte Waldmann für mich sein, er fuhr hier schon im letzten Jahr sehr stark«.

Im Gegensatz zu dem Weltmeister grübelte der HB-Honda-Star nach dem dritten Platz und einem Sturz im ersten Training noch über die richtige Abstimmung nach. »Hier muß das Chassis genau stimmen, aber wir haben Probleme mit der Vordergabel. Sonst würde es noch schneller gehen«, meinte Waldi.

Tetsuya Harada war vor ihm als Zweiter qualifiziert, doch von der neuen Werks-Yamaha mit Drehschiebersteuerung war außer einer voluminöseren Verkleidung, die Haradas Arme wirkungsvoller abschirmte, wieder nichts zu sehen. Der gelähmte Teamchef Wayne Rainey, in der

Start der 250 ccm-Klasse: Biaggi (1) führt vor Waldmann, Harada (7), Romboni (4)

Woche nach dem Brünn-Grand Prix wegen einer Blasenbehandlung Patient einer Paderborner Klinik, machte wieder einmal das unsinnige Ersatzmaschinenverbot für die Verzögerung verantwortlich, rückte dann aber mit der vollen Wahrheit heraus. »Die Drehschiebermaschine ist zwar mittlerweile standfest und hat genug Power, ist aber auf der Strecke noch nicht schnell genug«.

Grip, konnte aber trotzdem weich und kontrolliert driften«, rieb sich Max nach seinem sechsten Saisonsieg die Hände. »In den ersten Runden machte Harada gewaltig Druck, worauf ich das Tempo drosselte und ihn vorbeiließ, um seine Linien zu studieren. Als ich seine Schwächen herausgefunden hatte, schlug ich zurück und versuchte alles, zu entwischen. In der letzten Runde machte mir Harada dann allerdings

nochmals gehörig zu schaffen – er kam immer näher, aber glücklicherweise nicht nahe genug!«

Auffälligerweise gelang es dem Japaner selbst auf dem langen, Leistungsmängel schonungslos aufdeckenden Bergaufstück vor der letzten Schikane, in Biaggis Windschatten zu bleiben. Das war dem von Yamaha als Zulieferer engagierten Österreicher Harald Bartol zu verdanken, der

## 250 ccm: Biaggis sechster Streich

Und so hatte der Weltmeister wie schon in England keinen echten Herausforderer. Weil es vor dem Rennen etwas kühler war als an den Tagen zuvor und er den rüden Leistungseinsatz seiner Drehschiebermaschine bei den relativ weiten Kurvenradien von Brünn gut überspielen konnte, ließ er einen besonders weichen Hinterreifen aufziehen und kontrollierte das Renngeschehen nach Belieben. »Ich hatte ordentlich

Trotz PS-Mangels im Windschatten: Harada hinter Biaggi

**Max Biaggi: Der sechste Sieg**

**Erfolgserlebnisse: Fuchs, Kassner (r.)**

Und diesen Mangel konnte Harada trotz seines schmächtigen Körperbaus und seiner unerhörten Kurvengeschwindigkeiten nicht auf Dauer verstecken. Drei Runden vor Schluß hatte er jenen Rutscher, der bei derart riskanter Fahrweise irgendwann kommen muß. »Es war ein großartiges Rennen, aber ich ärgere mich über meinen Fehler. Er hat mich die entscheidenden Sekundenbruchteile gekostet«, ließ er nach dem zweiten Platz wissen. »Ich fuhr, so hart ich konnte, um wieder zu Biaggi aufzuschließen, aber es reichte nicht ganz. Doch das Motorrad lief alles in allem nicht schlecht, Max war sicher überrascht, daß wir so viel Druck ausüben konnten«.

Von Ralf Waldmanns Seite ließ der Druck schon in der zweiten Runde nach. »Ich erwischte einen brillanten Start und blieb zunächst locker hinter Biaggi. Doch als wir von Harada überholt wurden, legte Max erst richtig los. Beim Versuch, dranzubleiben, hatte ich einen Riesenrutscher in der Schikane und verlor mindestens 20, 30 Meter«.

Bis zur Hälfte des Rennens blieb der Abstand konstant, doch als Waldi die nächsten Annäherungsversuche startete, bockte seine sonst so lammfromme gelbe Honda erneut. Daraufhin fand sich der Publikumsliebling mit seiner Niederlage ab, ging den Rest des Rennens friedlicher an und ließ sich bis ins Ziel auf 13 Sekunden zurückfallen. »Es lief nicht so, wie ich mir das vorgestellt habe, denn ich wollte hier natürlich schon ganz oben auf dem Trepp-

eine Serie schnellerer Zylinder gefräst und den Rückstand um satte drei PS verkürzt hatte. »Jetzt hoffe ich, daß die Japaner den Weg logisch weitergehen und das verwenden, was ich auch in die 125er eingebaut habe: Ein quadratisches Bohrung-Hub-Verhältnis«, hielt der Österreicher an seiner technischen Grundüberzeugung fest. »Denn noch fehlen fünf km/h an Topspeed«.

chen stehen«, meinte er nach seinem dritten Platz freimütig. »Schon im Training ließ sich das Motorrad nicht so leicht einlenken wie gewohnt. Heute war das Fahrwerk besser als am Samstag, trotzdem mußte ich für diesen Platz mehr riskieren als bei meinem Sieg in Le Mans.«

Auch wenn sich Waldi durch diese Niederlage aus dem Kampf um den Titel verabschiedete und auch seine Chancen auf die Vizeweltmeisterschaft zu schwinden begannen, so hatte er sich doch zumindest als sicherer Dritter der Tabelle und des Rennens etabliert und kam mit satten 52 Punkten und 27 Sekunden Vorsprung vor der nächsten Verfolgergruppe ins Ziel.

Dort stritten sich fünf Mann erbarmungslos um jeden Zentimeter, am Schluß setzten sich zwei Mann in Szene, die das Publikum schon fast vergessen hatte: Der Spanier Luis d´Antin buchte als Vierter das beste Resultat seit seinem dritten Platz in Jerez, wobei er an Doriano Romboni in der letzten Kurve innen vorbeihuschte. Der von Verletzungen gebeutelte Romboni

**Hart im Clinch: Okada (2), Romboni (4), Ruggia (6), d'Antin (9)**

wurde daraufhin Fünfter und erreichte damit überhaupt erst zum dritten Mal in dieser Saison das Ziel.

Der Schweizer Eskil Suter kämpfte sich zunächst vom neunten auf den siebten Platz nach vorn, fiel dann aber wegen seines frühzeitig verschlissenen Hinterreifens zurück und mußte nach drei Vierteln der Distanz an die Box, weil die Maschine immer unfahrbarer wurde. Aus dem gleichen Grund fiel der als Vierter gestartete Jean-Michel Bayle am Ende auf Rang elf zurück und verpaßte Adi Stadler als 16. den erhofften WM-Punkt, dafür hatte Privatfahrer Bernd Kassner als 19. endlich wieder einmal ein Erfolgserlebnis. »Mein Motorrad lief gut, ich bin auf Rundenzeiten gekommen, die ich im Training nie erreichte«, frohlockte er.

Noch glücklicher war der zehntplazierte Jürgen Fuchs. »Ein phantastisches Rennen, ich bin happy«, strahlte der Honda-Privatfahrer, der munter mit den Werksmaschinen um die Wette fuhr und in der dichten Verfolgergruppe nur 1,3 Sekunden auf den viertplazierten Luis d´Antin verlor. »Leider habe ich am Start die Kupplung zu sehr beansprucht und hatte in den ersten fünf Runden beim Zurückschalten Mühe. Aber dann gelang es mir, die Kupplung nachzustellen, und von da an lief alles perfekt«.

## 500 ccm: Cadaloras Gewichtsprobleme

Norifumi Abe preschte am Start der Halbliterklasse mit der Reaktionsgeschwindigkeit eines Teenagers an seinen durchweg älteren Kollegen vorbei und verteidigte seine Führung trotz tolldreister Vorderradslides bis in die dritte Runde.

Dann brachte Michael Doohan die Situation gewohnt souverän unter Kontrolle, und als Abe am Ende der fünften Runde beim Einbiegen in die letzte Schikane über den Lenker abflog, lehnten sich die 85 000 Zuschauer im Gras der Naturtribünen zurück, weil das Halbliterrennen wieder einmal frühzeitig gelaufen schien.

Ab der Hälfte des Rennens schrumpfte Doohans Vorsprung von einer Sekunde jedoch plötzlich wieder in sich zusammen. Je mehr die Reifen bei dem schwülwarmen Wetter an Grip verloren, desto weiter öffneten sich die Kurvenradien des Weltmeisters, und desto mehr schien es, als reite er statt auf seiner bewährten Repsol-Honda mit einem wackligen Melkstuhl durch die Kurven. »Ich weiß nicht, warum ich in der zweiten Rennhälfte nicht mehr mithalten konnte. Vielleicht habe ich die Reifen am Anfang zu stark beansprucht«, rätselte der Weltmeister später.

Luca Cadalora hing dagegen so lässig auf dem Tank seiner Yamaha, als habe man ihm ein Kissen unter die Brust geschoben. Mit der Präzision eines Zirkelstrichs blieb das Motorrad auf den gewählten Linien, und je unbeschwerter sich der sensible Italiener auf das Vorderrad lehnen konnte, desto fröhlicher drehte er am Gas. In der 14. Runde ging er am Weltmeister vorbei in Führung, und anstatt sich zu schonen und seinen Gegner gerade so unter Kontrolle zu halten, zog Cadalora vor lauter

Begeisterung auf satte vier Sekunden davon, drehte eine neue Rekordrunde und feierte den langersehnten ersten Sieg des Jahres.

Und obwohl ihm manche Kritiker nacktes Kalkül vorwarfen und behaupteten, er drehe nur dann anständig am Gas, wenn ein neuer Vertrag anstehe, war ihm seine grenzenlose Freude und Erleichterung doch deutlich anzumerken. »Ein großer Tag für mich und für meine Techniker, die hart gearbeitet haben und bislang nicht gerade dafür entschädigt worden sind«, triumphierte er. »Als ich Platz zwei übernommen hatte, blieb die Distanz zwischen mir und Mick allerdings ziemlich lange konstant. Ich versuchte alles, die Lücke zu schließen, doch es wollte mir nicht gelingen. Erst, als ich sah, wie Mick immer schlimmer durch die Gegend rutschte, sagte ich mir: Okay, jetzt ist deine Zeit gekommen«.

Und obwohl er dann so unwiderstehlich auf und davonbrauste, brauchte Cadalora am Ende doch noch eine Menge Glück, um seinen Sieg auch wirklich behalten zu können. In den letzten Ecken vor dem Zielstrich fing der Motor seiner Yamaha bedrohlich an zu rauchen, Cadalora spürte an seltsamen Vibrationen, daß das Aggregat kurz vor dem Kollaps stand und trug es förmlich über die Linie.

Eine halbe Stunde später ging das Zittern von neuem los, weil seine Yamaha auch unter Einrechnung von zwei Kilogramm Toleranz immer noch ein halbes Kilo zuwenig auf die Waage brachte. Bei Michael Schumachers Benetton-Formel 1-Team hätte so etwas zur Disqualifikation geführt, doch in Brünn gab es offensichtlich niemanden, der dem ohnehin schon durch viele schwere Niederlagen geplagten Marlboro-Yamaha-Team die Freude nehmen wollte. Denn drei Stunden und etliche Nach-Wiegungen später hatte die Werks-Yamaha das verlorene Gewicht wie durch ein Wunder wieder zugelegt: Jack Findlay,

**Doohan (1) führt vor Abe (17) – doch Cadalora (2) kommt**

**Am Weltmeister vorbei in Führung: Luca Cadalora (2)**

**Am Triumph vorbei ins Gras: Abe**

Technischer Direktor der FIM, erklärte per Dekret, alle drei vorne plazierten Werksmaschinen seien regelkonform.

Was neben Cadaloras Yamaha and Doohans Honda auch die Suzuki von Daryl Beattie einschloß. Nach dem dritten Trainingsplatz hatte eigentlich Beattie die Show bestreiten und Doohan endlich einmal im offenen Kampf besiegen wollen. Statt dessen fiel der einzig verbliebene ernsthafte Herausforderer des Weltmeisters im Kampf gegen den Punkterückstand nur noch weiter zurück. »Ich würgte den Motor nahezu ab und kam erst mit dem Mittelfeld vom Fleck«, bekannte Beattie. »Mein Motorrad war perfekt, und ich tat, was ich konnte, um den verlorenen Boden wiedergutzumachen. Trotzdem brauchte ich bis zur zehnten Runde, um auf Platz drei vorzustoßen – zu lange, um gegen die Jungs an der Spitze noch irgendetwas ausrichten zu können«.

Angeschlagen von seinem Sturz in England, mußte sich Teamkollege Scott Russell sogar mit dem trostlosen elften Platz begnügen. Neuling Carles Checa, Alberto Puigs Vertreter auf der spanischen Fortuna-Honda, setzte sich als Achter vor Alexandre Barros viel gewitzter in Szene. Ebenso erstaunlich war, wie energisch Loris Reggiani auf der Zweizylinder-Aprilia mit den bärenstarken Hondas mithielt und den sechsten Platz nur durch einen Leichtsinnsfehler gegen Alex Crivillé verlor. »Ich

**Luca Cadalora: Endlich wieder Schampus**

dachte, er sitze mir dicht im Nacken. Daraufhin habe ich mich selbst ausgebremst«, raufte sich Reggiani die Haare. »Doch zumindest haben wir gezeigt, daß wir im Feld der Vierzylinder konkurrenzfähig sind. Die Reifen sind besser geworden, das Motorrad ist besser geworden, der Motor wird immer kräftiger. Alles scheint sich allmählich zu sortieren«.

## 125 ccm: Raudies und Öttl verletzt

Dagegen gingen die deutschen 125 ccm-Stars mit fliegenden Fahnen unter. Dirk

Raudies kam schlecht vom Fleck, als er dann zu zügig nach vorn kommen wollte, erlebte er in der dritten Runde an sechster Stelle liegend einen folgenschweren Sturz. »Ich hatte einen mittelprächtigen Start und wollte zu der vorderen Gruppe aufschließen. In der Rechtskurve vor dem Bergabstück zur letzten Kehre hatte ich dann einen Highsider«, schilderte er. »Ich bin brutal lange geflogen, bevor ich eindetonierte. Ich dachte noch, hoffentlich lande ich im Kies, doch dann schlug ich zweimal voll auf dem Teer auf. Ich habe gleich gemerkt, da ist was faul«. Beim Röntgen kam dann die erste niederschmetternde Diagnose: Ein zweifacher Beckenbruch, außerdem zwei gebrochene Zehen.

Auf der elfstündigen, immer wieder wegen Übelkeit und Erbrechen unterbrochenen Busfahrt nach Hause wunderte sich

**Raudies (4) vor Öttl (5): Gleich knallt´s**

Raudies über die unerträglichen Schmerzen, die ihm das bloße Liegen auf dem Rücken verursachte. Im Kreiskrankenhaus von Biberach kam nach einer zweiten gründlichen Untersuchung dann die Erklärung: Statt eines doppelten hatte sich der Pechvogel sogar einen dreifachen Beckenbruch zugezogen und mußte etliche Tage auf dem Rücken liegend verbringen. »Nicht nur das obere und untere Schambein vorn, sondern auch das dicke fette Kreuzbein hinten hat's erwischt. Das heißt, ich habe jetzt zwei Beckenhälften – mich könntest du glatt auseinanderziehen«, schilderte Dirk vom Krankenlager. »Wenigstens stehen die Knochen so, wie sie sollen, es hat sich nichts verschoben. Eine Operation bringt nichts, weil sie den Heilungsprozeß nur um eine Woche verkürzen würde«.

Als sei Raudies´ Verletzung nicht schon schlimm genug, wurde auch noch Peter Öttl mit ins Verderben gerissen und erlebte den siebten Ausfall beim achten Start in Brünn. Direkt hinter Raudies an siebter Stelle plaziert, konnte der Aprilia Deutschland-Star der trudelnden Honda nicht mehr ausweichen und schlug hart in den Strohballen ein, wo er sich wegen einer ausgekugelten rechten Schulter und einem schwer geprellten rechten Knie vor Schmerzen krümmte. »Ich mache Dirk keinen Vorwurf, er hat es ja nicht absichtlich getan«, meinte Öttl fair. »Dr. Costa hat die Schulter ohne Narkose wieder eingerenkt, doch ich hatte keine Schmerzen und keine Probleme. Das hat mir imponiert«, fügte der tapfere Bayer hinzu, der auch den schlechtesten Situationen immer noch positive Seiten abgewinnen konnte. »Zum Glück ist im Knie nichts gebrochen, aber es ist so angeschlagen, daß ich kaum herumhumpeln kann«.

Nach der Heimreise begab sich Öttl ins Krankenhaus von Bad Reichenhall, wo er schon nach seinem Armbruch am Nürburgring verarztet worden war, und dort stellte sich heraus, daß seine Armverletzung nicht so harmlos war wie ursprünglich erhofft. »Leider ist aus der Gelenkpfanne ein Stück abgebrochen. Wenn es sich binnen einer

## Cadalora gewinnt – und Dunlop feiert mit

# Ein Sieg über die Naturgewalten

Beim Grand Prix in Brünn fuhr Luca Cadalora erstmals in der Saison 1995 überlegen voraus, doch war sein Sieg mehr als nur ein Triumph über die Konkurrenz der Halbliterklasse – es war auch ein Erfolg seines Reifenherstellers im Kampf gegen die Naturgewalten.

Denn als am 18. Januar in Kobe die Erde bebte, wurde auch eines der drei japanischen Dunlop-Werke zerstört. Unter der Gewalt des Bebens, das die Stärke 6,6 auf der Richterskala erreichte, fielen Gebäude wie Kartenhäuser in sich zusammen. Um die Lieferung von über 1000 verschiedenen Motorrad-Straßenreifen trotzdem weiter gewährleisten zu können, wurde die Produktion in das japanische Dunlop-Werk in Nagoya ausgelagert, wo bislang hauptsächlich Autoreifen gefertigt wurden.

War das schon eine technische und unternehmerische Meisterleistung in einer Region, in der die Wasser- und Stromversorgung gekappt, Straßen und Schienen verschüttet, die gewohnte Infrastruktur fast völlig zerstört war und die zusätzlich noch wochenlang von Nachbeben erschüttert wurde, so schien die Fortsetzung von Forschung, Entwicklung und Produktion der Straßen-Rennreifen auf Monate hinaus blockiert.

Denn mit dieser, für den Motorrad-Grand Prix-Sport lebenswichtigen Abteilung waren nicht nur Mischtrommeln und Heizformen, sondern auch elementare Daten über die Zusammensetzung der geheimnisvollen schwarzen Slicks verschüttet worden. 30 verschiedene Zutaten würden zu einer Lauffflächenmischung gerührt, und weil die einzelnen Mengen ebenso entscheidend waren wie die Reihenfolge, die Geschwindigkeit, Druck und Temperatur der Mischungsherstellung, war es unmöglich, aus einem fertig gebackenen Reifen präzise Rückschlüsse auf dessen Zusammensetzung zu ziehen.

Das britische Fort Dunlop, das pro Jahr über 40000 Rennreifen aller Klassen herstellte, vor allem aber bei der Materialforschung für die immens beanspruchten Halbliter-Walzen eng mit dem Kobe-Werk kooperierte, war plötzlich auf sich allein gestellt. Und als die Marlboro-Yamaha-Stars Luca Cadalora und Norifumi Abe schon bei Vorsaison-Tests im Februar über mangelnde Lenkpräzision und die kurze Lebensdauer ihrer Vorderradreifen zu klagen begannen, fehlte die Möglichkeit, in den Hut zu greifen und im Handumdrehen einen neuen, besseren Reifen hervorzuzaubern – das ganze Wissen,

das in Kobe begraben lag, mußte neu erarbeitet werden.

Rennfahrer Luca Cadalora mochte zunächst nicht so lange warten. Nach dem vierten Platz zum Saisonauftakt in Australien und der Aufgabe wegen mangelndem Vorderradgrip in Malaysia forderte er seinen Teamchef Kenny Roberts auf, von Dunlop zu Michelin überzulaufen. In einigen Krisengesprächen auf höchster Ebene entschied sich King Kenny jedoch, seinen langjährigen Partner die Treue zu halten. »Wir wußten, daß wir ein Problem hatten. Aber wir wußten auch, daß wir es lösen konnten. Wenn es irgendeinen Zweifel daran gegeben hätte, daß wir im Laufe der Saison wieder zur alten Stärke zurückfinden würden, dann hätten auch wir dem Roberts-Team einen Wechsel nahegelegt«, erklärte Dunlop-Sprecher Jeremy Ferguson.

Doch weil Dunlop und Kenny Roberts felsenfest vom Erfolg überzeugt waren, kam es zu einer Übergangslösung und zu einem in der Rennsportgeschichte wohl einmaligen, zeitlich befristeten Kompromiß. Ab dem Japan-Grand Prix setzten Luca Cadalora und Norifumi Abe im Training wie im Rennen immer wieder eine Kombination von Dunlop-Hinterreifen und käuflichen Standard-Michelin-Vorderreifen ein, die in der Presse für amüsante »Michelop«-Schlagzeilen sorgten. Siegverdächtig war die Kombination zwar nie, doch immerhin erreichte Cadalora damit dreimal einen zweiten Platz.

Gleichzeitig wurde im Fort Dunlop auf Hochtouren gearbeitet. Obwohl neben dem Knowhow auch die Versorgung mit Rohmaterial und Chemikalien immer wieder ins Stocken geriet, weil die japanische Zulieferindustrie in der dicht besiedelten Region nicht minder betroffen war wie das Dunlop-Werk in Kobe selbst, produzierten die Briten pausenlos neue Reifen-Prototypen. Durchschnittlich alle zwei Wochen rückte das Marlboro-Team Roberts mit Testfahrer Randy Mamola meist auf spanischen Strecken zu neuen Probefahrten aus.

Ein neuer, überlegener Dunlop-Hinterreifen war schon für das Rennen in Frankreich fertig. Luca Cadalora hatte ihn bei außerplanmäßigen Tests in Barcelona bereits persönlich ausprobiert und für gut befunden, und anders als bei Michael Doohans Ausfällen in Spanien und Deutschland konnte er seinen zweiten Platz in Le Mans damit gegen die gesamte Weltelite ertrotzen. »Dunlop tut das Menschenmögliche, um uns wieder an die Konkurrenz heranzuführen. Deshalb geben auch wir als Fahrer unser Bestes«,

**Vom Erfolg überzeugt: Die Dunlop-Techniker überwanden die Erdbeben-Katastrophe**

stellte er sich nach dem anfänglichen Tauziehen längst wieder hinter die Politik seines Teamchefs.

Der entscheidende Durchbruch auch bei den Vorderreifen wurde dann zwei Wochen vor dem Rennen in Brünn bei Tests im italienischen Mugello gefeiert. »Der neue Reifen macht den entscheidenden Unterschied. Ihm ist alles zu verdanken«, jubelte Cadalora, nachdem er im Abschlußtraining zum Tschechischen Grand Prix den alten Streckenrekord unterboten und eine unangefochtene Pole Position erzielt hatte.

Tags darauf gewann er mit über vier Sekunden Vorsprung, drehte auch die offizielle neue Rekordrunde und bewies, daß der neue Reifen 22 Runden in vollem Renntempo durchzuhalten imstande war. »Das ganze Team hat heute und bei den Mugello-Tests großartige Arbeit geleistet. Wir haben lange auf diesen Erfolg warten müssen, doch das macht diesen Tag nur noch großartiger für mich und meine Ingenieure, die dieses Jahr sehr hart gearbeitet und bis jetzt nicht viel an Genugtuung dafür erhalten haben«.

Ein Satz, der auch den Dunlop-Technikern gewidmet war. »Viele denken: Wenn sich der Vorderreifen beim Bremsen und Einlenken nicht stabil genug anfühlt und zuwenig Spurtreue hat,

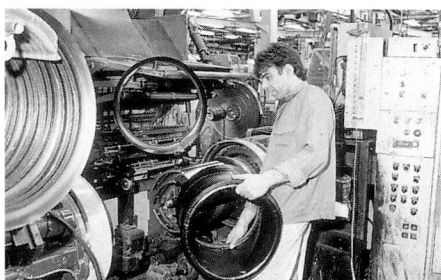

**Die Rennreifenentwicklung ging statt in Kobe im Fort Dunlop weiter (oben) – und brachte Luca Cadalora nach langer Durststrecke auf die Überholspur zurück**

mach´ doch einfach eine härtere Karkasse. Doch das wiederum geht auf Kosten von Eigendämpfung und Sidegrip. In Wirklichkeit ist alles viel, viel komplexer. Fortschritte können nur in hartnäckiger, geduldiger Kleinarbeit erzielt werden«, verdeutlichte Jeremy Ferguson. »Luca Cadaloras Erfolg in Brünn bedeutet für uns deshalb wirklich etwas ganz Besonderes: Er zeigt allen unseren Mitarbeitern, daß sich die vielen Sonderschichten seit der Katastrophe in Japan gelohnt haben«.

**Sturz: Nach Raudies und Öttl scheiterte auch Perugini**

Woche nicht verschiebt, können wir mit der Therapie beginnen, und dann kann ich in Rio fahren. Andernfalls muß es operiert werden«, bangte er um den nächsten Start.

Weil auch der zweitplazierte Stefano Perugini frühzeitig ausschied, wurde der Kampf ums Podest zur rein japanischen Angelegenheit. Der schon im Training haushoch überlegene Kazuto Sakata fegte auf und davon und erreichte das Ziel mit acht Sekunden Vorsprung. Im Dreikampf

dahinter war Haruchika Aoki wieder einmal der Cleverste und stand nach seinem zweiten Platz als Weltmeister so gut wie fest.

Die Entscheidung um Platz drei fiel hingegen um den Hauch von drei Tausendstelsekunden und war derart eng, daß die entscheidende Handbreit Unterschied nur im Zielfoto zu erkennen war. Das ganze Rennen über hatte Ditter Plastic-Pilot Masaki Tokudome seine Kollegen sorgfältig studiert und war überzeugt, für einen Schluß-

angriff aufs Podest die nötigen Reserven zu haben. »Motor und Fahrwerk waren perfekt, weshalb ich im letzten Bergaufstück vor der Schikane zuschlagen wollte. Doch offensichtlich war mein Hinterreifen bereits zu angegriffen. Ich hatte beim Herausbeschleunigen nicht den nötigen Drive, in der Zielkurve hatte ich dann nochmals einen kleinen Rutscher – und dann fehlten mir gegen Akira Saito ein paar Zentimeter«.

**Sakata: Der erste Sieg des Jahres**

**Tokudome (8): Im Endspurt hatte Saito (14) die Nase vorn**

Die Verfolger: Nobby Ueda (2) vor Oliver Koch (18), Manako, Scalvini, Alzamora

## Gespanne: Bohnhorst mit Plattfuß

Völlig ohne Feindeinwirkung sauste WM-Leader Darren Dixon bei den Gespannen durchs Kiesbett und zögerte die eigentlich fällige Titelentscheidung mit seinem fünften Platz bis zum Finale in Barcelona hinaus. Vielleicht war der Engländer wegen des tragischen Zwischenfalls vom Dienstag der Vorwoche nicht ganz bei der Sache: Sein deutscher Mechaniker Ralph Wagner, der früher auch schon bei Ralf Waldmann geschraubt hatte, stürzte und ertrank in der eigenen Badewanne.

Herausforderer Steve Abbott hatte Dixon ausreiten sehen und insgeheim schon auf einen gänzlich unerwarteten Boom seiner Titelchancen gehofft, mußte dann aber erkennen, daß sein Landsmann nicht so schnell aufgab. »Dixon war so weit draußen, daß ich dachte: Das ist das Ende – aber er kommt immer wieder zurück«, schmunzelte er nach seinem zweiten Platz hinter dem überlegenen Rolf Biland.

Nur Ralph Bohnhorst hatte keine Chance

Noch enttäuschter war sein Teamkollege Oliver Koch, der bis ins letzte Renndrittel hinein Rang sieben verteidigt hatte, dann aber von dem neuen Scott-Attac-Piloten Darren Barton ins Kiesbett geschickt wurde und auf Rang 14 zurückfiel. »Die schwarze Farbe meines Motorrads zieht andere Fahrer offensichtlich unwiderstehlich an. In jedem Rennen donnert ein anderer in mich rein«, meinte er mit Galgenhumor.

Stefan Prein gab an 20. Stelle liegend auf, weil sein hinterer Dämpfer völlig erlahmte. »Das Innenleben war völlig kaputt, Ich bin nur noch auf der Feder gefahren«, meinte er. Darren Barton beendete das Rennen zwei Runden vor Schluß an zehnter Stelle liegend durch Sturz.

Überlegen zum dritten Sieg hintereinander: Rolf Biland und Kurt Waltisperg

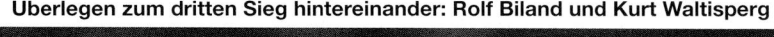

auf ein Happy-End. »Ab der zweiten Runde sind meine Füße auf der Straße geschliffen. Mein Hinterreifen hat Luft verloren, acht Runden vor Schluß ist er dann auf der Zielgeraden geplatzt«, schilderte er. »Andernfalls hätte es auf jeden Fall zu einem Podestplatz gereicht – denn mein BRM-Motor ging wirklich wie die Sau!«

## Thunderbikes:
## Mark Meister

Drei Runden lang zog Udo Mark im Rennen der Thunderbikes seinen belgischen Meisterschafts-Rivalen Yves Briguet im Windschatten hinter sich her, dann war das 31jährige Superbike-As aus Furtwangen im Schwarzwald Champion der Donnervögel: Briguet stürzte auf einem von Fred Bayens verursachten Ölfleck, worauf Mark seine Führung nur noch über die Distanz zu bringen brauchte, um den ersten Titel der neugeschaffenen Klasse feiern zu können.

Und obwohl der Kawasaki-Star fünf Honda-Piloten im Nacken hatte und vom Spanier Eustaquio Gavira zwischendurch nochmals ernsthaft herausgefordert wurde, blieb Mark cool und fehlerlos bis ins Ziel, worauf Teamchef Peter Rubatto, Bruder des Team Europa-Zwafink-Teammanagers Mario, im Laufschritt Richtung Podest rannte. »Das haben wir verdient«, keuchte er unterwegs. »Wir haben mit vielen finanziellen und materiellen Problemen zu kämpfen gehabt in dieser Saison. Jetzt sind wir Meister – einfach super!«

Auch Meister Mark hatte mittlerweile das Podest erreicht und genoß den frischen Ruhm. »Als Yves stürzte, habe ich noch lange nicht an seinen Ausfall geglaubt, denn der steigt ja gern wieder auf«, schmunzelte Mark, »erst als mir meine Box definitiv Briguets Ausfall anzeigte, wurde mir klar, daß ich mit einem Sieg in der Gesamtwertung uneinholbar sein

## 500 cm³:

**Ergebnisse**

| | | | | | WM-Stand | Pkt. |
|---|---|---|---|---|---|---|
| 1. Luca Cadalora | I | Yamaha YZR | 45.28.726 | | 1. Doohan | 190 |
| 2. Michael Doohan | AUS | Honda NSR | 45.32.874 | | 2. Beattie | 171 |
| 3. Daryl Beattie | AUS | Suzuki RGV | 45.38.125 | | 3. Cadalora | 135 |
| 4. Loris Capirossi | I | Honda NSR | 45.44.372 | | 4. Crivillé | 118 |
| 5. Shinichi Itoh | J | Honda NSR | 45.47.557 | | 5. Puig | 99 |
| 6. Alex Crivillé | E | Honda NSR | 45.50.678 | | 6. Itoh | 94 |
| 7. Loris Reggiani | I | Aprilia RSV | 45.51.268 | | 7. Barros | 78 |
| 8. Carles Checa | E | Honda NSR | 45.56.046 | | 8. Capirossi | 74 |
| 9. Alexandre Barros | BR | Honda NSR | 45.56.144 | | 9. Abe | 55 |
| 10. Neil Hodgson | GB | ROC-Yamaha | 46.00.566 | | 10. Reggiani | 50 |
| 11. Scott Russell | USA | Suzuki RGV | 46.01.120 | | 11. Borja | 47 |
| 12. Juan Borja | E | ROC-Yamaha | 46.31.932 | | 12. Hodgson | 36 |
| 13. Bernard Garcia | F | ROC-Yamaha | 46.35.366 | | 13. Schwantz | 34 |
| 14. Laurent Naveau | B | ROC-Yamaha | 46.39.020 | | 14. B. Garcia | 32 |
| 15. Adrian Bosshard | CH | ROC-Yamaha | 46.53.552 | | 15. Russell | 24 |

16. Jeremy McWilliams (GB) Yamaha, 17. Frédéric Protat (F) ROC-Yamaha, 18. Chris Walker (GB) Harris-Yamaha, 19. Eugene McManus (GB) Harris-Yamaha, 20. Marc Garcia (F) ROC-Yamaha, 21. Bruno Bonhuil (F) ROC-Yamaha, – 1 Rde., 22. Bernard Haenggeli (CH) ROC-Yamaha, 23. Marco Papa (I) ROC-Yamaha.

**Schnellste Runde:** Cadalora in 2.02.812 = 158,115 km/h (Rekord)

**Alter Rekord:** Wayne Rainey (Yamaha) in 2.03.266 = 157,533 km/h (1993)

**Durchschnitt Sieger:** 22 Runden oder 118,668 km in 45.28.726 = 156,558 km/h

**Ausfälle:** S. Emmett (GB) Harris-Yamaha, Kolbenklemmer; N. Abe (J) Yamaha, Sturz; C. Migliorati (I) Harris-Yamaha, Fußraste gebrochen; L. Pedercini (I) ROC-Yamaha, Sturz; S. Gray (USA) Harris-Yamaha, Nichtstarter/Trainingssturz; J. Kuhn (F) Paton, Sturz; J. Haydon (GB) Harris-Yamaha, Sturz

**Trainingszeiten:** 1. Cadalora 2.02.180=158,933 km/h, 2. Doohan 2.02.524, 3. Beattie 2.02.611, 4. Abe 2.03.210, 5. Capirossi 2.03.229, 6. Reggiani 2.03.534, Itoh 2.03.560, 8. Crivillé 2.03.970, 9. Barros 2.04.156, 10. Hodgson 2.04.562, 11. Checa 2.04.653, 12. Russell 2.04.867, 13. Borja 2.05.328, 14. Bosshard 2.05.657, 15. Haydon 2.05.775, 16. B. Garcia 2.06.031, 17. Naveau 2.06.277, 18. Pedercini 2.07.070, 19. Emmett 2.07.369, 20. McWilliams 2.07.397, 21. Migliorati 2.07.550, 22. Protat 2.07.636, 23. Walker 2.08.447, 24. McManus 2.08.733, 25. Bonhuil 2.08.866

## 250 cm³:

**Ergebnisse**

| | | | | | WM-Stand | Pkt. |
|---|---|---|---|---|---|---|
| 1. Massimiliano Biaggi | I | Aprilia | 41.56.604 | | 1. Biaggi | 213 |
| 2. Tetsuya Harada | J | Yamaha TZM | 41.56.760 | | 2. Harada | 169 |
| 3. Ralf Waldmann | D | Honda NSR | 42.10.026 | | 3. Waldmann | 164 |
| 4. Luis d'Antin | E | Honda NSR | 42.37.236 | | 4. Okada | 102 |
| 5. Doriano Romboni | I | Honda NSR | 42.37.256 | | 5. Ruggia | 91 |
| 6. Jean-Philippe Ruggia | F | Honda NSR | 42.37.378 | | 6. Aoki | 87 |
| 7. Tadayuki Okada | J | Honda NSR | 42.37.586 | | 7. Roberts jr. | 68 |
| 8. Kenny Roberts jr. | USA | Yamaha TZM | 42.37.772 | | 8. d'Antin | 65 |
| 9. Nobuatsu Aoki | J | Honda NSR | 42.38.451 | | 9. Checa | 45 |
| 10. Jürgen Fuchs | D | Honda RS | 42.38.517 | | 10. J. Goorbergh | 41 |
| 11. Jean-Michel Bayle | F | Aprilia | 42.44.183 | | 11. Jacque | 37 |
| 12. Patrick v.d.Goorbergh | NL | Aprilia | 42.46.630 | | 12. Bayle | 37 |
| 13. José Luis Cardoso | E | Aprilia | 42.47.276 | | 13. Romboni | 34 |
| 14. Olivier Jacque | F | Honda RS | 42.50.890 | | 14. Suter | 34 |
| 15. Roberto Locatelli | I | Aprilia | 42.51.518 | | 15. Fuchs | 34 |

16. Adi Stadler (D) Aprilia, 17. Luis Carlos Maurel (E) Honda, 18. Gregorio Lavilla (E) Honda, 19. Bernd Kassner (D) Aprilia, 20. José Barresi (YV) Honda, 21. Regis Laconi (F) Honda, 22. Oliver Petrucciani (CH) Aprilia, 23. Ruben Xaus (E) Honda, 24. Miguel Castilla (E) Yamaha, 25. Bohumil Stasa (CZ), Aprilia, 26. Pere Riba (E) Aprilia,

**Schnellste Runde:** Harada in 2.04.684 = 155,741 km/h (Rekord)

**Alter Rekord:** Max Biaggi (Aprilia) in 2.05.340 = 154,926 (1994)

**Durchschnitt Sieger:** 20 Runden oder 107,880 km in 41.56.604 = 154,322 km/h

**Ausfälle:** T. Tsujimura (J) Honda, Nichtstarter/Trainingssturz; N. Mackenzie (GB) Aprilia, Hinterreifen defekt; E. Suter (CH) Aprilia, Fahrwerk-/Hinterreifenprobleme; P. v.d. Goorbergh (NL) Honda, Vorderreifen defekt; D. Bulega (I) Honda, Nichtstarter/Muskelzerrung; O. Krmicek (CZ) Yamaha, Motorprobleme.

**Trainingszeiten:** 1. Biaggi 2.04.268 = 155,743 km/h, 2. Waldmann 2.05.315, 3. Harada 2.05.697, 4. Ruggia 2.05.939, 5. Locatelli 2.05.955, 6. Bayle 2.05.976, 7. Romboni 2.06.173, 8. Okada 2.06.224, 9. Suter 2.06.330, 10. J. Goorbergh 2.06.477, 11. Fuchs 2.06.505, 12. d'Antin 2.06.578, 13. Roberts jr. 2.06.592, 14. Jacque 2.07.146, 15. Aoki 2.07.219, 16. Cardoso 2.07.484, 17. Mackenzie 2.07.497, 18. Petrucciani 2.07.501, 19. P. Goorbergh 2.07.655, 20. Stadler 2.08.065, 21. Barresi 2.08.466, 22. Lavilla 2.08.717, 23. Castilla 2.08.866. 24. Laconi 2.09.002

würde. Zwei, drei Runden lang habe ich mir überlegt, wie schön das wäre. Dann sah ich, daß Gavira näherrückte und habe mich wieder voll aufs Fahren konzentriert. Das war auch dringend nötig, denn eine bestimmte Kurve, in der eine ganze Reihe von Fahrern stürzte, war ölverschmiert und bis zum Ende des Rennens gefährlich glatt. Doch mein Motorrad lief gut, die Reifen waren phantastisch. Schon das Training war vollkommen problemlos – wir sind definitiv auf dem richtigen Weg!«

**Meister Mark: Als Briguet stürzte, war die Thunderbike-Trophy entschieden**

## 125 cm³:

**Ergebnisse**

| | | | | |
|---|---|---|---|---|
| 1. Kazuto Sakata | J | Aprilia | 42.08.715 |
| 2. Haruchika Aoki | J | Honda | 42.16.211 |
| 3. Akira Saito | J | Honda | 42.16.682 |
| 4. Masaki Tokudome | J | Aprilia | 42.16.685 |
| 5. Hideyuki Nakajoh | J | Honda | 42.19.783 |
| 6. Gianluigi Scalvini | I | Aprilia | 42.29.374 |
| 7. Tomoko Igata | J | Honda | 42.31.032 |
| 8. Tomomi Manako | J | Honda | 42.31.214 |
| 9. Noboru Ueda | J | Honda | 42.31.877 |
| 10. Emili Alzamora | E | Honda | 42.32.078 |
| 11. Manfred Geissler | D | Aprilia | 42.32.098 |
| 12. Herri Torrontegui | E | Honda | 42.32.969 |
| 13. Ken Miyasaka | J | Honda | 42.38.917 |
| 14. Oliver Koch | D | Aprilia | 42.48.612 |
| 15. Yoshiyuki Sugai | J | Honda | 42.50.544 |

16. Josep Sarda (E) Honda, 17. Luigi Ancona (I) Honda, 18. Jorge Martinez (E) Yamaha, 19. Andrea Ballerini (I) Aprilia, 20. Jaroslav Hules (CZ) Aprilia, 21. Hiroyuki Kikuchi (J) Honda, 22. Massimiliano d'Agnano (I) Aprilia

**WM-Stand** **Pkt.**

| | |
|---|---|
| 1. Aoki | 181 |
| 2. Sakata | 127 |
| 3. Perugini | 112 |
| 4. Saito | 95 |
| 5. Raudies | 89,5 |
| 6. Alzamora | 78 |
| 7. Nakajoh | 74 |
| 8. Manako | 72 |
| 9. Öttl | 67 |
| 10. Tokudome | 52,5 |
| 11. Ueda | 51 |
| 12. Torrontegui | 43,5 |
| 13. Scalvini | 41,5 |
| 14. Katoh | 40 |
| 15. Geissler | 35 |

**Schnellste Runde:** Sakata
in 2.11.305 = 147,888 km/h (Rekord)
**Alter Rekord:** Kazuto Sakata (Aprilia)
in 2.12.500= 146,554 km/h (1994)
**Durchschnitt Sieger:** 19 Runden oder 102,486 km
in 42.08.715 = 145,904 km/h

**Ausfälle:** D. Raudies (D) Honda, Sturz; P. Öttl (D) Aprilia, Sturz; S. Perugini (I) Aprilia, Sturz; S. Prein (D) Yamaha, Federbein defekt; G. Debbia (I) Yamaha, Motorprobleme; T. Yamamoto (J) Honda, Kolbenklemmer; D. Barton (GB) Yamaha, Sturz; G. Nieto (E) Yamaha, Aufgabe/Schonung für EM; A. Folger (D) Aprilia, Zündung defekt; B. Weiss (CZ) Honda, Aufgabe/Schonung für EM; V. Castka (CZ) Honda, falsche Reifenwahl.

**Trainingszeiten:** 1. Sakata 2.10.577=148,712 km/h, 2. Perugini 2.11.330, 3. Nakajoh 2.11.558, 4. Aoki 2.11.613, 5. Tokudome 2.11.741, 6. Saito 2.12.045, 7. Raudies 2.12.267, 8. Öttl 2.12.361, 9. Ueda 2.12.404, 10. Koch 2.12.411, 11. Manako 2.12.551, 12. Miyasaka 2.12.634, 13. Scalvini 2.13.118, 14. Torrontegui 2.13.131, 15. Hules 2.13.184, 16. Alzamora 2.13.429, 17. Yamamoto 2.13.648, 18. Debbia 2.13.808, 19. Geissler 2.13.933

## Gespanne:

**Ergebnisse**

| | | | |
|---|---|---|---|
| 1. Biland/Waltisperg | CH | LCR-BRM | 40.26.544 |
| 2. Abbott/Tailford | GB | Windle-ADM | 40.29.144 |
| 3. Bösiger/Egli | CH | LCR-ADM | 41.07.629 |
| 4. D. Brindley/Hutchinson | GB | LCR-Honda | 41.09.134 |
| 5. Dixon/Hetherington | GB | Windle-ADM | 41.11.029 |
| 6. B. Brindley/Whiteside | GB | LCR-Yamaha | 41.41.582 |
| 7. Reddington/Crone | GB | LCR-Honda | 41.43.912 |
| 8. Lausletho/Metsaranta | SF | LCR-Honda | 42.16.662 |
| 9. Willford/Wynn | GB | LCR-Honda | 42.20.968 |
| 10. K. Webster/Hofsteenge | GB/NL | LCR-Honda | 42.29.101 |
| 11. Janssen/van Kessel | NL | LCR-Honda | 42.31.804 |
| 12. Schlosser/Hänni | CH | LCR-ADM | – 1 Rde. |
| 13. Wyssen/Wyssen | CH | LCR-BRM | – 3 Rdn. |

**WM-Stand** **Pkt.**

| | |
|---|---|
| 1. Dixon | 111 |
| 2. Abbott | 92 |
| 3. Bösiger | 80 |
| 4. Biland | 75 |
| 5. B. Brindley | 60 |
| 6. D. Brindley | 53 |
| 7. Klaffenböck | 42 |
| 8. Kumagaya | 37 |
| 9. Janssen | 37 |
| 10. Bohnhorst | 32 |
| 11. Gälross | 29 |
| 12. Lausletho | 29 |
| 13. Reddington | 27 |

**Schnellste Runde:** Dixon
in 2.06.340 = 153,700 km/h (Rekord)
**Alter Rekord:** Biland/Waltisperg (LCR-Swissauto)
in 2.07.963 = 151,750 km/h (1994)
**Durchschnitt Sieger:** 19 Runden oder 102.486 km
in 40.26.544 = 152,047 km/h

**Ausfälle:** Güdel/Güdel (CH) LCR-BRM, Vergaserprobleme; K. Klaffenböck/Parzer (A) LCR-BRM, Pleuel gerissen; Kumagaya/Hopkinson (J/GB) LCR-Honda, Zündung defekt; Bohnhorst/Brown (D/GB) LCR-BRM, Plattfuß; Koster/J. Klaffenböck (CH/A) LCR-ADM, Zündung defekt; Gälross/Berglund (S) LCR-NGK 500n S, Getriebe defekt; Neumann/Müller (D) LCR-Yamaha, Wasserschlauch gebrochen; Remse/Grebensek (SLO) Busch-Honda, nicht qualifiziert.

**Trainingszeiten:** 1. Biland 2.04.664=155,766 km/h, 2. Güdel 2.06.229, 3. Bösiger 2.06.552, Dixon 2.06.910, Abbott 2.07.215, K. Klaffenböck 2.07.270, D. Brindley 2.08.033, Bohnhorst 2.08.270, 9. Wyssen 2.08.277, 10. Kumagaya 2.09.161, 11. Lausletho 2.09.469, 12. Brindley 2.09.595, 13. Reddington 2.10.379, 14. Janssen 2.12.473, 15. K. Webster 2.12.604

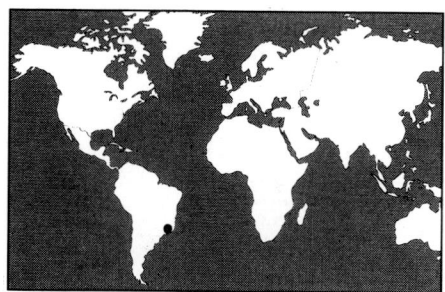

**17. September 1995:**
**Grand Prix Brasilien in Rio de Janeiro**

*Beim Grand Prix in Rio*

# Karneval in Rio

*herrschte Karneval: Haruchika Aoki und Max Biaggi feierten die Weltmeisterschaft, Masaki Tokudome und Doriano Romboni feierten den langersehnten Sieg.*

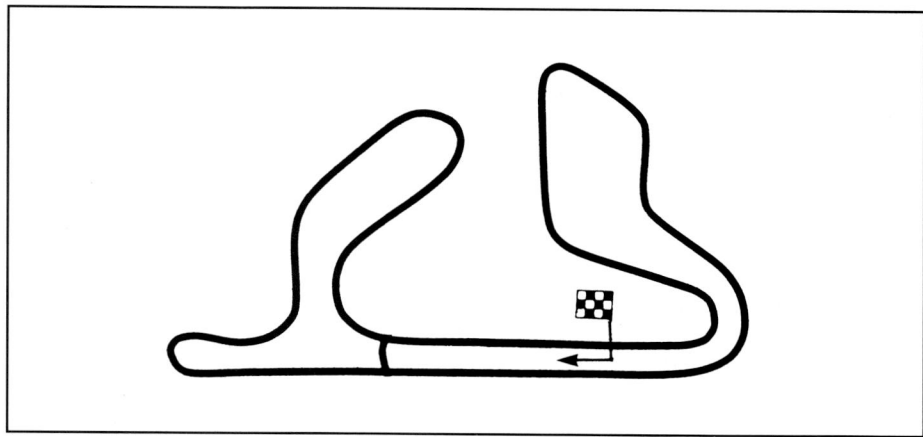

In den letzten 30 Tagen vor dem Grand Prix in Brasilien hatten 620 Arbeiter vom Morgengrauen bis in die Nacht hinein geschuftet und es nach langen Monaten, die ungenutzt verstrichen waren, tatsächlich doch noch geschafft, die seit sechs Jahren verwaiste Nelson Piquet-Rennstrecke in Jacarepagua mit einer neuen Asphaltdecke zu versehen und die verrotteten Zuschauerplätze durch neue Betontribünen zu ersetzen.

Zehn Tage vor dem Rennen hatte Cesar Maio, Bürgermeister der mit 25 Millionen Dollar in das Sanierungsprojekt eingestiegenen Stadt Rio de Janeiro, den Kurs dann offiziell eingeweiht, worauf die Fachleute am Bau ihr Werk als vollendet ansahen und die Arbeit niederlegten.

Entsprechend groß war der Schock, als Vertreter der Dorna, der IRTA und der ersten eintreffenden Teams am Dienstag und Mittwoch vor dem GP-Wochenende an der Strecke eintrafen. Statt bestuhlte Büros mit elektrischem Licht und funktionierenden Telefonen vorzufinden, landeten sie in einer regendurchweichten Baustelle, in der es außer leeren Betonbaracken, heruntergekommenen Schiffscontainern und jeder Menge Müll noch überhaupt nichts gab.

**Strahlemänner: Weltmeister Haruchika Aoki, Sieger Masaki Tokudome, Gianluigi Scalvini (v.r.)**

Die südamerikanische Gelassenheit und Improvisationskunst, mit der das Chaos bis zum Trainingsbeginn am Freitagmorgen noch flugs in ein halbwegs begehbares Fahrerlager verwandelt wurde, stieß auf allseitige Bewunderung. Noch während am Donnerstagabend im Hotel Intercontinental eine rauschende Welcome-Party stieg und eine aus Fahrern zusammengesetzte Jury die hinreißende »Miss Grand Prix« aus den Schönheiten der Stadt auswählte, versuchte der Holländer Lee van Dam, Chef der Promotion-Firma »Vadam International« und Veranstalter des ganzen Spektakels, Strom fürs Fahrerlager zu beschaffen – die fünf mächtigen Dieselgeneratoren, die er zur Notversorgung von Containerbüros, Kontrollturm, Zeitnahme, Pressezentrum und Boxenanlagen bis hin

zu den unverzichtbaren Batterieladegeräten und Reifenwärmern gemietet hatte, waren von deren Besitzer nämlich kurzfristig an einen anderen Schauplatz verschleppt worden.

Nur eins war unter dem immer dramatischer werdenden Zeitdruck vergessen worden: Daß neuer Asphalt »schwitzt« und erst einmal trockengefahren werden muß, bevor er richtig Grip aufbaut. Nicht umsonst war von der internationalen Motorradsportföderation FIM in den alten Zeiten vor der Machtübernahme von Dorna und IRTA keine Strecke homologiert worden, auf der zuvor nicht mindestens eine internationale Veranstaltung gelaufen war.

Schon im trockenen ersten Freitagstraining stellten die Piloten fest, daß die

151

**Die kalte Dusche: Im Regen war die Piste selbst für Lokalmatador Barros gefährlich glatt**

Strecke auch mit den weichsten verfügbaren Reifenmischungen kaum Grip hatte. Als im ersten Zeittraining am Freitagnachmittag dann auch noch Regen einsetzte, wurde die Piste endgültig zur heimtückischen Rutschbahn. Beim Gasgeben drehten die Hinterräder der Maschinen sogar auf den Geraden hilflos durch, die wenigen Piloten, die bei diesen Bedingungen auf die Strecke gingen, protestierten wütend. Einige der Stars wollten mit Max Biaggi als Wortführer sogar einen Streik anzetteln. »Uns Strecken zuzumuten, die keiner von uns zuvor gesehen hat, die erst kurzfristig fertiggestellt wurden und auf denen zuvor keine einzige Rennveranstaltung stattgefunden hat, ist schlicht untragbar«, erklärte Michael Doohan, der sich am Freitagnachmittag nicht einmal die Mühe des Umziehens gemacht hatte und in Zivil auf seiner Werks-Honda sitzend in das schlechte Wetter hinausstarrte. »Die Veranstalter sind stolz auf die großflächigen Sturzräume, aber damit sind längst noch nicht alle Probleme aus der Welt. Wayne Rainey verletzte sich, ohne daß er an einer

Streckenbegrenzung aufschlug. Beim Superbike-WM-Lauf in Assen wurde der Japaner Yasutomo Nagai von seinem eigenen Motorrad erschlagen, ohne daß eine Mauer im Spiel war. Ich selbst hätte ohne Leitplanke in Sichtweite damals in Assen fast meinen Fuß verloren. Alles in allem habe ich in den letzten Jahren genug Verletzungen und Todesfälle mitbekommen, und gerade weil Stürze zu unserem Berufsrisiko gehören, muß alles nur Mögliche getan werden, um für mehr Sicherheit auf den Rennstrecken zu sorgen«.

Auch der von der Dorna bezahlte Fahrersprecher Franco Uncini kriegte von den Piloten sein Fett. »Anstatt bedingungslos für uns einzutreten, versucht er, zwischen Dorna, IRTA und den Fahrern zu vermitteln. Falls er sich nicht auf seine tatsächlichen Aufgaben besinnt, sollte sein Budget für nützlichere Zwecke eingeplant werden«, fügte Doohan hinzu.

In jenem redseligen Moment, den der sonst oft verschlossene und in sich gekehrt wirkende Champion vor den Honda-Boxen hatte, gab er auch gleich eine Sensation

bekannt, die sich wie ein Lauffeuer im Fahrerlager verbreiten sollte: Doohan hatte das märchenhafte Angebot von Marlboro-Yamaha ausgeschlagen, das ihm nicht nur fünf Millionen Dollar Jahresgage garan-

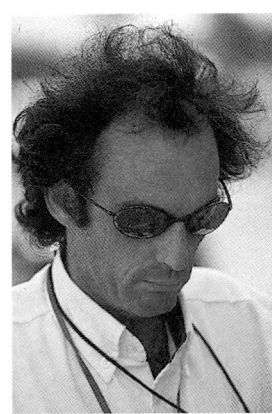

**Kritik von den Fahrern: Fahrersprecher Franco Uncini**

tiert hätte, sondern darüberhinaus vorsah, die Teamstruktur ganz auf ihn auszurichten und seine komplette Mechaniker-Crew samt Cheftechniker Jerry Burgess zu übernehmen.

Doch Doohan ersparte den alten Yama-

152

ha-Mechanikern ihre Existenzängste und einigte sich mit Honda auf einen neuen Vertrag für 1996. »Ich habe Honda eine Zahl genannt und ohne jede Diskussion bekommen, was ich wollte. Das einzig Interessante an der Yamaha-Offerte wäre gewesen, einmal etwas anderes zu machen und ein neues Umfeld zu haben. Doch ein Tapetenwechsel allein reichte mir nicht aus, meine alten Arbeitgeber im Stich zu lassen«, bekannte Doohan. »Denn als Rennfahrer muß ich nichts mehr beweisen. Der Welt zu zeigen, daß ich auch auf einer Yamaha gewinnen kann, ist für mich keine Herausforderung. Jeder denkt, die Honda sei das beste Motorrad und der einzige Schlüssel zum Erfolg. Wenn dem so wäre, hätte in jedem Rennen dieser Saison ein anderer der sechs offiziellen Honda-Piloten gewonnen. Tatsache ist aber, daß die Erfolge vom Fahrer abhängen. Schon als Eddie Lawson 1989 von Yamaha zu Honda ging und abermals Weltmeister wurde, hieß es, die Honda sei das beste Motorrad. Als ich 1994 endlich Weltmeister wurde, hieß es dasselbe erneut. Daß es die Fahrer sind, die die Motorräder zur Perfektion entwickeln, fällt niemandem auf«.

Als es im Abschlußtraining endlich trocken war und auch der Grip mit jeder Runde, die die Fahrer auf der 5,088 Kilometer langen Strecke abspulten, allmählich besser wurde, schwang sich Doohan noch schnell zur Trainingsbestzeit auf, allerdings waren ihm Luca Cadalora, Norifumi Abe und Alexandre Barros, der in seinem Heimatland ein besonders gutes Bild abgeben wollte und auch im Regen fleißiger als jeder andere seine Runden gedreht hatte, dicht auf den Fersen.

Bei den 125ern war der kleine Italiener Stefano Perugini Schnellster vor Beinahe-Weltmeister Haruchika Aoki und Masaki Tokudome vom Grand Prix Team Ditter Plastic. Schon im Regen des Vortags hatte Tokudome lange Platz zwei verteidigt, war wegen mangelnder Sicht und den immer stärker anschwellenden Bächen, die quer über die Strecke rannen, jedoch vorzeitig in die Box abgebogen und deshalb noch auf Rang sechs abgerutscht.

Jetzt, im Trockenen, stand er erstmals seit dem Frankreich-Grand Prix wieder in der ersten Reihe. »Leider hat mich Hideyuki Nakajoh aufgehalten, sonst wäre es noch schneller gegangen. Morgen will ich unbedingt aufs Podest – oder, besser noch, gewinnen«, kündigte er nach Platz drei selbstsicher an.

Soviel Selbstvertrauen war bei Peter Öttl nicht zu spüren: Der Aprilia Deutschland-Star war an ungewohnter 24., Teamkollege Tex Geissler gar nur an 28. Stelle qualifiziert. »So weit hinten waren wir noch nie«, stellte Teamchef Harald Eckl fest. Eine Ursache für den Rückstand von über vier Sekunden war der mangelnde Grip auf dem neuen Asphalt. »Alle Bridgestone-Fahrer hatten hier dasselbe Problem, Dunlop war für diese Bedingungen besser gerüstet«, erklärte Eckl.

Der andere Grund war Peter Öttls verletzte rechte Schulter. Nachdem er sie bei

**Dirk Raudies: Der Chef blieb im Sattel**

ausgekugelt hatte und ein Knochenstück absplitterte, mußte er das Armgelenk für anderthalb Wochen ruhig stellen, bevor er mit der Therapie beginnen konnte. »Erst in der letzten Woche vor dem Abflug nach

Brasilien fing ich mit Fahrradfahren an. Doch das kann konsequentes Konditionstraining natürlich nicht ersetzen«, schilderte Öttl.

Beim Fahren kamen dann die Schmerzen zurück. »Dr.Costa hat mich täglich zweimal massiert, und das Gelenk machte leichte Fortschritte. Doch die 22 Runden, die ich im Abschlußtraining gedreht habe, warfen mich entscheidend zurück. In den letzten zehn Runden waren die Schmerzen ziemlich stark, und seither ist es nicht besser geworden. Deshalb ist von mir hier bestimmt kein gutes Resultat zu erwarten«, meinte er traurig.

Dagegen war Dirk Raudies trotz seines dreifachen Beckenbruchs von Brünn schon wieder ganz der Alte: Er setzte nämlich seinen oberschwäbischen Dickkopf durch und stellte die Gesetze der Medizin auf den Kopf. »Normalbürger hüten nach einer solchen Verletzung acht Wochen das Bett,

**Doohan, Roberts: Die Verhandlungen blieben erfolglos (ganz oben)**

**Tokudome, Mechaniker Rölig: Flucht vor den Wassermassen (darunter)**

**Mit dem Production Racer in Startreihe eins: Teufelskerl Oliver Jacque**

aber Rennfahrer sind nun mal nicht normal«, meinte er, flüchtete vorzeitig aus dem Biberacher Krankenhaus und reiste nach Rio de Janeiro mit.

Ursprünglich hatte er seinem Team-Junior Markus Ober die Chance zu einer ersten Bewährungsprobe geben und zuschauen wollen, doch nach einer Streckeninspektion änderte der Chef seine Meinung und stieg nur dreieinhalb Wochen nach dem Sturz höchstpersönlich wieder in den Sattel. »Schon als ich den Streckenplan sah, wußte ich, daß ich es probieren würde. Schnell und flüssig, topfeben und mit langgezogenen Kurven, dazu die über einen Kilometer lange Zielgerade – das konnte ich mir nicht entgehenlassen«, schmunzelte er.

Weil Raudies im Gegensatz zu Ralf Waldmann sein eigener Chef war und mit HB nur einen Sponsorvertrag hatte, konnte er sich auch über HB-Teammanager Dieter Stappert hinwegsetzen, der das frühe Comeback trotz des grünen Lichts von Dr. Costa am liebsten verhindert hätte. »Wenn die Angst vor einer weiteren Verletzung eine Rolle sielt, darf ich nie fahren. Wenn

ich das Gefühl habe, daß es geht, muß ich in den Sattel steigen«, hielt Raudies fest und erreichte die 14. Trainingszeit.

Ralf Waldmann schaffte bei den 250ern den vierten Trainingsplatz, ließ die Federung wie alle anderen Teams mit zunehmendem Grip immer härter stellen und staunte nicht schlecht, als ihm Jean-Philippe Ruggia und dessen Chesterfield-elf-Teamkollege Olivier Jacque mit seinem Honda-Production Racer auf den Plätzen zwei und drei die Show stahlen. Schnell-

ster war Max Biaggi, während sein Herausforderer Tesuya Harada mit über einer Sekunde Rückstand auf Platz sieben rutschte.

## 250 ccm: Romboni am Ende des Tunnels

Die exakt 1,1 Kilometer lange Gegengerade, die sich wie vom Lineal gezogen vor den mächtigen Betontribünen der neuge-

**Mit dem Production Racer Elfter im Rennen: Jürgen Fuchs (29)**

154

In Führung: Romboni vor Waldmann

In Siegerpose: Romboni feiert das Licht am Tunnelende

bauten Nelson Piquet-Rennstrecke dahinzog, machte Haradas allerletzte Hoffnungen auf den WM-Titel im Rennen dann vollends zunichte. »Ich habe direkt hinter den Hondas aus der Haarnadelkurve herausbeschleunigt, doch bis zum Bremspunkt verlor ich regelmäßig zehn bis 15 Meter. Außerdem hatte ich vom Start bis ins Ziel bösartige Vorderradrutscher«, kommentierte der Yamaha-Star seinen fünften Platz. »Ich bin aber nicht enttäuscht, denn Max war in der Tabelle sowieso schon über alle Berge. Vielmehr denke ich schon über den Titel des nächsten Jahres nach«.

Nur ein schwerer Fehler des alten und neuen Weltmeisters hätte dem Duell noch eine Wende geben können, doch auf die brauchten Max Biaggis Gegner nicht mehr zu hoffen. 1994 hatte er sich nach Stürzen und mechanischen Defekten zum Titel gezittert, doch 1995 war das geniale Talent zum erfahrenen Virtuosen gereift, der seltener als jeder andere danebengriff. Als einziger Pilot des gesamten Grand Prix-Zirkus punktete Biaggi in jedem Rennen, und sein zweiter Platz beim entscheidenden Lauf in

Rio war nur ein weiterer Beweis von Kaltblütigkeit und Können.

Aus der Pole Position schlecht gestartet, feuerte er mit seinem schwarzen Aprilia-Geschoß alsbald in die sechs Mann starke Spitzengruppe und ging bei den hautnahen Windschattenspielen und waghalsigen Spätbremsmanövern keiner Feindberührung aus dem Wege. »Dabei war das Set-Up alles andere als perfekt, auch hatten wir mit den Reifen diesmal keinen Vorteil. Ich mußte wirklich hart ran. In der letzten

Runde unterlief mir dann ein Patzer: Ich verpaßte die griffige Ideallinie, mußte auf dem rutschigen Streckenrand aufrichten und zischte ins Gras«, beschrieb Biaggi seinen aufregenden Weg zur zweiten Weltmeisterschaft. »Danach beschloß ich, es ruhig angehen zu lassen. Denn ich wußte ja, daß Harada ein paar Plätze hinter mir herumkurvte und mir der zweite Platz zum Titel reichen würde«.

Bei Biaggis Verfolgungsjagd leistete der erstaunliche Franzose Olivier Jacque hart-

Auf der Gegengeraden: Romboni vor Biaggi, Okada, Waldi, Harada

Ein italienisches Märchen: Romboni siegt, Biaggi ist Champion

näckiger Widerstand als so mancher Werkspilot. Bis in die fünfte Runde verteidigte der 22jährige Franzose verbissen Platz vier, bevor er Biaggi, Okada und Harada Platz machen und sich mit seinem unterlegenen Production Racer allmählich aus der Spitzengruppe verabschieden mußte. Am Ende war er Siebter und hatte jenes Top Ten-Resultat in der Tasche, das sich auch Jürgen Fuchs gewünscht hätte.

Bis sechs Runden vor Schluß hielt sich Ralf Waldmanns Teamkollege trotz einer schmerzhaften Knieprellung nach einem Trainingssturz auf Rang neun, rutschte dann aber mit völlig aufradiertem Vorderrad auf Platz elf zurück. Von Dunlop mit einem speziellen Hinterreifen ausgestattet, fuhr der Schweizer Eskil Suter mit seiner gebrauchten Werks-Aprilia auf Rang 12, Adi Stadler erreichte trotz Abstimmungssorgen Platz 20, während Bernd Kassner sich nach regelmäßigen Top Ten-Plätzen im Regen schon auf schlechtes Wetter gefreut hatte, im Trockenen dann aber auf den 21. und letzten Platz zurückgeworfen wurde.

Ralf Waldmann hatte dem Rennen über die halbe Distanz hinweg seinen Stempel aufgedrückt und sieben Runden lang geführt, wurde dann aber »von seinen Gegnern aufgeschnupft« und verspielte den sichergeglaubten Podestplatz in der letzten Runde. »Als Biaggi durch den Dreck fuhr, war ich schon neben ihm, kam aber nicht vorbei. Wenig später bremste er ungewohnt früh, und ich bin so erschrocken, daß ich aufrichtete. So konnte Tadayuki Okada vorbeischlüpfen«, schilderte er seinen undankbaren vierten Platz.

Biaggi ließ nur den ungestraft ziehen, der ihm in der Wertung am allerwenigsten anhaben konnte. Nicht weniger als sieben Totalausfälle hatte Doriano Romboni in seiner bislang düstersten Saison als Werksfahrer weggesteckt, bevor er in Brasilien endlich seinen langersehnten großen Auftritt hatte. Vom Start weg glühte er schon mal für zwei Runden voraus, meldete sich im Endspurt dann abermals zu Wort und zog mit verblüffender Leichtigkeit auf 1,3 Sekunden zu seinem ersten Saisonsieg davon. »Endlich bin ich am Ende des Tunnels angelangt«, jubelte er. »Nach all den Niederlagen hatte ich schon gehörige Selbstzweifel, doch dieses Rennen beweist, daß auch ich siegen und Weltmeister werden kann, wenn alles zusammenpaßt. Jetzt hoffe ich, daß ich ein ausreichendes Budget für 1996 finden und einen neuen Anlauf auf den Titel nehmen kann«.

Trotz der Angebote aus der Superbike-WM und dem Halbliter-Aprilia-Team wollte Romboni nämlich am liebsten in der 250 ccm-Klasse bleiben, um endlich mit seinem Erzrivalen abrechnen zu können. Biaggis Erfolge und sein kapriziöses Superstar-Gehabe gingen Rambo schon lange auf die Nerven, weshalb er sich auch köstlich darüber amüsierte, als Loris Reggiani eine »Nur für Gott«-Aufschrift an der exklusiv für Biaggi eingerichteten Umkleidekabine im Rio-Fahrerlager anbrachte.

Freilich waren Sonderwünsche wie die Privatgemächer in Übersee und das separate Hospitality-Zelt, das er in den Vertragsverhandlungen für 1996 ertrotzte, weniger die Extravaganzen eines verwöhnten Superstars als vielmehr Teil eines schlauen Karriereplans. Biaggi wußte, wie gut er ankam als schillernde Figur im biederen Grand Prix-Fahrerlager, spielte mit den Schlagzeilen wie ein Pianist auf dem Klavier und wurde von surrenden Kameras und den Blitzlichtern der Fotografen angezogen wie eine Filmdiva.

So war er bei der unterhaltsamen Wahl zur »Miß Grand Prix« nicht nur aufmerksames Jury-Mitglied, sondern steckte beim Siegerfoto auch schon zwischen den langen, braunen Beinen der Rio-Schönheiten. Als tags darauf das Unwetter über die Stadt hereinbrach, stieg Biaggi nach wenigen Proberunden auf dem glitschigen Parkett vom Motorrad und trabte pudelnaß zur Rennleitung, um seinem Unmut Luft zu machen.

Auch seinem eigenen Arbeitgeber gegenüber kannte der einst so scheue Biaggi keinen falschen Respekt: Anstatt ihm artig die Hand zu schütteln, duschte er den im Sonntagsstaat angereisten Firmenbesitzer Ivano Beggio bei der Siegerzeremonie gründlich mit Champagner ab.

Raudies (4), Prein (11), Geissler (23), Öttl (5): Wilde 125er vor dem »schlafenden Indianer«

## 125 ccm: Sakatas Pech, Aokis Glück

Haruchika Aokis Weltmeister-Zeremonie lief braver, aber nicht weniger ausgelassen ab. Nach dem Vorbild von Kevin Schwantz richtete sich der 19jährige in der Auslaufrunde in den Fußrasten auf und reckte immer wieder die Fäuste in die Luft, genoß den Triumph auf dem Podest mit wildem Freudengeheul, wußte aber trotzdem nicht recht, wie er den ersten WM-Titel in seiner dritten Saison als Grand Prix-Pilot kommentieren sollte. »Ich bin überwältigt, doch die volle Bedeutung dieses Augenblicks ist mir noch gar nicht klar. Fragt mich morgen, dann kann ich es sagen«, erklärte er dem japanischen Dolmetscher,

denn zu mehr englisch als einem freundlichen »hello« war der schlaksige Japaner noch nicht imstande.

Dafür fuhr er wie der Teufel. Nicht weniger als sechs Grand Prix gewann er auf seiner Honda und den 1995 wieder konkurrenzfähigen Michelin-Reifen, und bei den seltenen Gelegenheiten, wo er mit dem Set-Up danebenlag, wußte er sich zurückzuhalten, ohne ein übertriebenes Risiko einzugehen.

So auch in Buenos Aires. »Ich fuhr sehr vorsichtig, weil weder mein Motor noch meine Federung vernünftig funktionierten.

**Geschafft: Aoki holte mit kalkulierter Fahrt den Titel**

**Masaki Tokudome (8): Von Sturzeskapaden gar nichts mitbekommen**

Alles, was ich tun konnte, war, im Windschatten der Spitzengruppe zu bleiben. Daß Sakata und Perugini ausfielen, war mein Glück.«

An unauffälliger fünfter und sechster Stelle war Aoki versteckt, während Sakata rundenlang führte und die Titelentscheidung mit seiner zähen Hartnäckigkeit wohl noch einmal aufgeschoben hätte. Doch in der 17. Runde wurden Sakatas Chancen schuldlos zunichte gemacht. Bei der dramatischen Windschattenschlacht um die Führung gab es ständige Wechsel, und Sakata war gerade Dritter hinter Masaki Tokudome und Stefano Perugini, als Perugini einen Highsider fabrizierte und den noch amtierenden Weltmeister mit ins Verderben riß. »Tokudome versperrte meine Linie. Ich wich aus, und beim Gasgeben brach dann das Hinterrad aus«, entschuldigte sich Perugini, der wegen solcher Leichtsinnsfehler in diesem Jahr schon etliche Siegchancen verspielte. »Als Perugini zu Boden ging, war es für jedes Ausweichmanöver zu spät. Es war ein gewaltiger Crash. Ich bin froh, daß ich mir nichts gebrochen habe«, kommentierte der entthronte Sakata. Selbst der viertplazierte Emili Alzamora konnte nicht mehr ausweichen und schanzte über die am Boden liegenden Trümmer, konnte seine Fahrt trotz einem verbogenen Auspuff aber wenigstens fortsetzen und kam noch als Zehnter ins Ziel.

Noch enttäuschter als der wagemutige Spanier war Peter Öttl. Trotz acht Spritzen und einer Handvoll Tabletten hatte er in der Nacht zum Sonntag kaum geschlafen vor lauter Schmerzen. »Der Arm ist nicht nur ein Problem beim Fahren, sondern auch beim Nichtstun. Es tut so weh, daß es dir den Willen bricht«, meinte er schon vor dem Start mit düsterer Stimme.

Endgültig dahin waren seine Chancen, als kurz vor dem Ende der ersten Runde der Motor ausging und, wie das Data Recording beweisen sollte, erst nach vollen acht Sekunden wieder ansprang. »Danach war ich absolut Letzter. Ein paar Plätze konnte ich gutmachen, doch an Tomoko Igata kam ich nicht vorbei. Sie war auf der Geraden zu schnell, und ich war in den Kurven zu schwach, einfach nicht der Öttl wie sonst«, kommentierte er seinen 18. Rang, und auch Teamkollege Tex Geissler war nach Platz 19 wenig begeistert. »Peter hat mich zu Rennmitte unter Körperberührung ausgebremst. Ich mußte in den Dreck und habe den Anschluß verloren«, schilderte er.

Dirk Raudies war dagegen wenig von seiner Hüftverletzung anzumerken. Nach eine tollen Aufholjagdjagd wurde er Achter und wurde an der Box vom begeisterten Dr. Claudio Costa empfangen, der den Helden erst einmal in die Arme nahm.

Freilich hatte sich Raudies derart in die Rage über den chaotisch fahrenden Darren

Barton hineingesteigert, daß er sich erst wieder beim Umziehen an seine Schmerzen erinnerte. »Barton hat mich gerempelt, ist mehrmals innen reingestochen und hat sich dann nach außen tragen lassen. Außerdem hat er mich bei »gelb« überholt. Ich hätte locker Sechster werden können«, beschwerte sich Dirk.

In einem anderen deutschen Team knallten indes die Champagnerkorken. Denn weil sein Team mit Cheftechniker Lucas Schmid die heikle Technologie der Aprilia-Werksmaschinen im Verlauf der Saison immer besser in den Griff bekommen hatte, kontrollierte Masaki Tokudome seine Gegner souverän wie nie zuvor und bescherte Teamchef Rolf-Peter Ditter und den 500 zuhause am Fernsehen mitfiebernden Mitarbeitern seines Ditter Plastic-Werks den langersehnten ersten Sieg.

Drei Runden brauchte der Japaner, um sich an der Spitze eines hingebungsvoll kämpfenden Sechs-Mann-Pulks durchzusetzen, bevor er sich für eine Weile zurückfallen ließ, um seine Gegner von hinten zu studieren. Als sich Perugini, Sakata und Alzamora ausradierten, war Tokudome freilich längst wieder vorn und kriegte von dem Durcheinander in seinem Windschatten nicht das Geringste mit. »Ich hatte einen gewaltigen Rutscher, wäre um ein Haar gestürzt und mußte durchs Kiesbett. Als ich mich wieder einfädelte, rechnete ich damit, daß Sakata und Perugini vorbeifahren würden. Statt dessen waren plötzlich Torrontegui und Scalvini vorn. Ich

**Souverän wie nie: Sieger Tokudome**

Umarmung von Dr. Costa: Dirk Raudies kämpfte wie ein Held

hatte keine Ahnung, warum«, berichtete Tokudome später.

Und war überzeugt, daß er auch ohne das Pech der Gegner hätte gewinnen können. »Auf der Geraden war meine Aprilia absolut am schnellsten, auch beim Einbiegen in die schnellen Linkskurven hatte ich deutliche Vorteile. Nach meinem Geschmack kann es so weitergehen«, strahlte er über beide Backen. Nur sein Teamkollege Oliver Koch ließ den Kopf hängen: Im Training als Neunter noch bester Deutscher, rollte er im Rennen nach einem Ausritt durch den Matsch an die Box. »Ich war zu hitzig und wollte zuviel. Dabei habe ich mich verbremst, mußte ins Grüne und anschließend auch noch durch den Dreck. Als 25. habe ich mich wieder eingereiht, doch mein Motor lief nicht mehr richtig und stotterte«, berichtete er.

### 500 ccm: Capirossis Lastwagen mit Anhänger

Nicht besser ging es Aprilia 400-Star Loris Reggiani. Der Italiener hatte Getriebeprobleme im Abschlußtraining und verabschiedete sich im Warm-Up des Sonntagmorgens endgültig von seiner streikenden Nummer eins-Maschine. »Im Rennen ging ich dann mit dem zweiten Motorrad an den Start, mit dem ich im Training keine einzige Runde gedreht hatte. Wir haben noch versucht, die Abstimmung von dem einen Motorrad auf das andere zu übertragen,

Adrian Bosshard: Platz 15 und ein WM-Punkt mehr

Volle Kraft voraus: Luca Cadalora (2, vor Doohan, 1, Crivillé, 6, Barros, 9) stürmte zum nächsten Sieg

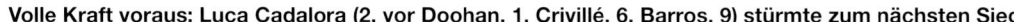

**Moderner Fünfkampf: Crivillé, Beattie, Barros, Checa, Russell**

doch die Kiste war trotzdem unfahrbar. Ich mußte alles riskieren, mich unter den ersten 20 zu halten«, erklärte er seine vorzeitige Aufgabe. Während Adrian Bosshard als 15. wenigstens einen Punkt holen sollte, hatte Bernard Haenggeli ebenfalls Pech: Wegen einer untauglichen Vorderradgabel bekam er nach kurzer Zeit Krämpfe in den Unterarmen und gab auf.'

Auch Loris Capirossi erkannte seine Pileri-Honda plötzlich nicht wieder. »Das, was ich heute unter mir hatte, war kein Motorrad, sondern eher ein Lastwagen mit Anhänger! Es ist harte Arbeit, diese schweren Trucks um die Kurven zu wuchten, und ich fühlte mich, als wäre ich mit so einem Ding unterwegs. Ich mußte es regelrecht am Lenker durch die Kurven ziehen, um auf meiner Linie zu bleiben«, schilderte er nach dem neunten Platz. »Es ist mir schleierhaft, wie wir ein Motorrad mit exzellentem Handling in ein derart unfahrbares Biest verwandeln konnten. Wahrscheinlich haben wir die ständig neuen Streckenverhältnisse falsch interpretiert«.

Nicht viel erfolgreicher war Alexandre Barros. Bis zur sechsten Runde an dritter Stelle, fiel er unaufhaltsam zurück und kam schließlich als Achter noch hinter Halbliter-Neuling Carles Checa ins Ziel – weil seine Mechaniker eine nötige Änderung am Getriebe falsch interpretiert und statt einem kürzeren einen längeren dritten Gang eingebaut hatten.

Genau umgekehrt machten es die Suzuki-Stars. Daryl Beattie war nach einer Runde nur Siebter, Scott Russell sogar nur an zwölfter Stelle, doch 23 Runden und viel Arbeit später liefen die beiden einträchtig als Vierte und Fünfte im Ziel ein. »Nach dem Training waren wir verzweifelt, weil keine einzige Abstimmungsvariante zu funktionieren schien. Fürs Rennen haben wir noch einmal eine völlig andere Fahrwerksgeometrie riskiert – und siehe da, es war besser als an allen Tagen zuvor«, meinte Daryl Beattie.

Trotzdem schwanden seine ohnehin marginalen WM-Aussichten weiter – denn Michael Doohan sicherte sich wie schon in Brünn hinter Luca Cadalora einen ungefährdeten zweiten Platz. »Luca hatte vom Start weg einen Vorteil. Das Einzige, was ich tun konnte, war, ihn unter Druck zu setzen und auf einen Fehler zu hoffen. Doch auch dieser Plan ging nicht auf, als ich nach zwei Dritteln der Distanz zwei Sekunden wegen eines überrundeten Nachzüglers verlor«, schilderte er. »Damit war Luca endgültig entwischt – ich konnte ihn nicht einmal mehr sehen, so weit war er voraus«.

Wie in Brünn gewann Cadalora mit etlichen Sekunden Vorsprung, doch anders als in Tschechien, wo er sich erst nach vorn kämpfen mußte und seiner Überlegenheit zunächst einmal gar nicht zu trauen schien, machte er sich diesmal konsequent aus dem Staub und legte einen lupenreinen Start-Ziel-Sieg hin. »Ich war mir lange Zeit nicht im klaren, ob ich wirklich gewinnen konnte. Doohan hielt den Abstand konstant bei einer Sekunde und ließ nicht locker«, schilderte Cadalora. »Es war schwierig, denn ich mußte so hart fahren wie ich konnte, gleichzeitig versuchte ich, nichts zu übertreiben, denn auf einer Strecke wie dieser kann dir blitzschnell ein folgenschwerer Fehler passieren. Ich muß meinen Mechanikern danken, die bei den wechselhaften Bedingungen das Optimum aus meiner Maschine herausgeholt haben. Mein Dank geht auch an Dunlop – die Reifen haben bei diesem Sieg eine zentrale Rolle gespielt«.

32 Siege hatte Cadalora nach diesem Erfolg in der Tasche, mehr als jeder andere aktive Grand Prix-Fahrer, und was die Statistik noch versüßte, war der dritte Platz seines Teamkollegen Norifumi Abe, der erstmals auf ein GP-Podest kletterte und dem Marlboro Team Roberts nach über zwei Jahren wieder einmal zwei Fahrer auf dem Siegertreppchen bescherte. »Gestern erzielte ich als Dritter mein bestes Trainingsergebnis, heute mein bestes Rennresultat – natürlich bin ich happy«, lachte der 19jährige Japaner fröhlich. »Mein Motorrad und die Dunlops waren perfekt für diese Strecke. Ich war nur zwischendurch etwas beunruhigt, als Beattie aufrückte. Doch ich versuchte alles, schneller zu fahren und meinen Vorsprung zu halten – und es hat wunderbar geklappt!«

**Endlich aufs Podest: Cadaloras Teamkollege Norifumi Abe**

## 500 cm³:

### Ergebnisse

| | | | | | WM-Stand | Pkt. |
|---|---|---|---|---|---|---|
| 1. Luca Cadalora | I | Yamaha YZR | 46.18.208 | | 1. Doohan | 210 |
| 2. Michael Doohan | AUS | Honda NSR | 46.23.777 | | 2. Beattie | 184 |
| 3. Norifumi Abe | J | Yamaha YZR | 46.30.490 | | 3. Cadalora | 160 |
| 4. Daryl Beattie | AUS | Suzuki RGV | 46.33.416 | | 4. Crivillé | 128 |
| 5. Scott Russell | USA | Suzuki RGV | 46.33.818 | | 5. Itoh | 100 |
| 6. Alex Crivillé | E | Honda NSR | 46.42.244 | | 6. Puig | 99 |
| 7. Carles Checa | E | Honda NSR | 46.42.698 | | 7. Barros | 86 |
| 8. Alexandre Barros | BR | Honda NSR | 46.42.909 | | 8. Capirossi | 81 |
| 9. Loris Capirossi | I | Honda NSR | 46.55.460 | | 9. Abe | 71 |
| 10. Shinichi Itoh | J | Honda NSR | 47.11.865 | | 10. Reggiani | 50 |
| 11. Neil Hodgson | GB | Yamaha YZR | 47.17.468 | | 11. Borja | 47 |
| 12. Jeremy McWilliams | GB | Yamaha YZR | 47.28.096 | | 12. Hodgson | 41 |
| 13. Laurent Naveau | B | ROC-Yamaha | 47.28.598 | | 13. Russell | 35 |
| 14. Sean Emmett | GB | Harris-Yamaha | 47.28.925 | | 14. Schwantz | 34 |
| 15. Adrian Bosshard | CH | ROC-Yamaha | 47.29.136 | | 15. Garcia | 32 |

16. James Haydon (GB) Harris-Yamaha, 17. Frédéric Protat (F) ROC-Yamaha, 18. Eugene McManus (GB) Harris-Yamaha, – 1 Runde, 19. Lucio Pedercini (I) ROC-Yamaha, 20. Lee Pullan (GB) Harris-Yamaha, 21. José Kuhn (F) ROC-Yamaha

**Schnellste Runde:** Cadalora in 1.54.912 = 159,398 km/h (Rekord)

**Durchschnitt Sieger:** 24 Runden oder 122,112 km in 46.18.208 = 158,223 km/h

**Ausfälle:** C. Migliorati (I) Harris-Yamaha, Bremsdefekt; J. Borja (E) ROC-Yamaha, Sturz; M. Garcia (F) ROC-Yamaha, Schmerzen; J. Jeandat (F) Paton, Schmerzen; M. Papa (I) ROC-Yamaha, Fitneßprobleme; B. Garcia (F) ROC-Yamaha, Kupplung defekt; L. Reggiani (I) Aprilia, untaugliches Fahrwerk; B. Haenggeli (CH) ROC-Yamaha, Unterarmkrämpfe; S. Gray (USA) Harris-Yamaha, nicht qualifiziert.

**Trainingszeiten:** 1. Doohan 1.55.972 = 157,942 km/h, 2. Cadalora 1.56.285, 3. Abe 1.56.651, 4. Barros 1.56.736, 5. Crivillé 1.56.760, 6. Hodgson 1.56.930, 7. Russell 1.57.082, 8. Capirossi 1.57.228, 9. Itoh 1.57.248, 10. Checa 1.57.534, 11. Beattie 1.57.634, 12. Borja 1.57.656, 13. Reggiani 1.58.416, 14. Naveau 1.58.897, 15. McWilliams 1.59.004, 16. Emmett 1.59.219, 17. B. Garcia 1.59.610, 18. Bosshard 1.59.664, 19. Haydon 2.00.127, 20. M. Garcia 2.00.736, 21. Migliorati 2.01.298, 22. Jeandat 2.01.409, 23. Protat 2.01.654, 24. Pedercini 2.01.918.

## 250 cm³:

### Ergebnisse

| | | | | | WM-Stand | Pkt. |
|---|---|---|---|---|---|---|
| 1. Doriano Romboni | I | Honda NSR | 43.45.464 | | 1. Biaggi | 233 |
| 2. Max Biaggi | I | Aprilia | 43.46.809 | | 2. Harada | 180 |
| 3. Tadayuki Okada | J | Honda NSR | 43.46.854 | | 3. Waldmann | 177 |
| 4. Ralf Waldmann | D | Honda NSR | 43.47.166 | | 4. Okada | 118 |
| 5. Tetsuya Harada | J | Yamaha TZM | 43.47.298 | | 5. Ruggia | 101 |
| 6. Jean-Philippe Ruggia | F | Honda NSR | 43.47.612 | | 6. Aoki | 95 |
| 7. Olivier Jacque | F | Honda RS | 44.07.542 | | 7. d 'Antin | 71 |
| 8. Nobuatsu Aoki | J | Honda NSR | 44.19.310 | | 8. Roberts jr. | 71 |
| 9. Roberto Locatelli | I | Aprilia | 44.20.912 | | 9. Romboni | 59 |
| 10. Luis d'Antin | E | Honda NSR | 44.22.886 | | 10. Jacque | 46 |
| 11. Jürgen Fuchs | D | Honda RS | 44.32.123 | | 11. Checa | 45 |
| 12. Eskil Suter | CH | Aprilia | 44.42.172 | | 12. Jv.d.Goorberg | 41 |
| 13. Kenny Roberts jr. | USA | Yamaha TZM | 44.42.370 | | 13. Fuchs | 39 |
| 14. José Luis Cardoso | E | Aprilia | 44.42.487 | | 14. Suter | 38 |
| 15. Luis Carlos Maurel | E | Honda RS | 44.48.072 | | 15. Bayle | 37 |

16. Ruben Xaus (E) Honda, 17. Takeshi Tsujimura (J) Honda, 18. Patrick v. d. Goorbergh (NL) Aprilia, 19. Niall Mackenzie (GB) Aprilia, 20. Adi Stadler (D) Aprilia, 21. Bernd Kassner (D) Aprilia.

**Schnellste Runde:** Harada in 1.57.946 = 155,298 km/h (Rekord)

**Durchschnitt Sieger:** 22 Runden oder 111,936 km in 43.45.464 = 153,485 km/h

**Ausfälle:** J. Bayle (F) Aprilia, Hinterreifen untauglich; M. Castilla (E) Honda, Hinterreifen untauglich; G. Lavilla (E) Honda, Sturz; J. Barresi (VEN) Honda; D. Bulega (I) Honda; P. Riba (E) Aprilia; J. v. d. Goorberg (NL) Honda; R. Laconi (F) Honda, Motorschaden; O. Petrucciani (CH) Aprilia, Nichtstarter/Trainingssturz.

**Trainingszeiten:** 1. Biaggi 1.58.702 = 154,309 km/h, 2. Ruggia 1.59.381, 3. Jacque 1.59.455, 4. Waldmann 1.59.581, 5. J. Goorberg 1.59.650, 6. Romboni 1.59.702, 7. Harada 1.59.825, 8. Okada 1.59.838, 9. Bayle 2.00.158, 10. Locatelli 2.00.447, 11. d'Antin 2.00.516, 12. Roberts jr. 2.00.812, 13. Fuchs 2.00.844, 14. Aoki 2.00.878, 15. Mackenzie 2.01.192, 16. Suter 2.01.440, 17. Barresi 2.01.710, 18. Bulega 2.01.898, 19. Cardoso 2.02.190, 20. Castilla 2.02.389, 21. Laconi 2.02.463, 22. Lavilla 2.02.526, 23. Tsujimura 2.02.596, 24. P. v. d. Goorbergh 2.02.643, 25. Xaus 2.02.769, 26. Stadler 2.02.971, 27. Maurel 2.03.111.

## 125 cm³:

### Ergebnisse

| | | | | | WM-Stand | Pkt. |
|---|---|---|---|---|---|---|
| 1. Masaki Tokudome | J | Aprilia | 41.29.854 | | 1. Aoki | 197 |
| 2. Gianluigi Scalvini | I | Aprilia | 41.30.058 | | 2. Sakata | 127 |
| 3. Haruchika Aoki | J | Honda | 41.30.276 | | 3. Perugini | 112 |
| 4. Herri Torrontegui | E | Honda | 41.30.402 | | 4. Saito | 105 |
| 5. Noboru Ueda | J | Honda | 41.38.688 | | 5. Raudies | 97,5 |
| 6. Akira Saito | J | Honda | 41.38.804 | | 6. Alzamora | 84 |
| 7. Darren Barton | GB | Yamaha | 41.38.866 | | 7. Manako | 79 |
| 8. Dirk Raudies | D | Honda | 41.39.465 | | 8. Nakajoh | 78 |
| 9. Tomomi Manako | J | Honda | 41.44.028 | | 9. Tokudome | 77,5 |
| 10. Emili Alzamora | E | Honda | 41.49.100 | | 10. Öttl | 67 |
| 11. Jorge Martinez | E | Yamaha | 41.54.942 | | 11. Ueda | 62 |
| 12. Hideyuki Nakajoh | J | Honda | 42.03.830 | | 12. Scalvini | 61,5 |
| 13. Takehiro Yamamoto | J | Honda | 42.04.062 | | 13. Torrontegui | 56,5 |
| 14. Stefan Prein | D | Honda | 42.04.290 | | 14. Katoh | 41 |
| 15. Yoshiaki Katoh | J | Yamaha | 42.04.786 | | 15. Geissler | 35 |

16. Josep Sarda (E) Honda, 17. Tomoko Igata (J) Honda, 18. Peter Öttl (D) Aprilia, 19. Manfred Geissler (D) Aprilia, 20. Ken Miyasaka (J) Honda, 21. Yoshiyuki Sugai (J) Honda.

**Schnellste Runde:** Torrontegui in 2.02.946 = 148,982 km/h (Rekord)

**Durchschnitt Sieger:** 20 Runden oder 101,760 km in 41.29.854 = 147,132 km/h

**Ausfälle:** K. Sakata (J) Aprilia, Sturz; S. Perugini (I) Aprilia, Sturz; L. Ancona (I) Honda; G. Debbia (I) Yamaha; O. Koch (D) Aprilia, Ausritt; M. d'Agnano (I) Aprilia; A. Ballerini (I) Aprilia; H. Kikuchi (J) Honda, Sturz.

**Trainingszeiten:** 1. Perugini 2.02.704 = 149,276 km/h, 2. Aoki 2.03.157, 3. Tokudome 2.03.773, 4. Torrontegui 2.03.866, 5. Saito 2.04.129, 6. Scalvini 2.04.421, 7. Alzamaro 2.04.667, 8. Ueda 2.04.778, 9. Koch 2.04.868, 10. Sakata 2.04.916, 11. Martinez 2.05.071, 12. Yamamoto 2.05.086, 13. Nakajoh 2.05.121, 14. Raudies 2.05.207, 15. Manako 2.05.236, 16. Sarda 2.05.400, 17. Barton 2.05.550, 18. Miyasaka 2.05.707, 19. Sagai 2.05.806, 20. Prein 2.06.092, 21. Katoh 2.06.093, 22. Ancona 2.06.213, 23. Kikuchi 2.06.226, 24. Öttl 2.06.635, 25. Igata 2.06.667, 26. Ballerini 2.07.000, 27. Debbia 2.07.161, 28. Geissler 2.07.967, 29. d'Agnano 2.08.342

**Aber bitte mit Fahne: Michael Doohan feierte seinen zweiten Titel**

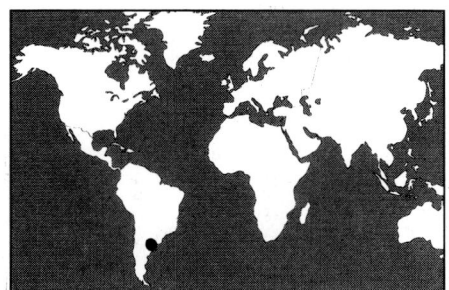

## 24. September 1995:
## Grand Prix Argentinien in Buenos Aires

# Doohan o. k.

*Nach dem siebten Saisonsieg war der Weltmeister Doohan o.k. – und feierte die zweite Krönung in der Königsklasse.*

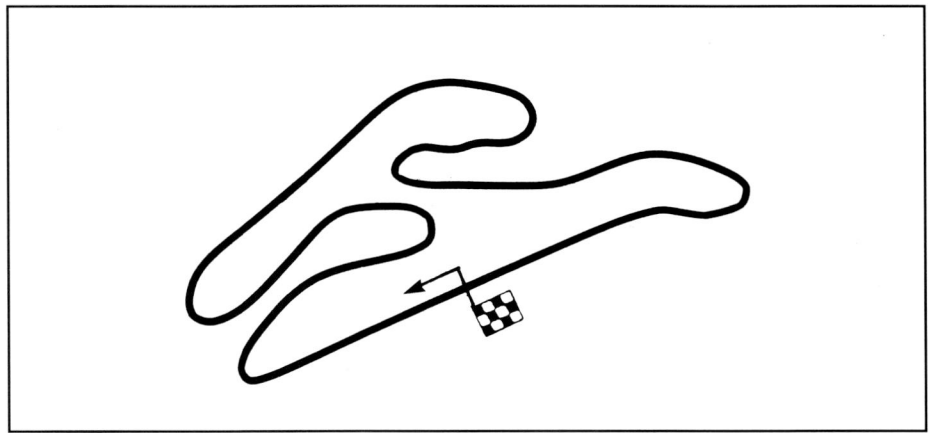

So sehr Michael Doohans Entscheidung Schlagzeilen gemacht hatte, Honda die Treue zu halten, so sehr hüllte sich der mit seiner Fünf Millionen Dollar-Offerte abgeblitzte Marlboro-Yamaha-Chef bei Personalfragen in Stillschweigen. »Bevor ich über Neuverpflichtungen nachdenke, muß ich erst einmal wissen, ob ich als Teamchef weitermache«, erklärte Kenny Roberts.

Weil Michael Doohan absagte, Luca Cadalora trotz der jüngsten Erfolge zu Honda abwandern wollte und John Kocinski für den Hauptsponsor wie für etliche Tammitglieder weiterhin eine Persona non grata war, gab es auf die Schnelle auch keinen Superstar, den Roberts hätte präsentieren können. »Derzeit gibt es nicht viel, worüber ich in Verzückung geraten könnte«, brummte Roberts und verwandte viel Zeit darauf, gedankenversunken an der Strecke zu stehen und den 250 ccm-Piloten seines Freundes Wayne Rainey, der sich den anstrengenden Übersee-Trip erspart hatte, bei der Arbeit zuzusehen.

Von Hersteller Yamaha enttäuscht, versuchte er sogar für seinen Sohnemann Kenny Roberts junior ein neues Umfeld zu finden: Gesponsort von der im Besitz des Tabakkonzerns Philip Morris befindlichen Biermarke Miller, sollte Little Kenny 1996 seine erste Halbliter-Saison auf einer Suzuki RGV 500 in Angriff nehmen. »Ich

selbst habe nichts, was ich ihm derzeit anbieten könnte«, meinte Roberts diffus.

Gute Arbeitsplätze und reiche Sponsoren blieben rar in dem Geschäft, und so kreisten alle Gerüchte und Spekulationen um die Frage, über welchen Teams Marlboro sein Füllhorn ausschütten werde. Doriano Rombonis Teamchef Giacomo Agostini versuchte sich mit einer Anfrage bei Philip Morris, um mit Luca Cadalora ein Honda-Halbliterteam auf die Beine zu stellen, blitzte aber vorläufig ebenso ab wie Erv Kanemoto, der für das gleiche Projekt zuviel Geld gefordert hatte. Auch das Marlboro-Honda-Team von Francesco Pileri hatte an Luca Cadalora Interesse gezeigt und bislang keine Zusage von Philip Morris erhalten, so daß man vorsichtshalber einmal den 20jährigen australischen

Superbike-Star Anthony Gobert zu Probefahrten hatte ausrücken lassen.

Im Aprilia-Halbliterteam war ebenfalls noch alles in der Schwebe, denn trotz der Popularität und seiner Achtungserfolge gegen die überlegene Vierzylinder-Konkurrenz hatten Teamdirektor Carlo Pernat und Cheftechniker Jan Witteveen an dem alternden Loris Reggiani kein gesteigertes Interesse mehr. »Insgesamt bot mir Carlo nur noch die Hälfte meiner bisherigen Gage von rund 1,4 Millionen Mark, und ich schließe daraus, daß man mich für nicht mehr konkurrenzfähig hält und ich nur noch als Test- und Entwicklungsfahrer für die Saison 1997 gewünscht bin, wo dann ein neuer Spitzenfahrer antreten soll«, argwöhnte der 36jährige Italiener. »Doch daran habe ich kein Interesse. Ich

**Loris Reggiani: Rücktrittsgedanken wegen Gehaltskürzung**

bin immer nur für mich selbst gefahren, weil ich Freude am Rennsport hatte und etwas erreichen wollte. Bevor ich jetzt zur Entwicklungsarbeit für andere, womöglich Max Biaggi degradiert werde, höre ich lieber auf«.

Eine pikante Note bekam das Tauziehen durch Pernats Idee, Weltmeister Biaggi beim Saisonfinale in Barcelona auf Reggianis Zweizylinder-RSV 400 antreten zu lassen, um deren Potential zu demonstrieren und für 1996 einen jüngeren Star wie Doriano Romboni anwerben zu können. »Fein, dann nehme ich Biaggis 250er und kann der Welt zeigen, wie überlegen dieses Motorrad ist. Denn darum hat sich Biaggi ja nicht besonders bemüht. Ein Sieg zum Ende meiner Karriere wäre eine feine Sache«, spottete Reggiani. Als Biaggi klar wurde, daß er bei einer solchen Aktion angesichts der langen Zielgeraden der Catalunya-Strecke nur verlieren konnte, wurde der Plan hastig wieder fallengelassen.

Nicht minder schlagzeilenträchtig war das Tauziehen um das umstrittene Ersatzmaschinenverbot in den Klassen bis 250 und 125 ccm. Bei einer geheimen Abstim-

mung stimmten 40 der betroffenen 60 Teams dafür, die Regelung beizubehalten und auch weiterhin nur ein Motorrad pro Fahrer zum Training zuzulassen, nur 20 Teams sprachen sich gegen die Regelung aus, was die hartnäckigsten Gegner dieser Sparmaßnahmen ernsthaft auf die Palme brachte. »Ein Haufen Waschweiber«, knurrte Kenny Roberts in Vertretung von Wayne Rainey. »Wir leben in einem demokratischen System. Trotzdem kann es nicht angehen, daß 40 kleinere Teams über die 20 Top-Teams in der Weltmeisterschaft bestimmen«, regte sich Aprilia-Teamdirektor Carlo Pernat in einer offiziellen Pressemitteilung auf. »Die Teamvereinigung IRTA hat zuviel Macht und wird von der Dorna kaum kontrolliert. Sollten die kleineren Teams zum Beispiel gegen Kohlefaser-Gabeln entscheiden, können die Werke nichts dagegen tun. So wird Forschung und Entwicklung zugunsten armer Teams mit zwei Mechanikern und ihren Freundinnen aufs Spiel gesetzt«.

Prompt schoß die IRTA mit einem zweiten Papier zurück und veröffentlichte ein paar Statistiken, die die Mär von »wichtigen« oder »führenden« Teams auf der

einen und von »privaten« oder »erfolglosen« Teams auf der anderen aus der Welt räumen sollten. Die Befürworter des Ersatzmaschinenverbots hatten demzufolge bis dato 31 von 66 Podestplätzen, angeblich deutlich mehr Siege und sogar 34 Prozent mehr Punkte als die Gegner dieser Regelung gesammelt.

Zu den Gegnern des Ersatzmaschinenverbots zählte natürlich auch Max Biaggi. Weil er in der Weltmeisterschaft nichts mehr zu verlieren hatte, testete er an dem einzigen zur Verfügung stehenden Motorrad neue Bauteile für Federung und Bremsen und rutschte im Training als Fünfter prompt in die zweite Reihe ab. »Wir wollten möglichst früh mit der Weiterentwicklung fürs nächste Jahr beginnen. Doch die Teile haben sich nicht bewährt. Fürs Rennen kehren wir wieder zum gewohnten Standard zurück«, kündigte er an.

Dem Straßen-Weltmeister stahl der Moto Cross-Champion die Show: Jean-Michel Bayle glühte zur ersten Pole Position seiner Straßen-Rennkarriere, dicht gefolgt von Jean-Philippe Ruggia, Tetsuya Harada und Ruggias Teamkollegen Olivier Jacque, der auf dem Honda-Production Racer wieder einmal wahre Wunder vollbrachte.

Da konnte auch der tatendurstige HB-Pilot Jürgen Fuchs auf dem gleichen Motorrad nicht mithalten. »Wegen der Blutergüsse unter der Kniescheibe tut mein in Rio geprelltes Knie schon weh, wenn

**Formtief: Ralf Waldmann**

**Eskil Suter: Knöchel verletzt**

**Peter Öttl: Selbst Dr. Costas Künste halfen nichts**

ich nur in die Lederkombi schlüpfe. Daran, das Bein ohne Schmerzmittel bis in Rennhaltung abzuwinkeln, ist nicht zu denken«, schilderte er und mußte sich mit dem 14. Trainingsrang zufriedengeben.

Auch Ralf Waldmann, Werksfahrer im gleichen Team, blieb unterhalb der gewohnten Form. Am Freitag noch Vierter, rutschte er im Abschlußtraining auf Platz acht, weil er fünf Minuten vor dem Abwinken in einer Fünfter Gang-Kurve bei exakt 211 km/h übers Vorderrad wegrutschte. »Ich bin in eine Bodenwelle geraten. Zum Glück bin ich nicht verletzt«, meinte er, als er sich den Staub aus der Kombi geklopft hatte.

Denn der Schweizer Eskil Suter mußte nach einem Sturz am Samstagmorgen mit dick geschwollenem Knöchel auf den Start verzichten. »Gebrochen ist nichts, doch ich kann den Fuß am Kurvenausgang nicht belasten. So hat es keinen Sinn«, schilderte er nach einem Fahrversuch im Warm Up vor dem Rennen.

Jeder andere in der Situation von Peter Öttl hätte ähnliches gesagt und seine Siebensachen gepackt, doch der eisenharte Bayer kämpfte sich trotz starker Schmer-

zen im seit Brünn verletzten rechten Schultergelenk auf den 17. Trainingsrang durch und dachte gar nicht daran, das Handtuch zu werfen. »Überraschenderweise geht es mir schlechter als in Rio. Rennarzt Dr. Claudio Costa hat bereits alles mögliche versucht und mich mit Massagen, Spritzen und sogar mit Lokalanästhesie behandelt. Aber leider hat es nicht geholfen«, schilderte Öttl. »Ich habe dann auf die Zähne gebissen, um einen mög-

lichst guten Job zu machen. Die Plazierung ist nicht so gut, aber bei der Rundenzeit liegen wir nur um 1,2 Sekunden hinter dem Schnellsten zurück. Das gibt mir zumindest etwas Hoffnung«.

Teamkollege Tex Geissler war nach seinem 24. Rang auch nicht ganz mit sich und der Welt einverstanden. »Ich kam zu einem Reifenwechsel rein und bin anschließend nicht mehr richtig auf Touren gekommen. Daß Darren Barton stürzte und ich dreimal

**Tex Geissler: Durcheinander nach Darren Bartons Sturz**

**Oliver Koch: Im Training bester Deutscher**

an der Unfallstelle mit all den Trümmern vorbeifuhr, bevor das Training endlich unterbrochen wurde, machte es auch nicht einfacher«, schilderte Tex.

Der Engländer, Nachfolger des wegen Erfolglosigkeit entlassenen Stefan Kurfiss im deutschen Scott-Attac-Team, zog sich eine schmerzhafte Fersenprellung zu und brachte das Geschehen in der heißesten Phase der 125 ccm-Qualifikation gehörig durcheinander. »Die Streckenposten winkten aufgeregt mit gelben Flaggen, überall lagen Bruchteile von Bartons Yamaha herum. Ich hatte keine Chance zum Kontern«, berichtete Masaki Tokudome, der das Klassement lang angeführt hatte und erst unmittelbar vor Bartons Sturz von dem Spanier Emili Alzamora abgefangen wurde.

Sein Teamkollege Oliver Koch qualifizierte sich als Sechster, war wie schon in Rio de Janeiro bester Deutscher und brannte vor Ehrgeiz, nach all dem Pech in den letzten Rennen endlich einmal mit dem verdienten Top-Resultat aufzutrumpfen. »Mein Motorrad war perfekt, doch leider hatte ich nur einen Satz Top-Reifen fürs Abschlußtraining übrig – für mich persönlich kam die Unterbrechung durch Bartons

Sturz genau im richtigen Moment«, schmunzelte Olli.

Während Dirk Raudies bei den vielen, schnell aufeinanderfolgenden Richtungswechseln in Buenos Aires seine Hüftverletzung spürte und sich als Zwölfter qualifizierte, schlug sich sein Team-Junior Markus Ober unerwartet tapfer: Obwohl er bei seiner Grand Prix-Premiere in offizieller Vertretung des verletzten Holländers Loek Bodelier durch etliche Motorenprobleme aufgehalten wurde, qualifizierte er sich an 28. Stelle und verlor nur 3,1 Sekunden auf die Bestzeit.

Dramatisch war auch das Abschlußtraining der Halbliterklasse. Neil Hodgson, von Kenny Roberts unterstützt, erreichte Platz vier und stieß als erster Brite in fünf Jahren in einem 500 ccm-Grand Prix in die erste Reihe vor. Suzuki-Star Scott Russell erlebte einen Highsider und stürzte schwer, schwang sich Minuten später auf seine Ersatzmaschine und brauste erneut los, sagte die Rennteilnahme aber nach einer schlecht verbrachten Nacht am Sonntagmorgen ab – mittlerweile hatte er derart starke Rückenschmerzen bekommen, daß er trotz Schmerzmitteln nicht mehr schlafen konnte.

Michael Doohan, Luca Cadalora und der von einer Erkältung geplagte Daryl Beattie hetzten sich indes zu immer neuen Superzeiten, am Schluß hatte Cadalora um nahezu drei Zehntelsekunden die Nase vorn und begann schon, vom dritten Sieg hintereinander zu träumen. »Ich bekomme ein immens gutes Feedback von den Reifen, sie bügeln die Bodenwellen hervorragend weg«, schilderte er. »Eine Weile fuhr ich hinter Mick her und konnte Interessantes beobachten. Unsere Motorräder sind auf den meisten Streckenstücken nahezu gleich, auch wenn ich hier und dort ein paar Meter auf ihn gutmachen konnte. Die einzigen Stellen, an denen sein Bike sichtlich besser ist, sind die, wo wir auf der Geraden den fünften und sechsten Gang reintreten«.

Freilich war auch der zweitplazierte Michael Doohan nicht unzufrieden, nachdem er seinen einzig verbliebenen WM-

**Scott Russell: Im Training zu heftig am Gas gedreht**

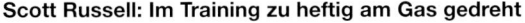

Rivalen Daryl Beattie auf Platz drei verwiesen hatte. »Einer meiner Mechaniker sagte mir, gestern hätte mein Motorrad noch wie ein Flugzeugträger ausgesehen. Doch seither haben wir am Fahrwerk eine Menge umgebaut, jetzt hält es die Linie in der Kurve besser«, meinte er. »Ich rechne trotzdem mit einem harten Kampf. Daryl wird alles versuchen, mich zu schlagen und in der Tabelle vor Luca zu bleiben. Wir werden antreten und unser Bestes geben, dann wird sich schon zeigen, was passiert«.

Bei 26 Punkten Vorsprung brauchte der Weltmeister nur vor Beattie ins Ziel zu kommen, um seinen WM-Titel erfolgreich zu verteidigen, und weil er den Suzuki-Star bereits sechsmal hintereinander abgefertigt hatte, zweifelte niemand daran, daß ihm der große Coup in Argentinien gelingen würde.

Doch Michael Doohan war keiner, der den Tag vor dem Abend lobte. »Ich habe keine Kristallkugel in der Hand. Deshalb weiß ich auch nicht, wann die Weltmeisterschaft entschieden wird«, wehrte er sich konsequent gegen alle Vorhersagen. Von einem japanischen Journalisten schon mal nach einer vorläufigen Saisonbilanz gefragt, stand er einfach auf und rannte der laufenden Kamera davon. Team-Journalisten, die eine Pressemitteilung für die erfolgreiche Titelverteidigung vorbereiten wollten, blieb er auch jede Antwort schuldig, so daß sie sich die Statements aus den Fingern saugen mußten.

Plauderstündchen: Markus Ober, Adi Stadler, Stefan Prein (v..l)

## 500 ccm: Beattie Vizeweltmeister

Selbst im Rennen hielt er sich nach schlechtem Start schüchtern versteckt, und für die ersten aufregenden Runden gelang es dem glänzend gestarteten Daryl Beattie tatsächlich, die fällige Entscheidung hinauszuzögern.

Doch in der sechsten Runde hatte sich Doohan durch das Verfolgerfeld auf Platz zwei durchgearbeitet, und von nun an tickte die Uhr für Beattie mit der gewohnten

Unerbittlichkeit. In Runde zehn huschte der Weltmeister an Beattie vorbei in Führung, beschränkte sich dann aber darauf, den Zwei-Sekunden-Abstand so sicher wie möglich ins Ziel zu bringen. »Die letzten drei Runden waren wie drei Rennen unmittelbar hintereinander«, atmete er auf, als Beattie und Cadalora sein WM-T-Shirt mit Champagner getränkt und den gesamten Streß von ihm abgespült hatten. »Es ist ein gutes Gefühl, den Titel mit einem Sieg zu erringen, doch nachdem Daryl das Rennen anführte, blieb mir ja auch gar nichts anderes übrig. Es ist wundervoll, abermals Weltmeister zu sein. Der Hauptunterschied in dieser Saison ist, daß ich öfters im Dreck steckte. Nach den Zwischenfällen in Japan, Spanien, Deutschland und Italien dachte ich ehrlich, mein Titel sei dahin«.

Dann lobte er Daryl Beattie als würdigen Nachfolger von Kevin Schwantz und echten Herausforderer, der das ganze Jahr über mächtig Druck ausgeübt habe. Daß Beattie in Wahrheit nur dort hatte gewinnen können, wo Doohan schwere Fehler machte, störte niemanden – denn Suzuki hatte auch mit der Vizeweltmeisterschaft allerhand Grund zum Feiern. »Gratulation an Mick«,

zollte Beattie seinem Kameraden beim Speedbootfahren vor der australischen Goldküste Respekt, »jedesmal, wenn ich näherrückte, zog er gnadenlos davon. Aber ich bin happy mit meinem zweiten Platz in der WM. Es ist ein Riesenfortschritt im Vergleich zum letzten Jahr. Ich bin gelassener, ich bin konstanter geworden und denke, daß wir Doohan im nächsten Jahr noch kräftiger einheizen können«.

Im Vergleich dazu wirkte der drittplazierte Luca Cadalora betreten. »Im Training gestern stimmte alles, doch heute fühlte sich die Maschine anders an. Zunächst

**Endlich streßfrei: Mick Doohan**

**Start der Halbliterklasse: Beattie (4), Itoh (7), Abe (17), Barros (9), Doohan (1), Crivillé (6), Cadalora (2)**

konnte ich gut mithalten, dann verlor ich den Anschluß«, kratzte er sich am Kopf. »Nach den beiden Siegen in Brünn und Rio wollte ich hier erneut gewinnen und den Kampf um die Vizeweltmeisterschaft offen halten. Jetzt muß ich mich eben mit Platz drei abfinden«.

Alex Crivillé hätte ihm den dritten Platz im Rennen fast noch streitig gemacht, patzte aber nach 20 Runden und büßte seinerseits die Option auf den dritten WM-Rang ein. »Ich war an Lucas Hinterrad, habe mich dann aber am Ende der Gegengeraden selbst ausgebremst. Danach habe ich ihn nicht mehr erwischt«, bedauerte der Spanier.

Loris Capirossi war wie eine Rakete gestartet, verteidigte zwei Runden lang Rang zwei und lief am Ende als Fünfter ein, obwohl er die gesamte Renndistanz ohne Kupplung zurücklegen mußte. »Am Anfang spielte außerdem die Hinterradfederung verrückt, doch es wurde besser, je leerer der Tank wurde. Abe auf Distanz zu halten, war trotzdem harte Arbeit«.

**Trotz schöner Wheelies keine Chance: Cadalora (2) hinter Doohan**

**Nach Blitzstart eingefangen: Beattie (4) vor Doohan**

Denn der zeigte wieder einmal seine Kämpfernatur: Nach einem enttäuschenden zehnten Trainingsplatz und einem ebenfalls deprimierenden Warm-Up am Sonntagmorgen hatte sein Team die Werks-Yamaha fürs Rennen nochmals umgebaut, worauf der Japaner nach schlechtem Start zu einer hurtigen Aufholjagd ansetzte und noch Rang sechs eroberte. »Ich bin im dritten statt im zweiten Gang losgefahren und habe in der ersten Runde mindestens zehn Mann überholt«, grinste der Teenager. »Ich hatte auch danach eine Menge Spaß und versuchte, Capirossi in der letzten Runde in der Schikane zu erwischen. Aber es hat nicht geklappt«.

Während Adrian Bosshard mit schleifender Kupplung 15. wurde und Bernard Haenggeli mit Fahrwerksproblemen aufgab, hatte Loris Reggiani nach dem Vertragsgerangel abermals Pech: Sturz in der siebten Runde.

**Zu früh gefreut: Jean-Michel Bayle auf der Pole Position**

## 250 ccm: Schaulaufen des Meisters

Ganz und gar nicht nach wunschgemäß verlief der Tag auch für das deutsche 250 ccm-As Ralf Waldmann. So vage und theoretisch seine Titelchancen gewesen sein mochten, so ernsthaft waren seine Ambitionen, mit etwas Glück und zwei guten Rennen in Südamerika eine Chance auf die Vizeweltmeisterschaft zu wahren.

Doch anders als in Brasilien, wo er immerhin tapfer um den Sieg mitgefightet und erst den Endspurt verloren hatte, war die Weltelite in Argentinien von Anfang bis Ende völlig außer Reichweite. Bis zur Hälfte der Distanz an siebter Stelle, erbte Waldi zwar Platz sechs, als Kenny Roberts junior an einem Ausbremsmanöver gegen den unerhört aufdrehenden Olivier Jacque scheiterte und zu Boden ging.

Doch mehr war an diesem Tag nicht drin. »Nach meinem Sturz gestern hatte ich Genickschmerzen, doch das war nebensächlich. Viel entscheidender war das Rattern an der Vordergabel. In den langsamen Kurven hat es mich besonders irritiert. Ich

hatte keine Chance, so schnell zu fahren wie die andern. Als ich trotzdem probierte, aufzuholen, schlichen sich Fehler ein«, bekannte Waldi.

Der superbe Jürgen Fuchs kam mit dem Production Racer nur zwei Plätze hinter ihm als Achter ins Ziel und stritt sich vor seinem bisher größten GP-Erfolg hingebungsvoll mit Werksfahrer Tadayuki Okada, bis er nach einem Rutscher den Windschatten des Japaners verlor. Beide waren angeschlagen ins Rennen gegangen: Okada hatte bei einem Trainingssturz den Knöchel demoliert, Fuchs hatte Beschwerden im geprellten Knie, die von Dr. Costa fürs Rennen jedoch entscheidend gelindert wurden. »Er hat mir schmerzstillende

Spritzen verpaßt, die fast das ganze Rennen über prima gewirkt haben. Erst, als ich die schwarzweiß karierte Flagge sah, tat es wieder höllisch weh«.

Sein gesunder Privatfahrer-Kollege Olivier Jacque war frech als Spitzenreiter aus der ersten Runde zurückgekommen, fuhr im weiteren Verlauf munter mit seinem Teamkollegen Jean-Philippe Ruggia auf dem Werksrenner um die Wette, stahl ihm am Ende die Schau und wurde hinter dem tüchtigen Doriano Romboni stolzer Vierter.

An der Spitze lief mittlerweile längst die Kür im Schaulaufen des amtierenden Weltmeisters: Max Biaggi zog ab der zweiten Runde gnadenlos davon, ließ dann seinen Verfolger Tetsuya Harada aufrücken und

**Katz´ und Maus: Biaggi (1) vor Harada (7)**

**Biaggi: Marken-WM für Aprilia**

**Jacque vor Ruggia: Der Nachwuchsmann schlug den Star**

zeigte ein vergnügliches Katz und Maus-Spiel, das er am Ende überlegen gewann. »Ich hatte sehr weiche Reifen aufgezogen. Das hat mir am Anfang den Vorteil verschafft«, grinste er. Teamdirektor Carlo Pernat strahlte mit ihm um die Wette: Als erstes italienisches Werk seit 20 Jahren hatte Aprilia nun auch die Marken-Weltmeisterschaft in der Tasche.

Biaggis Teamkollegen Jean-Michel Bayle war nicht zum Lachen zumute: Statt nach seiner ersten Pole Position wie erhofft auf und davonfahren zu können, blieben ein paar Meter nach dem Start die Gasschieber stecken.

Glücklos blieben auch die deutschen Aprilia-Kunden: Adi Stadler hatte nach einem von dem spanischen Checa-Vertreter Ruben Xaus verursachten Ausritt einen Kolbenklemmer, Bernd Kassner wurde von einem Getriebeschaden gestoppt.

## 125 ccm: Ollis bestes Rennen

Dafür lief es bei Peter Öttl in der 125 ccm-Klasse besser, als er es sich nach einer weiteren schlecht verbrachten Nacht hätte träumen lassen. »Dr. Costa hat die Schmerzspritze heute an einer günstigeren Stelle plaziert, deshalb konnte ich auch besser fahren«, berichtete Öttl nach einem tollen Rennen, in dem er sich von Platz 13 nach einer Runde nach zwei Dritteln der Distanz schon bis auf die fünfte Position vorgearbeitet hatte. »Ich habe unheimlich gekämpft und zur ersten Gruppe aufge-

schlossen, doch leider Gottes kam ein Überrundeter dazwischen, und ich habe den Anschluß wieder etwas verloren. Doch wenigstens habe ich im Endspurt meine Verfolger distanziert und keine Fehler gemacht. Nach dem Training konnte man sicher nicht erwarten, daß ich um die Spitze und einen Podestplatz mitfahren würde. Mein Kompliment und mein Dank gilt jedoch dem Team: Obwohl ich fast keine Hilfe war, haben mir meine Leute ein Top-Motorrad hingestellt.«

Einem medizinischen Wunder kam auch die Leistung von Dirk Raudies gleich. Mit einem cleveren Manöver am Start katapultierte er sich aus der dritten Reihe sofort in die Spitzengruppe, fuhr locker und souverän im Verfolgerpulk mit, als sich das Geschehen etwas gelichtet hatte, und

**Raudies, Alzamora, Tokudome (v.r.)**

**Sechs Runden in Führung: Tokudome vor Sakata**

brachte am Ende einen geradezu sensationellen dritten Platz ins Ziel. »Fünf Wochen nach meinem dreifachen Beckenbruch wieder auf dem Podest, das ist nicht schlecht«, strahlte der Weltmeister von 1993. »In der Aufwärmrunde habe ich gesehen, wie alle nach innen drängen. Deshalb bin ich am Start schön außen geblieben, und das war richtig! Zu Beginn habe ich keine Schmerzen gespürt, erst bei Rennmitte haben sie sich bemerkbar gemacht. Trotzdem habe ich mich nach hinten verbissen gewehrt«.

Denn von dort rückte Oliver Koch an, um dem großen deutschen 125 ccm-Star den Podestplatz streitig zu machen. Nach einer Runde noch Achter, hing er alsbald im Windschatten von Dirk Raudies und dem Spanier Emili Alzamora, obwohl sein Motor nicht ganz dieselben Topspeedwerte lieferte wie die der Konkurrenz und Olli viel Boden in den Kurven gutmachen mußte. »Eigentlich habe auch ich gedacht, ich werde Dritter, doch ich mußte zuviel riskieren. Das geht für zwei, drei Runden, aber irgendwann bezahlst du dafür«, erklärte er einen haarsträubenden Highsider, bei dem er einen Handstand im Lenker vollführte und bei der Landung auf seiner Maschine die Verkleidungsscheibe zertrümmerte.

Erst in der letzten Runde verabschiedete er sich endgültig vom dritten Platz, feierte als Fünfter aber trotzdem das beste Resultat seiner fast vierjährigen Grand Prix-Laufbahn. »Ich hatte eigentlich noch einen Angriff vor, doch in der Kurve, in der ich meine Attacke reiten wollte, sah ich plötzlich einen zweiten Ditter Plastic-Fahrer auf die Strecke einbiegen. Dadurch wurde es in unserer Gruppe etwas konfus, und neben Dirk ist mir auch noch Akira Saito entwischt«.

Denn Kochs Teamkollege Masaki Tokudome hatte seinen Ehrgeiz am Schluß etwas übertrieben. Nach einem Blitzstart zunächst für sechs tolle Runden in Führung, schnappten ihn Emili Alzamora und Kazuto Sakata aus dem Windschatten. Während Sakata später wegen eines gebrochenen Auspuffs ausrollte und Weltmeister

**Der erste Sieg: Emili Alzamora vor Masaki Tokudome**

Haruchika Aoki schon zuvor wegen Reifensorgen zurückgefallen war, verteidigte sich der 22jährige Spanier hartnäckig an der Spitze und buchte seinen ersten Grand Prix-Sieg. »Ich hatte einen schlechten Start und mußte alles riskieren, um nach vorn zu kommen. Dann habe ich Tokudome eine Weile studiert, um seine Schwächen herauszufinden. Sieben Runden vor Schluß habe ich dann zugeschlagen«, triumphierte der Spanier. »Ich wollte unbedingt gewinnen, aber Alzamora war auf den engeren Sektionen besser. Und als ein Überrundeter dazwischenkam, verlor ich den Anschluß«, schilderte Tokudome seine Sicht der Dinge. »Weil ich nicht gewinnen konnte, wollte ich in der letzten Runde wenigstens einen neuen Rundenrekord aufstellen. Beim Anbremsen nach der Gegengeraden muß mich wohl eine Windbö gepackt haben. Jedenfalls kam ich auf die weiße Linie und mußte ins Kiesbett. Zum Glück konnte ich mich rechtzeitig wieder einfädeln!«

Während Tex Geissler friedlich 16. wurde, hatte auch Dirk Raudies´ Team-Junior Markus Ober einen spektakulären Auftritt: Obwohl er am Start über die Maschine des gestürzten Italieners Massimiliano d´Agnani stolperte und als Allerletzter die Verfolgung aufnahm, schaffte er noch Rang 19.

**Oliver Koch (Mitte rechts) überstand einen Ausritt, Kazuto Sakata (hinter Tokudome) rollte mit gebrochenem Auspuff aus**

## 500 cm³:

### Ergebnisse

| | | | | WM-Stand | Pkt. |
|---|---|---|---|---|---|
| 1. Michael Doohan | AUS | Honda NSR | 47.30.236 | 1. Doohan | 235 |
| 2. Daryl Beattie | AUS | Suzuki RGV | 47.32.529 | 2. Beattie | 204 |
| 3. Luca Cadalora | I | Yamaha YZR | 47.39.270 | 3. Cadalora | 176 |
| 4. Alex Crivillé | E | Honda NSR | 47.40.911 | 4. Crivillé | 141 |
| 5. Loris Capirossi | I | Honda NSR | 47.51.824 | 5. Itoh | 107 |
| 6. Norifume Abe | J | Yamaha YZR | 47.52.242 | 6. Puig | 99 |
| 7. Carles Checa | E | Honda NSR | 48.00.724 | 7. Barros | 94 |
| 8. Alexandre Barros | BR | Honda NSR | 48.08.316 | 8. Capirossi | 92 |
| 9. Shinichi Itoh | J | Honda NSR | 48.08.432 | 9. Abe | 81 |
| 10. Neil Hodgson | GB | Yamaha YZR | 48.20.791 | 10. Borja | 52 |
| 11. Juan Borja | E | ROC-Yamaha | 48.21.413 | 11. Reggiani | 50 |
| 12. Bernard Garcia | F | ROC-Yamaha | 48.46.126 | 12. Hodgson | 47 |
| 13. James Haydon | GB | Harris-Yamaha | 48.48.368 | 13. B. Garcia | 36 |
| 14. Sean Emmett | GB | Harris-Yamaha | 48.48.576 | 14. Russell | 35 |
| 15. Adrian Bosshard | CH | ROC-Yamaha | 48.51.649 | 15. Schwantz | 34 |

16. Laurent Naveau (B) ROC-Yamaha, 17. Marc Garcia (F) ROC-Yamaha, 18. Eugene McManus (GB) Harris-Yamaha, – 1 Runde, 19. Lucio Pedercini (I) ROC-Yamaha, 20. Cristiano Migliorati (I) Harris-Yamaha, 21. Lee Pullan (GB) Harris-Yamaha.

**Schnellste Runde:** Beattie
in 1.44.654 = 149,636 km/h (Rekord)

**Alter Rekord:** Michael Doohan (Honda)
in 1.46.270 = 147,361 km/h (1994)

**Durchschnitt Sieger:** 27 Runden oder 117,450 km
in 47.30.236 = 148,346 km/h

**Ausfälle:** J. McWilliams (GB) Yamaha, Bremse defekt; L. Reggiani (I) Aprilia, Sturz; B. Haenggeli (CH) ROC-Yamaha, Fahrwerk unbrauchbar; S. Gray (USA) Harris-Yamaha, Motorschaden; F. Protat (F) ROC-Yamaha, disqualifiziert; J. Kuhn (F) ROC-Yamaha, disqualifiziert; S. Russell (USA) Suzuki, Nichtstarter/Trainingssturz; J.-P. Jeandat (F) Paton, Aufgabe/Handverletzung; M. Papa (I) ROC-Yamaha, Motorschaden.

**Trainingszeiten:** 1. Cadalora 1.44.384 = 150,023 km/h, 2. Doohan 1.44.673, 3. Beattie 1.44.792, 4. Hodgson 1.45.247, 5. Crivillé 1.45.561, 6. Itoh 1.45.574, 7. Capirossi 1.45.605, 8. Reggiani 1.45.770, 9. Barros 1.45.827, 10. Abe 1.45.870, 11. Checa 1.45.942, 12. Russell 1.46.276, 13. Borja 1.46.665, 14. Protat 1.47.335, 15. McWilliams 1.47.410, 16. Bosshard 1.47.503, 17. Emmett 1.47.717, 18. Haydon 1.47.837, 19. M. Garcia 1.47.911, 20. Pedercini 1.48.039.

## 250 cm³:

### Ergebnisse

| | | | | WM-Stand | Pkt. |
|---|---|---|---|---|---|
| 1. Massimiliano Biaggi | I | Aprilia | 44.48.738 | 1. Biaggi | 258 |
| 2. Tetsuya Harada | J | Yamaha TZM | 44.48.942 | 2. Harada | 200 |
| 3. Doriano Romboni | I | Honda NSR | 44.55.821 | 3. Waldmann | 187 |
| 4. Olivier Jacque | F | Honda RS | 44.56.418 | 4. Okada | 127 |
| 5. Jean-Philippe Ruggia | F | Honda NSR | 44.56.604 | 5. Ruggia | 112 |
| 6. Ralf Waldmann | D | Honda NSR | 45.04.892 | 6. Aoki | 95 |
| 7. Tadayuki Okada | J | Honda NSR | 45.17.980 | 7. Romboni | 75 |
| 8. Jürgen Fuchs | D | Honda RS | 45.19.947 | 8. d'Antin | 75 |
| 9. Jürgen v. d. Goorbergh | NL | Honda RS | 45.23.731 | 9. Roberts jr. | 71 |
| 10. Roberto Locatelli | I | Aprilia | 45.27.241 | 10. Jacque | 59 |
| 11. Niall Mackenzie | GB | Aprilia | 45.32.674 | 11. J. Goorbergh | 48 |
| 12. Luis d'Antin | E | Honda NSR | 45.44.782 | 12. Fuchs | 47 |
| 13. Sebastian Porco | ARG | Aprilia | 45.45.166 | 13. Checa | 45 |
| 14. Regis Laconi | F | Honda RS | 45.53.226 | 14. Suter | 38 |
| 15. Takeshi Tsujimura | J | Honda RS | 46.06.071 | 15. Bayle | 37 |

16. Davide Bulega (I) Honda, 17. José Barresi (YV) Honda, 18. Luis Carlos Maurel (E) Honda, 19. Gregorio Lavilla (E) Honda, 20. Pere Riba (E) Aprilia.

**Schnellste Runde:** Biaggi
in 1.46.214 = 147,438 km/h (Rekord)

**Alter Rekord:** Tetsuya Harada (Yamaha)
in 1.47.336 = 145,897 km/h (1994)

**Durchschnitt Sieger:** 25 Runden oder 108,750 km
in 44.48.738 = 145,607 km/h

**Ausfälle:** J. Bayle (F) Aprilia, Gasschieber verklemmt; N. Aoki (J) Honda, Sturz; E. Suter (CH) Aprilia, Nichtstarter/Trainingssturz; R. Xaus (E) Honda, von der Strecke abgekommen; P. v. d. Goorbergh (NL) Aprilia, Zündkerze defekt; Adi Stadler (D) Aprilia, von der Strecke abgekommen; B. Kassner (D) Aprilia, Motorschaden; K. Roberts jr. (USA) Yamaha, Sturz; J. L. Cardoso (E) Aprilia, Motorschaden; M. Castilla (E) Honda, Sturz; M. d'Agnano (I) Aprilia, Sturz; M. C. Tolosa (ARG) Yamaha, Motorschaden; S. Granton (ARG) Yamaha, Motorschaden; J. Gartner (ARG) Honda, Motorschaden.

**Trainingszeiten:**
1. Bayle 1.46.667 = 146,812 km/h, 2. Ruggia 1.46.732, 3. Harada 1.46.776, 4. Jacque 1.46.799, 5. Biaggi 1.46.883, 6. Okada 1.46.920, 7. Roberts jr. 1.47.012, 8. Waldmann 1.47.013, 9. Aoki 1.47.030, 10. Romboni 1.47.180, 11. Suter 1.47.300, 12. P. Goorbergh 1.47.512, 13. Cardoso 1.47.580.

## 125 cm³:

### Ergebnisse

| | | | | WM-Stand | Pkt. |
|---|---|---|---|---|---|
| 1. Emili Alzamora | E | Honda | 43.03.230 | 1. Aoki | 199 |
| 2. Masaki Tokudome | J | Aprilia | 43.15.750 | 2. Sakata | 127 |
| 3. Dirk Raudies | D | Honda | 43.15.944 | 3. Saito | 118 |
| 4. Akira Saito | J | Honda | 43.16.197 | 4. Raudies | 113,5 |
| 5. Oliver Koch | D | Aprilia | 43.16.746 | 5. Perugini | 112 |
| 6. Herri Torrontegui | E | Honda | 43.17.042 | 6. Alzamora | 109 |
| 7. Peter Öttl | D | Aprilia | 43.19.758 | 7. Tokudome | 97,5 |
| 8. Jorge Martinez | E | Yamaha | 43.21.490 | 8. Manako | 86 |
| 9. Tomomi Manako | J | Honda | 43.21.824 | 9. Nakajoh | 84 |
| 10. Hideyuki Nakajoh | J | Honda | 43.22.471 | 10. Öttl | 76 |
| 11. Takehiro Yamamoto | J | Honda | 43.22.740 | 11. Torrontegui | 66,5 |
| 12. Yoshiaki Katoh | J | Yamaha | 43.23.528 | 12. Ueda | 65 |
| 13. Noboru Ueda | J | Honda | 43.35.034 | 13. Scalvini | 61,5 |
| 14. Haruchika Aoki | J | Honda | 43.39.236 | 14. Katoh | 45 |
| 15. Yoshiyuki Sugai | J | Honda | 43.42.247 | 15. Geissler | 35 |

16. Manfred Geissler (D) Aprilia, 17. Stefan Prein (D) Honda, 18. Gabriele Debbia (I) Yamaha – 1 Runde, 19. Markus Ober (D) Aprilia, 20. Damian Pereyra (ARG) Yamaha, 21. Pablo Zeballos (ARG) Yamaha, 22. Gaston Ruaben (ARG) Yamaha, Hiroyuki Kikuchi (J) Honda – 3 Runden.

**Schnellste Runde:** Yamamoto
in 1.51.217 = 140,806 km/h (Rekord)

**Alter Rekord:** Stefano Perugini (Aprilia)
in 1.52.268 = 139,488 km/h (1994)

**Durchschnitt Sieger:** 23 Runden oder 100,050 km
in 43.03.330 = 139,430 km/h

**Ausfälle:** K. Sakata (J) Aprilia, Auspuff gebrochen; S. Perugini (I) Aprilia, Motorschaden; G. Scalvini (I) Aprilia, Getriebe defekt; T. Igata (J) Honda, Motorschaden; A. Ballerini (I) Aprilia, Motorschaden; K. Myasaka (J) Honda; L. Ancona (I) Honda, Sturz; M. d'Agnano (I) Aprilia, Sturz; D. Barton (GB) Yamaha, Nichtstarter/Trainingssturz; J. Sarda (E) Honda, Sturz; N. Amoroso (ARG) Aprilia, Motorschaden.

**Trainingszeiten:** 1. Alzamora 1.51.157 = 140,882 km/h, 2. Tokudome 1.51.174, 3. Nakajoh 1.51.470, 4. Aoki 1.51.489, 5. Martinez 1.51.613, 6. Koch 1.51.748, 7. Sakata 1.51.763, 8. Scalvini 1.51.790, 9. Torrontegui 1.51.902, 10. Saito 1.52.009, 11. Perugini 1.52.031, 12. Raudies 1.52.107, 13. Barton 1.52.174, 14. Manako 1.52.294, 15. Katoh 1.52.324, 16. Ueda 1.52.339, 17. Öttl 1.52.401.

**Fünf Mann auf einem Bike: Tokudome, Geissler, Koch, Kurfiss, Öttl (v. r.)**

Champagnerlaune: Dirk Raudies und Peter Öttl feierten in Assen einen historischen Triumph. Während Öttl (5) und Teamkollege Tex Geissler (23) vor den Augen ihres erfahrenen Teamchefs Harald Eckl immer wieder vorne mitkämpften, wurde das Regenrennen in Malaysia für Raudies zur Bootspartie – wegen Aquaplaning gab es kein Durchkommen mehr

Peter aprilia
P 9
19 3

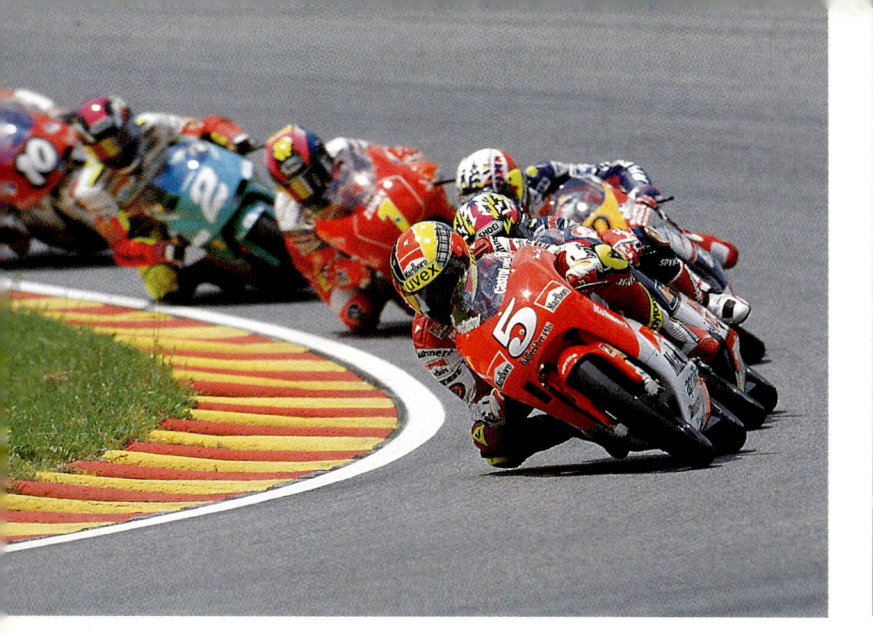

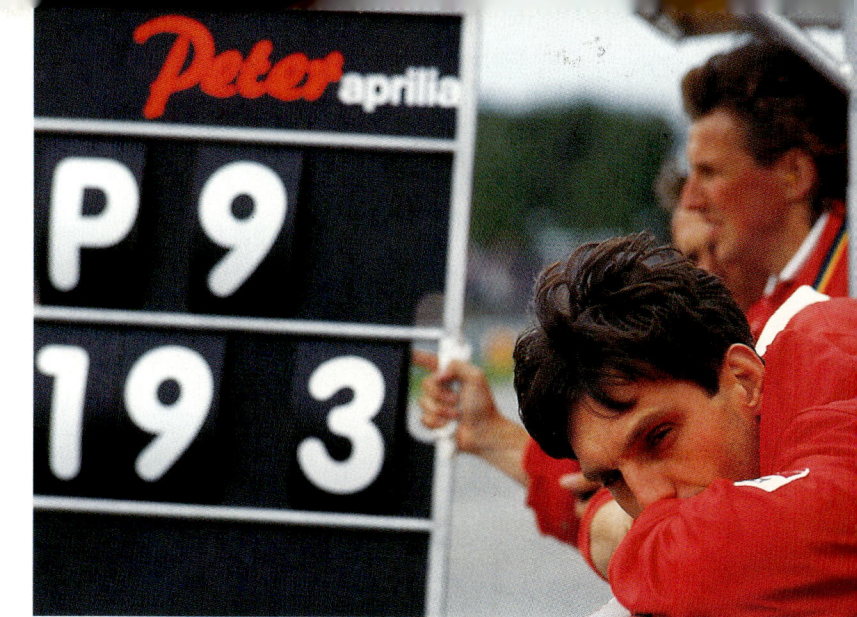

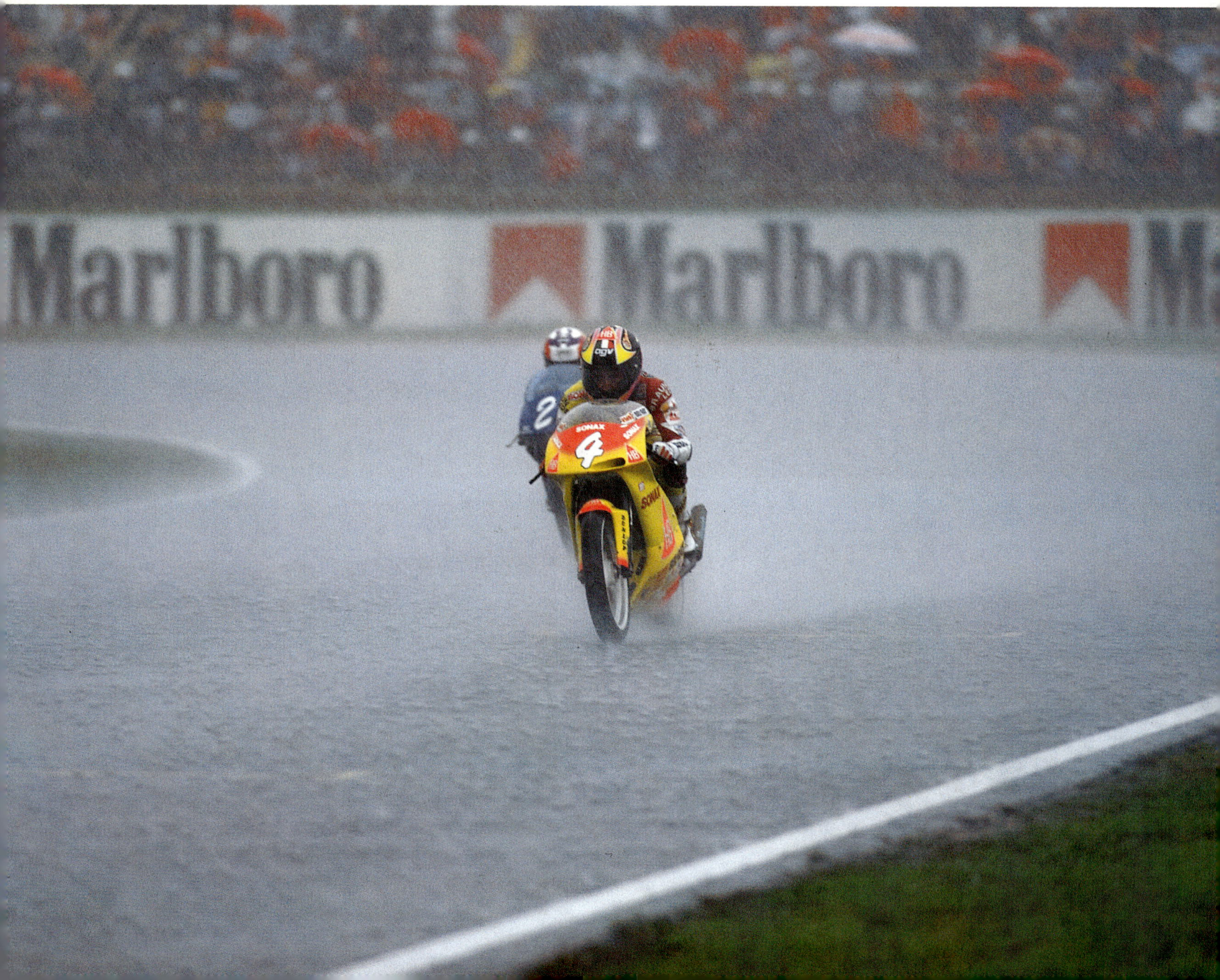
Marlboro
Marlboro

Ein Blick zur aufgehenden Sonne: Die Stars aus Japan mischten stärker denn je in der Weltmeisterschaft mit. Masaki Tokudome (links) bescherte dem Team Ditter Plastic den ersten Sieg, Haruchika Aoki feierte seinen ersten Titel. Tetsuya Harada (7) in England, Noboru Ueda (2) in Japan, Tokudome (8) beim Start in Frankreich, Kazuto Sakata bei Sieg in Brünn, Tadayuki Okada in und Norifumi Abe vor der Box.

Die Weltmeister und die europäische Herausforderung: Darren Dixon und Andy Hetherington, Haruchika Aoki, Max Biaggi und Michael Doohan bei der WM-Parade, Rolf Biland und Kurt Waltisperg (1) in der Begeisterung über den neuen Swissauto-V 4-Motor, der in der elf 500 (14) eine spektakuläre Solo-Premiere erlebte. Udo Mark (17) wurde auf Anhieb Star und Meister der neuen Thunderbike-Trophy, der Engländer Darren Barton (daneben) zum gefürchteten Shooting Star der 125er. Nur Carles Checa (12) und der nachdenkliche Oliver Koch wurden öfters schuldlos um den verdienten Erfolg gebracht.

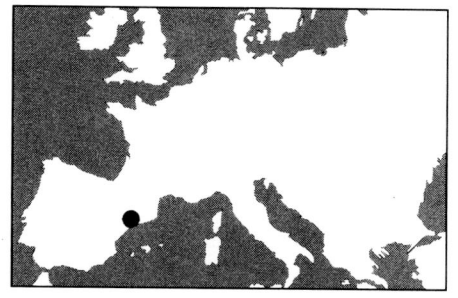

# Eins und eins ist elf

*Der Schweizer Senkrecht-starter Swissauto und der angesehene französische Fahrwerkshersteller ROC machten das Saisonfinale zu einer aufregenden Premiere – für die pfeilschnelle elf 500, das erste durch und durch europäische Joint Venture in der Königsklasse.*

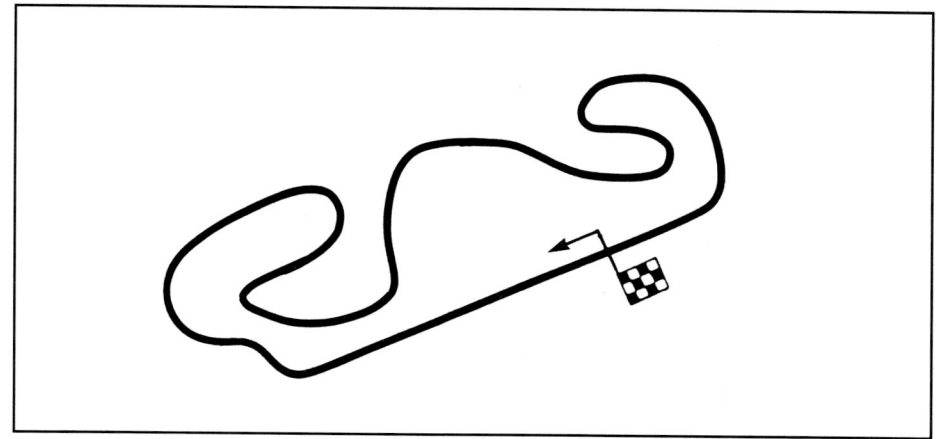

Superbike-Weltmeister Carl Fogarty tauchte beim Grand Prix-Finale in Barcelona auf, um sich umzuschauen, ein paar Freunde zu treffen und mit Kenny Roberts zu reden, der dem Yamaha-Werk und Sponsor Marlboro immer noch keinen Siegfahrer präsentieren konnte.

Früher, als er mal bei ROC-Yamaha einsprang oder sich als Wild Card-Fahrer auf einer Cagiva versuchte, konnte Foggy durchs Fahrerlager spazieren und auf der Ladefläche seines Team-Trucks in der Sonne sitzen, ohne von neugierigen Fragestellern belästigt zu werden. Doch diesmal verursachte er wahre Tumulte, wo immer er in der Öffentlichkeit auftauchte. »An einem Tag hatte ich hier mehr Publicity als in der Superbike-WM in einem Jahr«, grinste der Engländer.

Sein einstiger Erzrivale Scott Russell war der Einzige, der Desinteresse zur Schau trug und Foggy bei dessen Besuch im Suzuki-Zelt frostig ignorierte. Sonst waren Foggys Vertragsangelegenheiten Thema eins auf dem verwirrenden Transfermarkt. »Ich würde gerne Grand Prix fahren, aber ich würde auch gern den dritten World Superbike-Titel hintereinander gewinnen«, hielt sich Foggy bedeckt, der neben der Chance, für Roberts zu fahren, auch verbindliche Angebote von Suzuki und Ducati

zum Verbleib in der Superbike-WM in der Tasche hatte.

Daß die Zukunftspläne eines Superbike-Piloten und, wie im Fall von Michael Doohan, die Entscheidung eines Weltmeisters, seinem Team treu zu bleiben, für dicke Schlagzeilen gut waren, demonstrierte nur, das nicht viel los war in dem kleinen, auf wenige Top-Teams und noch wenigere Top-Sponsoren umfassenden Kräftefeld der Motorrad-WM. Lucky Strike hatte mit Daryl Beattie und Scott Russell längst die Weichen der Zukunft gestellt. Fortuna-Honda Pons setzte auf den sensationellen Carles Checa, der nach der Verletzung von Alberto Puig spontan und ohne Tausende

von Testkilometern mit den weltbesten Halbliter-Piloten um die Wette gefahren war und im Abschlußtraining zum Catalunya-Grand Prix einen grandiosen dritten Startplatz erbeutete.

Natürlich hatte auch der verletzte Alberto Puig seinen Startplatz fix. Weil sein linkes Sprunggelenk nach dem Horror-Crash in Le Mans teilweise gelähmt bleiben würde, wurde bereits daran gearbeitet, die Schaltung auf die rechte Seite zu verlegen. Team-Techniker Antonio Cobas hatte ein simples, nichtsdestoweniger präzise funktionierendes Gestänge fertig, blitzte aber bei Honda ab: Der Hersteller bestand darauf, gegen ein entsprechend saftiges Hono-

**Schlank, stark und schnell wie der Wind:**
**Die neue elf 500 unter Adrian Bosshard**

**Sensation von Honda: Zweizylinder-NSR 500 V mit 135 PS**

rar andere Motorengehäuse herzustellen, bei denen die Schaltwelle von vornherein an der rechten Seite herausragte.

Für Ende November waren die ersten, dreitägigen Tests seit dem Unfall geplant, an ein früheres Comeback von Alberto Puig war nicht zu denken: Seit einigen Wochen aus dem Krankenhaus entlassen, schwang sich der Spanier zwar mit dem Roller zu einer Ehrenrunde auf und winkte immer wieder übermütig zu seinen Fans auf den Tribünen hinauf, hatte dabei aber derartige Schmerzen, daß er sich unmittelbar anschließend in ärztliche Behandlung begab.

Auch beim offiziellen HRC-Repsol-Honda-Team waren mit Michael Doohan und einer Vertragsverlängerung für den bewährten Alex Crivillé die entscheidenden Würfel gefallen. Außerdem hieß es, der über weite Strecken hinweg erfolglose Shinichi Itoh werde durch Takuma Aoki, die Sensation des Japan-Grand Prix im April, ersetzt.

Außerdem trumpfte Honda mit einer technischen Neuheit auf: Das bislang geheimgehaltene Projekt einer Zweizylinder-Halblitermaschine wurde offiziell bestätigt und sogar erste Studio-Fotos der neuen Maschine verteilt. Im Gegensatz zu der Aprilia RSV 400 mit Drehschiebereinlaß verfügte die neue Honda NSR 500 V über volle 500 ccm und Membransteuerung, war in Sachen Leistung mit 135 PS jedoch Kopf an Kopf mit der italienischen Variante. Auch die Philosophie der Projekte war bei beiden Werken identisch: Das bessere Handling und die höheren Kurvengeschwindigkeiten einer 250er mit deutlich höherer Spitzenleistung zu verbinden und so den ohnehin immer weiter schrumpfenden Rückstand zu den Rundenzeiten einer Vierzylinder-500er vollends wettzumachen.

Und wie Aprilia dachte Honda auch daran, daß es einen Markt für halbwegs konkurrenzfähige, aber vom Preis her auch für Privatfahrer halbwegs erschwingliche Halblitermaschinen geben müßte. Für den Zeitraum ab 1997 plante Honda den Verkauf der NSR 500 V als Production Racer, um den stagnierenden Markt wiederzubeleben und für eine Auffrischung des Grand Prix-Fahrerlagers zu sorgen, in dem mindestens die Hälfte des Starterfeldes auf gebrauchte ROC- und Harris-Yamaha

angewiesen war. Daß Honda nun einen Zweizylinder brachte, anstatt etwa das einst so erfolgreiche Dreizylinder-Projekt NS 500 wiederzubeleben, hatte einen einfachen Grund: Der Zweizylinder war die einfachste und damit auch billigste Alternative zu den sündhaft teuren Vierzylindern.

Schlanke 110 Kilogramm wog das in zweijähriger Entwicklungszeit entstandene neue Modell und sollte 1997 auch mit diesem Gewicht auf den Markt gebracht werden. Nur für die exklusive Werks-Version wurde durch Verwendung kostbarer Materialien bis zum Saisonstart 1996 das mögliche 100 kg-Limit angepeilt. Als Fahrer war der bisherige 250 ccm-Star Tadayuki Okada im Gespräch, der die Maschine bereits ausführlich in Suzuka getestet und den bestehenden Halbliter-Rundenrekord zum Wackeln gebracht hatte. Freilich schloß auch Michael Doohan einen Einsatz auf der neuen Maschine nicht aus. »Ich wäre blöd, wenn ich das Motorrad nicht ausprobieren würde, falls es einen konkurrenzfähigen Eindruck macht«, kündigte er an.

Die anderen etablierten Halbliterteams hingen am Tropf von Marlboro und waren mit Verhandlungen beschäftigt. Und weil die Strategen von Philip Morris zwar einerseits Kenny Roberts und Yamaha die Treue halten, andererseits aber auch die möglichst schnelle Rückkehr zum Erfolg einkaufen wollten und sich nicht entscheiden konnten, wie, wurde die Lage nahezu stündlich verworrener.

So hieß es am Samstag nach dem Training, Wayne Rainey werde am Sonntag sein neues 500er-Team präsentieren. Längst hatte der Franzose Jean-Michel Bayle hinausposaunt, er werde 1996 auf einer Yamaha YZR 500 an den Start gehen, ähnliches hatte man von dem mit seinem Teamchef Francesco Pileri zerstrittenen Loris Capirossi gehört, und niemand zweifelte daran, daß diese beiden zu Raineys neuer Starbesetzung gehören würden. Doch nichts geschah.

Ebenso vergeblich war das Warten auf eine Entscheidung im Fall von Luca Cadalora. Schon Wochen zuvor hatte es geheißen, er und sein früherer Techniker Erv Kanemoto, das Erfolgsduo bei Cadaloras beiden 250 ccm-WM-Titeln auf Rothmans-Honda 1991 und 1992, würden von Marlboro im gemeinsamen Kampf um die Halbliterkrone unterstützt.

»Doch Sponsorverhandlungen laufen heutzutage nicht mehr geradlinig, sondern wie die Wellen des Ozeans – mal bist du dicht dran, dann wieder ganz weit weg«, seufzte Erv Kanemoto. Weil Cadalora derzeit eher wieder weit weg von seiner Traumkon-stellation war und nur einen Teilbetrag des nötigen Millionenbudgets von Marlboro in der Tasche hatte, arbeitete er auf eine Zusammenarbeit mit Benetton hin – und keiner wußte, ob das nun eine Verzweiflungstat war oder ob diese Verhandlungen einen ernsthaften Hintergrund hatten.

Kanemotos bisheriger Schützling Alexandre Barros trug sich hingegen längst mit einem Tapetenwechsel. »Im ersten Training zählte er regelmäßig zu den Schnellsten, doch beim Versuch, dann noch schneller zu werden, verkrampfte er sich. Ich mag Barros, und wir hätten ihm gerne weitergeholfen. Aber was wir auch unternahmen, es hat nichts geholfen. Vielleicht ist es wie beim Fußball, und der Knoten platzt in einem anderen Team«, meinte Erv Kanemoto zum Abschied.

Als dieses andere Team rückte nun plötzlich das von Francesco Pileri in den Vordergrund, und auch daran hatte Marlboro einen entscheidenden Anteil. Im Tauziehen um die Philip Morris-Millionen stand Pileri zu jenem Zeitpunkt als ganz großer Verlierer da, als einer, der mit dem Wechsel in die Halbliterklasse zu Jahresbeginn viel riskiert, mit der Forderung nach noch mehr Millionen für einen zweiten Fahrer noch höher gepokert hatte und nun mit leeren Händen dastand. Marlboro schien nicht interessiert, das geplante Super-Team zu finanzieren, und mit Barros weiterzumachen, war schon aus finanziellen Gründen ein logischer Schluß: Statt Millionen für die Fahrergage zu verschlingen, brachte Barros eine Mitgift mit – seine Maschinen

**Jean-Michel Bayle: Yamaha 500**

**Alberto Puig (rechts): Ehrenrunde**

und Ersatzteile wurden nämlich von Honda Brasilien bezahlt.

Pileris drohender Absturz aus dem Himmel der Marlboro-Millionen hatte freilich noch eine andere, pikante Note. Denn obwohl er das junge Superbike-As Anthony Gobert Ende August hatte in Misano probefahren lassen und der Australier trotz Hinterlassung eines Totalschadens einen guten Eindruck machte, blieb es merkwürdig still um den geplanten Transfer. Der Grund: Pileris Partner Honda legte gegen Goberts Verpflichtung ein klares Veto ein – die Honda Racing Corporation war nämlich selbst an Gobert interessiert und versuchte mit dieser Art von Behinderung des freien Welthandels, Gobert für die nächste Superbike-Saison auf der Honda RC 45 zu gewinnen. Freilich hatte Gobert dazu nicht die geringste Lust: Erstens wollte er mehr verdienen als die 500 000 Dollar, die die Nummer eins im Honda-Team, Aaron Slight, als Gage bezog, zweitens wollte er eine Garantie, ab 1997 auf einer Honda 500 endlich in die Grand Prix-Serie einsteigen zu dürfen. Und bis zu jenem Zeitpunkt ließ sich Honda zu keinem dieser beiden Zugeständnisse erweichen.

Ebenso verworren war die Lage für Kenny Roberts im einst übermächtigen offiziellen Yamaha-Team. Seit dem Scheitern des Doohan-Coups mochte er verhandeln und reden, mit wem er auch wollte, ein echter Top-Fahrer neben Norifumi Abe war nicht zu kriegen. Luca Cadalora wollte nicht bleiben, einen John Kocinski wollte keiner haben, und Carl Fogarty war trotz seiner Ducati-Erfolge nicht die Ausnahmeerscheinung, der man eine realistische Chance auf einen Halbliter-WM-Titel eingeräumt hätte.

Um seine gute Laune nicht zu verlieren, trieb sich King Kenny einen Gutteil des Wochenendes auf der in der unmittelbaren Nachbarschaft der Catalunya-Strecke befindlichen »Kenny Roberts Training Ranch« herum, um sich mit alten Freunden wie Eddie Lawson beim Dirt Track zu messen.

Gleichzeitig wurde in einem Zelt im Fahrerlager ein Projekt präsentiert, von dem Roberts über Jahre hinweg vergeblich geträumt hatte: Unabhängig von japanischer Technologie eine neue, konkurrenzfähige Halblitermaschine auf die Räder zu stellen, um der mit Geld- und Materialsorgen dahinsiechenden Kategorie neue Schubkraft zu verpassen.

Was Roberts trotz seiner Millionenbudgets und der Heerscharen gutbezahlter

Teamchef Michel Métraux bei der elf 500-Präsentation: Bald so konkurrenzfähig wie eine japanische Werksmaschine?

Techniker, die in Amerika, Europa und auf den Rennstrecken rund um den Globus an der Weiterentwicklung der hinterherhinkenden Werks-Yamaha werkelten, nicht geschafft hatte, erledigten ein paar Schweizer Technik-Genies in Zusammenarbeit mit dem Franzosen Serge Rosset im Handstreich. Kaum hatte sich der BRM-V 4-Motor, entwickelt und gebaut von den Konstrukteuren Urs Wenger, Beat Kohler und nicht mehr als elf festangestellten Mitarbeitern der 1987 gegründeten Wenko AG Swissauto in Burgdorf bei Bern, bei den ersten Gespannrennen bewährt, erhielt Serge Rosset, Besitzer der 1973 gegründet Firma ROC (für: »Racing Organisation Course«) im französischen Annemasse bei Genf den ersten Entwicklungsauftrag für ein dazu passendes Solofahrwerk.

Am Freitagabend wurde die neue »elf 500« mit Swissauto-Motor und ROC-Fahrwerk in Barcelona offiziell präsentiert und erntete schon mal tosenden Applaus, bevor sie einen Meter fahrend auf der Strecke zurückgelegt hatte. Denn was die Premierengäste noch mehr überzeugte als der Chic der auffallend schlanken, fast schon grazilen 500er, war der Mut, sich mit einer neuen Idee gegen das überlegene japanische Establishment zu stemmen.

Anders als beim Cagiva-Werksteam, das japanische Werksmotoren abkupferte und im Laufe seiner 14jährigen Geschichte immer wieder am Tropf japanischer Hochtechnologie hing, war der Schweizer Swissauto-Motor eine vollkommen eigenständige Entwicklung, die sich grundlegend von den japanischen V 4-Versionen unterschied und trotz deutlich höherer Leistung satte sieben Kilogramm weniger Gewicht auf die Waage brachte als beispielsweise der Yamaha-Big Bang-Motor.

Und obwohl Serge Rosset für seine ersten ROC-Yamaha-Production Racer einst technologische Starthilfe aus Japan bekommen und die ersten ROC-Chassis auf Basis vorhandener geometrischer Daten zusammengeschweißt hatte, waren die ROC-Produkte längst in die Unabhängigkeit weiterentwickelt und verbessert worden.

Die Schweizer-französische Koproduktion war damit durch und durch europäisch – und ganz nach dem Geschmack der

**Adrian Bosshard: Laufkultur als nächstes Entwicklungsziel**

Mineralölfirma elf, die in ihrer Vorliebe für technische Pioniertaten schon die berühmte »elf« mit Achsschenkellenkung unterstützt hatte und nun auch für die Entwicklung der »elf 500« mit dem neuen Swissauto-Motor finanziell geradestand. »Um die Unkosten für ein Team mit zwei, maximal drei Fahrern 1996 decken zu können, brauchen wir noch Sponsoren. Doch die technische Entwicklung bei ROC und bei Swissauto samt den notwendigen Tests wird von elf bezahlt«, erklärte Teamchef Michel Métraux.

Auf eine bestimmte Summe war das Entwicklungsbudget für die neue Maschine, die ab 1997 auch an Kunden verkauft werden sollte, nicht begrenzt. Denn zur Erfüllung von Michel Métrauxs kühner Vision, »mit einem Top-Fahrer nächstes Jahr ein paar Podestplätze« zu erzielen und bald »so konkurrenzfähig wie eine Halbliter-Werksmaschine« zu sein, schien der Weg noch weit und dornenreich. Als der Schweizer Adrian Bosshard am Samstag zu den ersten offiziellen Demonstrationsrunden mit dem neuen Motorrad ausrückte, waren die Schwächen jedenfalls noch unverkennbar: Obwohl Bosshard auf den Geraden nur zehn km/h auf die schnellste Honda verlor und erstaunlich gut mit den Werks-Suzuki und Werks-Yamaha mithalten konnte, blieb er mit einer besten Rundenzeit von 1.52,2 Minuten um deutliche sechs Sekunden hinter der Pole Position von Luca Cadalora zurück.

Denn so unwiderstehlich das 195 PS starke Aggregat auf der Geraden nach vorne zog, so schwer war es beim Beschleunigen am Kurvenausgang zu bändigen. »Der Motor ist so kräftig wie praktisch kein anderer Halblitermotor. Obwohl ich am Kurvenausgang mindestens zehn km/h zu langsam war, bin ich auf der Geraden ohne weiteres auf die beiden Werks-Suzuki von Daryl Beattie und Scott Russell aufgelaufen«, erklärte Adrian Bosshard. »Auch das Fahrwerk von Serge Rosset ist auf Anhieb perfekt, das ist kein Thema. Doch unser Problem ist die Leistungsentfaltung – die Kraft setzt viel zu abrupt ein«.

Ein Grund dafür waren die konventionellen Zylinder ohne Auslaßsteuerung, die Bosshard bei den Demonstrationsrunden einsetzte. Bei zweitägigen, immer wieder von Regen unterbrochenen Tests in Magny-Cours hatte das Team bereits eine neue Zylindergeneration mit elektronisch gesteuertem Power Valve zur Verfügung gehabt, die den Drehmomentverlauf glattbügelte und die Maschine besser beherrschbar machte. »Doch leider ist in den Zylindern wegen eines Materialfehlers die Nikasilbeschichtung abgeplatzt. Um ohne das Risiko eines peinlichen Ausfalls durchfahren zu können, haben wir für die Präsentation hier deshalb lieber auf den bewährten alten Standard ohne die Auspuffklappen zurückgegriffen«, verriet Bosshard.

Der andere Grund für die hohe, aber abrupt einsetzende Leistung lag im Bauprinzip selbst, bei dem zugunsten unerreicht kompakter Außenmasse auf viel Schwungmasse verzichtet wurde. Auch verfügte das Triebwerk nicht über die bei den japanischen V 4-Modellen üblichen vier getrennten Kurbelgehäuse. Um Platz zu sparen, wurden die Kurbelgehäuse von jeweils zwei Zylindern zusammengefaßt. Damit war das Aggregat im Prinzip ein Boxer-Triebwerk, dessen von 180 auf 110 Grad verkleinerter Zylinderwinkel für Boxer-untypische Vibrationen sorgte. Nächstes Entwicklungsziel war nun, dem Triebwerk neben der explosionsartigen Leistung die nötige Laufkultur anzuerziehen.

## 500 ccm: Checa stürzt, Crivillé siegt

Mit seiner konventionellen ROC-Yamaha war Bosshard um fast zwei Sekunden schneller, bezahlte im Rennen aber für die verlorengegangene Trainingszeit: Aus der fünften Reihe gestartet, riskierte er mit vollem Tank zuviel, worauf die Vorderradgabel durchschlug und Bosshard in den Kies rutschte.

Der volle Benzintank machte bei diesem Rennen auch Michael Doohan zu schaffen.

**Endstation Sehnsucht: Carles Checa warf seine Fortuna-Honda und den sichergeglaubten Sieg in den Staub**

**Am Podest vorbei: Michael Doohan**

**Am Ziel vorbei: Luca Cadalora**

**Blitzstart: Capirossi (65) vor Beattie (4)**

Nach sieben Siegen hielt sich der Australier lange an ungewohnter achter Stelle auf und wunderte sich, daß die Vorderpartie immer wieder in Richtung Kurvenaußenrand drängte. »Ich mußte das Bike vor jeder Kurve nahezu auf null abbremsen, um beim Einlenken im Sattel zu bleiben. Klar, daß mir jeder davonfuhr«, schilderte der Weltmeister, der sich zwar am Schluß noch zu Rang vier aufraffte, erstmals seit dem Spanien-Grand-Prix 1993 jedoch ohne Podestplatz ins Ziel kam.

Vizeweltmeister Daryl Beattie konnte aus der Schwäche Doohans auch kein Kapital schlagen. Bereits im Training damit beschäftigt, für die Saison 1996 zu testen, suchte er nach einem Set-Up, mit dem die Suzuki besser in der Spur bleiben würde. »Die langgezogenen Kurven machen uns zu schaffen. Das Motorrad lenkt vernünftig ein, drängt aber in Kurvenmitte nach außen. Außerdem bockt die Maschine wie schon in Argentinien und Brasilien auf den Bodenwellen«, analysierte er die Schwierigkeiten, die er das ganze Wochenende über nicht abzustellen vermochte. Zunächst für vier Runden in Führung, fiel er allmählich zurück und landete desillusioniert auf dem fünften Platz. »Das Motorrad untersteuerte überall. Es ist ein Wunder, daß ich überhaupt so lange vorne war«, meinte er.

Luca Cadalora war schon mit einer gebrochenen Rippe in Barcelona angekommen, weil er sich beim Kartfahren in Italien überschlagen hatte. Dank der Künste von Dr. Costa erkämpfte er die Pole Position, fuhr im Rennen aber vom Start weg hinterher. Als er nach einem mächtigen Slide mit dem Brustkorb gegen den Benzintank seiner Yamaha klatschte, wurden die Schmerzen so stark, daß der Italiener aufgab und zur Box tuckerte. »Es tat so weh, daß ich dachte, der Bruch hätte sich verschoben. An Weiterfahren war nicht zu denken«, hakte er die Saison ab.

Sein Teamkollege Norifumi Abe hatte sich nach schlechtem Start und sechs verzweifelten Runden mit einem Vorderradsturz abgemeldet, und so kam es, daß die 55 000 spanischen Fans eine weitgehend ungestörte Fiesta feierten. Alberto Puigs Vertreter Carles Checa jagte Beattie unter tosendem Applaus die Führung ab und zog dank einer Fahrweise, die an Todesverachtung grenzte, auf ein paar Motorradlängen davon. Wenig später krachten abermals Feuerwerkskörper rund um die Strecke, denn nun hatte sich Alex Crivillé an Checas Fersen geheftet, und für acht kostbare Runden lag ein sensationeller spanischer Doppelsieg in der Luft.

Doch Carles Checa hatte seine Reifen bei der tolldreisten Jagd frühzeitig verheizt. Als er in der 18. von 25 Runden in die berüchtigte Bergab-Linkskehre einbiegen wollte, rutschte das Hinterrad weg und schleuderte den 23jährigen aus dem Sattel. Verzweifelt am Lenker neben dem Motorrad hängend versuchte der Junior des Fortuna-Teams noch, die Honda wieder auszubalancieren, doch beim Erreichen des Kiesbetts war dann endgültig Feierabend. »Es war ein Kinderspiel, nach vorn zu kommen. Von der ersten Runde an war ich von meinem Sieg überzeugt. Doch offensichtlich waren meine Reifen frühzeitig im Eimer – ich war beim Einbiegen in jener Kurve keinen Deut schneller als in allen Runden zuvor«, raufte sich Checa die Haare, nachdem er die Streckenbegrenzung gebührend mit Fausthieben für sein Pech bestraft hatte.

Doch Alex Crivillé tröstete die schockierten Fans über Checas Pech hinweg. Kaltblütig hielt er seinen immer aufdringlicher werdenden Repsol-Honda-Teamkollegen Shinichi Itoh auf Distanz und buchte den zweiten Halblitersieg seiner Karriere. »Die Meisterschaft war sowieso längst entschieden, weshalb ich für dieses Rennen nur noch ein Ziel hatte: Für meine Fans und mein Team zu gewinnen. Jetzt fühle ich mich phantastisch«, strahlte Crivillé. Trotzdem hatte er auf dem Podest für etliche Sekunden einen fassungslosen Gesichtsausdruck: Die Rennleitung ließ ein paar Takte lang die katalonische Hymne spielen und blendete dann erst die spanische Originalhymne ein, was von der von Nationalstolz erfüllten Presse anderntags mit wütenden Kommentaren quittiert wurde.

Alex Crivillé: Sieg – und Glückwunsch von Teamkollege Mick Doohan

Die Nummer zwei und die Nummer drei auf dem Podest kümmerte das wenig. Shinichi Itoh bucht als Zweiter sein bestes Saisonergebnis, war aber nach einer hemmungslosen Aufholjagd ziemlich enttäuscht, nicht auch noch gewonnen zu haben. »In der letzten Runde war ich kurz in Führung und dachte schon, ich hätte es geschafft. Doch im selben Moment brach das Hinterrad aus, und Crivillé schlüpfte wieder vorbei. Trotzdem ein Kompliment an Alex: Er fuhr wirklich brilliant«.

Und so fuhr auch Loris Capirossi: Zum Ende seines von Stürzen und Verletzungen überschatteten ersten Jahres in der Halbliterklasse buchte er als Dritter den ersten Podestplatz und verlor nur eine halbe Sekunde auf den Sieger. »Von diesem Ergebnis habe ich das ganze Jahr schon geträumt«, strahlte er, »endlich hat es einmal geklappt. Ich denke, eine bessere Vorbereitung auf nächstes Jahr kann es nicht geben!«

Auch der Engländer James Haydon versuchte, seinen zehnten Platz gebührend zu feiern und setzte in der Auslaufrunde zu einem gewaltigen Wheelie an. Leider mißglückte die Show: Haydon fiel nach hinten aus dem Sattel, worauf seine Harris-Yamaha stürzte, Feuer fing und zum Totalschaden verbrannte.

## 250 ccm: Übeltäter Xaus

Ralf Waldmann kam als Dritter im Rennen der 250 ccm-Klasse sicher ins Ziel, doch überschäumend war seine Freude nicht. Denn nachdem er für mehr als die Hälfte der Distanz Platz zwei behauptet hatte, nahm er die vorletzte Kurve um neun km/h langsamer als in der Runde zuvor.

Das war eine Einladung, die sich Vizeweltmeister Tetsuya Harada natürlich nicht entgehen lassen konnte. »Ich wußte, daß ich in dieser Kurve schneller war. Doch ich habe bis zum letzten Moment gewartet, so daß sich Waldmann nicht mehr revanchieren konnte«, rieb sich Harada die Hände.

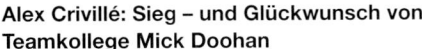

Happy-End: Capirossi

Fehler zum Schluß: Waldmann (28) gegen Harada (7)

**Sieger Max Biaggi: Eine makellose Statistik**

hatte und böse durch die Gegend rutschte.

Wenig später gab es einen Beinahe-Zusammenstoß mit Kenny Roberts junior, als sich dann auch noch Roberto Locatelli in einer Kurve verschaltete und Jacque mit der linken Hand an der Fußraste des Italieners hängenblieb, hatte er keine Lust mehr. »Die Hand tat nach diesem Zwischenfall ziemlich weh, außerdem war mein Kupplungshebel verbogen. Mehr als Platz neun war danach nicht mehr drin«. Sein Teamkollege Jean-Philippe Ruggia auf der Werksmaschine war freilich auch diesmal hinter ihm und fiel mit einem lahmenden Motor auf Platz 13 zurück.

Da war selbst der angeschlagene Eskil Suter schneller. Seine Fußprellung von Argentinien hatte sich im nachhinein als handfester, dreifacher Bruch herausgestellt.

»Zumindest habe ich es geschafft, die Saison mit einem Podestplatz zu beenden. Aber leicht enttäuscht bin ich schon«, meinte Waldi leicht verdrießlich und gab zu, daß er einen Fehler gemacht hatte.

Dafür feierte sein Teamkollege Jürgen Fuchs. Wie zwei Wochen zuvor in Argentinien fuhr er fröhlich mit Werksfahrer Tadayuki Okada um die Wette und wurde mit nur einer Radlänge Rückstand auf den Japaner Achter. »Ich hatte sogar schon eine

Attacke für die letzte Runde geplant. Doch leider erwischte Okada rechtzeitig den Windschatten eines überrundeten Fahrers und zog die entscheidenden Meter davon«, schilderte Fuchs.

Doch wenigstens hatte Fuchs diesmal die Nase vor dem schnellen Olivier Jacque. Nach Trainingsplatz drei hatte der Franzose einen Platz unter den ersten sechs im Visier, merkte aber schon nach zwei Runden, daß er den falschen Hinterreifen drauf

**Tortenschlacht-Verlierer Carlo Pernat**

**Eskil Suter (13) wurde trotz Fußbruch elfter (links), dagegen wurden Kassner und Stadler von Xaus abgeschossen (oben)**

Trotzdem drehte er nach einer vermurksten ersten Runde derart am Gas, daß er von Platz 22 auf Rang elf nach vorn stieß und erst das Tempo drosselte, als er einsah, daß der weit vor ihm an zehnter Stelle fahrende Roberto Locatelli nicht mehr zu kriegen war.

Da war die Bilanz von Jean-Michel Bayle weniger erheiternd. Den beiden Ausfällen in Südamerika fügte er per Sturz den nächsten Nuller hinzu, sackte in der WM-Wertung auf den niederschmetternden 15. Rang ab und hatte zudem auch noch Kopf- und Kreuzschmerzen. »Ich bin auf den Rücken gefallen und wurde kräftig zusammengestaucht. Außerdem landete ich auf dem Kopf«, schilderte er.

Während Doriano Romboni sich bei einem Sturz vom Mountain Bike das Handgelenk gebrochen hatte und von vornherein fehlte, waren die deutschen Aprilia-Helden Adi Stadler und Bernd Kassner stocksauer: Fortuna-Honda-Pons-Fahrer Ruben Xaus hatte sowohl Stadler als auch Kassner in der Bergab-Spitzkehre abgeschossen. »Xaus ist ein Hirnloser. Es ist in jedem Rennen dasselbe Theater. Jetzt gehe ich in seine Box, um ihm das Gebiß einzuschlagen«, war Kassner auch noch drei Stunden später fuchsteufelswild.

Sein Markengefährte Max Biaggi zog an der Spitze hingegen unwiderstehlich auf und davon, hatte dank eines satten elf

Feindberührung: Jacque (19) kollidierte mit Roberts

Endstation Kiesbett: Tomoko Igata

Sekunden-Vorsprungs in den letzten Runden Zeit für fröhliche Wheelies und feierte, nachdem er sich am Vorabend eine fröhliche Tortenschlacht mit Teamdirektor Carlo Pernat geliefert hatte, diesmal nun seine makellose Statistik. »Ich bin wirklich zufrieden mit meiner Saison. Denn ich habe nicht nur den zweiten Titel in der Tasche, sondern bin auch in jedem Rennen ins Ziel gekommen«, frohlockte er nach dem dritten Barcelona-Sieg hintereinander.

## 125 ccm: Raudies' Reifensorgen

Weitgehend erholt von seinem dreifachen Beckenbruch, hätte Dirk Raudies gern die Klasse bis 125 ccm gewonnen, fiel nach einem grandiosen Start und acht fabelhaften Runden an der Spitze jedoch unaufhaltsam zurück, verabschiedete sich am Ende sogar aus der vierköpfigen Spitzengruppe und wurde einsamer Fünfter. »Den Hinterreifen hat's völlig aufgerieben. Nicht einmal die Löcher aus der Heizform waren mehr zu sehen«, wunderte er sich, wie sehr seine Truppe an diesem Tag verwachst hatte. »Dadurch bin ich leider vom dritten auf den fünften WM-Rang zurückgefallen.

Heute war es besonders schade: Denn von Motor und Fahrwerk her war die Rakete unter mir unschlagbar«.

Noch mehr Federn mußte Peter Öttl lassen. Vor dem Rennen wegen seiner Schulterverletzung von Rennarzt Dr. Claudio Costa mit einer Schmerzspritze versorgt, hatte er bereits wieder eine seiner unwiderstehlichen Aufholjagden angezettelt und nach drei Runden schon ein halbes Dutzend Kollegen dingfest gemacht. »Doch dann kam mir beim Anbremsen der Japaner Yamamoto in die Quere. Er war innen, ich in der Mitte, worauf er unversehens die Spur wechselte und meinen Lenker touchierte. Die Motorräder haben sich ineinander verhakt, und wir sind beide gestürzt«, schilderte der Unglücksrabe.

Als unschuldiger Dritter wurde Öttls Teamkollege Tex Geissler gleich noch mit ins Verderben gerissen. »Plötzlich spürte ich einen Rammstoß von hinten,« berichtete Geissler. »Ich konnte meine Maschine zwar im Kiesbett abfangen, war aber zu schnell. Beim Erreichen der Reifenstapel habe ich das Motorrad dann umgeworfen. Ich selbst bin mit ziemlicher Wucht eindetoniert, habe den linken Fuß verstaucht und das Genick geprellt.«

**Überlegen in Führung – und dann doch geschlagen: Dirk Raudies (4) erwischte die falschen Reifen**

Der hinterherfahrende Oliver Koch sah den Unfall aus anderer Perspektive. »Als

Öttl mich überholte, wußte ich, daß das nur zwei, drei Runden gut gehen konnte – er

**Wheelies nach dem Husarenstück: Emili Alzamora**

fuhr komplett ohne jeden Selbsterhaltungstrieb. Und hat in Runde vier prompt eine ganze Batterie von Fahrern abgeräumt«, schilderte Koch, der daraufhin an 13. Stelle war und bis Rennende mit wohlkalkuliertem Risiko noch auf den elften Platz aufrückte. »Den Italiener Stefano Perugini vor mir hätte ich gern noch erwischt. Aber als ich es versuchte, schlug die Vorderradgabel durch. Schon zuvor ist die Vorderpartie bei Einbiegen immer wieder weggerutscht. Doch dafür, daß ich mit dem Fahrwerk immer noch Probleme hatte, bin ich echt zufrieden mit meinem Resultat!«

Wie er hatte auch Ditter-Teamkollege und Brasilien-Sieger Masaki Tokudome das ganze Training über vergeblich nach dem richtigen Set-Up gesucht, startete vom 13. Platz und machte als Achter noch das Beste aus der Situation. »Meine Federung funktionierte besser denn je zuvor an diesem Wochenende. Nur den Anschluß an die Spitzengruppe herzustellen war nicht möglich. Denn während die Schnellsten mit Windschattenhilfe immer noch schneller wurden, war ich allein und habe bei der Aufholjagd meine Reifen ruiniert«, kommentierte er.

Jene unerreichbare Spitzengruppe bestand zum Schluß noch aus Weltmeister Haruchika Aoki, Emili Alzamora, Tomomi Manako und Kazuto Sakata, die sich zur Freude des Publikums das Leben gegenseitig so schwer wie nur irgend möglich machten. Bestechend wie bei allen anderen sechs Siegen in diesem Jahr schälte sich Aoki am Ende als Erster aus dem Knäuel und feierte den siebten Triumph. »In Buenos Aires fuhr ich hinterher. Es war wichtig für mich, diese Enttäuschung zum Saisonabschluß zu überwinden und mich mit einer guten Leistung in den Urlaub zu verabschieden«, freute sich Aoki.

Die spanischen Zuschauer hatten trotz des Aoki-Siegs auch in diesem Rennen ihren Spaß: Emili Alzamora, seit seinem Sieg in Argentinien neuer Volksheld, stieß in der letzten Runde unter Todesverachtung vom vierten auf den zweiten Platz nach vorn und feierte das Husarenstück mit einer Serie langer, beeindruckender Wheelies.

## Gespanne: Titel für Dixon/Hetherington

Steve Abbott rollte in der sechsten Runde des Gespannrennens wegen eines Kolbenklemmers aus und verlor die letzte, theoretische Chance, das Ruder im Kampf um die Weltmeisterschaft noch einmal herumzureißen.

Dafür gewann das Rennen selbst erheblich an Dramatik. Von allen Sorgen und taktischen Zwängen befreit, gab der neue Champion Darren Dixon seine vornehme Zurückhaltung auf und drehte derart am Gas, daß seinen Rivalen auf der Strecke Hören und Sehen verging. »Meine Marschroute war, auf Steve Abbott achtzugeben und keine Dummheiten zu machen. Doch als ich »Abbott out« auf meiner Boxentafel sah, dachte ich: Das ist das Zeichen zum Angriff«, schmunzelte der 35jährige, der sich Zeit seines Lebens als Mechaniker durchgeschlagen hatte und dem Seitenwagenrennen alles bedeuteten.

Bis zur Hälfte des Rennens brauchte er, um sich vom vierten auf den zweiten Platz durchzukämpfen. Auch vor Rolf Biland zeigte er keinen Respekt, bremste ihn mit einem waghalsigen Manöver am Ende der

Zielgeraden aus und hielt sich nach dessen Gegenschlag eisern im Windschatten des Schweizers.

Ein paar hundert Meter vor dem Ziel fiel Dixon jedoch plötzlich dramatisch zurück. Mit allerletzter Kraft passierte er die schwarz-weiß karierte Flagge, hielt noch auf der Zielgeraden an und kletterte vor seinem begeisterten Team auf die Boxenmauer, wo er im Jubel die Arme nach oben riß und die Zeremonie auf dem Siegerpodest schon mal vorwegnahm. »Es war ein Kampf auf den Tod. Das Bike war heute nicht besonders schnell, und als Biland so früh auf und davonfuhr, dachte ich nicht im Traum daran, ihn wieder einfangen zu können. Am Schluß ist mein Getriebe kaputtgegangen – ich habe mich gerade noch so über die Linie gerettet«, erklärte er den Verzicht auf eine Ehrenrunde.

Hinterher ging das Feiern im Gespannfahrerlager weiter, und getrübt wurde die Stimmung nur durch die Tatsache, daß der 40jährige Steve Abbott nicht kommen konnte, um seinem Rivalen auf die Schulter zu klopfen – direkt nach dem Absturz aus allen Titelhoffnungen auf den vierten WM-Schlußrang erfuhr Abbott, daß sein Vater gestorben war, und jettete sofort in die englische Heimat zurück.

Dafür sparte der entthronte Rolf Biland nicht mit Lob für den neuen Weltmeister. »Dixon ist gefahren wie ein echter Champion. Er hat den Titel verdient«, würdigte Biland die Leistung des Engländers. »Sein Windle-Gespann war in den vielen langgezogenen Rechtskurven hier besser ausbalanciert. Deshalb konnte er seine Reifen schonen und hatte am Schluß noch Reserven. Ob es zu einer Revanche kommt und ich im nächsten Jahr noch einmal um den Titel kämpfen werde, kann ich noch nicht sagen. Jetzt gehe ich erst einmal in Urlaub zum Barfuß-Wasserskifahren, dann werde ich mit meinen Sponsoren verhandeln«.

Biland-Kenner zweifelten freilich nicht eine Sekunde, daß der mittlerweile 44jährige auch 1996 an den Start gehen würde. Denn obwohl ihn seine Verkleidung drückte und er im Schaltfuß Krämpfe bekam, sicherte sich Biland in Barcelona den vier-

**Haruchika Aoki: Sieg – und Glückwunsch von Stefan Prein**

ten Saisonsieg hintereinander und wollte nun, wo der bärenstarke Swissauto-Motor standfest geworden war und bereits im Solo-Fahrerlager Karriere machte, neben Siegen auch noch einmal den süßen Ruhm des WM-Titels genießen.

Dagegen plante Ralph Bohnhorst, im Rennen wegen einer leeren Batterie ausgefallen, nach zehn Jahren Rennsport eine »schöpferische Pause« für 1996. »Das Geld ist kein Grund, die Lust am Fahren auch nicht. Ich habe ganz einfach Arbeit bis unters Dach«, erklärte Bohnhorst, der

**Ein Kampf auf den Tod: Darren Dixon, Andy Hetherington**

## 500 cm³:

**Ergebnisse**

| | | | | **WM-Stand** | **Pkt.** |
|---|---|---|---|---|---|
| 1. Alex Crivillé | E | Honda NSR | 45.16.932 | 1. Doohan | 248 |
| 2. Shinichi Itoh | J | Honda NSR | 45.17.092 | 2. Beattie | 215 |
| 3. Loris Capirossi | I | Honda NSR | 45.17.555 | 3. Cadalora | 176 |
| 4. Michael Doohan | AUS | Honda NSR | 45.21.797 | 4. Crivillé | 166 |
| 5. Daryl Beattie | AUS | Suzuki RGV | 45.22.132 | 5. Itoh | 127 |
| 6. Alexandre Barros | BR | Honda NSR | 45.32.012 | 6. Capirossi | 108 |
| 7. Loris Reggiani | I | Aprilia RSV | 45.35.804 | 7. Barros | 104 |
| 8. Scott Russell | USA | Suzuki RGV | 45.36.542 | 8. Puig | 99 |
| 9. Neil Hodgson | GB | ROC-Yamaha | 46.01.688 | 9. Abe | 81 |
| 10. James Haydon | GB | Harris-Yamaha | 46.10.939 | 10. Reggiani | 59 |
| 11. Bernard Garcia | F | ROC-Yamaha | 46.15.203 | 11. Hodgson | 54 |
| 12. Laurent Naveau | B | ROC-Yamaha | 46.15.257 | 12. Borja | 52 |
| 13. Sean Emmett | GB | Harris-Yamaha | 46.22.054 | 13. Russell | 43 |
| 14. Marc Garcia | F | ROC-Yamaha | 46.24.590 | 14. B. Garcia | 41 |
| 15. Lucio Pedercini | I | ROC-Yamaha | 46.24.861 | 15. Schwantz | 34 |

16. Cristiano Migliorati (I) Harris-Yamaha, 17. Jeremy McWilliams (GB) Yamaha, 18. Eugene McManus (GB) Harris-Yamaha, 19. José Kuhn (F) ROC-Yamaha, 20. Bernard Haenggeli (CH) ROC-Yamaha, 21. Leo Pullan (GB) Harris-Yamaha, – 4 Rdn.

**Schnellste Runde:** Checa in 1.47.525 = 158.263 km/h (Rekord)

**Alter Rekord:** Michael Doohan (Honda) in 1.48.583 = 157,384 km/h (1992)

**Durchschnitt Sieger:** 25 Runden oder 118,175 km in 45.16.932 = 156,585 km/h

**Ausfälle:** L. Cadalora (I) Yamaha, Aufgabe/Schmerzen; C. Checa (E) Honda, Sturz; A. Bosshard (CH) ROC-Yamaha, Sturz; N. Abe (J) Yamaha, Sturz; J. Borja (E) ROC-Yamaha, Sturz; S. Gray (USA) Harris-Yamaha, Motorprobleme; F. Protat (F) ROC-Yamaha, Kühlwasserverlust; E. de Juan (E) ROC-Yamaha, Kupplung verbrannt; J.-P. Jeandat (F) Paton, Aufgabe/Schmerzen; M. Papa (I) ROC-Yamaha, Motorprobleme.

**Trainingszeiten:** 1. Cadalora 1.46.335 =160,034 km/h, 2. Doohan 1.46,811, 3. Checa 1.46,812, Capirossi 1.47.351, 5. Beattie 1.47.412, 6. Itoh 1.47.422, 7. Crivillé 1.47.646, 8. Abe 1.47.787, 9. Barros 1.47.898, 10. Russell 1.48.076, 11. Hodgson 1.48.187, 12. Reggiani 1.48.406, 13. Borja 1.48.906, 14. Emmett 1.49.592, 15. Naveau 1.49.708, 16. McWilliams 1.49.860, 17. Haydon 1.49.993, 18. Kuhn 1.50.173, 19. Pedercini 1.50.261,

## 250 cm³:

**Ergebnisse**

| | | | | **WM-Stand** | **Pkt.** |
|---|---|---|---|---|---|
| 1. Massimiliano Biaggi | I | Aprilia | 42.06.167 | 1. Biaggi | 283 |
| 2. Tetsuya Harada | J | Yamaha TZM | 42.17.186 | 2. Harada | 220 |
| 3. Ralf Waldmann | D | Honda NSR | 42.17.237 | 3. Waldmann | 203 |
| 4. Luis d'Antin | E | Honda NSR | 42.27.886 | 4. Okada | 136 |
| 5. Kenny Roberts jr. | USA | Yamaha TZM | 42.27.974 | 5. Ruggia | 115 |
| 6. Nobuatsu Aoki | J | Honda NSR | 42.28.776 | 6. Aoki | 105 |
| 7. Tadayuki Okada | J | Honda NSR | 42.32.297 | 7. d'Antin | 88 |
| 8. Jürgen Fuchs | D | Honda RS | 42.32.402 | 8. Roberts jr. | 82 |
| 9. Olivier Jacque | F | Honda RS | 42.35.108 | 9. Romboni | 75 |
| 10. Roberto Locatelli | I | Aprilia | 42.41.026 | 10. Jacque | 66 |
| 11. Eskil Suter | CH | Aprilia | 42.48.138 | 11. Fuchs | 55 |
| 12. José Luis Cardoso | E | Aprilia | 42.48.232 | 12. Goorbergh | 50 |
| 13. Jean-Philippe Ruggia | F | Honda NSR | 42.49.104 | 13. Checa | 45 |
| 14. Jürgen v.d. Goorbergh | NL | Honda RS | 42.42.732 | 14. Suter | 43 |
| 15. Takeshi Tsuimura | J | Honda RS | 43.00.648 | 15. Bayle | 37 |

16. Patrick v.d. Goorbergh (NL) Aprilia, 17. Luis Carlos Maurel (F) Honda, 18. Miguel Castilla (E) Yamaha, 19. Davide Bulega (E) Honda, 20. Oliver Petrucciani (CH) Aprilia, 21. Javier Marsetta (E) Honda, 22. Javier Diaz (E) Honda, 23. Raul Loscos (E) Honda.

**Schnellste Runde:** Biaggi in 1.48.882 = 156,290 km/h (Rekord)

**Alter Rekord:** Loris Capirossi (Honda) in 1.50.362 = 154.847 (1994)

**Durchschnitt Sieger:** 23 Runden oder 108,721 km in 42.06.167 = 154,937 km/h

**Ausfälle:** N. Mackenzie (GB) Aprilia, Aufgabe/Leistungsverlust; J.-M. Bayle (F) Aprilia (Sturz); R. Xaus (E) Honda (Sturz); G. Lavilla (E) Honda (Sturz); A. Stadler (D) Aprilia (Sturz); B. Kassner (D) Aprilia (Sturz); F. Padro (E) Aprilia (Kupplung defekt); J. Barresi (YV) Honda (Motor defekt); A. Gramigni (I) Honda (Aufgabe, falsche Reifen); R. Laconi (F) Honda (Sturz); S. Gibernau (E) Honda (Sturz).

**Trainingszeiten:** 1. Harada 1.48.286 = 157,150 km/h, 2. Biaggi 1.48.419; 3. Waldmann 1.49.142, 4. Jacque 1.49.500, 5. Bayle 1.49.501, 6. d'Antin 1.49.516, 7. Roberts jr. 1.49.602, 8. J. Goorbergh 1.49.697, 9. Locatelli 1.49.724, 10. Fuchs 1.49.757, 11. Aoki 1.50.192, 12. Ruggia 1.50.209, 13. Okada 1.50.416, 14. Suter 1.50.451, 15. Tsujimura 1.50.649, 16. Maurel 1.50.821, 17. P. Goorbergh 1.50.951, 18. Gramigni 1.51.361, 19. Cardoso 1.51.477, 20. Mackenzie 1.51.560, 21. Castilla 1.51.588, 22. Gibernau 1.51.599.

sich als Motorradhändler und Importeur selbständig gemacht hatte.

Sein Ducati-Gespann, das er in der deutschen Meisterschaft einsetzte, hatte er bereits verkauft, doch von seiner LCR-BRM trennte er sich nicht.»Wenn ich übernächstes Jahr wieder mitmache, dann ganz sicher nur mit BRM – denn der Motor ist das Beste, was es gibt!«

## Thunderbikes: Vier Spanier vorn

Bei den Thunderbikes gönnten sich gleich vier Spanier einen makellosen Heim-Triumph. Eustaquio Gavira gewann vor seinem Bruder Idalio, Pere Riba und Manuel Luque und jubelte: »Ich bin froh, daß es nach den fortdauernden Motorproblemen in diesem Jahr nun zum Saisonfinale vor meinem eigenen Publikum geklappt hat.«

Der Schweizer Yves Briguet war der Einzige Nicht-Spanier, der sich das ganze Rennen über in der Spitzengruppe halten konnte. Am Anfang schaffte er es sogar, für ein paar Ecken in Führung zu gehen, zahlte dann aber einer Verletzung Tribut, die er sich bei einem Ausrutscher im verregneten ersten Training am Donnerstag zugezogen hatte. »Mein Schlüsselbein tat weh. Ich hätte mir die Sache vielleicht ein bißchen besser einteilen sollen«, meinte er.

Auch Thunderbike-Meister Udo Mark blieb als Siebter weit unter Form. »Ich hatte zu wenig Streckenkenntnis und verlor durch kleine Fehler immer wieder eine Sekunde pro Runde auf die Spitze. Außerdem setzte meine Kawasaki in Linkskurven immer wieder auf und hätte mich ein paarmal fast aus dem Sattel gehebelt«, erläuterte der Schwarzwälder.

Sein Wochenende war nicht nur wegen der entgangenen Siegprämie ein teures Vergnügen: Im Regen am Donnerstag passierte dem Superbike-Star der erste Thunderbike-Sturz des Jahres, wobei er sein Motorrad weitgehend verschrottete.

---

## 125 cm³:

### Ergebnisse

| | | | | |
|---|---|---|---|---|
| 1. Haruchika Aoki | J | Honda | 42.29.704 | |
| 2. Emilio Alzamora | E | Honda | 42.29.862 | |
| 3. Tomomi Manako | J | Honda | 42.30.422 | |
| 4. Kazuto Sakata | J | Aprilia | 42.30.678 | |
| 5. Dirk Raudies | D | Honda | 42.39.065 | |
| 6. Yoshiaki Katoh | J | Yamaha | 42.48.370 | |
| 7. Akira Saito | J | Honda | 42.48.670 | |
| 8. Masaki Tokudome | J | Aprilia | 42.48.732 | |
| 9. Darren Barton | GB | Yamaha | 42.53.006 | |
| 10. Stefano Perugini | I | Aprilia | 43.10.302 | |
| 11. Oliver Koch | D | Aprilia | 43.11.028 | |
| 12. Hideyuki Nakajoh | J | Honda | 43.17.783 | |
| 13. Luigi Ancona | I | Honda | 43.17.904 | |
| 14. Andrea Ballerini | I | Aprilia | 43.18.016 | |
| 15. Stefan Prein | D | Honda | 43.43.264 | |

16. José de Gea (E) Honda, 17. Gabriela Debbia (I) Yamaha, 18. Alexander Folger (D) Aprilia, 19. Juan Maturana (E) Yamaha, 20. Hiroyuki Kikuchi (J) Honda, 21. David Garcia (E) Honda, 22. Ken Miyasaka (J) Honda.

### WM-Stand / Pkt.

| | |
|---|---|
| 1. Aoki | 224 |
| 2. Sakata | 140 |
| 3. Alzamora | 129 |
| 4. Saito | 127 |
| 5. Raudies | 124.5 |
| 6. Perugini | 118 |
| 7. Tokudome | 106.5 |
| 8. Manako | 102 |
| 9. Nakajoh | 88 |
| 10. Öttl | 76 |
| 11. Torrontegui | 66.5 |
| 12. Ueda | 65 |
| 13. Scalvini | 61.5 |
| 14. Katoh | 55 |
| 15. Geissler | 35 |

**Schnellste Runde:** Aoki in 1.54.703 = 148,359 km/h (Rekord)
**Alter Rekord:** Peter Öttl (Aprilia) in 1.56.514 = 146,671 km/h (1994)
**Durchschnitt Sieger:** 22 Runden oder 103,994 km in 42.29.704 = 146.832 km/h

**Ausfälle:** N. Ueda (J) Honda (Sturz); P. Öttl (D) Aprilia (Sturz); J. Martinez (E) Yamaha (Airbox verstopft); H. Torrontegui (E) Honda (Sturz); G. Scalvini (I) Aprilia (Kolbenklemmer); Tomoko Igata (J) Honda (Sturz); M. Geissler (D) Aprilia (Sturz); T. Yamamoto (J) Honda (Sturz); Y. Sugai (J) Honda (Motor defekt); M. d'Agnano (I) Aprilia (Nichtstarter/Warm-Up-Sturz); J. Sarda (E) Honda (Nichtstarter/Trainingssturz); L. Alvaro (E) Honda (Kette gerissen).

**Trainingszeiten:** 1. Aoki 1.54.272, 2. Ueda 1.54.418, 3. Raudies 1.54.534, 4. Sakata 1.54.623, 5. Saito 1.54.784, 6. Alzamora 1.54.873, 7. Manako 1.54.973, 8. Barton 1.55.044, 9. Yamamoto 1.55.057, 10. Katoh 1.55.061, 11. Öttl 1.55.088, 12. Geissler 1.55.220, 13. Tokudome 1.55.225, 14. Perugini 1.55.784, 15. Torrontegui 1.55.797, 16. Miyasaka 1.55.928, 17. Nakajoh 1.55.940, 18. Scalvini 1.56.031, 19. Ballerini 1.56.271.

---

## Gespanne:

### Ergebnisse

| | | | | |
|---|---|---|---|---|
| 1. Biland/Waltisperg | CH | LCR-BRM | 41.09.726 | |
| 2. Dixon/Hetherington | GB | Windle | 41.16.341 | |
| 3. Bösiger/Egli | CH | LCR-ADM | 41.20.744 | |
| 4. K. Klaffenböck/Parzer | A | LCR-BRM | 41.27.922 | |
| 5. S. Webster/James | GB | LCR-ADM | 41.28.016 | |
| 6. D. Brindley/Hutchinson | GB | LCR-Honda | 41.30.988 | |
| 7. Wyssen/Wyssen | CH | LCR-BRM | 42.07.088 | |
| 8. B. Brindley/Whiteside | GB | LCR-Yamaha | 42.18.822 | |
| 9. Lausletho/Matsaranta | SF | LCR-ADM | 42.29.806 | |
| 10. Gälross/Berglund | S | LCR-NGKS00S | – 1 Rde. | |
| 11. Janssen/van Kessel | NL | LCR-Honda | – 1 Rde. | |
| 12. Webster/Holsteenge | GB/NL | LCR-Honda | – 1 Rde. | |
| 13. Schlosser/Hänni | CH | LCR-ADM | – 1 Rde. | |
| 14. Souter/Kellett | AUS | LCR-ADM | – 1 Rde. | |

### WM-Stand / Pkt.

| | |
|---|---|
| 1. Dixon | 131 |
| 2. Biland | 100 |
| 3. Bösiger | 96 |
| 4. Abbott | 92 |
| 5. B. Brindley | 68 |
| 6. D. Brindley | 63 |
| 7. Klaffenböck | 55 |
| 8. Janssen | 42 |
| 9. Kumagaya | 37 |
| 10. Lausletho | 36 |
| 11. Gälross | 35 |
| 12. Bohnhorst | 32 |
| 13. Schlosser | 29 |
| 14. Reddington | 27 |

**Schnellste Runde:** Dixon in 1.50.343 = 154.221 km/h (Rekord)
**Alter Rekord:** Biland/Waltisperg (LCR-Swissauto) in 1.53.800 = 150,169 km/h (1994)
**Durchschnitt Sieger:** 22 Runden oder 103,994 km in 41.09.726 = 151,587 km/h

**Ausfälle:** Güdel/Güdel (CH) LCR-BRM (Kabel am Sicherheitsschalter defekt); Abbott/Tailford (GB) Windle-ADM (Motor festgegangen); Kumagaya/Hopkinson (J/GB) LCR-Honda (Motor festgegangen); Bohnhorst/Brown (D/GB) LCR-BRM (Batterie defekt); Koster/J. Klaffenböck (CH/A) LCR-ADM (Motor und Getriebe defekt); Reddington/Crone (GB) Honda (Hinterreifen verbraucht); Willford/Wynn (GB) LCR-Honda (Sturz).

**Trainingszeiten:** 1. Güdel 1.50.194 = 154,429 km/h, 2. Biland 1.50.235, 3. Bösiger 1.51.298, 4. S. Webster 1.51.468, 5. Dixon 1.51.860, 6. K. Klaffenböck 1.51.912, 7. Abbott 1.52.150, 8. Wyssen 1.52.768, 9. D. Brindley 1.53.437, 10. Bohnhorst 1.53.678, 11. Kumagaya 1.53.699, 12. B. Brindley 1.54.115, 13. Lausletho 1.54.267, 14. Reddington 1.55.356, 15. Gälross 1.55.761, 16. Willford 1.55.948, 17. Janssen 1.56.893.

# Endstand der WM-Punktewertung

## 500 cm³:

| | | AUS | MAL | J | E | D | I | NL | F | GB | CZ | BR | ARG | CAT |
|---|---|---|---|---|---|---|---|---|---|---|---|---|---|---|
| 1. Michael Doohan (AUS) Honda NSR | 248 | 25 | 25 | 20 | – | – | 25 | 25 | 25 | 25 | 20 | 20 | 25 | 13 |
| 2. Daryl Beattie (AUS) Suzuki RGV | 215 | 20 | 20 | 25 | 9 | 25 | 20 | – | 16 | 20 | 16 | 13 | 20 | 11 |
| 3. Luca Cadalora (I) Yamaha YZR | 176 | 13 | – | 13 | 20 | 20 | 4 | 9 | 20 | 11 | 25 | 25 | 16 | – |
| 4. Alex Crivillé (E) Honda NSR | 166 | 16 | 16 | – | 16 | 13 | 11 | 20 | – | 16 | 10 | 10 | 13 | 25 |
| 5. Shinichi Itoh (J) Honda NSR | 127 | 6 | 9 | – | 8 | 16 | 13 | 8 | 13 | 10 | 11 | 6 | 7 | 20 |
| 6. Loris Capirossi (I) Honda NSR | 108 | 8 | – | – | 10 | 10 | 7 | 13 | – | 13 | 13 | 7 | 11 | 16 |
| 7. Alexandre Barros (BR) Honda NSR | 104 | 10 | 10 | – | 11 | 9 | 9 | 11 | 11 | – | 7 | 8 | 8 | 10 |
| 8. Alberto Puig (E) Honda NSR | 99 | 9 | 11 | 11 | 25 | 11 | 16 | 16 | – | – | – | – | – | – |
| 9. Norifumi Abe (J) Yamaha YZR | 81 | 7 | – | 7 | 13 | 8 | 10 | 10 | – | – | – | 16 | 10 | – |
| 10. Loris Reggiani (I) Aprilia RSV | 59 | 5 | 8 | 6 | – | 7 | 8 | 7 | – | – | 9 | – | – | 9 |
| 11. Neil Hodgson (GB) ROC-Yamaha | 54 | – | – | 2 | 4 | 2 | 2 | 3 | 8 | 9 | 6 | 5 | 6 | 7 |
| 12. Juan Bautista Borja (E) ROC-Yamaha | 52 | – | 7 | 9 | 7 | 6 | – | 6 | – | 8 | 4 | – | 5 | – |
| 13. Scott Russell (USA) Suzuki RGV | 43 | – | – | – | – | – | 5 | 4 | 10 | – | 5 | 11 | – | 8 |
| 14. Bernard Garcia (F) ROC-Yamaha | 41 | 3 | 6 | 5 | – | – | 3 | 5 | – | 7 | 3 | – | 4 | 5 |
| 15. Kevin Schwantz (USA) Suzuki RGV | 34 | 11 | 13 | 10 | – | – | – | – | – | – | – | – | – | – |

16. Carles Checa (E) Honda NSR 26; 17. Adrian Bosshard (CH) ROC-Yamaha 21; 18. Laurent Naveau (B) ROC-Yamaha 21; 19. Jeremy McWilliams (GB) Yamaha YZR 20; 20. Toshiyuki Arakaki (J) Harris-Yamaha 20; 21. Cristiano Migliorati (I) Harris-Yamaha 17; 22. Sean Emmett (GB) Harris-Yamaha 17; 23. Takuma Aoki (J) Honda NSR 16; 24. James Haydon (GB) Harris-Yamaha, 11; 25. Frederic Protat (F) ROC-Yamaha 9; 26. Marc Garcia (F) ROC-Yamaha 9; 27. Pierfrancesco Chili (I) Cagiva C 594 6; 28. Andrew Stroud (NZ) ROC-Yamaha 5; 29. Bruno Bonhuil (F) ROC-Yamaha 5; 30. Eugene McManus (GB) Harris-Yamaha 4; 31. Bernard Haenggeli (CH) ROC-Yamaha 2; 32. Jean-Pierre Jeandat (F) Paton 1; 33. Philippe Monneret (F) ROC-Yamaha 1; 34. Chris Walker (GB) Harris-Yamaha 1; 35. Lucio Pedercini (I) ROC-Yamaha.

## Markenweltmeisterschaft:

| | | AUS | MAL | J | E | D | I | NL | F | GB | CZ | BR | ARG | CAT |
|---|---|---|---|---|---|---|---|---|---|---|---|---|---|---|
| 1. Honda | 301 | 25 | 25 | 20 | 25 | 16 | 25 | 25 | 25 | 25 | 20 | 20 | 25 | 25 |
| 2. Suzuki | 219 | 20 | 20 | 25 | 9 | 25 | 20 | 4 | 16 | 20 | 16 | 13 | 20 | 11 |
| 3. Yamaha | 192 | 13 | 2 | 13 | 20 | 20 | 10 | 10 | 20 | 11 | 25 | 25 | 16 | 7 |
| 4. ROC-Yamaha | 75 | 3 | 7 | 9 | 7 | 6 | 3 | 6 | 8 | 9 | 4 | 3 | 5 | 5 |
| 5. Aprilia | 59 | 5 | 8 | 6 | – | 7 | 8 | 7 | – | – | 9 | – | – | 9 |
| 6. Harris-Yamaha | 52 | 4 | 4 | 8 | 6 | 5 | – | 2 | 7 | 5 | – | 2 | 3 | 6 |
| 7. Cagiva | 6 | – | – | – | – | – | 6 | – | – | – | – | – | – | – |
| 8. Paton | 1 | – | – | – | – | 1 | – | – | – | – | – | – | – | – |

## 250 cm³

| | | AUS | MAL | J | E | D | I | NL | F | GB | CZ | BR | ARG | CAT |
|---|---|---|---|---|---|---|---|---|---|---|---|---|---|---|
| 1. Massimiliano Biaggi (I) Aprilia | 283 | 16 | 25 | 7 | 20 | 25 | 25 | 25 | 20 | 25 | 25 | 20 | 25 | 25 |
| 2. Tetsuya Harada (J) Yamaha TZM | 220 | 20 | 20 | 13 | 25 | 20 | 20 | – | 11 | 20 | 20 | 11 | 20 | 20 |
| 3. Ralf Waldmann (D) Honda NSR | 203 | 25 | 13 | 25 | 11 | – | 13 | 20 | 25 | 16 | 16 | 13 | 10 | 16 |
| 4. Tadayuki Okada (J) Honda NSR | 136 | – | 16 | – | 10 | 16 | 11 | 16 | 16 | 8 | 9 | 16 | 9 | 9 |
| 5. Jean–Philippe Ruggia (F) Honda NSR | 115 | – | 11 | 11 | 9 | 11 | 7 | 13 | 8 | 11 | 10 | 10 | 11 | 3 |
| 6. Nobuatsu Aoki (J) Honda NSR | 105 | 11 | 9 | 20 | 8 | 8 | 9 | 9 | – | 6 | 7 | 8 | – | 10 |
| 7. Luis D`Antin (E) Honda NSR | 88 | – | 8 | – | 16 | 7 | – | 7 | 9 | 5 | 13 | 6 | 4 | 13 |
| 8. Kenny Roberts Jr. (USA) Yamaha TZM | 82 | 9 | 7 | – | – | 13 | 10 | 11 | 10 | – | 8 | 3 | – | 11 |
| 9. Doriano Romboni (I) Honda NSR | 75 | 10 | – | – | 13 | – | – | – | – | – | 11 | 25 | 16 | – |
| 10. Olivier Jacque (F) Honda RS | 66 | – | 6 | – | 4 | 5 | – | – | 7 | 13 | 2 | 9 | 13 | 7 |
| 11. Jürgen Fuchs (D) Honda RS | 55 | 6 | – | 4 | 3 | – | 1 | 6 | 4 | 4 | 6 | 5 | 8 | 8 |
| 12. Jürgen v.d. Goorberg (NL) Honda RS | 50 | 5 | 5 | 6 | – | 4 | – | 10 | 2 | 9 | – | – | 7 | 2 |
| 13. Carles Checa (E) Honda NSR | 45 | 13 | – | – | – | 9 | 5 | 5 | 13 | – | – | – | – | – |
| 14. Eskil Suter (CH) Aprilia | 43 | 3 | 4 | 8 | – | – | 6 | – | – | 6 | 7 | – | 4 | – | 5 |
| 15. Jean–Michel Bayle (F) Aprilia | 37 | – | 10 | – | 7 | 10 | – | – | 5 | – | 5 | – | – | – |

16. Jose–Luis Cardoso (E) Aprilia 33; 17. Roberto Locatelli (I) Aprilia 31, 18. Niall Mackenzie (GB) Aprilia 26, 19. Marcellino Lucchi (I) Aprilia 22; 20. Patrick v.d. Goorberg (NL) Aprilia 22; 21. Sadanori Hikita (J) Honda RS 19; 22. Takeshi Tsujimura (J) Honda RS 12; 23. Alessandro Gramigni (I) Honda RS 11; 24. Osamu Miyazaki (J) Aprilia 10; 25. Adi Stadler (D) Aprilia 7; 26. Luis Carlos Maurel (E) Honda RS 6; 27. Regis Laconi (F) Honda RS 6; 28. Bernd Kassner (D) Aprilia 3; 29. Sebastian Porco (ARG) Aprilia 3, 30. Marcus Payten (AUS) Yamaha TZ 2, 31. Masaaki Morikane (J) Honda RS 2; 32. Gregorio Lavilla (E) Honda RS 2, 33. Oliver Petrucciani (CH) Aprilia 2

## Markenweltmeisterschaft

| | | AUS | MAL | J | E | D | I | NL | F | GB | CZ | BR | ARG | CAT |
|---|---|---|---|---|---|---|---|---|---|---|---|---|---|---|
| 1. Aprilia | 286 | 16 | 25 | 10 | 20 | 25 | 25 | 25 | 20 | 25 | 25 | 20 | 25 | 25 |
| 2. Honda | 245 | 25 | 16 | 25 | 16 | 16 | 13 | 20 | 25 | 16 | 16 | 25 | 16 | 16 |
| 3. Yamaha | 231 | 20 | 20 | 13 | 25 | 20 | 20 | 11 | 11 | 20 | 20 | 11 | 20 | 20 |

## 125 cm³

| | | AUS | MAL | J | E | D | I | NL | F | GB | CZ | BR | ARG | CAT |
|---|---|---|---|---|---|---|---|---|---|---|---|---|---|---|
| 1. Haruchika Aoki (J) Honda | 224 | 25 | – | 25 | 25 | 25 | 25 | 11 | 25 | – | 20 | 16 | 2 | 25 |
| 2. Kazuto Sakata (J) Aprilia | 140 | 20 | 3 | 16 | 10 | – | 11 | 13 | 4 | 25 | 25 | – | – | 13 |
| 3. Emili Alzamora (E) Honda | 129 | 13 | – | 9 | 9 | 16 | – | – | 9 | 16 | 6 | 6 | 25 | 20 |
| 4. Akira Saito (J) Honda | 127 | 5 | 8 | 20 | 8 | – | 9 | 16 | 13 | – | 16 | 10 | 13 | 9 |
| 5. Dirk Raudies (D) Honda | 124,5 | – | 4,5 | – | 16 | 11 | – | 25 | 20 | 13 | – | 8 | 16 | 11 |
| 6. Stefano Perugini (I) Aprilia | 118 | 10 | 10 | – | 20 | 13 | 20 | 9 | 10 | 20 | – | – | – | 6 |
| 7. Masaki Tokudome (J) Aprilia | 105,5 | 4 | 0,5 | – | 1 | – | 16 | – | 8 | 10 | 13 | 25 | 20 | 8 |
| 8. Tomomi Manako (J) Honda | 102 | 16 | – | 6 | 7 | 7 | 10 | 7 | 11 | – | 8 | 7 | 7 | 16 |
| 9. Hideyuki Nakajoh (J) Honda | 88 | 9 | 2 | 13 | – | 10 | 5 | 8 | 5 | 11 | 11 | 4 | 6 | 4 |
| 10. Peter Öttl (D) Aprilia | 76 | – | – | 5 | 13 | – | 13 | 20 | 16 | – | – | – | 9 | – |
| 11. Herri Torrontegui (E) Honda | 66,5 | – | 6,5 | 7 | 6 | – | – | 10 | 6 | 4 | 4 | 13 | 10 | – |
| 12. Noboru Ueda (J) Honda | 65 | 11 | – | 2 | 11 | 20 | – | – | – | – | 7 | 11 | 3 | – |
| 13. Gianluigi Scalvini (I) Aprilia | 61,5 | 8 | 2,5 | – | 5 | 6 | 4 | 6 | – | – | 10 | 20 | – | – |
| 14. Yoshiaki Katoh (J) Yamaha | 55 | 6 | – | 10 | – | 5 | 8 | 4 | 7 | – | – | 1 | 4 | 10 |
| 15. Manfred Geissler (D) Aprilia | 35 | – | – | 3 | – | 9 | 6 | 3 | – | 9 | 5 | – | – | – |

16. Ken Miyasaka (J) Honda 29,5; 17. Oliver Koch (D) Aprilia 28; 18. Jorge Martínez (E) Yamaha 27; 19. Takehiro Yamamoto (J) Honda 24; 20. Tomoko Igata (J) Honda 23; 21. Darren Barton (GB) Yamaha 23; 22. Garry McCoy (Aus) Honda 16,5; 23. Shigeru Ibaraki (J) Yamaha 11; 24. Andrea Ballerini (I) Aprilia 10,5; 25. Luigi Ancona (I) Honda 10; 26. Yoshiyuki Sugai (J) Honda 8; 27. Gabriele Debbia (I) Yamaha 7,5; 28. Loek Bodelier (NL) Aprilia 7; 29. Stefan Prein (D) Yamaha 4; 30. Josep Sarda Honda 2; 31. Youichi Ui (J) Yamaha 1; 32. Stefan Kurfiss (D) Yamaha 1

## Markenweltmeisterschaft

| | | AUS | MAL | J | E | D | I | NL | F | GB | CZ | BR | ARG | CAT |
|---|---|---|---|---|---|---|---|---|---|---|---|---|---|---|
| 1. Honda | 289,5 | 25 | 12,5 | 25 | 25 | 25 | 25 | 25 | 25 | 16 | 20 | 16 | 25 | 25 |
| 2. Aprilia | 243 | 20 | 10 | 16 | 20 | 13 | 20 | 20 | 16 | 25 | 25 | 25 | 20 | 1 |
| 3. Yamaha | 82,5 | 6 | 3,5 | 11 | 3 | 5 | 8 | 4 | 7 | 8 | – | 9 | 8 | 10 |

## Gespanne:

| | | D | I | NL | F | GB | CZ | CAT |
|---|---|---|---|---|---|---|---|---|
| 1. D. Dixon/A. Hetherington (GB) Windle-ADM | 131 | 25 | 20 | 25 | 20 | 10 | 11 | 20 |
| 2. R. Biland/K. Waltisperg (CH) LCR-BRM | 100 | – | – | – | 25 | 25 | 25 | 25 |
| 3. M. Bösiger/J. Egli (CH) LCR-ADM | 96 | 16 | 4 | 11 | 13 | 20 | 16 | 16 |
| 4. S. Abbott/J. Tailford (GB) Windle-ADM | 92 | 20 | 11 | 20 | 10 | 11 | 20 | – |
| 5. B. Brindley/S. Whiteside (GB) LCR-Yamaha | 68 | 13 | 10 | 10 | 8 | 9 | 10 | 8 |
| 6. D. Brindley/P. Hutchinson (GB) LCR-Honda | 63 | – | 13 | 16 | 11 | – | 13 | 10 |
| 7. K. Klaffenböck/C. Parzer (A) Windle-BRM | 55 | – | 16 | 13 | – | 13 | – | 13 |
| 8. B. Janssen/F.G.v. Kessel (NL) LCR-Honda | 42 | 8 | 8 | 6 | 4 | 6 | 5 | 5 |
| 9. Y. Kumagaya/T. Hopkinson (J/GP) LCR-Honda | 37 | 9 | 3 | 9 | 9 | 7 | – | – |
| 10. J. Lauselehto/H. Matsaranta (SF) LCR-ADM | 36 | – | 6 | 8 | 7 | – | 8 | 7 |
| 11. B. Gälross/P. Berglund (S) LCR-NGK 500 S | 35 | 7 | 9 | 7 | 6 | – | – | 6 |
| 12. Bohnhorst/P. Brown (D/GB) LCR-BRM | 32 | – | – | – | 16 | 16 | – | – |
| 13. M. Schlosser/A. Hänni (CH) LCR-ADM | 29 | 6 | 7 | 4 | – | 5 | 4 | 3 |
| 14. M. Reddinton/T. Crone (GB) LCR-ADM | 27 | 11 | 2 | – | 5 | – | 9 | – |
| 15. P. Güdel/C. Güdel (CH) LCR-BRM | 25 | – | 25 | – | – | – | – | – |

16. Willford/M. Wynn (GB) LCR-Honda 25, 17. T. Wyssen/K. Wyssen (CH) LCR-BRM 20; 18. K. Webster/H. Hofsteenge (GB/NL) LCR-Honda 14; 19. S. Webster/D. James (GB) LCR-ADM 11; 20. A. Vögely/H. Wickli (CH) LCR-ADM 10; 21. M. Neumann/U. Müller (D) LCR-Yamaha 5; 22. M. Whittington/S. Birkett (GB) LCR-Krauser 5; 23. R. Hollweg/O. Mädler (D) LCR-Krauser 4; 24. R. Koster/J. Klaffenböck (CH/A) LCR-ADM 3; 25. B. Kohlmann/E. Theuer (D) LCR-ADM 2; 26. M. Meier/D. Brühwiler (CH) LCR-Yamaha 2; 27. S. Soutar/D. Kellett (AUS) LCR-ADM 2; 28. H. Smit/A. Bloemsma (NL) LCR-Krauser 1.

## Markenweltmeisterschaft:

| | | D | I | NL | F | GB | CZ | CAT |
|---|---|---|---|---|---|---|---|---|
| 1. Windle-ADM | 141 | 25 | 20 | 25 | 20 | 11 | 20 | 20 |
| 2. LCR-BRM | 125 | – | 25 | – | 25 | 25 | 25 | 25 |
| 3. LCR-ADM | 99 | 16 | 7 | 11 | 13 | 20 | 16 | 16 |
| 4. LCR-Honda | 80 | 11 | 13 | 16 | 11 | 6 | 13 | 10 |
| 5. LCR-Yamaha | 68 | 13 | 10 | 10 | 8 | 9 | 10 | 8 |
| 6. Windle-BRM | 55 | – | 16 | 13 | – | 13 | – | 13 |
| 7. LCR-NGK500S | 35 | 7 | 9 | 7 | 6 | – | – | 6 |
| 8. LCR-Endurance | 16 | – | – | – | 9 | 7 | – | – |
| 9. LCR-Krauser | 10 | 4 | – | 1 | 1 | 4 | – | – |

# CHRONIK DER MOTORRAD-WELTMEISTERSCHAFT

## Klasse 500 cm³

| 1949 | Leslie Graham | AJS |
|---|---|---|
| 1950 | Umberto Masetti | Gilera |
| 1951 | Geoff Duke | Norton |
| 1952 | Umberto Masette | Gilera |
| 1953 | Geoff Duke | Gilera |
| 1954 | Geoff Duke | Gilera |
| 1955 | Geoff Duke | Gilera |
| 1956 | John Surtees | MV Agusta |
| 1957 | Libero Liberati | Gilera |
| 1958 | John Surtees | MV Agusta |
| 1959 | John Surtees | MV Agusta |
| 1960 | John Surtees | MV Agusta |
| 1961 | Gary Hocking | MV Agusta |
| 1962 | Mike Hailwood | MV Agusta |
| 1963 | Mike Hailwood | MV Agusta |
| 1964 | Mike Hailwood | MV Agusta |
| 1965 | Mike Hailwood | MV Agusta |
| 1966 | Giacomo Agostini | MV Agusta |
| 1967 | Giacomo Agostini | MV Agusta |
| 1968 | Giacomo Agostini | MV Agusta |
| 1969 | Giacomo Agostini | MV Agusta |
| 1970 | Giacomo Agostini | MV Agusta |
| 1971 | Giacomo Agostini | MV Agusta |
| 1972 | Giacomo Agostini | MV Agusta |
| 1973 | Phil Read | MV Agusta |
| 1974 | Phil Read | MV Agusta |
| 1975 | Giacomo Agostini | Yamaha |
| 1976 | Barry Sheene | Suzuki |
| 1977 | Barry Sheene | Suzuki |
| 1978 | Kenny Roberts | Yamaha |
| 1979 | Kenny Roberts | Yamaha |
| 1980 | Kenny Roberts | Yamaha |
| 1981 | Marco Lucchinelli | Suzuki |
| 1982 | Franco Uncini | Suzuki |
| 1983 | Freddie Spencer | Honda |
| 1984 | Eddie Lawson | Yamaha |
| 1985 | Freddie Spencer | Honda |
| 1986 | Eddie Lawson | Yamaha |
| 1987 | Wayne Gardner | Honda |
| 1988 | Eddie Lawson | Yamaha |
| 1989 | Eddie Lawson | Honda |
| 1990 | Wayne Rainey | Yamaha |
| 1991 | Wayne Rainey | Yamaha |
| 1992 | Wayne Rainey | Yamaha |
| 1993 | Kevin Schwantz | Suzuki |
| 1994 | Michael Doohan | Honda |
| 1995 | Michael Doohan | Honda |

## Klasse 250 cm³

| 1949 | Bruno Ruffo | Moto Guzzi |
|---|---|---|
| 1950 | Dario Ambrosini | Benelli |
| 1951 | Bruno Ruffo | Moto Guzzi |
| 1952 | Enrico Lorenzetti | Moto Guzzi |
| 1953 | Werner Haas | NSU |
| 1954 | Werner Haas | NSU |
| 1955 | H.-P. Müller | NSU |
| 1956 | Carlo Ubbiali | MV Agusta |
| 1957 | Cecil Sandford | Mondial |
| 1958 | Tarquinio Provini | MV Agusta |
| 1959 | Carlo Ubbiali | MV Agusta |
| 1960 | Carlo Ubbiali | MV Agusta |
| 1961 | Mike Hailwood | Honda |
| 1962 | Jim Redmann | Honda |
| 1963 | Jim Redmann | Honda |
| 1964 | Phil Read | Yamaha |
| 1965 | Phil Read | Yamaha |
| 1966 | Mike Hailwood | Honda |
| 1967 | Mike Hailwood | Honda |
| 1968 | Phil Read | Yamaha |
| 1969 | Kel Carruthers | Benelli |
| 1970 | Rod Gould | Yamaha |
| 1971 | Phil Read | Yamaha |
| 1972 | Jarno Saarinen | Yamaha |
| 1973 | Dieter Braun | Yamaha |
| 1974 | Walter Villa | Harl.-Dav. |
| 1975 | Walter Villa | Harl.-Dav. |
| 1976 | Walter Villa | Harl.-Dav. |
| 1977 | Mario Lega | Morbidelli |
| 1978 | Kork Ballington | Kawasaki |
| 1979 | Kork Ballington | Kawasaki |
| 1980 | Anton Mang | Kawasaki |
| 1981 | Anton Mang | Kawasaki |
| 1982 | J.-L. Tournadre | Yamaha |
| 1983 | Carlos Lavado | Yamaha |
| 1984 | Chistian Sarron | Yamaha |
| 1985 | Freddie Spencer | Honda |
| 1986 | Carlos Lavado | Yamaha |
| 1987 | Anton Mang | Honda |
| 1988 | Sito Pons | Honda |
| 1989 | Sito Pons | Honda |
| 1990 | John Kocinski | Yamaha |
| 1991 | Luca Cadalora | Honda |
| 1992 | Luca Cadalora | Honda |
| 1993 | Tetsuya Harada | Yamaha |
| 1994 | Massimiliano Biaggi | Aprilia |
| 1995 | Massimiliano Biaggi | Aprilia |

## Klasse 125 cm³

| 1949 | Nello Pagani | Mondial |
|---|---|---|
| 1950 | Bruno Ruffo | Mondial |
| 1951 | Carlo Ubbiali | Mondial |
| 1952 | Cecil Sandford | MV Agusto |
| 1953 | Werner Haas | NSU |
| 1954 | Ruppert Hollaus | NSU |
| 1955 | Carlo Ubbiali | MV Agusto |
| 1956 | Carlo Ubbiali | MV Agusta |
| 1957 | Tarquinio Provini | Mondial |
| 1958 | Carlo Ubbiali | MV Agusta |
| 1959 | Carlo Ubbiali | MV Agusta |
| 1960 | Carlo Ubbiali | MV Agusta |
| 1961 | Tom Phillis | Honda |
| 1962 | Luigi Taveri | Honda |
| 1963 | Hugh Anderson | Suzuki |
| 1964 | Luigi Taveri | Honda |
| 1965 | Hugh Anderson | Suzuki |
| 1966 | Luigi Taveri | Honda |
| 1967 | Bill Ivy | Yamaha |
| 1968 | Phil Read | Yamaha |
| 1969 | Dave Simmonds | Kawasaki |
| 1970 | Dieter Braun | Suzuki |
| 1971 | Angel Nieto | Derbi |
| 1972 | Angel Nieto | Derbi |
| 1973 | Kent Andersson | Yamaha |
| 1974 | Kent Andersson | Yamaha |
| 1975 | Pier-Paolo Pileri | Morbidelli |
| 1976 | Pier-Paolo Bianchi | Morbidelli |
| 1977 | Pier-Paolo Bianchi | Morbidelli |
| 1978 | Eugenio Lazzarini | MBA |
| 1979 | Angel Nieto | Minarelli |
| 1980 | Pier-Paolo Bianchi | MBA |
| 1981 | Angel Nieto | Minarelli |
| 1982 | Angel Nieto | Garelli |
| 1983 | Angel Nieto | Garelli |
| 1984 | Angel Nieto | Garelli |
| 1985 | Fausto Gresini | Garelli |
| 1986 | Luca Cadalora | Garelli |
| 1987 | Fausto Gresini | Garelli |
| 1988 | Jorge Martinez | Derbi |
| 1989 | Alex Crivillé | JJ Cobas |
| 1990 | Loris Capirossi | Honda |
| 1991 | Loris Capirossi | Honda |
| 1992 | Alessandro Gramigni | Aprilia |
| 1993 | Dirk Raudies | Honda |
| 1994 | Kazuto Sakata | Aprilia |
| 1995 | Haruchika Aoki | Honda |

## Klasse Gespanne

| 1949 | Oliver/Jenkinson | Norton |
|---|---|---|
| 1950 | Oliver/Dobelli | Norton |
| 1951 | Oliver/Dobelli | Norton |
| 1952 | Smith/Clements | Norton |
| 1953 | Oliver/Dibben | Norton |
| 1954 | Noll/Cron | BMW |
| 1955 | Faust/Remmert | BMW |
| 1956 | Noll/Cron | BMW |
| 1957 | Hillebrand/Grundwald | BMW |
| 1958 | Schneider/Strauss | BMW |
| 1959 | Schneider/Strauss | BMW |
| 1960 | Fath/Wohlgemut | BMW |
| 1961 | Deubel/Hörner | BMW |
| 1962 | Deubel/Hörner | BMW |
| 1963 | Deubel/Hörner | BMW |
| 1964 | Deubel/Hörner | BMW |
| 1965 | Scheidegger/Robinson | BMW |
| 1966 | Scheidegger/Robinson | BMW |
| 1967 | Enders/Engelhardt | BMW |
| 1968 | Fath/Kalauch | URS |
| 1969 | Enders/Engelhardt | BMW |
| 1970 | Enders/Engelhardt/Kalauch | BMW |
| 1971 | Owesle/Rutterford | Münch URS |
| 1972 | Enders/Engelhardt | BMW |
| 1973 | Enders/Engelhardt | BMW |
| 1974 | Enders/Engelhardt | HBM |
| 1975 | Steinhausen/Huber | König |
| 1976 | Steinhausen/Huber | Busch/König |
| 1977 | O´Dell/Holland/Arthur | Yamaha |
| 1978 | Biland/Williams | BEO |
| 1979 | B2 A Biland/Williams | SCR |
| | B2 B Holzer/Meierhans | LCR |
| 1980 | Taylor/Johansson | Fowler-Yamaha |
| 1981 | Biland/Waltisperg | LCR-Yamaha |
| 1982 | Schwärzel/Huber | Yamaha |
| 1983 | Biland/Waltisperg | LCR-Yamaha |
| 1984 | Streuer/Schnieders | LCR-Yamaha |
| 1985 | Streuer/Schnieders | LCR-Yamaha |
| 1986 | Streuer/Schnieders | LCR-Yamaha |
| 1987 | Webster/Hewitt | LCR-Krauser |
| 1988 | Webster/Hewitt | LCR-Krauser |
| 1989 | Webster/Hewitt | LCR-Krauser |
| 1990 | Michel/Birchall | LCR |
| 1991 | Webster/Simmons | LCR-Krauser |
| 1992 | Biland/Waltisperg | LCR-Krauser |
| 1993 | Biland/Waltisperg | LCR-Krauser |
| 1994 | Biland/Waltisperg | LCR-swissauto |
| 1995 | Dixon/Hetherington | Windle-ADM |

## Klasse 80 cm³

| 1984 | Stefan Dörflinger | Zündapp |
|---|---|---|
| 1985 | Stefan Dörflinger | Krauser |
| 1986 | Jorge Martinez | Derbi |
| 1987 | Jorge Martinez | Derbi |
| 1988 | Jorge Martinez | Derbi |
| 1989 | Manuel Herreros | Derbi |

## Klasse 350 cm³

| 1949 | Freddy Frith | Velocette |
|---|---|---|
| 1950 | Bob Forster | Velocette |
| 1951 | Geoff Duke | Norton |
| 1952 | Geoff Duke | Norton |
| 1953 | Fergus Anderson | Moto Guzzi |
| 1954 | Fergus Anderson | Moto Guzzi |
| 1955 | Bill Lomas | Moto Guzzi |
| 1956 | Bill Lomas | Moto Guzzi |
| 1957 | Keith Campbell | Moto Guzzi |
| 1958 | John Surtees | MV Agusta |
| 1959 | John Surtees | MV Agusta |
| 1960 | John Surtees | MV Agusta |
| 1961 | Gary Hocking | MV Agusta |
| 1962 | Jim Redmann | Honda |
| 1963 | Jim Redmann | Honda |
| 1964 | Jim Redmann | Honda |
| 1965 | Jim Redmann | Honda |
| 1966 | Mike Hailwood | Honda |
| 1967 | Mike Hailwood | Honda |
| 1968 | Giacomo Agostini | MV Agusta |
| 1969 | Giacomo Agostini | MV Agusta |
| 1970 | Giacomo Agostini | MV Agusta |
| 1971 | Giacomo Agostini | MV Agusta |
| 1972 | Giacomo Agostini | MV Agusta |
| 1973 | Giacomo Agostini | MV Agusta |
| 1974 | Giacomo Agostini | Yamaha |
| 1975 | Jonny Cecotto | Yamaha |
| 1976 | Walter Villa | Harl.-Dav. |
| 1977 | Takazumi Katayama | Yamaha |
| 1978 | Kork Ballington | Kawasaki |
| 1979 | Kork Ballington | Kawasaki |
| 1980 | Jon Ekerold | Yamaha |
| 1981 | Anton Mang | Kawasaki |
| 1982 | Anton Mang | Kawasaki |

## Klasse 50 cm³

| 1962 | Ernst Degner | Suzuki |
|---|---|---|
| 1963 | Hugh Anderson | Suzuki |
| 1964 | Hugh Anderson | Suzuki |
| 1965 | Ralph Bryans | Honda |
| 1966 | H.-G. Anscheidt | Suzuki |
| 1967 | H.-G. Anscheidt | Suzuki |
| 1968 | H.-G. Anscheidt | Suzuki |
| 1969 | Angel Nieto | Derbi |
| 1970 | Angel Nieto | Derbi |
| 1971 | Jan de Vries | Kreidler |
| 1972 | Angel Nieto | Derbi |
| 1973 | Jan de Vries | Kreidler |
| 1974 | Henk van Kessel | Kreidler |
| 1975 | Angel Nieto | Kreidler |
| 1976 | Angel Nieto | Bultaco |
| 1977 | Angel Nieto | Bultaco |
| 1978 | Ricardo Tormo | Bultaco |
| 1979 | Eugenio Lazzarini | Kreidler |
| 1980 | Eugenio Lazzarini | Iprem |
| 1981 | Ricardo Tormo | Bultaco |
| 1982 | Stefan Dörflinger | Kreidler |
| 1983 | Stefan Dörflinger | Kreidler |

## Klasse 750 cm³

| 1977 | Steve Baker | Yamaha |
|---|---|---|
| 1978 | Johnny Cecotto | Yamaha |
| 1979 | Patrick Pons | Yamaha |

## Superbikes

| 1988 | Fred Merkel | Honda |
|---|---|---|
| 1989 | Fred Merkel | Honda |
| 1990 | Raymond Roche | Ducati |
| 1991 | Doug Polen | Ducati |
| 1992 | Doug Polen | Ducati |
| 1993 | Scott Russell | Kawasaki |
| 1994 | Carl Fogarty | Ducati |
| 1995 | Carl Fogarty | Ducati |

---

### Weltmeisterschaft 1996

| 24. oder 31.3. | Kuala Lumpur/MAL |
|---|---|
| 31.3. oder 7.4. | Jakarta/IND |
| 14.4. oder 21.4. | Suzuka/J |
| 5.5 oder 12.5. | Jerez/E |
| 26.5. oder 2.6. | Mugello/I |
| 2.6 oder 9.6. | Le Mans/F |
| 22.6. | Assen/NL |
| 7.7. | Nürburgring/D |
| 21.7. | Donington Park/GB |
| 4.8. | Zeltweg/A ? |
| 18.8. | Brünn/CZ |
| 1.9. | Imola/I |
| 8.9. | Barcelona/CAT |
| 22.9. | Rio de Janeiro/BR |
| 29.9. oder 6.10. | Buenos Aires/ARG ? |
| 14.10. oder 21.10. | Eastern Creek/AUS |

(Bei Redaktionsschluß waren nicht nur Termine, sondern auch Schauplätze vorläufig. Fragezeichen standen insbesondere hinter den Terminen in Österreich und Buenós Aires)

## Tourist Trophy

| | Formel I | Formel II | Formel II |
|---|---|---|---|
| 1978 | Mike Hailwood, Ducati | Alan Jackson, Honda | Bill Smith, Honda |
| 1979 | Ron Haslam, Honda | Alan Jackson, Honda | Barry Smith, Yamaha |
| 1980 | Graeme Crosby, Suzuki | Charly Williams, Yamaha | Ron Haslam, Honda |
| 1981 | Graeme Crosby, Suzuki | Tony Rutter, Ducati | Barry Smith, Yamaha |
| 1982 | Joey Dunlop, Honda | Tony Rutter, Ducati | |
| 1983 | Joey Dunlop, Honda | Tony Rutter, Ducati | |
| 1984 | Joey Dunlop, Honda | Tony Rutter, Ducati | |
| 1985 | Joey Dunlop, Honda | Brian Reid, Yamaha | |
| 1986 | Joey Dunlop, Honda | Brian Reid, Yamaha | |
| 1987 | Virginio Ferrari, Bimota | | |
| 1988 | Carl Fogarty, Honda | | |
| 1989 | Carl Fogarty, Honda | | |

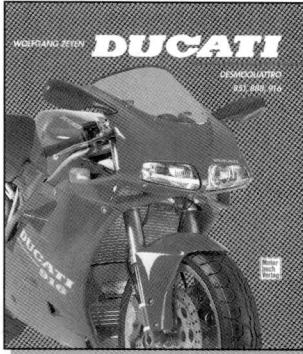
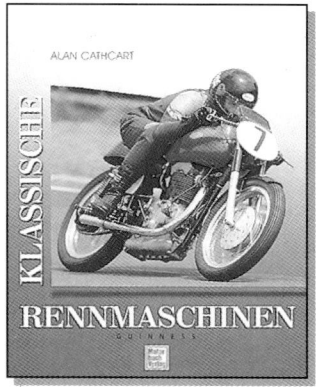

**Das Sport-Motorrad Magazin**

# FÜR SPORT-FANS!

**PS** heißt Motorrad-Sport pur: Sportbikes und reinrassige Rennmaschinen stehen im Mittelpunkt kompetenter Testberichte und packender Reportagen. Erfahrene Motorrad-Profis testen die neuesten Sportmaschinen und das aktuelle Zubehör.

**PS** berichtet von allen Motorradsport - Veranstaltungen, engagiert sich durch aktives Sponsoring im nationalen Rennsport und präsentiert in brillanten Farbfotos die schönsten Edelbikes.

**Holen Sie sich die aktuelle Ausgabe!**

**15** 8. Juli 1995 DM 6.- ISSN 0027-237 X E 4973 D

# MOTORRAD

**Erster Fahrbericht**
## YAMAHA SZR 660
**Neuer Einzylinder für die Straße**

Vergleichstest: Ducati 900 Monster gegen Suzuki 600 Bandit

Gebrauchtberatung: Chopper Suzuki VS 1400

Erster Fahrbericht: Enfield Scrambler

Report: GP Assen

Tourer-Konzeptvergleich:
△ BMW R 1100 GS
▲ Kawasaki Voyager
△ Yamaha XJR 1200

Smogalarm: Fahrverbot für Motorräder?

# Jeden Monat neu am Kiosk!

**Stefan Kurfiss**

**Roberto Locatelli**

**Jorge Martínez**

**Garry McCoy**

**Peter Öttl**

**Eskil Suter**

**Stefan Prein**

**Alberto Puig**

**Dirk Raudies**